EXPLORATION

SCIENTIFIQUE

DE L'ALGÉRIE

PENDANT LES ANNÉES 1840, 1841, 1842

CHEZ

VICTOR MASSON,

LANGLOIS ET LECLERCQ,

LIBRAIRES,

A PARIS.

EXPLORATION

SCIENTIFIQUE

DE L'ALGÉRIE

PENDANT LES ANNÉES 1840, 1841, 1842

PUBLIÉE

PAR ORDRE DU GOUVERNEMENT

ET AVEC LE CONCOURS D'UNE COMMISSION ACADÉMIQUE

SCIENCES HISTORIQUES ET GÉOGRAPHIQUES

III

PARIS

IMPRIMERIE IMPÉRIALE

M DCCC LIII

MODE DE TRANSCRIPTION

DES

MOTS ARABES EN CARACTÈRES FRANÇAIS

ADOPTÉ POUR LA PUBLICATION

DES TRAVAUX DE LA COMMISSION SCIENTIFIQUE D'ALGÉRIE.

———

On a cherché à représenter les mots arabes de la manière la plus simple et en même temps la plus conforme à la prononciation usuelle.

Il a paru convenable de rejeter les lettres purement conventionnelles, dont l'emploi augmente les difficultés de l'orthographe, sans retracer plus exactement l'expression phonique.

Il a été reconnu que, sauf deux exceptions, tous les caractères arabes rencontrent des caractères ou identiques ou analogues dans l'alphabet français. On a donc rendu par les lettres françaises simples ceux des caractères arabes qui leur sont identiques pour la prononciation, et par les mêmes lettres, accompagnées d'un accent[1], ceux qui leur sont analogues.

Les deux lettres qui n'ont, dans notre langue, ni identiques, ni analogues, sont le ع et le خ. La pre-

---

[1] Cet accent est celui qui, désigné en algèbre sous le nom de *prime*, y est employé comme signe de l'analogie entre les quantités.

mière est partout remplacée par une apostrophe, accompagnée des voyelles que la prononciation rend nécessaires; la seconde, par la double lettre *kh*, conformément à l'usage.

Trois autres caractères, qui n'ont pas, dans la langue française, d'identiques ou d'analogues simples, ont été rendus par des lettres doubles, savoir : le ج par *dj*, le ش par *ch*, le و par *ou*. La prononciation arabe se trouve ainsi fidèlement reproduite.

Les avantages qu'a paru offrir ce mode de transcription sont surtout,

1° De ne point exiger la fonte de caractères nouveaux, et de pouvoir être ainsi adopté, sans aucune dépense, dans tous les établissements typographiques;

2° De fournir un moyen facile de rétablir les mots dans leurs caractères primitifs.

Lettres.	Valeur.	
ا	A, E, I, O.	L'emploi de ces divers caractères est déterminé par la prononciation et l'accentuation de la lettre arabe.
ب	B.	
ت ث	T.........	Ces deux lettres sont généralement confondues dans la prononciation.
ج	Dj.	
ح	H'.	
خ	Kh.	
د ذ	D.........	Généralement confondues.
ر	R.	
ز	Z.	

Lettres.	Valeur.	
س	S, C, Ç....	L'emploi de ces trois lettres sera réglé de manière à conserver le son sifflant de l'S.
ش	Ch.	
ص	S', C', Ç'....	Même observation que pour le س.
ض ظ	D'........	Ces deux lettres sont confondues par tous les Barbaresques dans la prononciation et dans l'écriture.
ط	T'.	
ع	'.........	Apostrophe précédée ou suivie de celle des voyelles dont la prononciation nécessite l'emploi.
غ	R'.	
ف	F.	
ق	K', G, Gu..	Le g et le gu seront employés dans les mots où l'usage attribue au ق la prononciation gutturale du g; ex.: Gafs'a, Guêlma.
ك	K.	
ل	L.	
م	M.	
ن	N.	
ه	H.	
و	Ou, Ô.	
ى	I, Ï.	

OBSERVATIONS.

1° Dans les mots qui, étant précédés de l'article, commencent par une lettre solaire, on se conformera à la prononciation en redoublant la lettre initiale. Ainsi on écrira 'Abd-er-Rah'mân, Nâc'er-ed-Dín, et non 'Abd-el-Rah'mân, Nâc'er-el-Dín.

2° Les mots terminés par la lettre ة, qui ne prend alors que le son de l'a sans aspiration, seront terminés, dans la transcription française, par la lettre *a* simple, et non par *ah*. On écrira donc *Miliána*, *Blída*, et non pas *Miliánah*, *Blídah*.

3° Les consonnes placées à la fin d'une syllabe ne seront jamais suivies de l'*e* muet. Toutefois il ne faut pas oublier que dans la langue arabe les consonnes se prononcent toutes distinctement, et qu'aucune ne prend le son nasal ni ne s'élide. Ainsi *Bíbán* doit se prononcer *Bíbáne*; *Mans'our*, *Manns'our*; *Tózer* se prononce *Tózere*; *Kouínín*, *Kouínine*; *Zár'ez*, *Zár'ezz*; *Gábes*, *Gábess*.

RECHERCHES

SUR

L'ORIGINE ET LES MIGRATIONS

DES PRINCIPALES TRIBUS

DE L'AFRIQUE SEPTENTRIONALE

ET PARTICULIÈREMENT DE L'ALGÉRIE

PAR E. CARETTE

CHEF DE BATAILLON DU GÉNIE,

MEMBRE ET SECRÉTAIRE DE LA COMMISSION SCIENTIFIQUE D'ALGÉRIE

RECHERCHES

SUR

L'ORIGINE ET LES MIGRATIONS

DES PRINCIPALES TRIBUS

DE L'AFRIQUE SEPTENTRIONALE

ET PARTICULIÈREMENT DE L'ALGÉRIE.

LIVRE PREMIER.

CLASSIFICATION DES PEUPLES D'ORIGINE AFRICAINE.

CHAPITRE PREMIER.

CLASSIFICATION DES PEUPLES AFRICAINS DANS L'ANTIQUITÉ.

HÉRODOTE. Les Libyens, les Auses, les Maxyes. — STRABON. Les Numides, les Maures, les Gétules, les Libo-phéniciens, les auasis, la Libye. — PLINE. Les Sabarbares, les Scelatites, les Masates; le nom d'Afrique employé dans un sens restreint. — POMPONIUS MELA. Le tombeau des rois maures. — PTOLÉMÉE. L'Afrique désignée encore par le nom de Libye, les Nakmousiens, les Maziques. — Le philosophe ÉTHICUS. Les Auasitæ, les Maziques, les Quinquegentiani. — J. HONORIUS. Les Quinquegentiani, les Maziques, les *Barbares,* les Vacuates. — ITINÉRAIRE D'ANTONIN. Les Bacuetes, les Macenites. — Résumé du chapitre.

Les géographes antérieurs à la conquête romaine, et notamment Scylax et Hérodote, comprenaient sous le nom général de Libyens tous les peuples de la contrée

1

appelée dans les temps modernes *Berberie*, et par corruption *Barbarie*.

Contemporains à quelques années près, ils avaient devancé l'un et l'autre d'environ trois siècles la destruction de Carthage.

Scylax, le plus ancien des deux, s'était surtout occupé des villes; Hérodote, laissant les villes de côté, s'était particulièrement attaché à mentionner les peuples.

Leurs descriptions s'appliquent presque exclusivement à la partie orientale du continent africain, celle qui se trouvait la plus voisine de Carthage; la région occidentale, à l'exception de la côte, paraît leur avoir été beaucoup moins connue.

Les peuples, les villes et les contrées mentionnés dans ces deux géographes se retrouvent presque tous dans les nomenclatures beaucoup plus riches des écrivains des siècles suivants.

Toutefois Hérodote établit, beaucoup plus nettement que ses successeurs, la distinction qui forme un des caractères les plus saillants du nord de l'Afrique entre le Tell et le Sahara, entre les peuples laboureurs et les peuples pasteurs.

Depuis l'Égypte jusqu'au lac Triton habitaient les Libyens nomades et pasteurs appelés *Auses*, et, à partir du lac Triton, les peuples laboureurs et sédentaires appelés *Maxyes*.

Le lac Triton marquait donc la séparation entre les deux régimes si profondément différents de la culture et du parcours.

Après Hérodote et Scylax vient Strabon, qui écrivait sur la géographie de l'Afrique dans les premières années de l'ère chrétienne. Il s'était écoulé environ un siècle et demi depuis que Carthage avait été prise et détruite par les Romains, dont les conquêtes s'étendaient alors jusqu'à Bougie.

A côté des peuples, des contrées et des villes déjà mentionnés par les deux premiers géographes, on voit surgir dans Strabon des noms nouveaux que les incidents de l'occupation romaine avaient déjà rendus célèbres : les Numides, les Maures, les Gétules apparaissent pour la première fois.

Comme vestige de la domination carthaginoise, il reste le nom des *Libo-phéniciens,* peuples qui habitaient la partie de la régence actuelle de Tunis appelée déjà alors, comme elle le fut depuis, *Afrique proprement dite.* Cette contrée confinait à l'est à la Numidie, qui couvrait à peu près la province de Constantine, et celle-ci à la Mauritanie, qui comprenait alors les provinces d'Alger et d'Oran, et l'empire de Maroc.

Ces quatre contrées étaient bordées au sud par une région immense, couverte de montagnes rocheuses et de steppes ardents, parcourus par les pasteurs gétules. Sur cette vaste arrière-scène, qui s'étendait sans interruption depuis l'Océan Atlantique jusqu'aux syrtes, apparaissaient quelques lieux habités, épars çà et là sur un fond désert et aride. Ils avaient reçu des Égyptiens le nom d'*auasis.*

C'est en considération de cette contrée, et par extension, que Strabon compare l'Afrique à la peau d'une panthère, dont les taches représentent les campements épars des Gétules; car il constate lui-même que la région voisine du littoral est largement pourvue d'eaux courantes, de terres en culture et de riches cités.

Strabon paraît encore généraliser le nom de Libye. et l'appliquer à tout le pays compris entre l'Égypte, l'Éthiopie, la Méditerranée et l'Océan. Toutefois il confesse que de son temps les peuples de la Libye étaient pour la plupart inconnus, parce que des armées y avaient été rarement envoyées, et que ce pays était peu parcouru par les voyageurs.

Un demi-siècle environ après Strabon paraissaient deux ouvrages importants, savoir : l'*Histoire naturelle* de Pline, et l'*État du monde*, par Pomponius Mela. Dans la partie de ses descriptions géographiques consacrée à l'Afrique, Pline s'attache surtout aux villes et particulièrement à celles qui devaient leur fondation ou leur agrandissement aux Romains. Quant aux peuples indigènes, « leurs noms, dit-il, et ceux de leurs cités ne peuvent être le plus souvent prononcés que dans leur langue. »

Néanmoins le grand encyclopédiste se fait conscience d'en mentionner quelques-uns, surtout ceux qui avaient déjà été signalés par ses prédécesseurs.

Parmi les villes qu'il désigne comme étant assez peuplées pour former de véritables nations, en figure une qui porte le nom de *Sabarbares*. C'est la première fois que se rencontre sous la plume des géographes de l'antiquité, ce nom qui devait plus tard occuper une si grande place dans l'histoire et dans la géographie de l'Afrique septentrionale.

Sur la foi de l'historien Polybe, qui, du temps de Scipion Émilien, avait exploré les côtes de la Mauritanie tingitane, Pline cite quelques peuples qui habitaient alors cette portion du continent africain : de ce nombre sont les *Scelatites* et les *Masates*.

Nous verrons plus tard reparaître dans les nomenclatures des géographes arabes des noms semblables, et nous chercherons quel lien de filiation peut exister entre les dénominations anciennes et les dénominations modernes.

Quoique à cette époque l'Afrique fût encore considérée comme une partie de la Libye, cependant son nom se généralisait davantage, il était employé déjà pour désigner toute la partie du continent située en deçà du fleuve Niger, qui séparait la Gétulie de l'Éthiopie.

Pomponius Mela n'ajoute rien aux indications fournies par Pline ; seulement il révèle l'existence, sur la côte, entre Alger et Cherchell, d'un monument qui servait de sépulture à toute la famille des rois maures. Ce monument existe encore ; il a résisté à l'action du temps, aux ravages de la guerre, et, ce qui est mieux encore, aux mutilations dirigées contre lui par la cupidité et la crédulité des Arabes. Il fournit un témoignage irrécusable de l'état de l'architecture chez les peuples africains de l'antiquité, chez ces peuples traités si dédaigneusement par le peuple romain, auquel ils ont cependant résisté et survécu.

Ptolémée, qui est postérieur à Pline d'environ un siècle, conserve à l'Afrique le nom général de Libye, employé par les géographes grecs. Il appelle Libye intérieure, l'espace occupé par le grand désert. Il sépare dans sa nomenclature les villes, les montagnes et les peuples; aux noms mentionnés par ses prédécesseurs, il en ajoute un grand nombre d'autres. Ainsi, dans la Mauritanie césarienne, il mentionne les *Nakmousiens*, peuple que l'Itinéraire d'Antonin place sur la rive droite de l'Ouad-Akbou, dans le massif berbère de la Kabilie et dans la partie de ce massif qu'occupe la montagne appelée encore aujourd'hui *Djebel-Nakmous*.

Il est un autre peuple dont le nom, cité pour la première fois par Ptolémée, agrandit et généralise sa signification à mesure qu'on se rapproche des temps modernes. Ce nom est celui des Maziques, que Ptolémée place dans la Mauritanie césarienne, au delà du mont Zalacus.

Plus tard Ammien Marcellin, dans le récit de la guerre de Théodose contre Firmus, rapporte que le général romain s'étant rendu à Tipasa (Tefessad, près de Cherchell), y reçut les envoyés des Maziques, qui venaient implorer leur pardon. Les Maziques dont il est ici question ne devaient donc pas être éloignés de Cherchell, ni, par conséquent, de la région où Ptolémée place le même peuple.

Ce nom de *Maziques*, ainsi qu'on le verra plus tard, est un de ceux qui contribuent à former un lien entre la géographie des temps anciens et celle du moyen

âge, et à établir la filiation séculaire des peuples d'origine africaine.

Un siècle après Ptolémée, Solin reproduit les notions
déjà fournies par ses devanciers.

Il en est de même de Paul Orose; cet auteur, contemporain de l'invasion vandale, n'a rien de plus à nous
apprendre sur les populations africaines que ce qu'en
avait dit Pline trois siècles avant lui.

Après Paul Orose, mais à une époque demeurée in-
certaine, vient se placer, dans l'ordre chronologique, le
philosophe Éthicus. Il est postérieur à Paul Orose, dont
il a copié tout un passage. Il écrivait donc ou pendant ou
après l'occupation de l'Afrique par les Vandales. Cependant les changements qu'une révolution aussi considérable devait avoir apportés dans la division territoriale
de l'Afrique n'y sont point signalés. La Cosmographie
d'Éthicus reproduit les noms des provinces et des villes
mentionnés par les géographes des âges antérieurs.

Toutefois, de cette nomenclature aride surgissent
quelques indications qui peuvent jeter un peu de lumière sur la situation des populations africaines.

Suivant Éthicus, l'Afrique commence aux confins de
l'Égypte, et de là elle se prolonge, à travers les déserts de l'Éthiopie, en suivant la frontière supérieure
des *Auasitæ*, jusqu'à l'Océan méridional.

Le nom d'*Auasitæ* s'applique ici à tous les peuples
dont les habitations, disséminées dans le grand désert,
avaient, suivant Strabon, reçu des Égyptiens le nom
d'*auasis*.

Éthicus nous apprend encore que la dénomination
de *Maziques,* applicable jusqu'alors, en apparence du
moins, à une seule nation, embrassait au contraire un
grand nombre de peuples. Cela résulte du passage suivant : « L'Océan méridional, dit Éthicus, renferme deux
mers, dix-sept îles, six montagnes, douze provinces,
soixante-quatre villes, deux fleuves et *beaucoup de peuples
maziques* (*et gentes mazices multas*).

La nomenclature des villes commence par celles de
la côte, qu'elle suit depuis l'Égypte jusqu'à l'extrémité
de la Mauritanie tingitane. Les noms se succèdent dans
l'ordre des positions géographiques, ce qui permet de
déterminer la position relative de certains points. Ainsi
entre Saldæ et Rusuccura, c'est-à-dire entre Bougie et
Dellis, on remarque une ville ou plutôt une contrée
qui a joué un rôle important dans les annales militaires
de la domination romaine : c'est celle des *Quinquegentiani* ou contrée des Cinq Peuples.

Un géographe espagnol, Isidore de Séville, né vers
570, mort en 636, six années seulement avant l'entrée
des Arabes en Afrique, ne modifie en rien l'état de nos
connaissances sur les peuples de cette contrée. En lisant
sa description, et à part quelques noms qui accusent la
décadence de la langue latine, on se croirait encore aux
beaux temps de la domination romaine, et cependant
les Vandales et l'empire grec ont passé chacun un siècle
sur le pays qu'il décrit. L'empire grec lui-même est à la
veille de céder sa place à un peuple nouveau. Durant
ces périodes orageuses, quels changements n'ont pas

dû s'accomplir dans le sein de cette population vivace des *Auasitæ*, des *Mazices*, des *Quinquégentiens*, des *Barbares*, que l'on voit au déclin de toutes les dominations étrangères sortir de ses déserts et descendre de ses montagnes pour reconquérir le terrain qu'elle leur avait cédé à regret!

L'anonyme de Ravenne, qui date du viiie siècle, n'est pas moins stérile en enseignements; mais, du moins, il ne donne pas sa description comme s'appliquant à une situation présente : « Nous apprenons, dit-il, qu'il y a eu dans ce pays un grand nombre de villes. » Sa description, ou plutôt sa nomenclature, se rapporte donc à un état de choses qui n'est plus.

Quant aux nations africaines, il n'en est pas question; mais une indication fugitive permet de reconnaître la langue dont elles faisaient usage. Suivant l'anonyme de Ravenne, la Mauritanie gaditane est appelée *Abrida* dans *l'idiome barbare* des peuples qui l'habitent. *Abrida*, c'est le mot *abrid*, qui, dans la langue berbère, signifie *chemin*, *passage*, et, par extension, *détroit*[1].

Il est assez remarquable de voir parmi les géographes anciens, les uns s'attacher presque exclusivement aux villes, les autres, aux peuples. Nous avons déjà signalé cette différence à l'occasion des deux premiers, Scylax et Hérodote. Il en est de même des deux derniers de cette série, Isidore de Séville et J. Honorius. Le premier n'a énuméré que des villes; le second n'y mentionne que des peuples, et nous y remarquons encore

[1] Du temps de Bekri, le même pays s'appelait encore *Tabrida*.

les *Quinquegentiani*, les *Mazices* (Maziques), les *Barbares*[1] et les *Vacuates*. Ces deux derniers appartiennent à la Mauritanie tingitane, où ils sont séparés par le fleuve Malda.

Un autre document, l'Itinéraire d'Antonin, mentionne un peuple des *Bacuates*, le même sans aucun doute que les *Vacuates*, et lui assigne pour demeure, conjointement avec les *Macenites*, la Mauritanie tingitane.

En résumé, la Libye ancienne, ou la Berberie moderne, fut, dès les premiers temps de la conquête romaine, et sans avoir égard aux subdivisions que des convenances administratives ou des nécessités politiques firent successivement établir, partagée en quatre grandes régions, savoir :

L'Afrique proprement dite, ou la Libo-Phénicie ;

La Numidie ;

La Mauritanie ;

Et enfin, en arrière de ces trois contrées, la Gétulie, qui occupait la plus grande partie du désert appelé lui-même *Libye intérieure*.

Ce vaste espace était habité par des peuples distincts ou des groupes de peuples.

La zone voisine du littoral, abondamment pourvue d'eau, de terres fertiles et de cités importantes, compre-

---

[1] Il faut remarquer que le mot *Barbares* ne peut pas être pris pour *Barbaros* ; car, d'abord, il est écrit différemment, et d'ailleurs il figure une seconde fois dans le même cosmographe parmi les peuples que renferme l'Océan méridional, non pas comme une qualification, mais comme un nom propre.

nait, sous la dénomination générale de *Maziques*, le plus grand nombre des peuples qui l'occupaient.

Parmi ces peuples figuraient :

Les *Barbares*, situés dans la Mauritanie tingitane ;

Les *Bacuates*, contigus aux précédents, dont ils étaient séparés par le fleuve Malda ;

Les *Macenites*, habitant avec les *Bacuates* ;

Les *Quinquegentiani*, ou le peuple des Cinq Nations, situés sur le littoral, entre Dellis et Bougie, dans le massif de la Kabilie proprement dite.

La Libye intérieure, semblable, suivant l'image de Strabon, à une peau de panthère, était parsemée de lieux habités épars çà et là au milieu de ses vastes solitudes.

Ces lieux portaient le nom d'*auasis*, et les peuples qu'ils contenaient, celui d'*Auasitæ*.

La principale nation disséminée dans ces déserts était celle des Gétules.

Entre les peuples laboureurs, habitants de la Libye septentrionale, et les peuples pasteurs, habitants de la Libye méridionale, il existait une ligne de démarcation.

Pour l'une des contrées et la mieux connue, la Libo-Phénicie, c'était le lac Triton, aujourd'hui lac Melr'ir, qui établissait la séparation entre les deux régions.

D'un côté de cette ligne habitaient les peuples pasteurs appelés *Auses*; de l'autre, les peuples laboureurs appelés *Maxyes*.

Il est presque inutile de dire que, selon toute vraisemblance, les *Auses* d'Hérodote ne sont autre chose que les *Auasitæ* des siècles suivants, et que les *Maxyes* doivent pareillement être les *Maziques.*

Mais il ne faut pas perdre de vue qu'Hérodote écrivait environ trois cents ans avant la prise de Carthage, et que les noms recueillis par lui pouvaient avoir été un peu altérés par ses informateurs.

Enfin ces peuples devaient faire usage d'une même langue ou des dialectes d'une même langue, comme semblent l'indiquer les noms

— *Addiris* (*ad'rer,* montagne), donné à l'Atlas;

Uzarræ, donné, suivant Paul Orose, aux montagnes qui séparent la Numidie des déserts (*ezrar,* désert), comme les Arabes ont appelé *Djebel-Sahari* (*sah'ara,* désert) la montagne au delà de laquelle commence le Sah'ara dans la province d'Alger;

Abrida, donné à la Mauritanie gaditane, ou Mauritanie du détroit (*abrid,* chemin);

Et d'autres encore, dont nous aurons occasion, dans le cours de cet ouvrage, de faire remarquer la parenté avec la langue berbère actuelle.

CHAPITRE II.

DE L'ORIGINE DES BERBERS.

Origine probable du nom de *Berber*, et par suite de celui de *Berberic* ou *Barbarie*. — Origine de ce nom suivant Ebn-Khaldoun, suivant 'Abd-el-Bar, suivant Tabari. — Origine du peuple berbère lui-même, suivant les écrivains arabes. — Analogie entre les fables de la tradition musulmane et celles de la tradition païenne. — Origine du peuple berbère, suivant ses propres traditions. — Lien de parenté entre les Berbers modernes et les Maziques de l'antiquité. — Opinion qui regarde les Berbers comme originaires de l'Inde. — Résumé et conclusion du chapitre.

L'invasion arabe fut le signal d'une véritable révolution, non-seulement dans la nomenclature ethnographique, mais dans la géographie elle-même de l'Afrique septentrionale. L'intérêt qui, sous la domination romaine, s'attachait principalement aux villes se porta davantage sur les tribus et sur les peuples. Ce changement dans les habitudes des géographes était la conséquence naturelle et presque nécessaire de l'apparition d'un peuple pasteur qui apportait avec lui les besoins et les usages de la vie nomade.

Au reste, le peuple arabe trouvait en Afrique, aussi bien que le peuple romain avant lui, des conditions d'adhérence et de stabilité.

Dans ce pays à double face et à double existence, il

y avait place pour les nations sédentaires de l'Europe et pour les peuples nomades de l'Asie.

Aussi, ne faut-il pas s'étonner si le plus grand peuple de l'Europe dans l'antiquité, et le plus grand peuple de l'Asie dans le moyen âge, se sont partagé à peu près également, dans la durée de leur séjour en Afrique, l'espace de seize siècles compris entre les débuts de la domination romaine et le déclin de la domination arabe.

Chacun d'eux était entré en Afrique par la porte qui répondait à son génie. Les Romains, en abordant le littoral, y avaient trouvé les Maxyes ou Maziques, c'est-à-dire les Africains industrieux, laboureurs, sédentaires; les Arabes, arrivant par la région des oasis, y avaient trouvé les tribus de pasteurs et de nomades appelés par les anciens *Auses* ou *Auasitæ*.

C'est de cette nouvelle période que date la nomenclature moderne de l'Afrique. Comment la nation des *Barbares*, que les géographes de l'antiquité paraissent avoir confinée dans un coin de la Libye, sur les côtes de la Mauritanie tingitane, à l'extrémité de l'Afrique la plus éloignée du point de départ des armées musulmanes, comment, dis-je, cette nation des *Barbares* a-t-elle imposé son nom à tout le territoire de l'ancienne Libye? C'est une question qu'il serait difficile de résoudre avec certitude. Cependant il est probable qu'il se sera passé alors un fait analogue à celui dont nous sommes témoins aujourd'hui. Dans les premières années de l'occupation française le nom d'Hadjout n'était-il pas devenu, pendant quelque temps, une sorte de dénomination générique appliquée indistinctement à toutes les tribus qui nous résistaient? N'avons-nous pas depuis étendu à tout le territoire conquis par la France le nom de la première ville sur laquelle nos efforts se sont dirigés?

La nation des *Barbares* est la première qui attira l'attention des Arabes; elle se trouve mêlée au premier acte de résistance énergique que leur présence ait provoqué, et la même raison qui nous fait donner aujourd'hui le nom d'*Algériens* à tous les indigènes des possessions françaises en Afrique aura fait étendre le nom de *Barbares* à toutes les nations indigènes que l'invasion arabe voyait se dresser devant elle.

Voici, du reste, les faits qui placent, sans le moindre doute, le premier foyer de résistance aux armes musulmanes dans la contrée même où les anciens avaient placé le peuple des *Barbares*.

Avant Ok'ba-ben-Nafih, aucun général arabe n'avait encore pénétré dans la partie occidentale de l'Afrique. Ce fut vers l'an 62 de l'hégire, pendant son deuxième commandement, qu'il poussa ses conquêtes jusqu'à Tanger. Il se proposait même de passer à Algésiras; mais le gouverneur de Tanger lui fit observer qu'il y aurait du danger à laisser derrière lui la nation des Berbers. Ok'ba s'informa quels étaient ces Berbers. « Ce sont, lui dit le gouverneur, les habitants de Sous, gens sans religion qui mangent les cadavres des animaux, boivent du vin, ne connaissent pas Dieu, et vivent en tout comme

des bêtes. » Vivement impressionné par ces renseignements, Ok'ba marcha contre ces peuples et s'empara de
leur pays.

Après cette expédition, il revint sur ses pas sans trouver d'abord aucune résistance ; mais un chef indigène,
Ksîla-ben-Aouâm, avait, pendant son absence, organisé dans l'Aourès une insurrection formidable, dont le
général musulman périt victime en l'an 63 de l'hégire[1].

Il est à remarquer que la province de Sous, habitée
par la nation des *Berbers,* occupe dans l'ancienne Mauritanie tingitane la place que l'antiquité assignait au
peuple des *Barbares*[2].

L'expédition contre Sous fut la première où les Arabes
eurent à combattre l'élément indigène pur de tout mélange avec les Romains. C'était la première fois aussi
qu'ils rencontraient en Afrique des peuples idolâtres.
Ces deux circonstances, jointes au prestige de l'éloignement, durent exciter au plus haut degré l'attention
des nouveaux conquérants.

D'un autre côté, l'insurrection de Ksîla fut le premier acte de résistance sérieuse à l'invasion arabe ; elle
éclatait dans un vaste massif de montagnes, peuplé par
la race indigène ; elle suivait immédiatement l'expédition de Sous ; elle coûtait la vie au général arabe vain-

----

[1] *Le livre des perles,* par Cha'ab-ed-Dîn. (*Notices des manuscrits de la
Bibliothèque impériale,* t. II, p. 157.)

[2] Nous ferons plus tard ressortir la coïncidence de position des *Barbares* anciens et des *Berbers* de Sous, lorsque nous rechercherons la
place des principales tribus du moyen âge.

queur des Berbers idolâtres; c'était plus qu'il n'en fallait, sans doute, pour motiver l'extension du nom de Berbers à tous les peuples de sang africain.

Il est donc très-probable que le nom de *Barbares* dans l'antiquité, comme celui des Berbers d'Ok'ba, d'où sont venus ceux de *Barbarie* et de *Barbaresques*, ne s'appliquait primitivement qu'à un seul peuple, et que ce sont les Arabes qui l'ont généralisé par suite de la préoccupation où les jeta la coïncidence d'une expédition lointaine chez un peuple sauvage et idolâtre, et d'une formidable insurrection dans de hautes montagnes habitées par une nation de même langue et de même origine.

Quoi qu'il en soit, le nom de *Berber* remplaça depuis la conquête musulmane celui de Libyen, et les géographes arabes appelèrent *Belad-el-Berber,* ou Berberie, toute la partie de l'Afrique septentrionale comprise entre Barka et l'Océan Atlantique, c'est-à-dire l'ancienne Libye[1].

Après avoir exposé l'origine probable du nom de *Berber,* nous devons dire un mot de celle que lui attribuent les auteurs arabes, peu soucieux de rattacher les souvenirs de la conquête musulmane aux traditions de la domination romaine.

Suivant Ebn-Khaldoun[2], le mot *berber* dériverait du

[1] Cha'ab-ed-Din. *Le livre des perles.* (*Notices des manuscrits*, t. II.) On donna aussi à la même contrée le nom de *Maghreb,* qui signifie *couchant* et n'exprime autre chose que la position de la Berberie par rapport à l'Arabie.

[2] *Histoire de l'Afrique sous les Ayhlabites, et de la Sicile sous la domination musulmane,* traduite par M. N. Desvergers, p. 15 (la note).

terme arabe *berberat*, qui signifie bredouillement. L'un
des anciens princes hymiarites de l'Iemen, Afrikis, fils
de Kis, fils de Saïfi, ayant conquis la Mauritanie, donna
son nom à l'Afrique, et se trouva ainsi en contact avec
ces peuplades étrangères. C'est en entendant leur jargon
qu'il se serait écrié : « Quel berberat! »

Selon Abd-el-Bar, auteur du ve siècle de l'hégire, les
Berbers tirent leur nom de Ber, fils de Kis-R'ilàn, qui
fut un des premiers rois de l'Égypte. Ce Ber étant venu
s'établir dans le Maghreb, cela fit dire de lui, *Ber-berra*
« Ber s'est retiré dans le désert, » et depuis ce temps
il conserva le nom de Berber[1].

Enfin, suivant Tabari[2], Afrikis ayant amené une colonie d'Amalécites dans la contrée lointaine à laquelle
il donna son nom, ses compagnons murmurèrent de se
voir transportés si loin de leur pays, ce qui fit dire
à Afrikis : « Ces Chananéens murmurent (*berberna*). »

Il est inutile de s'arrêter plus longtemps à ces jeux
de mots puérils, qui témoignent de la naïveté et de la
crédulité des auteurs arabes.

Leurs opinions sur l'origine du peuple berber lui-
même ne me paraissent pas mériter beaucoup plus de
confiance. Toutefois, comme elles sont formées d'un
mélange des traditions bibliques, des fables de la géographie ancienne et des traditions locales, il n'est pas
inutile de les rapporter sommairement.

Les écrivains arabes sont unanimes pour assigner

[1] Cha'ab-ed-Dîn, p. 151.
[2] *Ibid.*

aux Berbers la même origine qu'aux Égyptiens, descendants de Kibt, fils de Khanaan, fils de Cham, fils de Noé. Mais cette généalogie était commandée par la tradition biblique, qui fait remonter à Noé l'origine de tous les peuples. Les Berbers ne pouvaient venir de la Palestine sans passer par l'Égypte.

La fable d'Afrikis, et de la colonie d'Amalécites qu'il transporta dans le Maghreb, a sans doute été imaginée par les Arabes, pour expliquer le nom d'Afrique, comme celle d'Afer, fils d'Hercule libyen, l'avait été par les peuples de l'antiquité.

Il en est de même de l'histoire de Ber, fils de Kis-R'ilân, qui vint fonder une colonie d'Égyptiens dans l'Afrique occidentale; on ne saurait y voir qu'une invention suggérée par le mot *Berber*.

L'opinion la plus généralement accréditée parmi les écrivains musulmans est celle qui fait descendre les Berbers de Djalout ou Goliath. Ils prétendent que, lorsque David eut tué le géant, les Philistins vaincus s'enfuirent de la Palestine, qu'ils vinrent se réfugier avec leur roi en Afrique, et que cette contrée se peupla de leur postérité. Suivant Édrici et Ben-Aïâs, il existe, entre l'Égypte et l'oasis de Sioua, une montagne appelée *Djalout-el-Berber*, parce qu'elle fut le théâtre de la lutte entre David et les Philistins, et qu'elle offrit un refuge aux vaincus.

Une tradition tout à fait analogue est rapportée par les géographes latins. Suivant eux, ce serait le géant Antée, fils de la Terre, qui, après avoir établi sa pos-

térité en Afrique, aurait été ensuite terrassé par Hercule. Les anciens plaçaient le théâtre de cette lutte,
non point sur les confins de l'Égypte, comme les Arabes,
mais à l'extrémité opposée de ce continent, sur le rivage de l'Océan Atlantique, dans le voisinage de l'Ouad-
Noun. Il ne faut pas s'étonner de cette conformité entre
deux traditions puisées à des sources différentes; la tradition arabe n'est, selon toute apparence, qu'un traves-
tissement biblique de la tradition païenne.

Nous en avons fini avec la Bible et la mythologie;
arrivons aux traditions vraiment africaines, dans lesquelles nous allons voir reparaître le mot de *mazique*,
ce nom que la géographie ancienne étendait générique-
ment à un grand nombre de nations libyennes.

Suivant quelques généalogistes berbers[1], Ber, fils de
Kìs, que l'on regarde comme le fondateur d'une colonie égyptienne, avait pour mère *Tamzigh*.

Ebn-Khaldoun, après avoir exposé les diverses opinions des généalogistes arabes ou berbers, conclut
qu'elles sont toutes inadmissibles[2]. La seule opinion à
laquelle il faille s'arrêter, suivant lui, c'est que les Berbers descendent de Kanaan et que leur aïeul s'appelait
Mazigh.

Ainsi, c'est un écrivain arabe, et le plus judicieux
d'entre tous, qui fait lui-même justice de tous les contes
inventés par ses coreligionnaires, et qui réduit tout le
système de la généalogie berbère à deux faits, savoir:

[1] Ebn-Khaldoun, *Nouv. Journ. asiat.* t. II, p. 136.
[2] *Ibid.* p. 140.

la donnée biblique, que sa qualité de musulman l'obligeait d'admettre, et la tradition locale qu'il avait pu recueillir lui-même.

Un fait rapporté par Cha'ab-ed-Dîn, dans le *Livre des perles*[1], prouve d'ailleurs que cette tradition de l'origine mazique appartient bien au peuple berbère.

Après la conquête de l'Égypte par les musulmans et avant la première expédition dans le Maghreb, sous le khalifat d'Omar, six hommes du pays des Berbers vinrent se présenter à Amrou-ben-'Aas[2] qui gouvernait cette province; ils avaient les cheveux et la barbe rasés. Amrou leur demanda quel était l'objet de leur voyage. Ils lui répondirent qu'ils étaient venus dans le dessein d'embrasser l'islamisme. Amrou les envoya à Omar, qui fut obligé de se servir d'un interprète pour se faire entendre d'eux, parce qu'ils ignoraient la langue arabe. Omar les interrogea sur leur origine; ils lui dirent qu'ils étaient les descendants de *Mazig*. Le khalife demanda aux personnes qui l'entouraient si elles avaient jamais ouï parler de cette famille. Alors un cheikh des Koreïch lui répondit : « Prince des croyants, ce sont les Berbers, qui descendent de Ber, fils de Kîs-R'îlân, etc. »

Omar leur demanda encore quel était le caractère distinctif de leur nation : « C'est, lui dirent-ils, que nous faisons grand cas des chevaux et que nous n'ai-

[1] *Notices des manuscrits*, t. II.

[2] C'est le premier général arabe qui ait pénétré en Afrique. Il s'empara de Tripoli, soumit le Djebel-Nfous, vainquit et tua le patrice Georges ou Grégoire, gouverneur de l'Afrique byzantine.

mons point à bâtir. — Avez-vous des villes? leur dit
Omar. — Non, » lui répondirent-ils.

Omar les combla d'honneurs et de présents, et leur
donna le commandement de toutes les troupes de leur
pays qui viendraient se joindre à eux.

Nous devons mentionner encore, relativement à l'o-
rigine des Berbers, l'opinion qui leur assigne l'Inde
pour berceau. Voici les données qui lui servent de base.

Si à partir de l'oasis berbère de Sioua, on se dirige
vers le sud-est en remontant le Nil, on trouve établi,
près des cataractes de Syène, le petit peuple des Be-
râbra, dont l'expédition d'Égypte a révélé l'existence,
et qui marque la première étape de la Berberie aux
Indes [1].

Au-dessus des cataractes il existe un royaume de
Berber, situé sur la rive droite du Nil, borné an nord
par le grand désert de la Nubie, et à l'est par la chaîne
des Bichari, qui sépare la vallée du Nil de la mer Rouge.

Il faut remarquer, en outre, que les trois contrées
dont l'ensemble forme la Nubie, savoir, le Sennaar, la
Nubie proprement dite et le Kenous, ont les mêmes
mœurs, parlent des dialectes de la même langue, et
sont confondus par les Égyptiens sous le nom commun
de Berber.

En suivant toujours la route du sud-ouest, on arrive
à l'entrée de la mer Rouge. Là habite un peuple considérable, les Somaulis, connus depuis peu de temps,

---

[1] Costaz, *Mémoire sur la Nubie et les Barabra*, Égypte, état moderne,
t. I, p. 399.

et dont la capitale porte le nom de *Berberets*. Lord Valentia, qui a observé ces peuples, fait remarquer qu'ils n'appartiennent pas complétement à la race nègre, quoiqu'ils aient la peau noire, les dents blanches et les cheveux crépus; ils en diffèrent par la douceur et la finesse de la peau, le développement des membres et la forme du nez. Ils seraient donc mitoyens entre la race blanche et la race noire, ce qui est le caractère de la race berbère et ce qui s'observe particulièrement sur les populations méridionales.

Enfin il existait jadis, à l'entrée de la mer des Indes, un grand marché appelé *Barbarikès*, où il se faisait un commerce considérable de rhubarbe; c'est ce qui avait fait appeler cette substance *rha-barbarikès*, d'où est dérivé son nom actuel.

Il paraît, en outre, que du temps d'Arien et de Ptolémée le golfe Arabique lui-même portait le nom de *Sinus barbaricus*.

Ainsi ce nom qui, suivant les partisans de l'opinion que j'expose [1], jalonne, sans interruption, la route de l'Océan Atlantique au détroit de Bâb-el-Mandeb, se retrouve encore dans la mer des Indes.

Les poëmes les plus anciens de l'Inde parlent d'une race d'hommes du sud de l'Asie qu'ils appellent en sanscrit *Warwara* (Barbara).

Une observation rapportée par Ebn-Batouta, comme lui étant personnelle, établirait un lien de plus entre les Berbers de l'Afrique occidentale et les peuples in-

[1] Ritter.

diens. Cet écrivain fait remarquer que les Msoufa, tribu
berbère établie à Oualâta, dans la partie la plus reculée
du grand désert, ont une coutume qui attribue l'héritage du père de famille, non pas à son fils, mais au fils
de sa sœur. Ebn-Batouta ajoute qu'il n'a trouvé nulle
part de coutume semblable, excepté chez les Malabares
idolâtres qu'il visita lui-même sur la côte occidentale
du Dekan.

Cet ensemble de faits a donné naissance à l'opinion
qui regarde les Berbers de l'Afrique septentrionale
comme originaires de l'Inde.

Il paraît d'ailleurs que cette opinion avait déjà eu
cours dans l'antiquité; car du temps de Strabon certaines personnes prétendaient que les Maures étaient
des Indiens conduits dans la Libye par Hercule.

Nous nous sommes fait un devoir d'exposer les principales opinions émises touchant l'origine du peuple
berbère, parce que l'exposé de ces systèmes divers fait
partie de l'histoire du peuple lui-même. Mais, relativement à cette recherche de l'origine des peuples, rien
ne nous paraît plus judicieux que l'avis d'Ebn-Khaldoun. Eût-on démontré que les Berbers descendent de
Djalout, qu'il faudrait encore rechercher de qui descendait Djalout lui-même. « Ce qui est hors de doute,
c'est, ajoute cet historien, que, bien des siècles avant
l'islamisme, les Berbers étaient connus dans le pays
qu'ils habitent, et qu'ils y ont toujours formé, avec leurs
nombreuses ramifications, une nation entièrement distincte de toute autre. »

L'hypothèse la plus raisonnable, en effet, est celle qui suppose, dans chaque pays, l'existence d'une race d'hommes antérieure à l'origine de toutes les traditions ; cette race peut se modifier plus ou moins profondément dans la suite des siècles; mais ni le renouvellement périodique et régulier des générations, ni les bouleversements accidentels qui viennent l'atteindre, ne peuvent faire disparaître certains traits caractéristiques qui, à toutes les époques, reproduisent, sauf quelques nuances, l'expression du type originel.

Nous avons fait remarquer, dans le chapitre précédent, que la dénomination la plus générale appliquée aux peuples de race africaine par les géographes de l'antiquité était celle de *Maxices*, et qu'un de ces peuples portait le nom de *Barbares*.

Nous venons de voir le nom de *Barbares* prendre accidentellement, sous la domination musulmane, une extension considérable, puisqu'il remplace, chez les écrivains arabes, le mot de *Libyens* employé par les écrivains grecs.

Mais, d'un autre côté, le nom de *Mazique* s'est conservé dans la langue et dans les traditions du peuple berbère, comme l'expression la plus générale de leur nationalité africaine.

Enfin, au xvie siècle, un idiome commun réunissait encore tous les membres de cette grande famille si dispersée alors sur le sol, et il s'appelait *tamazight*, suivant Marmol, et *amazig*, suivant Léon l'Africain, deux mots qui caractérisent l'un et l'autre le nom de *Mazig*, l'un sous la forme féminine et l'autre sous la forme masculine.

Ce nom, qui s'est conservé à travers les âges, signifie, dans la langue berbère, libre, indépendant; il correspond donc exactement au nom de *Francs*, qui, vers le milieu du vᵉ siècle, fut apporté des forêts de la Germanie sur le rivage de la Méditerranée opposé à celui qu'habitent les Maziques.

CHAPITRE III.

CLASSIFICATION DES PEUPLES AFRICAINS AU MOMENT DE LA CONQUÊTE ARABE.

Classification donnée par Ebn-Khaldoun. — Le peuple berbère divisé en deux faisceaux de tribus, celui de *Brânes* et celui de *Mâdr'es*. — Époque à laquelle cette division correspond. — Monument de Medr'âcen au pied des versants septentrionaux de l'Aourès. — Village de Brânis, au pied des versants méridionaux. — Insurrection de Ksîla, roi des Brânes. — Insurrection de Kahîna, reine des Mâdr'es. — Conclusion. La classification d'Ebn-Khaldoun doit se rapporter à l'époque de l'invasion arabe. — Subdivision des deux faisceaux en tribus. — Migrations de ces tribus.

I. DIVISION PRINCIPALE.

Suivant Ebn-Khaldoun, les généalogistes sont unanimes pour rattacher les diverses ramifications de la nation berbère à deux grandes souches, celle de Brânes et celle de Mâdr'es [1].

Comme il donne à cette classification la forme généalogique, sans doute par imitation des traditions bibliques, et aussi par respect pour les habitudes patriarcales de l'Arabie, nous pensons qu'il ne faut pas prendre ce mode d'indication dans un sens trop absolu et qu'il ne faut y chercher qu'une expression quasi-

[1] *Nouv. Journ. asiat.* t. II.

métaphorique des rapports de dépendance qui, à un moment donné, lient entre elles les diverses fractions d'un peuple.

Assurément personne ne voudra croire que tous les Berbers descendent de Bernes et de Màdr'es; mais tout le monde admettra qu'à une certaine époque deux tribus ou deux familles aient assujetti à leur autorité presque toutes les autres, et que le pays se soit ainsi trouvé divisé en deux grandes principautés desquelles relevaient d'autres principautés de second ordre, et ainsi de suite jusqu'aux fractions élémentaires de la société.

C'est ainsi que nous voyons aujourd'hui en Algérie des groupes considérables de tribus réunis sous l'autorité d'un cheikh héréditaire, donnant son nom patronymique à toutes les peuplades de sa dépendance, bien qu'il n'existe entre elles et leur chef aucun lien de parenté. Il est d'ailleurs assez remarquable que la plupart de ces principautés féodales sont formées d'éléments berbères.

Ainsi lorsqu'une tribu se trouve placée dans la descendance directe d'une autre, nous en conclurons qu'elle est sous sa dépendance immédiate, ou du moins qu'elle y était vers l'époque à laquelle se rapporte cette classification.

Aucun écrit, aucune tradition ne déterminent la durée du temps qui s'est écoulé depuis l'époque où la situation de la Berberie, ou pays des Maziques, se trouvait correspondre à la classification donnée par Ebn-Khaldoun; mais je crois qu'il est possible de la déduire approximativement du rapprochement et de la comparaison des témoignages de l'histoire et des indications de la géographie.

Un monument fort remarquable qui remonte à cette époque, et qui existe encore dans un bel état de conservation, me paraît fournir une des premières et des principales données pour la solution de ce problème historique.

Entre Zêna (l'ancienne Diana) et Tezzout (l'ancienne Lambæsa), sur la limite orientale de la plaine d'El-Mahdek, au pied du Djebel-bou-'Arif, l'un des contreforts des monts Aourès, il existe un monument ancien fort connu, que les habitants désignent sous le nom de *Medr'ácen* مدغاسن. Suivant eux, il est antérieur à la période romaine et servait à la sépulture des rois indigènes.

Il est impossible de méconnaître, dans *Medr'ácen* مدغاسن, le pluriel berbère d'un adjectif formé de مادغس. Ce monument était consacré aux descendants de Mâdr'es. A part la tradition vague que nous venons de rapporter, les indigènes, Arabes ou Berbers, ignorent complétement la signification de ce mot.

Au reste, personne n'avait encore signalé cette corrélation remarquable entre un monument très-curieux par lui-même et les annales du peuple africain.

Le nom de Brânis, qui est celui de la première souche, donne lieu à quelques rapprochements qui ne sont pas non plus sans intérêt pour l'histoire.

Dans ce même massif de l'Aourès, mais dans la ré-

gion opposée à celle où se trouve le Medr'âcen, c'est-
à-dire au pied des versants méridionaux, existe un village appelé *Brânis*, qui appartient aujourd'hui à la tribu
arabe des Oulâd-Zeïân.

Il est situé à l'entrée des plaines du sud, comme le
Medr'âcen est situé à l'entrée des plaines du nord.

Il est baigné par une rivière qui descend des flancs
du Chellîa, la plus haute cime de l'Aourès, et qui, un
peu au-dessous de Brânis, va se réunir à l'Ouad-el-Ou-
t'âïa pour former l'Ouad-Biskra. La rivière porte elle-
même, dans la partie inférieure de son cours, le nom
d'Ouad-Brânis; en amont, elle emprunte celui des Ou-
lâd-'Abdi, la plus forte tribu chaouïa de l'Aourès, tribu
dont elle traverse le territoire.

Ce qui est digne de remarque, et ce qui prête à cette
localité un véritable intérêt historique, c'est le grand
nombre de ruines accumulées dans les environs. Tout
le cours de la rivière en est jonché; mais c'est en approchant de Brânis que ces restes de constructions antiques
se montrent plus nombreux et plus imposants. Dans
l'espace de quelques lieues, les villages d'Achîr, d'El-
Mena', d'Amentân, de Djammòra, de Brânis, situés sur
les bords de la rivière, présentent les débris d'autant
de villes anciennes.

La conformité du nom de ce village moderne avec
celui de l'ancienne souche berbère, et du nom de Medr'âcen avec celui de l'autre souche, ne laisse pas que
d'être une indication précieuse. S'il s'agissait de ces dénominations banales qui se rencontrent sans cesse dans

la nomenclature des tribus, la double homonymie que je
signale perdrait, je l'avoue, beaucoup de son importance.

Au contraire, dans le cours des longues et minutieuses
études que j'ai faites sur la géographie et sur les tribus
des États barbaresques et de l'Algérie, je n'ai rencontré que cette seule fois les noms de ces deux souches
berbères [1].

Je les trouve l'un et l'autre dans des positions semblables, par rapport aux deux versants d'une montagne
qui fut, à toutes les époques, l'un des principaux foyers
de population autochthone, l'un au pied des versants
septentrionaux, l'autre au pied des versants méridionaux. Je les trouve au milieu de vestiges imposants qui
annoncent le voisinage d'un centre de puissance et de
civilisation.

De cet ensemble de faits, je crois pouvoir tirer la
conclusion suivante :

La classification donnée par Ebn-Khaldoun, d'après
le témoignage unanime des généalogistes arabes et berbères, doit se rapporter à une époque où le plus grand
nombre des tribus africaines relevaient de deux puissances qui avaient l'une et l'autre leur siége dans les
monts Aourès : l'une, celle de Madr'es, au pied des versants septentrionaux ; l'autre, celle de Brânis, au pied
des versants méridionaux.

---

[1] Le nom de Brânis se trouve, il est vrai, dans l'empire de Maroc ;
mais les circonstances au milieu desquelles il se montre ne font que
confirmer les conclusions de ce chapitre, comme je le ferai voir dans
la notice consacrée aux Zenâta.

J'ajoute que, d'après l'état des débris accumulés sur les lieux où leurs noms sont restés attachés, ces deux puissances ont dû traverser une période de civilisation.

Cette période correspond-elle à la domination carthaginoise ou à la domination romaine, ou bien à un effort, à un progrès de la nation berbère elle-même? C'est ce que je vais chercher à éclaircir.

Le nom de Brânis, qui ne se retrouve pas sur le sol de l'Afrique ailleurs que dans les monts Aourès, ne se rencontre aussi qu'une seule fois dans l'histoire; c'est au début de cette longue série d'insurrections, qui se termina par l'avénement des dynasties berbères au gouvernement de l'Afrique.

Le soulèvement dans lequel figure le nom de Brânis est le premier de tous, celui qui eut pour chef Ksila, et qui coûta la vie à Ok'ba-ben-Nafih, le plus illustre des généraux arabes.

Ok'ba, ayant soumis au pas de course le Fezzan, le Djerid, le mont Aourès, avait poursuivi sa marche triomphante jusqu'à l'extrémité occidentale de l'Afrique. Là, il avait encore subjugué les deux provinces de Sous et celle de l'Ouad-Dra'; enfin il avait pris Ceuta et Tanger. Ainsi que nous l'avons dit précédemment, il revenait de cette expédition lointaine sans rencontrer de résistance, lorsqu'il apprit qu'un chef berbère nommé Ksila, récemment converti à l'islamisme, avait organisé un soulèvement formidable dans tout le pays compris entre Tobna et l'extrémité orientale du Zibân. Ok'ba marche contre les révoltés; il se présente devant Bâdes et Tehouda,

où il est accueilli par des injures; il cherche alors à s'emparer de Tehouda, mais il périt devant cette place avec
toute sa troupe.

Ksîla, proclamé roi par les Romains et les Berbers,
se porte sur Kaïrouân, dont il se rend maître. Les
Arabes, sous la conduite de Zouhir-ben-Kîs, se retirent dans le désert, et vont chercher un refuge à
Barka [1].

Tel est le récit sommaire de cet événement, qui
arriva l'an 63 de l'hégire.

Ksîla, appelé Ksîla-ben-Aouâm-el-Aouressi par Cha'ab-
ed-Dîn [2], était, suivant Ebn-Khaldoun, roi d'Aourba et
de Brânis [3], deux contrées berbères. Suivant El-Kaïrouâni, il commandait à Tobna; Marmol l'appelle aussi
roi de Tobna. Ebn-Khaldoun l'appelle Ksîla-el-Aourbi.

Tehouda est situé au pied des versants méridionaux
de l'Aourès, à quelques lieues seulement à l'est du village
et des ruines de Brânis. Ok'ba devait se diriger vers le
foyer de l'insurrection, vers le siége de l'autorité qui
venait de se dresser contre la sienne. Il n'est donc pas
douteux, d'après ce qui précède, que le pays de Brânis
fût situé dans la partie des monts Aourès qui contient
le village et les ruines de ce nom.

L'adjectif *el-aouressi* de Cha'ab-ed-Dîn paraît être
une légère altération d'El-Aourassi, et indiquer que

---

[1] *Histoire de l'Afrique*, par El-Kaïrouâni, traduction de M. Pellissier,
p. 44 et suiv.

[2] *Notices des manuscrits*, t. II, p. 157.

[3] Ebn-Khaldoun, traduit par M. N. Desvergers, p. 20.

l'un des chefs-lieux de commandement de Ksîla était
dans l'Aourès, comme la qualification d'El-Aourbi se
rapporte au commandement d'Aourba.

La tribu d'Aourba est mentionnée par Édrici parmi
celles des principales tribus berbères qui, de son temps,
habitaient l'Ouarensenis. Du temps de Bekri, une tribu
de ce nom habitait les environs de Bône, avec les Mas'-
moud'a et de nombreuses peuplades berbères.

En 172 de l'hégire, la tribu d'Aourba habitait les
environs de Fès, et son chef, qualifié par Ebn-Khaldoun du titre d'émir, fut le premier à reconnaître le
fondateur de la dynastie des Édricites, et contribua activement à l'élévation et au maintien de cette famille.

Ces témoignages ne placent pas, il est vrai, la tribu
d'Aourba dans le voisinage de Tobna, où devait être
le siége du second commandement de Ksîla, de celui
d'Aourba; mais de l'insurrection de Ksîla à l'élévation
des Édricites il s'était écoulé un siècle ; trois siècles séparaient l'avénement des Édricites de l'époque où écrivait
Bekri ; enfin près d'un siècle encore s'était écoulé entre
Bekri et Édrici. Combien de changements, combien de
mutilations avaient dû, dans ce long intervalle, atteindre
les tribus du Maghreb, surtout celles qui avaient joué le
rôle principal dans les grandes insurrections ! Comment
la tribu d'Aourba, celle qui entrait la première en lice
contre les Arabes, aurait-elle été épargnée ? Sa situation
au temps d'Édrici, et l'état de dispersion où elle se trouvait, portent témoignage des vicissitudes qu'elle avait dû
subir, puisque l'un de ses lambeaux se trouvait jeté dans

la partie orientale du Maghreb, un autre au centre, et un troisième à l'extrémité occidentale, près du rivage de l'Océan Atlantique.

Je pense que la tribu d'Aourba aura éprouvé, à la suite de l'insurrection, un de ces déplacements violents dont l'histoire de la domination arabe offre plusieurs exemples; qu'elle aura été comprise dans le mouvement de transplantation qui suivit le soulèvement de Kahîna, arrivé quelques années après.

Longtemps avant les Arabes, en 297, les Romains avaient usé de ce moyen énergique de réduction à l'égard des Quinquégentiens, qui habitaient le massif de la Kabilie proprement dite.

Ce ne fut qu'en 67, c'est-à-dire quatre ans après le combat de Tehouda, que le roi de Brânis ou de l'Aourès méridional succomba dans un combat livré à Ass, près de Kaïrouân, contre une nouvelle armée envoyée à Zouhir-ben-Kîs par le khalife.

Dès l'année 69, une nouvelle révolte, celle de Kahîna, éclatait dans l'Aourès. Cette femme, dont le nom est demeuré justement célèbre parmi les populations africaines, est appelée Dâmia par quelques écrivains. Ebn-Khaldoun lui donne le titre de reine des Djeraoua, dans le Djebel-Aourès [1]; Nowaïri la qualifie de reine de tous les Berbers qui habitent cette montagne [2]. Comme elle était de race berbère [3] et d'une des plus grandes

---

[1] Ebn-Khaldoun, traduit par M. N. Desvergers, p. 26.
[2] *Ibid.*
[3] *Ibid.*

familles africaines[1], toutes les tribus s'étaient rassem-
blées autour d'elle après la défaite et la mort de Ksîla[2].

H'acen-ben-No'man, qui venait d'être nommé gouverneur de l'Afrique au moment où éclata l'insurrection
de Kahîna, se porta aussitôt sur l'Aourès pour la com-
primer. Kahîna, pensant que le seul but du général
arabe est de s'emparer des places fortes, commence
par démanteler la place de Bar'aï. H'acen atteignit l'armée berbère sur les bords de l'Ouad-Nîni[3]; mais son
armée fut mise en déroute complète; il se vit forcé
d'évacuer l'Afrique, et, à l'exemple de son prédécesseur, il se retira dans les déserts de Barka, où il atten-
dit, pendant cinq ans, les secours et les ordres nécessaires pour rentrer en campagne.

Enfin, vers l'an 74 de l'hégire, il reçut de nouvelles
troupes, rentra en Afrique, et livra aux Berbers un
combat sanglant, dans lequel Kahîna fut vaincue et tuée.

Du temps de Bekri, la tradition plaçait le théâtre
de cet événement dans le voisinage de Tabarka[4].

La tête de Kahîna fut envoyée au khalife 'Abd-el-
Mâlek. Ceux de ses enfants qui embrassèrent la religion
musulmane furent mis chacun à la tête de douze mille
Berbers, et envoyés dans l'Afrique occidentale[5].

[1] Kaïrouâni, traduit par M. Pellissier, p. 53.
[2] Ebn-Khaldoun, traduit par M. N. Desvergers, p. 26.
[3] Cette rivière coule au nord-est de Bar'aï, et va se jeter dans le lac
Mtouça; elle sort d'une montagne appelée Djebel-Nîni, où existent des
ruines considérables.
[4] *Notices des manuscrits*, t. XII, p. 513.
[5] Kaïrouâni, p. 53 et suiv.

Dans ce récit succinct de l'insurrection de Kahina,
nous voyons d'abord tous les Berbers se ranger sous
l'autorité de cette reine après la mort de Ksîla, roi de
l'Aourès méridional; il est donc probable que Kahina
régnait sur l'autre partie. La première bataille se livre
sur les bords de l'Ouad-Nîni, c'est-à-dire sur la route
qui conduisait le général arabe au chef-lieu du gouvernement de Màdr'es, situé dans le voisinage de la sépulture royale de Medr'âcen. La seconde bataille se livre
encore dans la partie septentrionale de l'Afrique. Enfin
Kahina, voulant enlever aux Arabes l'appât des places
fortes, fait à l'avance démanteler Bar'aï, située au pied
des versants septentrionaux de l'Aourès. Tous les incidents de cette deuxième insurrection se passent au nord
des monts Aourès, comme ceux de la première s'étaient
passés au sud. N'est-on pas autorisé à croire, en présence de cet ensemble d'indications, que les deux premières protestations qui s'élevèrent du sein de la population africaine contre la domination arabe partirent
des deux souches auxquelles les généalogistes africains
ont rattaché toutes les ramifications du peuple berbère ?

Le déplacement considérable de population qui suivit
la révolte de Kahina explique la disparition de la tribu
d'Aourba sur le territoire de Tobna, qu'elle devait occuper au moment de l'insurrection de Ksîla; et l'envoi
de cette colonie des Berbers de l'est dans l'Afrique
occidentale fait comprendre pourquoi, en 172 de l'hégire, c'est-à-dire un siècle après ces orageux débats de

la conquète arabe, il existait un émir d'Aourba à Oulili, non loin de Fès.

Enfin les Djeraoua, dont, au rapport d'Ebn-Khaldoun, Kahîna était reine, ont eux-mèmes, sans doute,
et sous l'empire des mèmes causes, disparu du massif
montagneux qu'ils habitaient alors. Mais, suivant l'habitude de ces peuples, ils ont emporté leur nom dans
l'exil; aussi retrouvons-nous au temps de Bekri, c'est-
à-dire près de quatre siècles après, dans l'occident de
l'Afrique, une ville appelée Djeraoua, située à une journée de la Mlouïa et à deux journées de Tlemcèn, au
nord d'une montagne appelée Djebel-Memâlou. A cette
même époque, la ville de Djeraoua figure comme une
enclave dans la tribu de R'arirou[1].

On voit, en résumé, que, s'il est difficile de déterminer l'époque à laquelle a commencé le régime de
partage correspondant à la classification d'Ebn-Khaldoun, il est au moins à peu près certain qu'il existait
encore au moment de la conquête arabe, et qu'il a dû
cesser, ou du moins se modifier considérablement après
la répression du soulèvement de Kahîna.

Ainsi on peut dire que la classification d'Ebn-Khaldoun se rapporte à l'époque de l'entrée des Arabes en
Afrique.

II. DIVISION SUBSIDIAIRE.

Ebn-Khaldoun, toujours d'après l'opinion des généalogistes africains, place sept tribus dans la descendance

[1] Bekri, p. 529, 548, 591, 592.

directe, ou, comme nous l'avons dit plus haut, sous la dépendance immédiate des Brânes; ce sont :

1° Les Azdâdja... ازداجه   5° Les Ketâma... كتامه

2° Les Mas'moud'a مصمودة   6° Les S'enhâdja صناجه

3° Les Aourîa...... اوربه   7° Les Aourîr'a... اوربغه

4° Les 'Adjîça.... عجيسه

Quelques généalogistes y ajoutent

     Les Lemt'a...... لمطه

     Les Haskoura هسكورة

     Les Kezoula.. كزوله

Les Mâdr'es, que l'on appelle aussi El-Beter, ont quatre tribus sous leur dépendance immédiate, savoir :

1° Les Addâça............ ادّاسه

2° Les Nfouça............. نفوسه

3° Les D'arîça............ ضريسه

4° Les Beni-Leoua ou Leouâta... لواته

Les tribus comprises dans cette division subsidiaire, où elles figurent au même titre et au même rang, comme les dépendances immédiates de deux grandes principautés, sont loin cependant d'avoir toutes la même importance et la même renommée. Quelques-unes ont entièrement disparu dans les immenses mouvements qui agitèrent l'Afrique postérieurement à l'époque de cette classification; d'autres, au contraire, ont joué, dans les grandes luttes du moyen âge, un rôle qui a accru, dans des proportions colossales, leur puissance et leur célébrité; quelques-unes, enfin, ont été remplacées sur la scène

par d'autres peuples d'un rang inférieur qui les reconnaissaient alors pour suzeraines.

Cette observation me paraît ajouter un nouveau degré
de probabilité à ce fait, établi d'ailleurs par les considérations qui viennent d'être développées, à savoir, que
la classification d'Ebn-Khaldoun est antérieure au grand
remou que la conquête musulmane détermina parmi
les populations de l'Afrique septentrionale.

Il est une tribu qu'on s'étonne de ne pas voir figurer
parmi les subdivisions de Brânes; c'est celle d'Aourba.
Elle en formait cependant, comme nous l'avons vu précédemment, et comme Ebn-Khaldoun nous l'apprend
lui-même, une des principales dépendances.

D'un autre côté, comment se fait-il que le nom
d'Aourìa n'ait laissé aucune trace ni dans les historiens,
ni dans les géographes?

En présence de cette double anomalie, nous n'hési-
tons pas à regarder le mot d'Aourìa comme substitué,
par une erreur de copiste, au mot d'Aourba, qui n'en
diffère d'ailleurs que par un seul point.

OBSERVATIONS SUR LES TRIBUS DE LA DIVISION SUBSIDIAIRE.

———

Tribus de Brànis.

1. AZDÀDJA. —Ebn-Khaldoun mentionne ailleurs une
tribu des Ouazdàdja, que je pense être ou la même, ou
issue de la même, en prenant le *ou* initial dans le sens
génératif conformément aux règles de la langue berbère.

Cette tribu se révolta, vers l'an 268 de l'hégire,

contre les émirs aghlabites et fut vaincue dans le Djebel-Menchâr. Je trouve, dans mes études manuscrites sur la géographie de l'Afrique, que le Djebel-Menchâr est un contre-fort de l'Aourès, habité aujourd'hui par les Oulâd-Mouça. Ainsi, la tribu des Azdâdja devait se trouver comprise dans le massif de l'Aourès.

Le géographe Bekri mentionne une tribu des Ardâdja qui, de son temps (460 de l'hégire), habitait dans les environs d'Oran. Comme le manuscrit de cet ouvrage, dont on doit la traduction à M. Ét. Quatremère, ne contient pas les points diacritiques, et que d'ailleurs le nom d'Ardâdja ne se rencontre pas ailleurs, je suis porté à croire qu'il convient de lire Azdâdja ازداجة, au lieu de راداجة. Cette tribu aurait été comprise dans l'une des émigrations parties de l'Aourès entre l'année 268 et l'année 460, ce qui est d'ailleurs conforme à l'ensemble des témoignages historiques[1].

2. MAS'MOUD'A. — Cette tribu est une de celles qui figurent au premier rang dans les événements du moyen âge; elle occupe encore une place importante dans la situation du peuple berbère au XVIᵉ siècle. Nous la comprendrons dans l'examen qui sera fait de cette dernière situation.

3. AOURBA. — Cette tribu, qui jouait un rôle si important dans les premiers temps de la conquête arabe, avait disparu complétement au XVIᵉ siècle. Nous avons donné les diverses mentions que les écrivains arabes lui ont consacrées.

---

[1] Voir, sur le grand mouvement de migration de l'est à l'ouest, la notice sur les Zenâta et les Haouâra, liv. II, ch. IV.

4. 'Adjîça. — Ce nom a presque entièrement disparu.
Au temps de Bekri, il existait une montagne appelée
Djebel-'Adjîça dans le voisinage de Msîla[1], ce qui donne
à penser que la tribu de 'Adjîça avait eu précédemment,
en ce point, un centre considérable d'habitations.

Dans la géographie actuelle, je ne trouve qu'une fois
le nom de 'Adjîça; c'est un village des Oulâd-Tamzalt,
contigu aux S'enhâdja, dans la Kabilie proprement dite.

5. Ketâma. — Les Ketâma, dont le nom a entièrement disparu aujourd'hui de la géographie africaine,
jouissaient d'une immense célébrité dans le moyen âge.
Dès le xvie siècle, il n'en était déjà plus question.

Ebn-Khaldoun place les Zouaoua sous leur dépendance; mais, dans le cours du moyen âge, les Ketâma
tombèrent sous le joug des Mas'moud'a, c'est pourquoi
nous placerons leur histoire à la suite de la notice consacrée à ce dernier peuple.

6. S'enhâdja. — L'une des tribus les plus célèbres
du moyen âge; les S'enhâdja figuraient encore au premier rang dans la situation du xvie siècle; on les com-
prendra donc dans l'examen de cette situation.

7. Aourîr'a. — Le nom de cette tribu ne se retrouve
point dans les écrits des historiens et des géographes
arabes; elle se composait de quatre fractions, dont l'une,
celle des Haouâra, figure unie aux Zenâta dans la longue
série d'insurrections et de guerres allumées au sein de
cette dernière tribu[2].

---

[1] Bekri, p. 15.

[2] Le nom d'Aourîr'a ou d'Aourika, suivant une prononciation fré-

Au xvie siècle, les Haouâra occupaient encore, avec les Zenâta, une place importante dans la situation du peuple berbère; nous réunirons donc ce que nous avons à en dire dans la notice relative aux Zenâta.

8. Lemt'a. — Les Lemt'a, qui occupent le premier rang dans la classification d'Ebn-Khaldoun, ont été plus tard effacés par une de leurs fractions, les Lemtouna. Cependant, ils figuraient encore au xvie siècle comme une des principales tribus du désert. Nous placerons donc les détails qui la concernent dans l'exposé de la situation de cette époque.

9. Haskoura. — La tribu des Haskoura peuple aujourd'hui encore une province de l'empire de Maroc; elle fut assujettie par les Mas'moud'a, au moment de l'élévation des Almohades, et considérée, jusqu'au xvie siècle, comme une dépendance de ce peuple, auquel elle sera réunie dans la classification de cette époque.

10. Kezoula. — Comme la précédente, cette tribu forme une province de l'empire de Maroc; comme elle aussi, elle fut soumise par les Mas'moud'a, auxquels elle sera réunie dans la notice consacrée à ce peuple.

Tribus de Mâdr'es.

1. Addâça. — Je n'ai retrouvé ni le nom de cette tribu, ni celui des fractions qui la composent, dans

quemment usitée chez les Berbers, ce nom, dis-je, qu'on ne voit figurer nulle part ailleurs que dans la classification d'Ebn-Khaldoun, me paraît correspondre à une époque antérieure à celle que représente l'ensemble de cette classification. J'exposerai, liv. II, ch. viii, les motifs de cette opinion.

aucun des historiens et des géographes que j'ai pu consulter. Il ne se rencontre pas non plus dans la nomenclature actuelle des tribus. Elle a donc disparu depuis fort longtemps. Ebn-Khaldoun fait remarquer qu'elle est toujours réunie à celle de Haouàra, de sorte que les deux tribus n'en forment qu'une seule.

2. Nfouça. — Cette tribu habitait autrefois le Djebel-Nfous, qui a conservé son nom et qui est situé dans la régence de Tripoli, entre Gabès et la capitale de cet état. Comme elle figure encore dans la situation du peuple berbère au xvie siècle, nous la comprendrons dans la notice consacrée à cette époque.

3. D'arîça. — Le nom de D'arîça a presque entièrement disparu. Dès le xvie siècle, il était à peine mentionné; il a été remplacé par le nom d'une tribu de sa dépendance, les Zenâta, qui, après avoir rempli toute la période du moyen âge du bruit de leurs insurrections, occupaient encore une place importante dans la situation du xvie siècle.

Les D'arîça comprennent, dans la classification d'Ebn-Khaldoun, un grand nombre de subdivisions, dont nous placerons les notices à la suite de celle qui sera consacrée aux Zenâta.

4. Leouâta. — Les Leouâta, divisés comme les précédents en un grand nombre de fractions, reparaissent dans la situation du xvie siècle. Nous les comprendrons dans les notices particulières qui suivront l'exposé de cette situation.

Je termine ces observations sommaires par le tableau

complet de la classification des tribus berbères, d'après
Ebn-Khaldoun.

SUBDIVISIONS de PREMIER ORDRE.	SUBDIVISIONS de DEUXIÈME ORDRE.	SUBDIVISIONS de TROISIÈME ORDRE.	SUBDIVISIONS de QUATRIÈME ORDRE.	SUBDIVISIONS de CINQUIÈME ORDRE.
PREMIÈRE SOUCHE. — BRÂNIS.				
Azdâdja.....	Mest'âca.			
Mas'moud'a .	R'omera.			
Aourba.				
'Adjiça.				
Ketâma.....	Zouaoua.			
S'enbâdja.				
	Haouâra....	Mlila.		
		Kemlân.		
	Meld , appelée aussi Lehâna......	St'at.		
		Ourfel.		
		Mserta.		
		Acîl.		
Aourir'a....	Ml'ar......	Maous.		
		Zemour.		
		Kebba.		
		Mesrâî.		
	Feldân	K'ems'âna.		
		Ours't'îf.		
		Biâta.		
		Bel.		
Lemt'a.				
Haskoura.				
Kezoula.				
DEUXIÈME SOUCHE. — MÂDR'ES OU EL-BETER.				
	Ousfâra.			
	Andâra.			
Addâça, réunis avec les Haouâra ...	Henzouta.			
	S'anbra.			
	Harâra.			
	Out'ît'a.			
	Terhâna.			

SUBDIVISIONS de PREMIER ORDRE.	SUBDIVISIONS de DEUXIÈME ORDRE.	SUBDIVISIONS de TROISIÈME ORDRE.	SUBDIVISIONS de QUATRIÈME ORDRE.	SUBDIVISIONS de CINQUIÈME ORDRE.
Nçouça.				
	Benou - Temsît, ou D'arîça proprement dits.	Mat'mâta. Sat'foura, ou Koumia. Lmaïa. Met'r'ara. S'dîna. Mr'îla. Mekzoura. Kechâna. Douna. Mediouna. Toutes les tribus Zenâta.		
D'arîça.		Semkân	Zouâr'a.	Benou-Mâdjer. Benou-Ouât'el.
			Zouâra.	
	Benou-Iah'ia. .		Meknâça. . . .	Ourtir'a. Ouridous. Ourteflit. K'ensâra. Mouâlât. H'erât. Ourfelâs.
			Oukna.	
		Ours'et'ef. . .	Mkez.	Toulâlin. Trîn. Is'elten. Djerten. Four'âl.
			Ourtnâdj. . .	Mkensa. Bt'âlsa. Kernit'a. Sederdja. lïenât'a. Four'âl.

SUBDIVISIONS de PREMIER ORDRE.	SUBDIVISIONS de DEUXIÈME ORDRE.	SUBDIVISIONS de TROISIÈME ORDRE.	SUBDIVISIONS de QUATRIÈME ORDRE.	SUBDIVISIONS de CINQUIÈME ORDRE.
			Tidr'as	Ouarfadjouma ou Zkhâl. Touou. Bourr'ech. Ouândjer.
		Oulhàça		Kert'it'. Ourtdîn.
			Dah'ia	Nrir. Ouritounet. Mekerra. Ik'ouîn.
Benou-Leoua-el-Akbar	Nifzaoua	R'sàça. Zehila. Soumâta. Oursif. Zâtìma. Ourkoul. Mernîça. Ourdor'rous. Ourdîn. Medjer. Meklâta.		
	Leouata	Akoura. 'Atrouza. Mzâta. Mr'ar'a. Djedâna. Sedrata. Moghraoua, par alliance.		

CHAPITRE IV.

CLASSIFICATION DES DIVERS PEUPLES AFRICAINS
LORS DE L'ÉTABLISSEMENT DES TURCS.

Situation du peuple berbère au XVIᵉ siècle. — Les *Chilohes* de Marmol, aujourd'hui *Chelouh'*. — PEUPLES DU NORD. Les S'enhâdja; les Mas'moud'a; les Zenâta; origine des Chaouïa; les R'omera; les Haouâra. — Formation des états modernes. — PEUPLES DU SUD. Les Zenega; les Guanezeris; les Terga ou Touàreg; les Lemt'a; les Berdoa; les Lebètes ou Leouâta. — Les Azuagues de Marmol. — Résumé.

Je crois avoir établi précédemment que la classification d'Ebn-Khaldoun devait se rapporter à l'époque de l'entrée des Arabes en Afrique, c'est-à-dire à la fin du VIIᵉ siècle et au commencement du VIIIᵉ.

Deux autres écrivains ont aussi tracé le tableau de la situation du peuple berbère au commencement du XVIᵉ siècle, c'est-à-dire huit siècles après.

A ce moment, la domination musulmane entrait dans une phase nouvelle. La prise de Grenade, l'expulsion des Maures d'Espagne, l'élévation des chérifs dans le Maroc, l'installation des Turcs à Tripoli, à Tunis et à Alger, les tentatives réitérées et impuissantes des Espagnols et des Portugais contre la côte d'Afrique, la cessation, ou tout au moins l'allanguissement du commerce intérieur de l'Afrique, par suite de la découverte récente d'un nouveau passage aux Indes, étaient autant de circonstances qui concouraient à modifier profondément la condition des populations africaines.

Elles n'avaient pas, il est vrai, changé de foi ; mais chacun de ces événements n'en avait pas moins le caractère et la portée d'une véritable révolution ; aussi peut-on dire qu'il y a au moins autant de distance entre l'Afrique moderne et l'Afrique du moyen âge qu'entre l'Afrique du moyen âge et l'Afrique ancienne.

Venu au milieu de la période du moyen âge, Ebn-Khaldoun avait cherché, dans les traditions conservées par les généalogistes indigènes, la trace de l'état et de la classification des peuples berbères au début de cette période, et il avait ainsi conservé quelques liens de filiation entre les Berbers descendants de Mazigh et les peuples maziques de l'antiquité.

A son exemple, Léon et Marmol, venus plusieurs siècles après lui, au début d'une période nouvelle, demandèrent aux traditions généalogiques de leur époque les causes de la situation qu'ils avaient sous les yeux, et ils conservèrent ainsi à l'histoire le lien de filiation entre les grandes divisions du peuple africain durant le moyen âge et les divisions des temps modernes et du temps actuel.

D'après Ebn-er-Rak'ïk', le généalogiste africain qui a servi de guide aux deux géographes du xvie siècle, les premiers peuples qui habitèrent la Barbarie furent cinq colonies de Sabéens, conduites par Ebn-Ifriki, roi de l'Arabie Heureuse. Ils donnèrent naissance à six cents tribus de Berbers et conservent encore leurs anciens noms. Ce sont les S'enhâdja, les Mas'moud'a, les Zenâta, les R'omera et les Haouâra. Ils peuplèrent d'abord la partie orientale de la Barbarie et se répandirent ensuite dans le reste de l'Afrique.

En arrivant, ils trouvèrent une population déjà établie, que Marmol appelle *Chilohes*, et qui sont les Chelouh' de notre époque.

. Du temps de Marmol et de Léon, ces cinq nations occupaient le nord de l'Afrique septentrionale, où elles étaient distribuées de la manière suivante :

Les S'enhâdja occupaient la partie septentrionale du grand désert comprise entre les montagnes de Barka, celles de Nfouça et celles de Guaneceris ou Zuenziga; ce qui forme une vaste bande s'étendant de l'est à l'ouest, depuis les environs de l'oasis de Sioua, jusqu'au delà de celle de Touât. On trouvait aussi quelques campements de S'enhâdja mêlés avec les Zenâta.

Les Mas'moud'a occupaient la partie la plus occidentale de la Mauritanie tingitane, et particulièrement la région montagneuse de cette contrée. Leur territoire comprenait les cinq provinces de Maroc, Haha, Sous, Kezoula et Haskoura, qui font aujourd'hui partie de l'empire des chérifs; leur capitale était Ar'mat-Ourik'a.

Les Zenâta étaient disséminés sur toute la surface de l'Afrique; une partie habitait la province de Tamesna, qui s'étend, au sud-ouest de Fès, le long des côtes de l'Océan; ils s'appelaient alors Chaviens ou plutôt *Chaouïa*.

D'autres demeuraient dans les montagnes qui séparaient alors les deux états de Fès et de Tlemcèn.

D'autres enfin étaient établis dans les provinces de Tunis. Là, les uns vivaient sous la tente, comme les Arabes; les autres habitaient des demeures stables.

Les plus puissants et les plus libres étaient ceux de Numidie et de Libye.

Les Romera occupaient la chaîne de montagnes qui borde la Méditerranée depuis Ceuta jusqu'aux frontières de la Mauritanie tingitane.

Les Haouâra étaient les vassaux des Zenâta et se trouvaient partout mêlés avec eux.

Ces cinq peuples remplissent presque à eux seuls de leurs soulèvements, de leurs guerres, de leurs conquêtes, de leurs règnes toute l'histoire de l'Afrique, depuis la révolte de Ksîla dans l'Aourès, jusqu'à la fondation de l'empire de Maroc et des régences d'Alger, de Tunis et de Tripoli.

Durant les trois premiers siècles de cette période de six cents ans, ces peuples belliqueux demeurèrent dans un état permanent d'insurrection, protestant sans cesse contre la domination arabe, sans cependant parvenir à la renverser.

Enfin, dans les premières années du xe siècle, sous le règne des Édricites, et vers l'époque où commença la dynastie ommiade d'Espagne, les Meknêça, tribu des Zenâta, fondent la principauté et la ville de Meknès dans l'empire du Maroc.

Un demi-siècle après, les S'enhâdja sont investis du gouvernement de l'Afrique par les khalifes fatimites, et fondent la dynastie des Zeïrites.

En même temps une tribu de Zenâta, les Maghraoua, prenait parti dans l'ouest de l'Afrique pour les Ommiades d'Espagne, et fondait un état qui dura jusqu'à l'avénement des Almoravides, vers le milieu du XIe siècle.

Cette dernière dynastie, qui régna sur l'Afrique et l'Espagne, eut pour fondateurs les Lemtouna, fraction des Lemt'a.

Aux Almoravides succédent, au commencement du XIIe siècle, les Almohades, issus des Mas'moud'a.

Au commencement du XIIIe siècle, les Hentâta, tribu des Mas'moud'a, s'installent à Tunis, dans la dynastie des Beni-H'afes.

En même temps commencent à Fès la dynastie des Beni-Mrin, issue des Zenâta, et à Tlemcèn, celle des Beni-Zeïân, issue des Maghraoua, tribu dépendant des Zenâta.

C'est de ces trois derniers états que, dans le cours du XVIe siècle, et après de longues convulsions intérieures, se sont formés les états modernes.

Telle était la distribution au temps de Léon et de Marmol, c'est-à-dire au XVIe siècle; telle avait été la destinée, pendant le cours du moyen âge, des cinq peuples berbères établis au nord de l'Afrique septentrionale.

Dans la partie méridionale du désert habitaient six autres peuples berbères, dont le territoire confinait à la Nigritie: c'étaient:

1° A l'ouest, depuis l'Océan atlantique jusqu'aux salines de Tr'aza, les Zenega, bornés au nord par le Sous-el-Ak's'a et l'Ouad-Dra', au sud par Oualâta et Tim-bektou ;

2° Depuis les salines de Tr'aza jusqu'au désert de Ahir, la tribu appelée par Marmol, Guaneceris ou Zuen-ziga, établie dans le désert de Gogdem et bornée au nord par les oasis de Sedjelmâça, de Tebelbelt et de Beni-Gouraï, et au sud par le royaume de Gouber ;

3° Dans le désert de Ahir jusqu'à celui d'Iguidi, la tribu de Terga (Touâreg), bornée au nord par les oasis de Touât et de l'Ouad-Mzâb, et au sud par le royaume nigritien d'Agades ;

4° Dans le désert d'Iguidi jusqu'à celui de Berdoa, la tribu de Lemt'a, bornée au nord par les oasis d'Oua-regla, de Tuggurt et de R'dâmes, au sud par le royaume de Kânou ;

5° Entre le désert d'Iguidi et celui d'Aoudjla, les Berdoa, bornés au nord par l'oasis de Fezzân et le désert de Barka, au sud par le royaume nigritien de Bernou ;

6° Dans le désert d'Aoudjla, les Leouâta, dont le territoire s'étendait jusqu'au Nil.

Enfin, la population africaine comprenait une der-nière classe, celle que Marmol appelle les *Azuagues,* et qu'il range parmi les nations d'origine berbère, bien qu'elle ait un caractère particulier.

En résumé, la population aborigène de l'Afrique sep-tentrionale était classée, au XVI⁰ siècle, de la manière suivante :

1° Peuples de la plus haute antiquité :

Les Chelouh' ;

2° Peuples établis postérieurement aux Chelouh' :

AU NORD.

1. Les S'enhâdja ;   4. Les Zenâta ;
2. Les Mas'moud'a ;   5. Les Haouâra.
3. Les R'omera ;

AU SUD.

1. Les Zenega ;   4. Les Lemt'a ;
2. Les Guaneceris (Ouan-   5. Les Berdoa ;
   seris) ;   6. Les Leouâta.
3. Les Touâreg ;

3° Catégorie exceptionnelle :

Les Azuagues.

Telle est, dans son ensemble, la situation présentée
par Marmol et par Jean Léon. Nous allons examiner sé-
parément chacun de ces peuples, et, en nous aidant,
tant des indications fournies par les écrivains du moyen
âge, que de l'étude spéciale que nous avons faite de
la géographie barbaresque et des traditions recueillies
sur les lieux, suivre autant que possible chacun de ces
peuples dans le temps et dans l'espace, en recherchant
son origine et sa destinée, son point de départ et ses
migrations.

Si, dans cette classification du xvie siècle, il se rencontre quelque groupe considérable appartenant encore
à la classification actuelle, nous ferons ce que nous
avons fait pour celle d'Ebn-Khaldoun, c'est-à-dire que
nous le renverrons à la situation de l'âge suivant, atten-
dant, pour régler le compte de chaque peuple, le moment où son nom va disparaître.

De ce nombre sont les Chelouh', qui forment encore aujourd'hui une grande division de la nation berbère, et que, pour ce motif, nous renverrons à l'examen de la situation actuelle des peuples d'origine africaine.

LIVRE II.

ORIGINE ET DESTINÉE DES PRINCIPALES TRIBUS BERBÈRES.

CHAPITRE PREMIER.

TRIBUS DU NORD. — LES S'ENHÂDJA.

Origine des S'enhâdja. — Subdivisions de cette tribu; les Msoufa; les Madâça; les Djedâla; les Amlou; les Beni-Tachfin; les Beni-Moh'ammed; les Beni-Menâd. — Documents historiques. — Les S'enhâdja prennent part à l'insurrection de Bougie en 748, à celle de Tripoli en 768; ils concourent, avec les Ketama, à l'élévation de la dynastie arabe des Obeïdites ou Fatimites; ils s'en séparent ensuite; ils fondent la ville d'Achir, entre Setif et Hamza. — En 971, ils sont investis du gouvernement du Maghreb par le khalife fatimite, et forment la dynastie dite des *S'enhâdja* ou des *Zeïrites*. — Premier dé-membrement de l'empire des S'enhâdja par la formation de celui des Hammâdites. — Fondation de K'ala'at-Beni-H'ammâd; ruine de cette ville. — Bougie devient la capitale des Hammâdites. — Causes de la prospérité de cette ville. — Relations avec le désert et la Nigritie. — Chute de la dynastie des S'enhâdja; dispersion de cette tribu: place qu'elle occupe dans le groupement actuel des populations barbaresques.

La période de puissance et de splendeur des S'en-hâdja est comprise entre l'époque à laquelle se rap-porte la classification d'Ebn-Khaldoun et la situation présentée par Marmol et Jean Léon.

Aussi ne figurent-ils pas dans la première classification avec l'importance qu'ils devaient acquérir dans les siècles suivants et qu'ils avaient déjà perdue en grande partie au XVIᵉ siècle.

Obeïd-el-Bekri et Édrici sont les deux écrivains qui reproduisent avec le plus d'exactitude la situation des S'enhâdja pendant le demi-siècle que dura leur puissance.

C'étaient, en effet, pour ces deux auteurs des faits contemporains. Bekri terminait son livre en 1067-8 de notre ère, au moment où deux chefs s'enhâdja partaient l'un au sud pour entamer la Nigritie, l'autre au nord pour envahir l'Afrique et l'Espagne. Édrici écrivait le sien vers 1153, au moment où la dynastie fondée par les S'enhâdja venait d'être renversée.

La classification d'Ebn-Khaldoun ne donne aucune subdivision aux S'enhâdja; mais l'origine qu'il leur attribue prouve qu'ils étaient unis par un lien de parenté avec les Lemt'a, les Aourìr'a et les Haouâra. On raconte, dit-il, que S'enhâdj et Lemt' étaient fils d'une même femme appelée Touska. Cette femme épousa Aourir' et en eut un fils appelé Haouâr.

Édrici rapporte la même origine; mais il y fait figurer les Zenâta, et ne parle pas d'Aourîr'. Suivant lui, S'enhâdj et Lemt' étaient frères, et ils avaient pour mère Tazk'aï-el-Asdja, issue des Zenâta. Cette femme, ayant dans la suite épousé un chef arabe qui s'était avancé dans le Maghreb jusqu'à la tribu des Zenâta, eut de ce mariage un fils qui fut surnommé Haouâr, et qui demeura avec ses deux frères, S'enhâdj et Lemt', et ses parents du Zenâta.

Nous n'aurions pas reproduit cette fable, si nous n'avions espéré y trouver quelques lumières pour l'histoire de la tribu qui nous occupe.

S'enhâdj et Lemt' étant frères, il en faut conclure que les S'enhâdja et les Lemt'a formaient originairement deux fractions d'une même tribu. En effet, ils sont toujours considérés comme parents et alliés. Une des subdivisions de Lemt'a porte le nom de Lemtouna. C'est de cette subdivision même que sont sortis les Almoravides ou les Marabouts. Ceux-ci, au rapport de Bekri, habitaient dans le désert, autour d'une montagne, au sommet de laquelle s'élevait une forteresse appelée Azdjaï, Azk'aï ou Arkaï. Suivant Édrici, elle porte le nom d'*Azk'aï* en langue berbère, et de *Gogdem* en génois; elle est à treize journées de Sedjelmâça, à sept ou neuf journées de Noul, et sur la route de *Sla* سلا à Tekrour et à R'âna, du pays des noirs[1].

Tazk'aï est la forme féminine berbère d'azk'aï[2]. N'est-il pas vraisemblable que l'histoire rapportée ci-dessus doit être prise dans un sens allégorique, comme exprimant le lien de mitoyenneté et de confraternité qui unissait originairement les S'enhâdja et les Lemt'a, et qui s'étendait même aux Zenâta et aux Haouâra? Et n'est-on pas autorisé à en induire que la tribu des S'enhâdja, établie au xvi⁰ siècle dans la partie septentrionale du dé-

[1] Édrici, p. 206.
[2] Moins le *t* final.

sert. était originaire de cette contrée, et qu'elle s'étendait à l'ouest jusqu'à la montagne et la ville d'Azk'aï, où elle confinait aux Lemt'a?

Cette montagne, comme nous l'apprend Bekri, était occupée par les Lemtouna, tribu des Almoravides ou des Marabouts. Or, les Lemtouna sont classés par Édrici dans la tribu des Lemt'a, et par Kaïrouáni[1] et Bekri[2], dans celle des S'enhâdja. Cette incertitude est une nouvelle preuve de la confraternité qui unissait les S'enhâdja et les Lemt'a. Elle prouve, en outre, que la tribu de Lemtouna, située entre les deux et attribuée aux Lemt'a par les uns, aux S'enhâdja par les autres, formait comme l'anneau de leur alliance et le siége de leur mitoyenneté.

Cette observation établit plus nettement la situation respective des deux tribus situées toutes deux dans le désert, les S'enhâdja à l'est, les Lemt'a à l'ouest et entre les deux, les Lemtouna, c'est-à-dire la tribu des Marabouts, occupant la place et jouant le rôle que nous voyons constamment réservés, dans la société musulmane, aux familles ou aux tribus religieuses.

Quant aux Zenâta et aux Haouàra, nous rechercherons plus tard, dans l'examen de la position qu'ils occupaient et de la destinée qui leur échut en partage, la signification du lien originel qui les rattachait aux S'enhâdja et aux Lemt'a.

[1] El-Kaïrouáni. p. 125.
[2] Bekri, p. 624.

DIVISION.

Les S'enhâdja étaient divisés en soixante et dix tribus, en y comprenant les Lemtouna[1]. Les géographes ne nous ont conservé les noms que de quelques-unes.

Voici ceux que j'ai recueillis dans les auteurs arabes :

Les Msoufa,	Les Beni-Tachfin,
Les Madâça,	Les Beni-Moh'ammed,
Les Djedâla,	Les Beni-Menâd.
Les Amlou,	

Les Msoufa.

Les Msoufa, suivant Édrici, les Beni-Msoufa, suivant Bekri, sont classés par le premier dans la tribu de Lemt'a, par le second dans celle de S'enhâdja. Nous pensons que l'assertion d'Édrici est la plus exacte, bien que celle de Bekri s'explique et se justifie par le temps où il vivait.

En effet, au moment où Bekri achevait son ouvrage, il y avait juste un siècle qu'une dynastie issue des S'enhâdja gouvernait toute la partie orientale de l'Afrique. Le nom de cette tribu se trouvait donc déjà popularisé, et la renommée, accoutumée à ce nom, lui reportait l'honneur des nouvelles conquêtes dont le bruit, parti des profondeurs du désert et du berceau même des S'enhâdja, faisait retentir toute l'Afrique.

Mais, après l'accomplissement de la révolution almoravide qui commençait alors, l'opinion, mieux éclairée,

[1] Kaïrouâni.

restitua aux Lemt'a et surtout aux Lemtouna, leurs alliés, la part de gloire qui leur était due.

Nous classerons donc la tribu des Msoufa dans celle de Lemt'a dont il sera question plus tard.

Les Madâça.

Il faut en dire autant des Madâça, que Bekri[1] attribue aussi aux S'enhâdja; mais que leur position géographique range plus vraisemblablement parmi les tribus de Lemt'a.

Les Djedàla.

La même observation s'applique aux Djedàla, attribués par Bekri[2] aux S'enhâdja, et restitués par Édrici[3] aux Lemt'a.

Les Amlou.

Cette tribu, mentionnée par Édrici[4], habitait sur le penchant de la montagne qui touche à la ville de Daï (Maroc). Or, la ville de Daï est située dans le massif du Djebel-Dâdes, dont le versant septentrional donne naissance à l'Ouad-Mlouïa ou Amlouïa (la rivière des Amlou). La conformité de ce nom et de celui de la tribu autorise à penser que celle-ci habitait les pentes nord de la montagne et les sources de cette rivière devenue célèbre, qui ainsi lui devrait son nom[5].

[1] Bekri, p. 651.
[2] *Ibid.* p. 624.
[3] Édrici, p. 205.
[4] *Ibid.* p. 221.
[5] Marmol place encore une colonie de S'enhâdja dans le même en-

Il existe encore, dans le massif de montagnes qui entoure la Metîdja près d'Alger, deux tribus du nom de Melouân[1], qui doivent être des restes de cette fraction des S'enhâdja. L'une est située sur la rive droite de l'Harrach à l'est de Blida, dans l'ancien kaïdat des Beni-Khelil, sur une montagne appelée Tizi-n-Tâga, et sur un territoire dont tous les noms sont berbères. Cette tribu est entièrement kabile.

L'autre est située sur la rive gauche de l'Isser, un peu au-dessus d'une autre tribu kabile qui porte encore le nom de S'enhâdja. Elle fait partie du groupe connu aujourd'hui sous le nom de Beni-Khelîfa.

Les Beni-Tachfîn.

Nous retrouvons encore une tribu kabile de ce nom dans le massif qui circonscrit la Metîdja. Située à peu de distance au nord-est des Melouân de l'Harrach, elle fait partie du groupe des Beni-Mouça. Édrici range les Beni-Tachfîn parmi les S'enhâdja, sans ajouter d'autres indications.

Les Beni-Moh'ammed.

Pour cette tribu comme pour la précédente, nous n'avons d'autre indication que la mention d'Édrici, qui les classe parmi les S'enhâdja. Nous retrouvons encore une tribu kabile de ce nom à côté de la précédente

droit; mais il ne donne pas le nom de la fraction établie en ce point. (Voir la notice des Zenâta.)

[1] Mlouïa est le pluriel arabe; Melouân est le pluriel berbère.

et dans le même groupe, tout près des Melouân de l'Harrach, et, par conséquent, dans le voisinage des S'enhâdja.

Il existe une autre tribu des Beni-Moh'ammed qui est aussi d'origine kabile, à l'extrémité occidentale du Djebel-Edough, entre Philippeville et Bône, et il est à remarquer qu'elle est encore contiguë à une autre tribu portant de nos jours le nom de S'enhâdja.

Les Beni-Menâd.

Cette tribu est une de celles qui se sont élevées au plus haut degré de puissance. De son sein est sortie la dynastie des Zeïrites, appelée dans le monde musulman *dynastie des S'enhâdja*, et dont tout à l'heure nous résumerons l'histoire.

C'est encore dans le massif qui entoure la Metîdja que nous retrouvons aujourd'hui le nom des Beni-Menâd; il appartient à une tribu kabile considérable située dans la partie occidentale de ce massif, entre trois autres tribus kabiles, les Chenoua, les Beni-Menâc'er et les Soumâta.

Il résulte de ce qui précède que les S'enhâdja, sans quitter le désert, leur véritable patrie, avaient cependant formé des établissements et fondé des colonies assez nombreuses dans le voisinage du littoral.

Ce fait est encore confirmé par d'autres témoignages puisés dans les écrivains arabes, et par des indications empruntées à la géographie actuelle.

Du temps de Bekri, les S'enhâdja étaient en posses-

sion de la plaine et de la ville de Hamza, alors entourée d'un mur et d'un fossé. Leur territoire s'étendait à
une journée de marche dans l'est, jusqu'à un lieu nommé
alors *Ouzbour* اوزبور [1].

A la même époque, et suivant le même auteur, ils
occupaient le territoire de Tandja (Tanger).

Il existe aujourd'hui, indépendamment des noms
de fractions dont nous venons de constater le maintien, plusieurs tribus qui portent le nom de S'enhâdja,
savoir :

1° Une fraction dans la tribu des Rir'a-el-Guemâna,
située à peu de distance de Médéa et comprise dans
le groupe de Tit'erî; elle parle la langue arabe.

2° Une tribu comprise dans le groupe des Beni-Dja'âd.
Elle est située sur les bords de l'Isser, dans le massif
des montagnes qui entourent la Metidja; elle parle la
langue kabile.

3° Une tribu dans la Kabilie, sur la rive droite de
l'Ouad-Akbou, à peu de distance de Bougie.

4° Une tribu dans le Djebel-Edough, contiguë aux Beni-
Moh'ammed, et dans laquelle s'est conservée la tradition
de son origine ainsi que le souvenir de son déplacement. Cette tribu se considère comme la plus ancienne
des environs de Bône. Elle assure qu'il y a plusieurs
siècles, ses ancêtres habitaient le Sah'ara, et qu'il y a environ trois cents ans ils étaient maîtres de tout le pays
jusqu'au lac Fzâra; mais elle a vu le nombre de ses
habitants diminuer peu à peu; alors, toujours suivant

[1] Bekri, p. 519.

les traditions locales, elle a commencé à vendre des
terres aux tribus qui l'entouraient, savoir : aux Trea'ât,
venus des Merdês qui habitent la plaine de la Seybous,
aux Khouâled venus du Sah'ara, et aux Kabiles venus du
Djebel-Goufi, qui forme le cap Bougaroni ou Seba'-rous.

5° Enfin le nom des S'enhâdja se retrouve encore
attaché à des lieux qu'ils ont habités, mais où la population berbère a disparu. Ainsi, vers la limite orientale
de l'Algérie, au sud de Lacalle, dans la portion de la
vallée de la Bou-Namouça qui porte le nom de *Châfia*,
existent des ruines considérables appelées *Makkouz*. A
deux milles et demi au sud de ces ruines, il s'en trouve
d'autres appelées S'enhâdja. On y voit des restes de voie
romaine et des inscriptions en caractères berbères [1].

On remarquera que presque tous ces vestiges du séjour des S'enhâdja dans la zone voisine du littoral, se
trouvent en Algérie, et qu'ils y sont compris entre le
méridien de Miliâna et celui de Lacalle, c'est-à-dire
qu'ils s'étendent à peu près à égale distance à l'est et
à l'ouest du méridien de Bougie.

C'est qu'en effet le méridien de cette ville forme
comme l'axe autour duquel a gravité, pendant plus de
deux siècles, la puissance des S'enhâdja, savoir depuis
l'année 324 de l'hégire, date de la fondation d'Achir,
jusqu'à l'année 544, date de la prise de Bougie par
l'émir 'Abd-el-Moumen.

[1] Je possède la copie de l'une de ces inscriptions.

Les trois premiers siècles de l'hégire n'amenèrent pas d'événement qui ait exercé une influence notable sur la destinée des S'enhâdja.

Après la première invasion des Arabes, alors que l'armée musulmane s'en retournait dans son pays chargée de butin, quelques tribus africaines, surtout dans le Sah'ara, virent un certain nombre de ces pasteurs de l'Asie s'établir parmi elles. La tribu des S'enhâdja fut de celles qui en accueillirent. Peu à peu les musulmans se mêlèrent à leurs hôtes, les convertirent à l'islamisme et finirent par s'identifier avec eux [1].

Un siècle plus tard, en 131 de l'hégire (748 de J. C.), nous voyons un certain Tàbet, de la tribu des S'enhâdja, organiser une insurrection à Bougie [2]; ce qui indique que, dès cette époque, la tribu des S'enhâdja avait des relations avec cette partie du littoral. Peut-être même y avait-elle déjà des établissements, ce qui est fort probable, eu égard à la situation de Bougie, qui fut de tout temps le port et l'entrepôt naturel de la partie centrale du continent saharien.

En 151 de l'hégire (de J. C. 768), sous le gouvernement d'Omar-ben-H'afes-Hezarmerd, une insurrection générale éclate en Afrique. Les S'enhâdja sont désignés comme y ayant pris une part active; ils avaient réuni leurs forces à celles des Zenâta et des Haouâra, qui

[1] Marmol, t. I.
[2] Ebn-Khaldoun, traduit par M. Noël Desvergers, p. 44.

étaient les véritables fauteurs et les principaux acteurs
de ce drame. Nous appelons l'attention sur cette alliance
des trois peuples, parce que la rupture qui éclata plus
tard entre eux explique une des circonstances les plus importantes de la situation actuelle des Berbers en Algérie.

L'insurrection de 151 se présenta avec un caractère
nouveau : ce n'était plus seulement une guerre d'indépendance que les Africains déclaraient aux Arabes ;
c'était une guerre de religion. Les masses indigènes
qu'elle mit en mouvement appartenaient toutes à deux
sectes fanatiques, celles des sofri et celle des 'abâdi. Une
formidable armée, composée de tous les contingents
réunis, se forma aux environs de Tripoli, et, après un
premier succès remporté sur les troupes arabes, marcha contre Kaïrouân, qui était le siége du gouvernement. Mais le gouverneur étant alors à T'obna, capitale
du Zâb, les insurgés, divisés en douze corps d'armée,
se portèrent sur cette ville.

Cette guerre, commencée en 151, ne fut terminée
qu'en 155, et encore fut-elle suivie de troubles partiels
qui se prolongèrent pendant près de dix années. Elle
coûta la vie au gouverneur de l'Afrique, et donna pas-
sagèrement à un Berber l'autorité suprême dans le
Maghreb[1].

Depuis cet événement, l'histoire cesse de mentionner
les S'enhâdja jusque vers le temps de leur élévation.

Leur fortune commença avec la dynastie des khalifes fatimites, appelés aussi *Obeïdites*, du nom de son

___
[1] Ebn-Khaldoun, traduit par M. N. Desvergers, p. 62 et suiv.

fondateur. Ils étaient alors alliés des Ketàma, qui, les premiers, épousèrent la cause de l'imâm-el-Mohdi 'Obeïd-Allah, et ils ne tardèrent pas à partager avec eux l'influence que leur avait donnée cette initiative fervente.

Aussi la dynastie des Obeïdites montra-t-elle, dans ses débuts, une bienveillance constante et presque exclusive aux Ketama et aux S'enhâdja. C'est parmi eux qu'ils choisissaient la plupart des dignitaires de leur empire et des gouverneurs de leurs provinces. Mais les Ketâma, nation remuante et indisciplinée, perdirent, au bout de quelques années, une partie de la faveur dont ils avaient joui dans les premiers temps; ce qui accrut encore le crédit des S'enhâdja.

L'élévation et la puissance de ces deux tribus excitèrent le mécontentement des autres, et, en particulier, des Zenâta. Dès lors fut rompue à jamais l'alliance entre les S'enhâdja, les Zenâta et les Haouâra, alliance fort ancienne, puisqu'elle remontait à la source des traditions qui leur assignaient une origine commune [1].

Cette rupture amena une insurrection qui agita toute l'Afrique pendant trente ans, et faillit renverser la dynastie naissante des Obeïdites.

Elle eut pour chef un certain Abou-Iezid, natif de Tòzer, dans le Belâd-el-Djerîd, et Zenâti d'origine [2].

---

[1] Voir p. 58.

[2] Kaïrouâni, traduit par MM. Pellissier et Rémusat, p. 97. Cette insurrection, étant née dans la tribu des Zenâta, sera racontée avec plus de détails dans la notice relative à cette tribu.

Peu de temps avant cette terrible explosion, une tribu des S'enhâdja, les Beni-Mnâd, était venue s'établir au centre de l'Algérie actuelle, à peu près à moitié chemin entre Setif et Hamza, et y avait fondé une ville appelée *Achîr*[1]. Zîri, chef de cette colonie, avant de jeter les fondements de sa ville, avait sans doute voulu obtenir l'agrément du khalife, qui s'était empressé de lui envoyer son meilleur architecte[2]. Ceci se passait en 324 de l'hégire (935-936 de notre ère).

Quelques années après, le khalife El-Mans'our, en poursuivant les troupes d'Abou-Iezid, arriva sur le territoire de Zîri-ben-Mnâd, qui vint aussitôt se joindre à lui. Son empressement lui valut d'être nommé prince d'Achîr et de ses dépendances, dont il n'avait été jusqu'alors qu'acquéreur et propriétaire. En 342, Zîri accompagna le khalife dans une nouvelle expédition, En 346, il assista et contribua activement à la prise de Fès.

Mais, peu de temps après, il fut tué dans un combat contre les Zenâta, qui s'étaient de nouveau révoltés. A partir de ce moment, les S'enhâdja et les Zenâta devinrent irréconciliables.

Ioucef-Balkîn, fils de Zîri, succéda à son père dans

---

[1] Suivant Édrici (p. 233), Achîr-Zîri était situé à une journée à l'ouest de Setif. Or, je trouve, dans mes notes sur la géographie de l'Algérie, que, sur la route de K'ala' des Beni-'Abbès à Bou-Sa'da, et à la distance de quatre ou cinq lieues de K'ala', il existe des ruines appelées *Achîr*, du milieu desquelles sort une source abondante. Ces deux indications s'accordent parfaitement; il ne reste donc aucun doute sur l'identité d'Achîr-Zîri et des ruines actuelles d'Achîr.

[2] Cardonne, t. II, p. 73.

la confiance du khalife, qui ne tarda pas à lui en donner un éclatant témoignage.

Le 1ᵉʳ de safar 361 (23 novembre 971), Moezz-lid-
Din, le khalife régnant, au moment de s'acheminer vers
l'Égypte, qui venait d'être conquise par un de ses généraux, laissa l'administration du Maghreb entre les
mains de Balkîn-ben-Ziri le S'enhâdji.

C'est ainsi que, dans le moyen âge, la race africaine
recouvra l'exercice de son droit primordial sur la terre
où elle a pris naissance.

La nouvelle dynastie établit d'abord sa résidence à
Achîr, au centre du Maghreb. Mais des habitudes séculaires, d'accord avec les exigences politiques, appelaient le siége du gouvernement dans la partie orientale
de cette contrée. El-Mans'our, le deuxième émir, le transporta à Sabra, près de Kaïrouân; El-Moezz, le quatrième, l'établit à Mohdia, sur la côte orientale de la
régence actuelle de Tunis.

D'autres intérêts déterminèrent bientôt, dans l'empire naissant des S'enhâdja, un partage qui eut pour
résultat la formation, au centre du Maghreb, d'un nouvel état et d'une nouvelle capitale.

Vers l'an 387 de l'hégire (de J. C. 997), un des fils
de Balkîn, nommé H'ammâd, entra en révolte contre
son neveu, qui régnait à Sabra, et se déclara indépendant dans la province d'Achîr, dont il était gouverneur.
Il fonda ainsi l'émirat de Bougie et la dynastie appelée
de son nom *Beni-H'ammâd*.

Le siége de ce nouveau gouvernement fut d'abord

6262

6262

6262

6262

établi dans une forteresse devenue célèbre sous le nom de K'ala'at-Beni-H'ammàd. Édrici la place à 12 milles de Msila, sur le sommet d'une colline qui domine toute la plaine. La forteresse, construite par H'ammâd, vit bientôt à ses pieds et sur les pentes de la colline s'élever de nombreuses habitations. En peu de temps il se forma une ville, qui prit elle-même le nom de K'ala'at-Beni-H'ammâd. La population s'accrut rapidement, et, un siècle et demi après, Édrici la représente comme une cité riche, populeuse et remplie de beaux édifices[1].

Elle fut pendant longtemps la résidence des H'ammâdites et la capitale de leurs états, qui comprenaient presque tout l'espace occupé aujourd'hui par les deux provinces de Constantine et d'Alger, ce qui fait environ les quatre cinquièmes de la superficie de l'Algérie.

K'ala'at-Beni-H'ammâd tomba au pouvoir d'Abd-el-Moumen[2], et fut englobé dans l'empire des Almohades en même temps que Miliâna, Bougie, Bône, Alger et Constantine, c'est-à-dire en 544 de l'hégire (1149 de J. C.). Quelques années après, elle est encore citée par Édrici comme une ville florissante. Je n'ai pas trouvé de renseignements précis sur l'époque où elle fut détruite. La ruine de cette ville, comme celle de tant d'autres, dut être l'ouvrage des Arabes, qui, déjà au temps d'Édrici, désolaient cette contrée de leurs incursions et de leurs ravages, et poursuivaient, sur les établissements fondés au centre du Maghreb par le génie

[1] Édrici, p. 232.
[2] Cardonne, t. II, p. 283.

créateur et conservateur de la race berbère, ce travail de destruction systématique dont nous constatons les résultats depuis vingt ans, et dont l'histoire doit vouer les auteurs à l'exécration des peuples et des siècles civilisés.

Lors de la destruction de K'ala'at-Beni-H'ammâd, la population, chassée de ses foyers, se dispersa dans plusieurs directions. Quelques villes qui ont survécu à la dévastation arabe et qui subsistent encore aujourd'hui leur offrirent un asile. De ce nombre furent Msîla et Bou-Sa'da. La première de ces deux villes renferme un quartier dont les habitants, appelés Oulâd-bou-R'lâm, se regardent comme les descendants des S'enhâdja, sortis de K'ala'at-Beni-H'ammâd au moment de sa ruine.

La tribu kabile de Mans'oura, qui habite le Djebel-Mzîta, reporte aussi son origine à la même époque, et se considère comme ayant été formée des débris de la population de l'ancienne capitale des Hammadites.

Les ruines de cette ville célèbre existent encore ; elles sont situées sur le territoire des Oulâd-Nedja', fraction des Oulâd-Derrâdj établie sur l'Ouad-Selmâna, qui est un des affluents du lac salé de Msîla. Elles occupent le sommet et les pentes d'une colline, et dominent l'immense plaine de Hodna, qui s'étend au midi. Elles sont éloignées de Msîla d'environ 16 kilomètres à l'ouest, ce qui fait exactement la distance donnée par Édrici. Elles portent d'ailleurs le nom que portait la ville dont elles occupent la place : ainsi il ne peut rester aucun doute sur l'identité des emplacements.

On m'a assuré dans le pays qu'il existe une histoire de K'ala'at-Beni-H'ammâd, écrite par un marabout des Oulâd-bou-R'làm, cette famille dont les descendants habitent encore aujourd'hui Msila. Il y est dit que cette ancienne capitale des S'enhâdja de Bougie renfermait, à l'époque de sa splendeur, huit mille maisons.

K'ala'at-Beni-H'ammâd était depuis longtemps florissante, lorsque les émirs hammâdites transférèrent leur résidence à Bougie, et en firent leur capitale. Bougie devint bientôt un vaste atelier de divers arts et métiers, un entrepôt considérable de marchandises, un centre important de communications[1]. C'était vers le milieu du XIIe siècle une riche et florissante cité.

La fondation de l'émirat de Bougie, l'accroissement rapide des établissements fondés par les S'enhâdja du Maghreb central, la prospérité d'Achir, de K'ala'at-Beni-H'ammâd et de Bougie sont dus à des causes qu'il est assez intéressant de rechercher.

Jusqu'à la découverte du cap de Bonne-Espérance, le commerce de l'Afrique centrale fut une source de richesse pour tous les peuples du Maghreb. Il devenait surtout avantageux aux grandes tribus africaines, lorsqu'elles pouvaient faire parvenir directement leurs caravanes depuis la Nigritie jusqu'à la Méditerranée; car, de cette façon, les échanges s'opéraient sans intermédiaire.

Les S'enhâdja, qui occupaient toute la bande septentrionale du désert comprise entre les méridiens de Bône et d'Alger, devaient donc chercher à se ménager une

[1] Édrici. p. 236.

communication entre le centre de leurs établissements et le meilleur port de la côte. Leur vrai port de commerce était Bougie. Aussi les voyons-nous, dès l'an 151 de l'hégire, installés dans cette ville, où leur présence nous est révélée par une insurrection contre les Arabes. Ils contractent une étroite alliance avec les Ketâma, situés entre eux et la côte ; plus tard, ils créent le comptoir d'Achîr, placé entre Bou-S'ada et K'ala', sur la principale route du désert à la Méditerranée.

Enfin, après avoir jalonné cette grande communication, ils fondent le royaume de Bougie, compris à peu près entre les mêmes méridiens que leurs établissements du désert.

C'étaient surtout des avantages commerciaux qu'ils se promettaient comme fruit de leurs conquêtes. Pendant que l'émigration conquérante des Beni-H'ammâd s'avance vers le nord et s'empare des débouchés de la côte, les S'enhâdja du désert s'avancent aussi vers le sud ; ils étendent leurs conquêtes jusque dans le Soudan ; ils remontent jusqu'aux sources méridionales de la production et de l'échange.

Vers l'an 350 de l'hégire, c'était un S'enhâdji qui gouvernait la ville d'Audagast ; il avait pour vassaux plus de vingt rois nègres qui lui payaient tribut. Son empire s'étendait sur des pays habités qui avaient une étendue de deux mois de marche, tant en longueur qu'en largeur. Il commandait à une armée de cent mille hommes[1].

[1] Bekri, p. 617.

Le royaume de Bougie et la dynastie des Beni-H'ammâd durèrent jusque vers le milieu du xiie siècle. Le
premier fut alors enveloppé dans la conquête générale
de l'Afrique par 'Abd-el-Moumen, chef des Almohades.
Quant à la seconde, elle s'éteignit sans que l'histoire ait
fait depuis mention des membres de cette famille[1].

C'est durant l'intervalle que remplit dans l'histoire
le règne des Beni-H'ammâd, que s'éleva la dynastie des
Almoravides. Cette révolution, partie également du désert, fut, ainsi que nous l'avons dit, l'œuvre commune
des S'enhâdja et des Lemtouna. Elle donna naissance
dans l'ouest à un nouveau centre d'autorité par la fondation de la ville de Maroc, qui devint le siége de ce
gouvernement. Cet évenement ayant été dû surtout à
l'initiative et à la coopération des Lemtouna, nous en
placerons le récit dans la notice consacrée à cette tribu.

En recherchant d'après ce qui précède la place que
les révolutions ont assignée à la tribu des S'enhâdja
dans le groupement actuel des populations barbaresques,
nous voyons que leurs déplacements ont surtout con-
tribué à former,

En Algérie,

1° Le massif kabile, concentré dans les montagnes
qui bornent l'horizon de la Metîdja;

2° Le groupe de Mzita, situé dans la province de
Constantine, entre la plaine de la Medjàna et les montagnes de l'Ouennour'a;

[1] Il existe une tribu des Beni-H'ammàd dans la Kabilie (canton de
Flicet-Mellil).

3° Une partie de la population groupée sur les bords de l'Ouad-Akbou, dans la Kabilie proprement dite;

4° La population du territoire de Bône, depuis et y compris le massif du mont Édough jusqu'au cours de la Bou-Namouça;

Dans l'empire de Maroc,

La population des environs de Tanger et le cours supérieur de la Mlouïa.

Ainsi c'est dans les provinces de Constantine et d'Alger, et principalement dans les environs de cette dernière ville, que sont restées groupées les colonies de cette grande tribu.

CHAPITRE II.

TRIBUS DU NORD. — LES MAS'MOUD'A.

Situation géographique des Mas'moud'a. — Ils se révoltent contre les
Almoravides. — Moh'ammed-Abdallah-ben-Toumart et 'Abd-el-
Moumen-ben-'Ali sont les chefs de cette insurrection. — Moh'am-
med-Abdallah se fait proclamer émir à Tinmàl; il assiége Maroc;
il meurt en 1130. — 'Abd-el Moumen prend le commandement des
Mas'moud'a. - - Expédition dans le désert. — Conquêtes d'Abd-el-
Moumen en Afrique; sa générosité envers les Arabes. — Conquêtes
en Espagne. — Il fait cadastrer l'Afrique; régularise la perception
et l'assiette des impôts; rétablit la sécurité dans tout le Maghreb.
— Mort d'Abd-el-Moumen. — La dynastie des Almohades renversée par les Beni-Mrìn.

SUBDIVISIONS DE LA TRIBU DES MAS'MOUD'A.

1° Les Hentàta. Issus de cette tribu, les Beni-H'afes fondent l'émirat de Tunis en 1207. — 2° Les Djezoula. Ils ont produit 'Abd-
Allah-ben-Iâcin, le chef de la révolution almoravide. — 3° Les
Ketàma. Situation géographique. — Ils apparaissent pour la première fois en 765. — En 891, ils aident 'Obeïd-Allah à renverser la
dynastie arabe des Aghlabites. — Origine de la dynastie des Fatimites. — Abou-'Abdallah, émissaire du Mohdi, se rend chez les
Ketàma. — Le massif des Beni-Slìman, près de Bougie, est le point
de départ du soulèvement fatimite. — Progrès de l'insurrection. —
Apparition du Mohdi dans le Maghreb; il est arrêté à Sedjelmàça.
— Nouveaux succès d'Abou-'Abdallah. — Fuite de l'émir aghlabite. — Abou-'Abdallah se rend à Sedjelmàça et délivre le Mohdi,
qui prend le titre d'Émir-el-moumenin. — Fondation de Mohdìa,
dans la régence de Tunis. — Déplacements considérables éprouvés
par la tribu des Ketàma. — Dispersion et dépérissement de cette

tribu. — Rapprochement entre les mœurs des Ketâma et celles des tribus qui occupent aujourd'hui le même territoire. — Massacre des schismatiques. — Disparition des Ketâma. — 4° LES ZOUÀOUA.

Les Mas'moud'a paraissent avoir habité, dès les temps les plus reculés, le pays qu'ils occupaient au xvie siècle.

Du temps d'Édrici, ils peuplaient la contrée située au midi de Maroc, et au sud-ouest depuis Ar'mât-Ou-rika jusqu'à Sous [1]. Il en était de même du pays de Sous [2]. Ils comptaient au nombre de leurs tribus celles de Haskoura [3] et de Dkâla [4], qui forment deux provinces de l'empire de Maroc.

Les Djezoula ne sont pas mentionnés par Édrici; mais, au xvie siècle, ils appartenaient à la nation des Mas'moud'a et s'estimaient, au dire de Marmol, les plus anciens peuples de l'Afrique [5]; leur établissement dans cette contrée devait donc remonter à une époque fort éloignée.

De ces indications réunies il résulte que la nation des Mas'moud'a occupait, dès le xiie siècle, l'espace compris entre l'Océan atlantique à l'ouest, le cours supérieur de l'Ouad-Dra' à l'est, le cours inférieur de l'Ouad-Dra' et de l'Ouad-Noun au sud, et le cours de l'Oumm-er-Rebi' au nord.

Comme antérieurement à cette date, et jusqu'à la

[1] Édrici, p. 209, 216.
[2] Ibid. p. 208.
[3] Ibid. p. 216.
[4] Ibid. p. 220.
[5] Marmol, t. II, p. 75.

conquète arabe, on ne la voit figurer dans aucun des grands mouvements qui agitent le peuple berbère, et que la neutralité qu'elle observe la soustrait aux causes violentes de déplacement, il y a tout lieu de croire qu'elle occupait déjà au viie siècle le territoire qu'elle habitait au xvie.

Ce territoire est traversé diagonalement par la chaîne du grand Atlas, dont il renferme les plus hautes cimes.

La tribu des Mas'moud'a est une de celles qui ont formé le moins d'établissements au dehors, qui ont été le moins dispersées. Les auteurs arabes ne mentionnent qu'une seule colonie de Mas'moud'a; mais ils la placent à l'autre extrémité du Maghreb, dans les environs de Bône. C'est Bekri qui rapporte ce fait. Les environs de Bône, dit-il, sont habités par un grand nombre de tribus berbères, et notamment par des Mas'moud'a et des Aourba [1]. J'avoue que je n'ai retrouvé, parmi les tribus qui habitent aujourd'hui cette contrée, aucune trace du séjour des Mas'moud'a.

Voici les deux seules indications qui, dans la province de Constantine, se rapportent à cette tribu :

Parmi les peuplades mas'moud'i qui, du temps d'É-drici, habitaient au sud de Maroc, il s'en trouve une qui porte le nom de Redrâdja [2]; or des ruines considérables et une source connues sous le nom d'Aïn-Redjrâdja existent à deux journées à l'est de Constantine, dans la direction de Bône.

[1] Bekri, p. 510.
[2] Édrici, p. 216.

La seconde indication est relative à un personnage
isolé. C'est un village zaouïa appelé *Sidi-el-Mas'moud'i*,
situé dans la tribu zaouïa des Oulàd-Ioub, établie sur
les pentes méridionales des monts Aourès.

De ces indications et du témoignage conforme de
Bekri il résulte qu'une émigration de Mas'moud'a dans
l'est du Maghreb dut avoir lieu dans les premiers
siècles de l'islamisme, antérieurement à l'élévation des
Almohades, et probablement à l'époque où éclatèrent
plusieurs insurrections générales contre la domination
arabe.

Il en résulte aussi que la nation des Mas'moud'a a
éprouvé, dans le cours du moyen âge, peu de déplacements, et qu'elle est restée, durant les premiers siècles
de la domination arabe, enfermée, en quelque sorte,
dans les gorges du grand Atlas, qui avait été son berceau.

Elle en sortit dans les premières années du vi⁰ siècle
de l'hégire et du xii⁰ de notre ère, pour faire la conquète du Maghreb et placer entre les mains de la dynastie des Almohades l'empire de l'Afrique et de l'Espagne.

A cette époque, la partie de l'Atlas voisine du Maroc
était habitée par la fraction mas'moud'i des Hentâta.
Soixante et dix citadelles couronnaient les cimes de
la montagne; l'une d'elles offrait surtout un asile inex-
pugnable, parce que, assise sur un des sommets les plus
élevés de la montagne, elle était, en outre, entourée de
hautes et épaisses murailles, et abordable seulement
par un sentier étroit et escarpé dont quatre hommes

pouvaient défendre l'entrée. Cette retraite inaccessible, appelée Tanmellet par Édrici, Tìnmâl par Kaïrouâni, devint, vers l'an 1120 de notre ère, le point de départ de l'insurrection des Mas'moud'a contre le gouvernement des Almoravides, et le quartier général de Moh'ammed-'Abdallah-ben-Toumart, promoteur et chef de cette insurrection.

Il était lui-même de Tìnmâl[1] et de la tribu des Mas'-moud'a[2].

'Abdallah ne semblait pas destiné par la nature aux grandes choses qu'il exécuta, car il était difforme de naissance. Ses jambes, soudées l'une à l'autre, ne se séparaient qu'aux genoux, ce qui lui rendait la marche pénible et l'empêchait de se tenir à cheval autrement qu'assis.

Mais il était fort studieux; désirant compléter son instruction, il avait quitté ses montagnes natales et s'était rendu en Orient. Pendant trois ans il avait suivi les leçons d'un des plus célèbres philosophes arabes, le cheikh Er-R'azali. Celui-ci, à travers les difformités de son élève, alors enfant obscur du Maghreb, avait deviné, dit-on, l'avenir qui l'attendait. Aussi disait-il souvent en le voyant venir : « Voici un Berber qui fera un jour du bruit dans le monde. » Il est vrai que le cheikh Er-R'azali avait à se plaindre des Almoravides.

Cette prédiction, rapportée à celui qui en était l'ob-

[1] Marmol, t. I, p. 312.
[2] Id. Ibid. — Kaïrouâni. p. 187.

jet, augmenta la confiance qu'Abdallah avait en lui-
même. Bientôt il s'en retourna dans le Maghreb; chemin
faisant il convoquait les fidèles, dissertait sur les sciences
et prêchait contre les abus. Lui-même affectait dans ses
manières et dans sa conduite la plus grande austérité.

En passant à Bougie ou à Tlemcên, mais plus vraisemblablement dans cette dernière ville, il fit connaissance avec un zênati nommé 'Abd-el-Moumen-ben-'Ali.
C'était le fils d'un simple artisan [1]; mais il s'était de
bonne heure adonné à l'étude, et son goût pour les
sciences le mit en rapport avec Ben-Toumart, qui
l'attacha à sa personne et l'associa à l'exécution de ses
projets.

Arrivé à Fès, Moh'ammed-ben-Toumart y continua
ses prédications contre les abus et surtout contre le
luxe. De là il se rendit à Maroc, la capitale des Almoravides. Bientôt il reçut de l'émir 'Ali-ben-Ioucef l'ordre
de quitter la ville. On le vit alors, par une résolution
étrange, se retirer dans un cimetière et y dresser sa
tente au milieu des tombeaux. Il y fut suivi par ses
auditeurs et ses partisans; comme il arrive toujours,
la persécution ne fit qu'en accroître le nombre [2].

Il commença à diriger ses attaques contre la dynastie des Almoravides et à se donner lui-même pour le
mohdi, c'est-à-dire le douzième et dernier imâm attendu par les musulmans. Quinze cents personnes le
reconnurent aussitôt pour ce qu'il prétendait être.

[1] Kaïrouâni, p. 188 et 192.
[2] *Ibid.* p. 188 et suiv.

C'est alors que l'émir donna l'ordre de le faire arrêter; mais 'Abdallah fut averti à temps et se réfugia dans son nid d'aigle de Tìnmâl (1 1 2 o)[1].

Dix de ses partisans le suivirent dans sa retraite et l'année suivante le proclamèrent émir. Les habitants de Tìnmâl le reconnurent eux-mêmes en cette qualité; tous les Berbers du grand Atlas l'acclamèrent à leur tour.

Une fois assuré de l'appui des Mas'moud'a, il sortit de sa retraite à la tète de dix mille hommes, battit les troupes de l'émir à Ar'mat-Ourik'a et les poursuivit jusqu'à Maroc. Après avoir tenu cette ville bloquée pendant trois ans, il se décida à lever le siége et remonta à Tìnmâl.

Cependant il envoyait dans les régions les plus lointaines des émissaires sûrs appelés *D'aï,* qui lui obtenaient de nombreuses soumissions, et, sans le secours des armes, étendaient son autorité.

Pour faciliter la propagation de ses doctrines, Moh'ammed-ben-Toumart avait composé lui-même, en langue berbère, un traité sur Dieu et les devoirs des hommes.

En 624, 'Abdallah tomba malade et mourut au mois de ramadan (mai ou juin 1 1 3o), dans le Djebel-Kouâkeb, non loin de Tìnmâl. Les Mas'moud'a y transportèrent son corps et le déposèrent dans un tombeau qui devint la sépulture des Almohades. Ils y élevèrent un marabout, qui fut pendant longtemps l'objet de la vé-

[1] Kaîrouâni, p. 188 et suiv.

nération de ses compatriotes et le but de leurs pèlerinages [1].

'Abd-el-Moumen, désigné par Ben-Toumart pour être son successeur, fut accepté par ses compagnons et proclamé par tout le peuple, bien qu'il ne fût pas de la même tribu.

Il descendit aussitôt de Tìnmâl à la tête de trente mille hommes. Il commença par s'emparer de la ville de Tedla, située au pied de l'Atlas et au nord-ouest de Maroc, de l'Ouad-Dra' au sud-ouest de cette ville. De là il s'enfonça dans le désert et alla conquérir le Fezzân et le R'iàta [2] (oasis de R'dàmes).

De ces expéditions lointaines, il revint attaquer Tlemcèn et Oran. C'est en se sauvant de cette dernière ville, où il s'était refugié, que l'émir almoravide Tachfin-ben-Ali tomba avec son cheval du haut des falaises qui bordent le rivage et périt dans sa chute.

En 540 de l'hégire (1145-1146), 'Abd-el-Moumen prit Tlemcèn et Oran, Fès en 541, Maroc et Tanger en 542.

L'année suivante, il s'emparait de Sedjelmàça (oasis de Tafilelt); puis il marcha contre les Beni-R'ouàta [3].

---

[1] Édrici, p. 211.

[2] Kaïrouâni, p. 192. Le R'iàta est le pays de l'Ouad-R'iàt, situé à quelques lieues à l'est de la ville de R'dàmes, et compris dans la même oasis.

[3] Peuple qui habitait la chaine de montagnes appelée aujourd'hui Djebel-Ksàn; le pays porte encore le nom de El-Ar'ouat-el-R'arbi (El-Ar'ouat de l'ouest) et les habitants celui de R'ouàta.

Cette même année, il passa en Espagne et prit les trois villes de Mequinez, Cordoue et Jaën.

En 549,'Abd-el-Moumen s'empare de Miliâna, d'Alger et de Bougie, où régnaient les Beni-H'ammâd. Il remonte l'Ouad-Ak'bou et se rend maître de K'ala'at-Beni-H'ammâd, l'ancienne capitale du royaume de Bougie. Il prend Bône et Constantine, qui en dépendaient.

Sur ces entrefaites, les Arabes se révoltent; 'Abd-el-Moumen marche contre eux et les met en déroute. Femmes, enfants, bagages, restent en son pouvoir. Plus généreux envers les Arabes que ceux-ci ne l'avaient jamais été envers ceux de sa race, il traite les femmes et les enfants avec douceur, et il écrit à ses ennemis qu'ils peuvent venir les reprendre [1].

En 551, 'Abd-el-Moumen reçoit la soumission de Grenade.

En 553 (1158), les habitants de Mohdia et de la côte de Tunis vinrent implorer son secours contre les chrétiens de la Sicile, dont les incursions les incommodaient. 'Abd-el-Moumen n'est point arrêté par les difficultés d'une expédition aussi lointaine; mais il prend toutes les dispositions pour en assurer le succès. Il réunit de grands approvisionnements de blé et les fait répartir à l'avance entre les principales étapes du désert qu'il doit traverser; puis il part de Maroc au commencement de l'année 1159 à la tête de cent mille hommes [2].

[1] Cardonne, t. II, p. 283.
[2] Ibid. p. 288.

Il s'empara successivement de la province de Zâb, de Kaïrouân, de Sfax, de Mohdia, qu'il enleva aux chrétiens, et enfin de Tunis; il rétablit à la tête du gouvernement de cette contrée l'émir s'enhâdji El-H'acen, que les chrétiens en avaient chassé [1].

En 555 de l'hégire (1160 de J. C.), 'Abd-el-Moumen était maître de tout le Maghreb. Dans l'espace de trente années, le fils d'un pauvre artisan berbère, d'un humble fabricant de soufflets de forge, avait conquis d'un côté de la Méditerranée la moitié de l'Espagne, et de l'autre toute l'Afrique, depuis Tanger jusqu'à Barka.

Il fit alors arpenter ses vastes états d'une extrémité à l'autre; il en fit évaluer en milles carrés toute la superficie. Du total il fit déduire un tiers pour les montagnes, les lacs et les rivières, et il assujettit le reste à un impôt régulier qui devait être payé en nature. 'Abd-el-Moumen, ajoute l'historien arabe qui nous a conservé un fait aussi intéressant, est le premier qui ait employé ce mode d'établissement des impôts [2].

Cette grande mesure d'ordre administratif lui permit d'introduire une autre amélioration non moins importante dans le régime fiscal du Maghreb.

Il existait avant lui un impôt appelé *k'ebâla* [3], qui se percevait sur la plupart des professions et sur la vente des objets de première nécessité. 'Abd-el-Moumen sup-

[1] Kaïrouâni, p. 195.
[2] *Ibid.* p. 196.
[3] D'où est venu notre mot *gabelle*, comme le fait remarquer M. Ét. Quatremère.

prima entièrement ces sortes de taxes, dont il affranchit la consommation et le commerce. C'est pourquoi, ajoute Édrici, qui nous a fait connaître cette circonstance, de nos jours on n'entend plus parler de k'ebâla dans les provinces soumises aux Mas'moud'a [1].

Il est juste de dire encore, à l'honneur du gouvernement des Almohades, que les premiers émirs de cette dynastie surent faire régner dans leurs vastes états une sécurité dont les maîtres actuels de l'Algérie peuvent mieux que personne apprécier le mérite. El-Kaïrouâni rapporte qu'à cette époque la moindre caravane pouvait se rendre de Barka à l'extrémité occidentale du Magbreb, sans avoir à redouter aucune attaque.

Enfin on loue avec raison 'Abd-el-Moumen de l'ordre et de la discipline qu'il fit régner dans les immenses armées dont il se faisait suivre. Cette discipline était si rigoureuse et si bien observée, qu'un soldat, en passant dans les campagnes, n'aurait pas osé arracher un épi de blé [3].

En 1162, après son expédition dans la province de Tunis, 'Abd-el-Moumen songeait à étendre ses conquêtes en Espagne. A cet effet, il forma de grands approvisionnements d'armes; il fit construire des navires et réunit une flotte de près de sept cents voiles. Il appela à la guerre sainte tous les musulmans arabes et berbères. Il avait ainsi réuni la plus formidable armée qu'on

[1] Édrici, p. 216.
[2] Kaïrouâni, p. 200.
[3] Cardonne, t. II, p. 288.

eût encore vue en Afrique, et il se disposait à fondre sur l'Espagne, lorsque la mort vint le surprendre au milieu de ses gigantesques préparatifs.

Ce grand homme, que toute nation s'honorerait d'avoir produit, expira le 11 de djoumad-el-akher 558 (11 mai 1163). Il fut enterré à Tìnmâl, à côté d'El-Mohdi.

Son fils Ioucef fut aussitôt proclamé à sa place.

Les deux premiers successeurs d'Abd-el-Moumen se montrèrent dignes de lui. Mais notre dessein n'est pas de suivre les Almohades au delà du premier règne. Si la vie d'Abd-el-Moumen se lie étroitement à l'histoire du peuple qui l'a élevé sur le pavois, qui s'est associé à ses grandes entreprises, il n'en est pas de même de ses successeurs. En recevant la consécration de l'hérédité, les dynasties changent de caractère. Tout au plus appartiennent-elles à l'histoire générale de la race qu'elles représentent; mais elles cessent bientôt d'appartenir à celle de la tribu qui les a élevées.

Nous rappellerons seulement que la dynastie des Almohades dura jusqu'en 667 de l'hégire (1268-69), où elle fut renversée par les Beni-Mrìn (Zenâta), qui fondèrent le royaume ou émirat de Fès.

La dynastie des Almohades est la seule qui n'ait pas occasionné de déplacements dans la population berbère; la raison de ce fait est bien simple; c'est qu'elle est la seule aussi qui ait eu le siége de son autorité aux lieux mêmes d'où elle était partie.

TRIBUS DÉPENDANT DES MAS'MOUD'A.

Nous avons déjà nommé les Hentâta et les Djezoula comme placés sous la dépendance des Mas'moud'a.

Suivant Bekri, la tribu des Ketâma elle-même fait partie des Mas'moud'a, tandis que, suivant Ebn-Khaldoun, elle serait sous la dépendance immédiate des Brânis; d'où il faut conclure que, entre l'invasion arabe, époque à laquelle se rapporte le document fourni par Ebn-Khaldoun, et la fin du XIᵉ siècle, date du témoignage de Bekri[1], la tribu des Ketâma aurait été assujettie par celle des Mas'moud'a.

Cette induction est confirmée par deux indications que nous avons déjà fait connaître, savoir :

1° La présence d'une colonie de Mas'moud'a dans les environs de Bône, au temps d'Édrici;

2° Les quelques vestiges de leur séjour existant aujourd'hui encore dans la province de Constantine.

Ces deux renseignements concourent à placer une émigration de Mas'moud'a dans la partie orientale de cette province, c'est-à-dire à l'extrémité du territoire des Ketâma. Ils viennent donc à l'appui du témoignage de Bekri.

D'ailleurs, comme cet écrivain avait écrit son livre un demi-siècle avant l'élévation des Almohades, le lien qu'il signale entre les Mas'moud'a et les Ketâma est antérieur, et, par conséquent, étranger à cet événement.

Comment deux groupes de population aussi éloignés

[1] Bekri, p. 565.

ont-ils pu tomber sous la dépendance l'un de l'autre? C'est ce dont je n'ai trouvé l'explication ni dans les historiens, ni dans les géographes arabes que j'ai pu consulter.

Quoi qu'il en soit, ayant égard à l'assertion formelle de Bekri, je placerai les Ketâma à la suite des Hentâta et des Djezoula.

Hentâta.

La tribu des Hentâta habitait la partie la plus élevée de la chaîne du grand Atlas à l'est de Maroc.

Elle occupe, dans l'histoire de l'Afrique septentrionale, une place assez importante pour avoir donné naissance à la dynastie des Almohades, dont nous venons de raconter l'élévation, et à celle des Beni-Hafes, qui régna à Tunis pendant trois siècles.

Au moment où s'éleva cette dernière, la partie orientale du Maghreb était plongée dans l'anarchie et le désordre.

La dynastie des S'enhâdja Zeïrides venait de s'éteindre, laissant cette contrée en prise, d'un côté, aux incursions des chrétiens, qui se renouvelaient sans cesse, de l'autre, aux entreprises d'un chef de parti nommé El-Miorki, qui avait profité de l'affaiblissement du pouvoir local et de l'éloignement de l'autorité almohade pour s'emparer d'une grande partie des provinces de l'est.

Une première fois, Iak'oub-el-Mans'our était venu du fond du Maghreb, dans l'intention de rétablir l'ordre; mais, à son approche, El-Miorki s'était enfui dans le désert, et, aussitôt après le départ des troupes almohades, il avait reparu.

Moh'ammed-en-Nâc'er, fils d'Iak'oub-el-Mans'our, jugea que le seul moyen d'en finir avec cette agitation était de constituer dans l'est un gouvernement permanent, relevant de la cour de Maroc.

Il choisit, comme cela devait être, le chef de ce gouvernement dans la nation des Mas'moud'a, qui présidait alors aux destinées de l'Afrique, et dans la tribu des Hentâta, qui, la première, avait salué de ses acclamations Moh'ammed-ben-Toumart.

Abou-H'afes-Omar était un des dix partisans qui avaient suivi El-Mohdi dans sa retraite à Tînmâl et l'avaient proclamé émir.

Abou-H'afes fut installé dans la k'as'ba de Tunis par Moh'ammed-en-Nâc'er, le 10 de chaouâl 603 (10 mai 1207), et la dynastie dont il fut le chef dura jusqu'en 981 de l'hégire (1573), date de l'installation du gouvernement turc.

Kezoula, appelés aussi Guezoula et Djezoula.

La tribu de Kezoula est toujours restée groupée dans la contrée qui porte son nom, au sud de l'empire de Maroc, au sud-ouest de cette ville.

En dehors de ce massif, on n'en retrouve que bien peu de traces.

Édrici place une colonie de Kezoula dans une grande plaine située entre Maroc et Sla, la vallée de l'Ouadoum-er-Rebi.

Nous retrouvons aujourd'hui, dans la province d'O-ran, une montagne qui porte le nom de Dir-Kezoul, et qui, probablement, a été peuplée d'une colonie de cette tribu.

Les principales migrations de la tribu de Kezoula furent celles qui se dirigèrent vers l'Espagne. Au commencement du xiiie siècle, ils y occupaient encore les deux villes de Jaen et de Xerès; ils furent chassés de cette dernière par les habitants, en 1255 [1].

Nous avons déjà fait remarquer que, suivant Marmol, la tribu des Djezoula s'estime la plus ancienne de l'Afrique.

L'auteur espagnol les représente comme grossiers et brutaux: il leur accorde, toutefois, un certain mérite industriel; ce sont eux qui, les premiers, ont su fondre le fer, art inconnu avant eux aux Africains [2].

La tribu des Kezoula a produit 'Abdallah-ben-Iacin, le promoteur du mouvement berbère qui donna naissance à la dynastie des Almoravides [3].

Ketâma.

La tribu des Ketâma occupe une place importante dans l'histoire de la Berberie au moyen âge; elle est aussi une des premières qui aient disparu.

Au commencement du xe siècle, elle fut le principal instrument de l'élévation des Fatimites.

---

[1] Marmol, t. I, p. 374. Marmol les appelle *Gazules*.
[2] Marmol, t. II, p. 76.
[3] Bekri. — Voir la notice des Lemtouna.

Au milieu du xiie siècle, elle était déjà sur le point de s'éteindre.

Au xvie siècle, elle avait entièrement disparu, ou du moins son nom avait été effacé sur le sol du Maghreb.

Voici les diverses positions dans lesquelles les auteurs arabes signalent la présence des Ketâma, durant le xie et le xiie siècle :

Au xie siècle, ils occupaient Constantine, bien que la population de cette ville fût un mélange d'autres tribus, de celles qui habitaient Mîla, Nifzaoua et Kastilia (Tôzer) [1].

Dans le même temps, ils habitaient une ville de Mersez-Zedjadj, située sur la côte de la Kabilie, entre Dellis et Bougie, à l'ouest des Benou-Djennâd [2].

Au xiie siècle, leur territoire s'étendait depuis les environs de Sétif jusqu'au delà des tribus de Kollo et de Bône [3].

Dans les environs de Sétif, ils habitaient une montagne appelée *Atekdjân* [4].

On les retrouvait encore avec les Mzâta, à moitié chemin entre Tifèch et Msîla, ce qui correspond aux environs de Mîla [5].

Dès l'année 154 de l'hégire (771), ils possédaient la

---

[1] Bekri, p. 516.
[2] *Ibid.* p. 518, 519.
[3] Édrici, p. 246.
[4] *Ibid.*
[5] *Ibid.* p. 272.

ville de Djidjeli, et vraisemblablement le territoire de cette ville[1].

Dans les premières années du xe siècle, la tribu des Msâlta est indiquée par Ebn-Khaldoun comme habitant non loin de Sétif et comme faisant partie des Ketâma. Nous retrouvons encore aujourd'hui la même tribu dans le massif du Guergour, à l'est de la Kabilie, où elle paraît occuper le même territoire qu'autrefois[2].

L'ensemble de ces indications de temps et d'espace prouve que, dès l'ouverture de la période arabe, les Ketâma occupaient tout le massif des montagnes qui forment aujourd'hui le littoral de Djidjeli, de Kollo et de Philippeville.

En dehors de ce groupement, qui est à la fois le plus considérable en étendue et le plus ancien en date, Édrici signale un autre établissement de Ketâma qui, de son temps, existait dans l'Ouarensenis[3]. Ils s'y trouvaient avec d'autres tribus, parmi lesquelles Édrici comprend les Zouaoua.

Or Ebn-Khaldoun classe les Zouaoua sous la dépendance des Ketâma[4]. Ainsi la réunion des Zouaoua et des Ketâma forme un nouveau centre de population d'origine ketâma, transplanté dans les montagnes de l'Ouarensenîs, à l'ouest du gisement originel de la tribu.

[1] Ebn-Khaldoun, traduit par M. N. Desvergers, p. 67.
[2] Ibid. p. 147.
[3] Édrici, p. 231.
[4] Nouv. Journ. asiat. t. II, p. 126.

De l'ensemble de ces témoignages il résulte que la tribu des Ketâma occupait :

1° Dès l'origine de la domination musulmane, la partie du massif méditerranéen comprise entre le méridien de Sétif et celui de Bône ;

2° Au xiie siècle, une partie du massif de l'Ouarensenîs.

L'histoire représente les Ketâma comme une tribu remuante, indisciplinée et dissolue. Aussi les gouvernements africains, même celui qui lui dut son avénement, saisirent-ils avec empressement toutes les occasions de les éloigner et de les disperser.

Durant les guerres des Almoravides et des Almohades dans la péninsule, des milliers de Ketâma passèrent en Espagne.

L'armée que le khalife obeïdite Moezz-lid-Dîn envoya en Égypte était en grande partie composée de Ketâma. Au xiiie siècle, on voyait encore, sur les bords du Nil, beaucoup de ruines provenant des édifices démolis par les guerriers de cette tribu.

Les documents que l'histoire nous a conservés sur la participation des Ketâma aux mouvements qui agitèrent l'Afrique durant le moyen âge prouvent combien, dans l'appréciation du génie et du caractère berbère, il faut tenir compte des différences profondes qui existent entre les différents peuples de cette race, et qui se sont perpétuées jusqu'à nos jours, ainsi que je le ferai voir, lorsque je traiterai l'époque actuelle.

C'est vers l'an 148 de l'hégire (765) que les Ketâma paraissent pour la première fois en nom dans l'histoire.

A cette époque, le gouverneur de l'Afrique, Ebn-el-Achât, venait d'être chassé par les Arabes, qui, de leur côté, donnaient fréquemment aux Africains l'exemple de l'indiscipline; à la place d'Ebn-el-Achât, le khalife avait nommé El-Aghlâb-ben-Sâlem, gouverneur de Tobna et du Zâb.

A peine s'était-il installé à Kaïrouân, qu'un certain Abou-Kara-el-Iar'arni se souleva à la tête d'un parti de Berbers. El-Aghlâb se porta à sa rencontre et le mit en fuite; mais, au moment de le poursuivre, ses troupes lui refusèrent l'obéissance et entrèrent en révolte ouverte[1].

Cette sédition intestine avait pour instigateur et pour chef un général arabe, lieutenant d'El-Aghlâb, nommé H'acen-el-Kendi. Le gouverneur, à la tête des troupes restées fidèles, essaya de tenir tête à l'orage; mais il fut tué dans un combat. Ses troupes nommèrent à sa place un autre chef, qui se mit en devoir de combattre H'acen. C'est alors que celui-ci, quoique Arabe de naissance, se réfugia dans le pays des Ketâma, et l'historien Ebn-Khaldoun ajoute que le gouverneur « n'osa pas l'y poursuivre[2]. »

Cet événement avait lieu en 150 de l'hégire, un siècle après l'entrée des Arabes, et l'on voit qu'à cette époque le massif montagneux qui borde la Méditerranée dans l'étendue de la province de Constantine était encore indépendant de l'autorité arabe.

[1] Ebn-Khaldoun, traduit par M. N. Desvergers, p. 59.
[2] *Ibid.* p. 60.

Quatre années après, en 154 de l'hégire, à la suite
d'une insurrection générale des peuples berbères, un
chef de cette nation, nommé Abou-H'atem, se trouvait,
par suite de la conclusion d'un traité avec les Arabes
et de divers avantages remportés sur eux, maître de
Kaïrouân et de tout le Maghreb oriental. Il apprend
qu'un nouveau gouverneur, envoyé par le khalife, s'a-
vance contre lui. Abou-H'atem se porte à sa rencontre
dans la direction de Tripoli, laissant le gouvernement
de Kaïrouân à Omar-el-Fahri, *Arabe de naissance*. Pendant l'absence du chef berbère, la garnison de Kaïrouân
se révolte. Abou-H'atem revient alors sur ses pas; mais,
à son approche, les révoltés sortent de Kaïrouân et
se réfugient à Djidjeli, où ils sont accueillis par les Ketâma[1].

Abou-H'atem reprend alors sa marche vers Tripoli,
afin d'arrêter le nouveau gouverneur Iezîd, qui arrivait avec d'autres troupes. Un combat s'engage dans les
gorges du Djebel-Nfous. Abou-H'atem y périt; l'armée
berbère est dispersée et Iezîd entre dans Kaïrouân[2].

Il est à remarquer que plusieurs Arabes de distinction avaient pris parti pour les rebelles. Parmi eux se
trouvait le fils d'un ancien gouverneur de l'Afrique,
'Abd-er-Rah'mân-ben-H'abîb. La victoire d'Iezîd l'obligea
de fuir, et ce fut encore chez les Ketâma qu'il se réfugia. Iezîd envoya des troupes à sa poursuite et fit cerner
la tribu qui l'avait accueilli. Les troupes arabes eurent

[1] Ebn-Khaldoun, traduit par M. N. Desvergers, p. 67.
[2] *Ibid.*

l'avantage sur les Ketâma, et 'Abd-er-Rah'mân prit de nouveau la fuite.

Après ce dernier épisode, il s'écoule plus d'un siècle sans que le nom des Ketâma se présente à nous.

En 278 de l'hégire, ils étaient tombés sous la dépendance des gens de Bellezma, qui les prenaient comme serviteurs et comme esclaves, et leur imposaient des tributs onéreux. Ils réclamèrent contre ce joug auprès de l'émir aghlabite Ibrahim-ben-Ah'med, qui les en affranchit par un procédé conforme aux habitudes des Arabes. Il attira à Rekkâda, où il résidait, un grand nombre d'habitants de Bellezma et les fit égorger [1].

Ce guet-apens, dont l'histoire de la domination arabe en Afrique offre plus d'un exemple, reçut bientôt la récompense qu'il méritait. Quelques années après, la révolution qui renversa la dynastie des Aghlabites, pour élever à leur place les khalifes fatimites, partait du pays même des Ketâma et s'accomplissait par les bras de ces Berbers.

Cette révolution était à la fois religieuse et politique, comme devaient l'être plus tard celle des Almoravides et celle des Almohades; mais elle en différait essentiellement en ce que ces deux dernières rappelaient à l'observation plus rigoureuse des préceptes et des pratiques de la loi musulmane, tandis que les doctrines fatimites altéraient profondément le culte et la morale, et réduisaient le dogme à des allégories [2].

---

[1] Nowaïri, traduit par M. N. Desvergers, p. 129.

[2] *Exposé de la religion des Druzes*, par S. de Sacy, dans l'introduction.

C'est sous l'influence de cette doctrine, dont les Ketàma favorisèrent la propagation, que s'introduisit chez eux cette étrange dépravation de mœurs, signalée et flétrie par Édrici deux siècles et demi plus tard, et observée encore de nos jours dans plusieurs des tribus établies sur le territoire qu'ils ont occupé.

Comme cette révolution se lie étroitement à l'histoire de la tribu qui fait le sujet de cette notice, nous allons en exposer, aussi brièvement que possible, l'origine et les principaux incidents.

La dynastie des Fatimites est aussi connue sous le nom d'Ismaélites. Elle appartenait à la secte des Chiites, née en Orient dès les premiers temps de l'islamisme, et qui ne reconnaissait, pour successeurs légitimes de Mahomet, que ses descendants en ligne directe, par Ali, son gendre, et sa fille Fàtma.

A leur postérité seule appartient l'imàmat, c'est-à-dire le gouvernement spirituel et temporel du monde musulman. Ali est le premier des imâms. Le dernier, qui est maître de la fin des temps, doit paraître un jour avec Jésus-Christ et le prophète Élie, pour combattre l'Antechrist et réunir en une seule la loi chrétienne et la loi musulmane. Il porte le nom d'El-Mohdi.

Tel est le fondement sur lequel repose le chiisme; mais les Chiites ne sont pas d'accord sur le nombre des imâms. La secte des Imâmis, qui est celle des Persans, en reconnaît douze. Suivant eux, le douzième, né en 255, à Sermenraï, fut enfermé à l'âge de neuf ans dans une citerne, où il est resté vivant depuis cette époque, pour en sortir à la fin du monde et assister, avec le prophète Élie, à la résurrection de Jésus-Christ.

La secte des Ismaélis n'admet que sept imâms, qu'ils appellent les *imâms cachés*, parce qu'ils furent obligés de se tenir cachés pour se soustraire aux persécutions des Abbassides. Le septième était Abdallah, nommé aussi Ah'med, père du Mohdi qui fonda la dynastie des Fatimites.

C'est donc à l'école des Ismaélis que cette dynastie appartenait.

Ce ne fut, pendant longtemps, qu'une branche ordinaire du chiisme; mais vers l'an 250 de l'hégire, le chef des Ismaélis, nommé Abdallah, entreprit de réunir et de coordonner tous les principes de sa secte. Il en forma un corps de doctrine mystique aboutissant au matérialisme et à l'abolition de tous les préceptes religieux, qu'il réduisit à de simples allégories.

L'enseignement fut habilement divisé en sept degrés, qui amenaient progressivement le néophyte à s'affranchir de toute obligation religieuse, à ne plus reconnaître ni l'existence de Dieu ni aucune règle de morale; à n'attendre plus ni châtiments ni récompenses après cette vie, et à devenir enfin un vrai *zendiki* ou matérialiste.

Cette doctrine, qui a donné naissance à la secte des Druzes, fut enseignée dans le Maghreb au moment de l'élévation des Fatimites ou Ismaélites. Elle dut s'introduire plus particulièrement et pénétrer plus profondément dans la tribu des Ketâma, qui furent leurs premiers partisans[1]. Abdallah se rendit célèbre par sa science et son zèle pour la propagation du chiisme. Il avait établi sa résidence à Ahwaz; mais la persécution des Abbassides le força de quitter cette ville; il se retira d'abord à Bosra, puis à Salamia en Syrie.

C'est là qu'il eut un fils connu dans l'histoire sous le pseudonyme d'Obeïd-Allah, quoique son véritable nom fût Saïd, et qui fut le Mohdi. Au moment où il parut, la doctrine des Ismaélis avait déjà fait de grands progrès. Elle les devait surtout au prosélytisme actif des da'ï ou missionnaires envoyés par Abdallah et par ses successeurs dans les différentes provinces musulmanes, où ils initiaient les peuples à la doctrine nouvelle et les entretenaient dans l'attente du Mohdi.

Le plus fervent de ces da'ï, nommé Ebn-H'aoucheb. annonçait déjà la venue du Mohdi comme prochaine, et exhortait le peuple à se soumettre à lui.

Une prophétie, que l'on faisait remonter à Mahomet, contribuait au succès de ces prédications. Elle portait qu'au bout de 300 ans le soleil se lèverait du côté du couchant; or on était à l'année 278 de l'hégire, et la fin du III° siècle approchait.

Ebn-H'aoucheb, après avoir fait de nombreux prosélytes dans l'Irak et dans l'Iemen, jugea que le moment était venu de diriger ses efforts vers le Maghreb. Il y envoya donc deux da'ï, qui allèrent s'établir dans le

---

[1] Cette doctrine a été exposée, d'après Makrizi et Nowaïri, dans l'introduction de la religion des Druzes, par M. Sylvestre de Sacy, auquel nous empruntons la plupart des détails qui précédent et qui suivent.

pays des Ketâma, l'un à Modmadjenna, l'autre à Souk-
Hamar. Après quelques années de séjour, pendant lesquelles ils surent captiver l'affection de leurs hôtes, ils
moururent tous deux presque en même temps.

Ebn-H'aoucheb apprit à Aden la mort de ses deux
émissaires. Il désigna pour les remplacer et continuer les
prédications dans le Maghreb un Chii fervent, nommé
Abou-Abdallah-H'aceïn, qui était venu se fixer auprès
de lui.

Abdallah se rendit d'abord à la Mecque, où il se
mit à la recherche des pèlerins ketâma. Il lia connaissance avec eux, leur raconta beaucoup de choses qu'ils
ignoraient, et captiva leur attention.

Ils s'informèrent du but de son voyage. Il leur répondit qu'il allait en Égypte, et, comme ils devaient
suivre la même route, ils lui offrirent de voyager avec
eux.

Chemin faisant, il les interrogea sur le pays qu'ils
habitaient, sur leurs tribus, sur leur manière de vivre
et sur leurs relations avec le sultan de l'Afrique. Les
Ketâma lui apprirent qu'ils ne reconnaissaient pas le
sultan de l'Afrique pour leur maître; qu'il y avait une
distance de dix journées de marche entre leur pays et
le siége de son autorité. Il s'informa d'eux s'ils portaient
les armes; ils répondirent que c'était leur métier.

Arrivés en Égypte, ils lui proposèrent de venir avec
eux dans leur pays, ce qu'il accepta. En approchant, ils
rencontrèrent d'autres Chiites, auxquels ils racontèrent
tout ce qu'ils savaient d'Abdallah. Ceux-ci, à leur tour,

voulurent le posséder; on fut sur le point d'en venir aux mains; cependant on convint de s'en remettre au sort.

Enfin les voyageurs atteignirent le pays des Ketâma vers le milieu de rebî-el-aouel 280 (mai 893). Là ce fut encore à qui le posséderait; mais Abdallah les mit d'accord en leur demandant où était la vallée des *Gens de bien*. Cette question les étonna beaucoup, car c'était une localité dont ils ne lui avaient jamais parlé. Ils répondirent qu'elle se trouvait dans le territoire des Beni-Slîmân. — « Eh bien, dit Abdallah, c'est là que je dois aller d'abord, et je reviendrai ensuite vous visiter. » Puis il les quitta et se dirigea vers la montagne d'Atekdjân, qui renferme la vallée des Gens de bien[1].

[1] Il n'est pas sans intérêt de rechercher quel a été le point de départ de cette grande révolution, qui prit naissance au centre de l'Algérie, et eut pour principal auxiliaire la population des montagnes comprises entre Bougie et Bône.

Il est hors de doute que la montagne appelée *Aïkedjân* par Ebn-Khaldoun, *Atekdjân* ou *Abekdjân* par Édrici, *Ankedjân* par M. Sylvestre de Sacy d'après Makrizi et Nowaïri, fut le quartier général d'Abou-Abdallah.

Dans cette montagne se trouvait une vallée, dite des *Gens de bien*, mentionnée par Nowaïri et par M. Sylvestre de Sacy.

Cette vallée se trouvait elle-même dans le territoire des Beni-Slîmân.

Elle devait être située dans le voisinage de la tribu des Msâlta, appartenant aux Ketâma, et qui fut une des premières à repousser les prétentions d'Abou-Abdallah.

Ces indications, rapprochées de celles que fournit la géographie actuelle, permettent de fixer approximativement le point de départ de la révolution fatimite.

La tribu des Beni-Slîmân est une des plus considérables de la Kabilie. Elle occupe, comme on sait, le haut massif qui porte son nom et

Le nom d'Abdallah, ou, comme on l'appelait, du *Mcherki* (l'homme de l'Orient), se répandit avec la rapidité de l'éclair dans toutes les tribus du Maghreb. De tous côtés on accourait pour le voir; les Berbers surtout venaient en foule lui apporter leur soumission.

Plusieurs tribus, qui essayèrent de lui résister, furent réduites par les armes. Les Ketâma eux-mêmes n'étaient pas unanimes dans leur adhésion. Au nombre des tri-

dont les principaux contre-forts, le Kendirou et le Bou-Andas, dominent le golfe de Bougie.

Elle a pour voisine la tribu des Msàlta, comptée aujourd'hui comme arabe, bien que son nom et sa contiguïté au massif kabile lui assignent une origine berbère. Sa résistance même à l'invasion des doctrines ismaélites, et le concours que son chef prêta à l'émir aghlabite et à la cause arabe qu'il représentait, expliquent l'infusion qui s'opéra en elle, de la langue et du sang arabe.

Il est vrai que les renseignements fournis par Édrici sembleraient placer le quartier général d'Abou-Abdallah plus près de Sétif. « *Près de Sétif,* dit-il, est une montagne appelée *Atekdjân* [ou *Abekdjân*] habitée par les Ketâma. On y voit une citadelle qui appartenait autrefois aux Beni-H'ammâd; *près de là, vers* l'ouest, est la montagne de Haloua, distante d'une journée et demie de Bougie. »

Il est impossible de discuter des renseignements aussi vagues : ainsi, que signifient ces mots : *Près de Sétif, près de là*? L'extrémité du territoire actuel des Beni-Slimân se trouve à une journée et demie de Bougie, et à peu près à la même distance de Sétif. On ne peut donc rien induire du témoignage d'Édrici, et il reste celui d'Ebn-Khaldoun relatif à la tribu des Msàlta, et celui de M. Sylvestre de Sacy qui, d'après Makrizi et Nowaïri, place la vallée des Gens de bien et la montagne d'Abékdjân, d'Anekdjân, d'Atekdjân ou d'Aïkdjân dans le territoire des Beni-Slimân.

D'après ces considérations, nous assignons pour point de départ, à la révolution fatimite accomplie par les Ketâma, le massif montagneux des Beni-Slimân qui domine le fond du golfe de Bougie.

bus Ketâma qui protestèrent contre son autorité furent
les Msâlta, dont le chef, vaincu par Abou-Abdallah, se
retira auprès de l'émir aghlabite Abou-el-Abbâs et ne
cessa d'exciter ce prince à le combattre.

C'était sous le règne d'Ibrahim, son prédécesseur,
qu'Abou-Abdallah avait commencé ses prédications. Ce
prince, informé de ses démarches, avait demandé des
renseignements au gouverneur de Mîla; mais celui-ci
lui avait représenté Abou-Abdallah comme un homme
peu dangereux.

Cependant son parti grossissait tous les jours. Sous
le règne d'Abou-el-Abbâs, il se rendit maître de Tazrout[1] et de Mila. Alors seulement l'émir se décida à
envoyer des troupes contre lui. Un premier engagement
ne fut pas favorable à Abou-Abdallah, et il dut se re-
plier sur son quartier général d'Atekdjân; mais bientôt
après il prit sa revanche et obtint sur les troupes aghlabites un avantage décisif.

Abou-Abdallah, qui jusqu'alors n'avait pas encore
prononcé le nom du Mohdi, profita de cette occasion
pour rompre le silence, et il annonça hautement son
avénement prochain.

En même temps il dépêchait à Obeïd-Allah quelques
Ketâma dont il était sûr, pour l'informer du succès

---

[1] Le nom de Tazrout est assez commun dans la géographie berbère.
C'est la forme féminine d'*azrou* qui signifie *rocher*. Je crois que la localité dont il s'agit ici est le Tazrout situé sur une montagne près d'Aïn-
Seggân, une des sources du Roumel. On y voit encore les ruines bien
conservées d'une ancienne forteresse.

qu'il venait d'obtenir et l'engager à se rendre dans le Maghreb, où il était attendu.

Obeïd-Allah, qui, en ce moment même, était recherché et poursuivi par le khalife Mostakfi, s'empressa de quitter Salamia avec son fils Abou-el-Kâcem-Nezar, et s'achemina vers l'Afrique occidentale.

Pour échapper aux recherches de la police abbasside, il s'était déguisé en marchand; mais, à son arrivée en Égypte, il fut reconnu et arrêté. Toutefois, sa détention ne fut pas longue; il parvint à corrompre le gouverneur, qui le relâcha.

Il arriva à Tripoli, accompagné de son fils et d'A-bou-el-Abbâs, frère d'Abou-Abdallah. De là il envoya Abou-el-Abbâs à Kaïrouàn et se rendit à Kastîlia (Tôzer).

Abou-el-Abbâs, arrivé à Kaïrouàn, y fut reconnu, malgré son déguisement et arrêté. Obeïd-Allah craignit de le compromettre davantage, s'il allait directement rejoindre Abou-Abdallah. Il préféra se rendre à Sedjelmâça, gouvernée alors par les Beni-Medrar. Le gouverneur l'accueillit d'abord avec bienveillance; mais, ayant reçu de l'émir aghlabite Ziadet-Allah l'ordre de l'arrêter, il le fit mettre en prison avec son fils.

Pendant ce temps Abou-Abdallah gagnait du terrain. Il avait pris Mîla, Sétif et plusieurs autres villes. Effrayé de ses progrès, Ziadet-Allah envoya contre lui une nouvelle armée de quarante mille hommes. Avant d'entrer en campagne, les troupes allèrent prendre leurs quartiers d'hiver à Constantine et y passèrent six mois : Abou-Abdallah se tint renfermé dans la montagne d'Atekdjân. Enfin l'armée aghlabite se met en mouvement et va attaquer une place nommée *Kerma;* mais, arrivée dans un lieu appelé *Adjâna,* elle y trouve les Ketâma et prend la fuite. Le général arabe, abandonné de ses soldats, se sauve à Bar'aï et de là à Kaïrouân.

Abou-Abdallah trouva moyen de faire parvenir à son maître, dans les prisons de Sedjelmâça, l'avis de ce nouveau succès.

Il en profita pour s'emparer de Tobna et de Bellezma[1].

Cependant une nouvelle armée d'aghlabites se met en campagne; elle attaque et prend Dar-Mlouk; mais, aussitôt après, elle est taillée en pièces et son général est tué. Abou-Abdallah s'empare de Tidjes[2].

Dans cette situation critique, Ziadet-Allah prend en personne le commandement d'un corps d'armée et se porte sur El-Orbes[3] (295 de l'hégire); mais, à peine arrivé, il craint d'éprouver un échec, laisse le commandement à l'un de ses parents, Ibrahim-ben-Abou-el-Aghlab, et s'en retourne à sa résidence de Rek'k'âda.

---

[1] M. Sylvestre de Sacy écrit Bakarma, introd. p. cclxv. — Ebn-Khaldoun écrit Belezma, traduction de M. N. Desvergers, p. 150. Cette dernière version est évidemment préférable. J'ajoute le redoublement du *lam,* qui appartient au nom moderne.

[2] Ce mot est écrit بنجكس dans le texte; mais M. N. Desvergers pense avec raison qu'il convient de lire *Tidjes* et qu'il s'agit ici de la Tigisis de l'Aourès, p. 51. — M. Sylvestre de Sacy écrit Bendjas, introduction, p. ccxlvii.

[3] M. Sylvestre de Sacy écrit Elaris. Ebn-Khaldoun écrit El-Orbes, qui est une ville ruinée de la régence de Tunis, à environ 15 kilom. au sud-est de la ville d'El-K'êf.

Sur ces entrefaites, Abou-Abdallah se rend maître de la ville de Bar'aï, et tandis qu'une colonne de Ketâma s'avançait jusqu'à Medjâna [1], puis fondait sur les Kabiles de Tagza [2] et enlevait Tifêch, lui, de son côté, dirigeant sa marche vers l'est, s'emparait de Meskiâna [3], de Tebessa, de K'ammouda [4] et d'El-K'as'rîn [5].

Alarmé pour la sûreté de l'émir, Ibrahim-ben-Abou-el-Aghlab se décide à sortir d'El-Orbes; mais Abdallah court à sa rencontre, le met en fuite, s'empare de son camp et le rejette dans les murs de cette ville. Puis il se dirige sur Kastilia (Tôzer) et Gafs'a, soumet ces deux villes et revient à Atekdjân en passant par Bar'aï.

Ibrahim profite de son départ pour attaquer Bar'aï; mais il échoue et revient à El-Orbes.

Au printemps de l'année 296, Abou-Abdallah se dirigea vers cette ville; chemin faisant il obtint la soumission de Chakanbaria et attaqua la ville d'Andalous.

---

[1] Il est question ici de la Medjâna de l'Aourès, appelée au moyen âge *Medjâna-el-ma'den* (Medjâna aux mines), et dont les ruines se trouvent sur le bord de l'Ouad-Oulâd-Fd'âla.

[2] Les ruines de cette ville portent encore le nom de Tagza; elles sont situées dans la tribu des Segniia.

[3] Ebn-Khaldoun écrit *Meskaïa*, et M. de Sacy *Meskanaya*; mais l'ensemble des positions géographiques indique assez que la ville désignée est celle de Meskiâna, dont les ruines se voient encore à la source de l'Ouad-Meskiâna, près de sa rencontre avec le ruisseau de Chabrou.

[4] M. S. de Sacy donne Merida, et Ebn-Khaldoun K'ammouda, qui est une station de la route de Gafs'a à Kaïrouân, dans la régence de Tunis. On y voit encore les ruines de l'ancienne.

[5] M. S. de Sacy, intr. p. CCXLVII. Les ruines d'El-K'as'rîn sont situées entre Tebessa et Gafs'a, dans la régence de Tunis.

Puis il fut rejoint par Ibrahim, qui lui livra bataille (
fut mis en déroute complète. Abou-Abdallah retourr
ensuite à K'ammouda.

Ziadet-Allah était à Rek'k'âda lorsqu'il apprend (
nouvel échec. Jugeant sa cause perdue sans retour,
fit aussitôt ses préparatifs de départ, s'enfuit penda
la nuit, à la lueur des torches, et se dirigea vers l'I
gypte.

Abou-Abdallah, qui était alors dans les environs c
Sbîba[1], en partit aussitôt pour se rendre à Rek'k'âda.

Il y entra le samedi 1er de redjeb 296 (26 mars 909
se logea dans un des palais de la ville et en distribi
les grandes maisons aux gens de Ketâma.

Il en repartit le 1er de ramadan (24 mai), pour s
diriger vers Sedjelmâça, car il lui tardait de faire ce
ser la captivité d'Obeïd-Allah et de son fils. Sa marcl
jeta l'alarme dans tout le Maghreb. Les Zenâta en fure
épouvantés; les Kabiles s'éloignèrent de sa route et l
envoyèrent offrir leur soumission.

Arrivé devant Sedjelmâça, Abou-Abdallah essaya c
négocier avec Iaça-ben-Mentâcir[2], émir medrarite c
cette ville; mais ses tentatives furent inutiles et il fall
en venir aux mains. Durant la nuit qui suivit le con
bat, l'émir se sauva avec sa famille. Abou-Abdallah e
tra dans la ville et alla droit à la prison, dont il ouvr
les portes à Obeïd-Allah et à son fils; puis il les fit mo
ter à cheval, et, marchant devant eux avec les chefs c

---

[1] Les ruines de Sbîba sont dans la régence de Tunis.

Ketâma, il disait au peuple en versant des larmes de jo
« Voici votre maître. » On se mit à la poursuite d'Is
qui fut pris et mis à mort.

Obeïd-Allah ne resta que quarante jours à Sedjelmâ
il y laissa un gouverneur, qui fut massacré par les
bitants, avec sa garnison, après cinquante jours de cc
mandement.

Pour lui, il se mit en marche vers le Maghreb ori
tal et alla habiter un des palais de Rek'k'âda, où il arı
le jeudi 20 de rebî-el-akher 297 (6 janvier 910).

Le vendredi qui suivit son entrée à Rek'k'âda, il
donna que la khotba[1] fût faite en son nom, et il pri
titre d'El-Mohdi-emir-el-Moumenîn.

Peu de temps après, Abou-Abdallah eut des su
de mécontentement contre le prince qui lui devait
élévation, et entra dans une conspiration contre lui.
complot ayant été découvert, Obeïd-Allah, pour en
perser les principaux auteurs, leur donna des comm
dements dans le Maghreb; mais il les fit assassiner
route. De ce nombre furent Abou-Abdallah et son fr
Abou-el-Abbâs.

Abou-Abdallah criant à son meurtrier, « Arrête, n
fils; » celui-ci lui répondit : « Celui à qui tu nous as
joint d'obéir nous a ordonné de te frapper. » Il mou
en 298.

Le meurtre d'Abou-Abdallah occasionna une révo
parmi les Ketâma, qui lui étaient fort attachés. Ils
soulevèrent dans Kaïrouân et furent massacrés; p

[1] La khotba est la prière pour le souverain.

El-Mohdi monta à cheval, proclama une amnistie et tout rentra dans l'ordre.

C'est à l'occasion de cette révolte qu'Obeïd-Allah se détermina à fonder la ville de Mohdia. Les travaux furent commencés en l'an 3oo; cinq ans après, le mur d'enceinte était achevé; en 3o8, au mois de chaouâl (921 de notre ère), Obeïd-Allah y transportait sa résidence[1].

Toutes les révolutions qui se sont accomplies en Afrique ont amené des déplacements assez considérables de population, surtout dans les nations berbères, qui y avaient pris la principale part ou qui en avaient profité.

Il en fut ainsi de la révolution des Fatimites et de la nation des Ketâma.

Il paraît que jusqu'à cette époque leur territoire ne comprenait pas Sétif; c'est dans le cours de la guerre qu'ils se rendirent maîtres de cette ville, dont ils restèrent possesseurs depuis cette époque, après en avoir renversé les murailles, probablement la deuxième enceinte[2].

Un assez grand nombre d'emplois furent donnés à des Ketâma. Un personnage de cette tribu obtint le gouvernement d'Adjedabia, oasis[3] située au sud de Barka, un autre celui de Gabès[4], et cette dernière charge demeura héréditaire dans sa famille. Ce fut encore un Ketâmi qui eut la perception générale des impôts[5].

---

[1] Bekri, p. 481.
[2] *Ibid.* p. 534.
[3] Kaïrouâni, p. 107.
[4] *Id. ibid.* — Bekri, p. 462.
[5] *Ibid.*

Obeïd-Allah envoya pour gouverner la Sicile un des principaux chefs de la tribu des Ketâma, nommé El-H'acen-ebn-abi-Khanzir[1].

Les déplacements les plus considérables qu'éprouva la tribu des Ketâma eurent lieu par suite des expéditions entreprises par Obeïd-Allah et ses successeurs.

Quelques années après l'avénement du Mohdi, une révolte éclata en Sicile contre le gouverneur ketâmi qu'il y avait envoyé. Obeïd-Allah dirigea aussitôt sur cette île, pour la pacifier et l'occuper, une armée de Ketâma[2].

La conquête de l'Égypte, qui fut l'événement le plus remarquable arrivé sous la dynastie des Obeïdites, enleva aussi au territoire de cette tribu un grand nombre de ses habitants. Cardonne attribue au fondateur même de cette dynastie l'initiative de cette vaste entreprise[3]. Suivant cet auteur, dès l'an 300 de l'hégire (912), il y envoya trois armées, qui furent repoussées. Enfin une quatrième réussit à s'emparer d'Alexandrie. Il est probable, quoique l'histoire n'en fasse pas mention explicitement, que les Ketâma entrèrent en grand nombre dans la composition de ces armées.

En effet, Bekri rapporte que de son temps on voyait encore à Ternout', gros bourg situé sur les bords du Nil, beaucoup de ruines provenant d'édifices démolis par les Ketâma, lorsqu'ils campèrent en ce lieu sous la conduite d'Abou-el-Kâcem, fils d'Obeïd-Allah. La dernière

---

[1] Ebn-Khaldoun, traduit par M. N. Desvergers, p. 159.
[2] *Ibid.* p. 160.
[3] Cardonne, t. II, p. 63.

partie de cette assertion me paraît inexacte, ou au moins obscure. Le règne d'Abou-el-Kâcem fut trop continuellement agité par l'insurrection d'Abou-Iezîd pour qu'il ait été possible à ce prince d'entreprendre en personne une expédition aussi lointaine. Selon toute apparence, l'indication de Bekri[1] se rapporte à l'une des expéditions entreprises sous le règne d'Obeïd-Allah, et dirigées probablement par son fils, qui devait être plus tard son successeur.

L'insurrection dont je viens de parler éclata dans les premières années du règne d'Abou-el-Kâcem. Elle ne dura pas moins de trente ans et faillit emporter la dynastie naissante. Elle avait pour chef un certain Abou-Iezîd, Zenâti d'origine, et tirait son principal appui de la tribu des Zenâta, bien que la plupart des autres lui envoyassent leurs contingents; car les Ketâma et les S'enhâdja avaient seuls mis leurs bras au service des Obeïdites. Les troupes qui furent opposées à l'insurrection se composaient surtout de Ketâma; aussi en périt-il un grand nombre dans cette guerre.

Nous pensons, au reste, que ces décimations pouvaient bien entrer dans la politique des khalifes, qui cherchaient ainsi à se débarrasser de ces auxiliaires turbulents et indisciplinés. L'année 350 offre un nouveau témoignage de l'insociabilité de ces Berbers. Parmi les personnages qui gouvernèrent la Sicile vers cette époque figure un certain Iaïch : « Cet émir, dit Ebn-Khaldoun, ne se montra pas à la hauteur de sa mission et demeura

[1] Bekri. p. 443

inhabile à réprimer les dissensions qui avaient éclaté entre les Ketâma et les Kabiles[1]. » Sous le nom de Kabiles, l'auteur arabe comprend sans doute tous les Berbers des autres tribus, et principalement des S'enhâdja, qui participaient à l'occupation de la Sicile avec les Ketâma.

Vers cette époque, le khalife Moezz-lid-Dîn ordonna les préparatifs d'une expédition pour achever la conquête de l'Égypte, commencée sous Obeïd-Allah. Ce fut encore dans le pays des Ketâma qu'eurent lieu les principales levées de troupes[2]. En 358, le kaïd Djohaı se mettait en marche vers l'Égypte à la tète d'une armée formidable, composée en grande partie de Ketâma, c'est-à-dire de Berbers appartenant au massif de Bougie, Djidjeli, Kollo et Philippeville, et de Zouïliens ou gens de Zouïla, oasis du grand désert au sud de Tripoli[3]. De cette émigration de Ketâma, il est probable que bien peu revinrent au pays.

En 361, la conquête de l'Égypte était achevée, et Moezz-lid-Dîn abandonnait pour jamais le Maghreb, laissant entre les mains d'un S'enhâdji le gouvernement de cette contrée.

Que devinrent les Ketâma? Tout nous porte à croire qu'ils protestèrent contre le choix de Moezz-lid-Dîn et contre l'élévation au pouvoir de leurs anciens alliés, les S'enhâdja. Cela résulte d'ailleurs de la mention suivante,

[1] Ebn-Khaldoun, traduit par M. N. Desvergers, p. 172.
[2] Kaïrouâni, p. 108.
[3] *Id. ibid.*

que nous trouvons dans El-Kaïrouâni, sous l'année 367 de l'hégire : « C'est en cette année que le pays de Ketâma fut soumis et qu'on y perçut les contributions [1]. » Il y eut donc, à la suite de l'avénement des émirs zeïrides, une rupture violente entre les S'enhâdja, devenus souverains du Maghreb, et les Ketâma exclus du pouvoir. La guerre qui s'ensuivit dut avoir pour résultat l'extermination d'un grand nombre de ces derniers.

Un autre événement, qui arriva quarante ans après, dut contribuer encore à l'affaiblissement des Ketâma.

La doctrine immorale et impie de l'ismaélisme, apportée dans le Maghreb central par Abou-Abdallah, n'y avait pas fait, selon toute apparence, un grand nombre de prosélytes; dès les premiers jours de l'apostolat, on voit une tribu de Ketâma, voisine du foyer de l'insurrection, s'élever contre les prétentions d'Abou-Abdallah. Ne serait-ce pas d'ailleurs faire injure à la conscience humaine, que de la croire accessible à des doctrines de cette nature? Les conversions durent se concentrer dans un cercle étroit autour de leur point de départ. Bientôt aux conversions succédèrent les soumissions, et la conquête à l'apostolat; la plus grande partie du Maghreb dut subir le joug des nouveaux maîtres, sans pour cela adopter leur dogme. Un certain nombre de tribus tomba dans le chiisme pur et crut à l'arrivée du Mohdi; enfin un petit noyau d'adeptes, groupés autour du point de départ de la prédication, adopta seul la morale et le dogme ismaéliques.

[1] Kaïrouâni, p. 133.

Ces conjectures trouvent une justification remarquable dans la situation actuelle de la contrée qui fut le quartier général de la prédication et de l'insurrection fatimites. Les mœurs si étranges, attribuées par Édrici aux Ketâma, existent encore dans les tribus kabiles qui entourent les Beni-Slìmân, chez les Guifsar, les Beni-Khâteb, les Beni-Khiar, et ce rapprochement, joint à l'autorité de la synonymie, nous confirme dans l'opinion que cette vallée, dite *des Gens de bien*, appartenait au pays des Beni-Slimân actuels, et que la montagne d'où partit la révolution fatimite était ou le Djebel-Djoua ou le Kendirou.

Les S'enhâdja, qui avaient prêté un concours si utile aux premiers Obeïdites, surtout dans la guerre contre Abou-Iezid, le Jugurtha de ce temps-là, n'avaient pas, pour leur part, à ce qu'il semble, embrassé le chiisme; car en 408, sous le règne de Moezz-ben-Badis, et pendant la minorité de ce prince, ses ministres résolurent le massacre de tous les Chiites, c'est-à-dire de tous ceux qui refusaient de reconnaître Abou-Bekr, Omar et Otman, et n'acceptaient que la descendance directe de Mahomet par Ali et Fat'ma. Cette Saint-Barthélemy africaine fut aussi inexorable que devait l'être plus tard celle de 1572. Les malheureux compris dans l'arrêt de proscription cherchèrent vainement un asile dans les mosquées : ils furent impitoyablement massacrés, sans distinction d'âge ni de sexe [1].

La proscription dut atteindre surtout les Ketâma,

[1] Cardonne, t. II, p. 107. — Kaïrouâni, p. 138.

chez lesquels le chiisme était le plus répandu, à raison de la part qu'ils avaient prise aux succès d'Abou-Abd-Allah et à l'avénement du Mohdi.

Il est certain qu'à dater de ce moment ils ne reparaissent plus dans l'histoire.

Cinquante-deux ans après, en 460, Bekri les mentionne comme appartenant à la tribu des Mas'moud'a.

Près d'un siècle plus tard, Édrici signale l'étrangeté de leurs mœurs; mais il constate l'état d'affaiblissement et de décadence où ils se trouvent; il ne restait plus alors, en effet, que quatre mille individus de cette nation qui, presque à elle seule, avait conquis aux khalifes fatimites le Maghreb et l'Égypte.

La turbulence de ce peuple, sa participation constante à tous les désordres qui agitaient le Maghreb, leur adhésion aux impiétés de l'ismaélisme, leurs mœurs, qui répugnaient à la conscience des peuples, avaient fini par appeler sur le nom de Ketâma la réprobation et le mépris de tous les hommes. C'est pour cela que, vers le milieu du VIe siècle de l'hégire, il ne restait plus que quatre mille personnes comprises sous ce nom; car tel est le sens qu'il faut attacher à l'assertion d'Édrici.

Aujourd'hui, le nom des Ketâma a entièrement disparu de l'Afrique septentrionale; il y a même plus de trois siècles qu'il n'en est plus question. Parmi des milliers de peuplades, groupes, tribus, fractions, dont j'ai recueilli les noms dans les États barbaresques, je n'en ai pas trouvé un seul qui porte ce nom ou qui le rappelle.

Quant au peuple lui-même, il n'a pas disparu; les

peuples ne disparaissent pas ainsi; au contraire, la présence des Beni-Slîmân et des Msâlta sur les lieux mêmes qu'ils habitaient autrefois prouverait que, si les Ketâma ont été fréquemment affaiblis par de larges saignées comme celles qui résultent de l'incorporation dans les armées et de la participation à des expéditions ou à des occupations lointaines, leurs tribus, du moins, n'ont pas éprouvé de grands déplacements.

Aussi retrouvons-nous aujourd'hui le même peuple, moins son nom, dans le massif montagneux qui fut son berceau : entre Bougie et Bône, nous retrouvons le peuple des Ketâma, avec ses instincts d'indiscipline plutôt que d'indépendance, avec la misère, fruit de ses désordres et de ses malheurs, avec des nuances tantôt de sang arabe, tantôt de sang berbère étranger.

Zouaoua.

Ebn-Khaldoun compte les Zouaoua comme une tribu des Ketân a, et il ajoute que cette classification est confirmée par les peuples de la contrée qu'ils habitent.

Ce témoignage placerait les Zouaoua à la suite des Ketâma; mais comme, par suite d'une migration considérable accomplie au xvie siècle, cette tribu s'est trouvée étroitement unie à la classe que Marmol appelle les Azuagues, nous comprendrons la notice relative à l'origine et aux migrations des Zouaoua dans celle qui sera consacrée aux Azuagues.

CHAPITRE III.

TRIBUS DU NORD. — LES R'OMMERA.

Situation géographique. — Ils forment une colonie au centre de l'Algérie. — Ils fondent une petite dynastie à Ceuta.

Ainsi qu'il a été dit précédemment, les R'ommera occupaient au xvi siècle la chaîne de montagnes qui borde la Méditerranée depuis Ceuta jusqu'aux frontières de la Mauritanie tingitane, c'est-à-dire ce qu'on appelle aujourd'hui le Rîf marocain, depuis le détroit de Gibraltar jusqu'à l'embouchure de la Mlouïa.

La nomenclature d'Ebn-Khaldoun classe les R'ommera comme une fraction des Mas'moud'a, ce qui rend fort probable la proximité de leurs territoires à l'époque à laquelle la nomenclature fut établie. Elles devaient donc occuper à cette époque, c'est-à-dire à l'origine de la conquête arabe, la place qu'elles occupaient déjà au xvi siècle, l'une au nord, l'autre au sud de la même contrée.

La tribu des R'ommera étant toute marocaine et n'ayant pas figuré dans les commotions du moyen âge, on trouve peu de traces de son passage ou de son séjour dans le reste du Maghreb. Cependant elle a dû former une colonie au centre même de l'Algérie, et, s'il est difficile de fixer la date de cette migration, il est au moins possible d'en retrouver le point d'arrivée.

Il existe des R'ommera dans l'oasis de Zibân, où ils forment une tribu d'environ six mille individus. La tradition place son origine dans le Djebel-bou-K'ah'il, montagne qui domine le cours supérieur de l'Ouad-el-Djedi, et qui est comprise dans le territoire des Oulâd-Naïl. Elle suit dans tous ses mouvements et assiste dans tous ses démêlés une autre tribu, celle des Hel-ben-'Ali, originaire elle-même de la plaine de H'odna, située au nord du Djebel-bou-K'ah'il.

Nous trouvons encore un village appelé R'ommera dans l'oasis de l'Ouad-Rir', dont le chef-lieu est Tuggurt. Il est divisé en trois quartiers, dont l'un, appelé Oulâd-er-Reggâd, est habité par une population originaire des Oulâd-Naïl, et par conséquent de même pays que les R'ommera du Zibân.

Enfin, chez les Oulâd-Naïl et dans le Djebel-bou-K'ah'il lui-même, il existe un village de R'ommera. Il ne contient aujourd'hui, il est vrai, qu'une centaine d'habitants; mais il est contigu à des ruines qui portent le même nom, et qui ont dû appartenir à un établissement considérable. Le Djebel-bou-K'ah'il est donc, à la fois, le point de départ des populations du village de l'Ouad-Rir' et de la tribu du Zibân, et le point d'arrivée de la colonie partie du Rif marocain.

A quelle époque de l'histoire, à quelle période des révolutions africaines se rattache cette migration? C'est ce qu'il nous paraît difficile de déterminer.

On trouve encore en Algérie une petite tribu des R'ommera, établie sur la côte de la Méditerranée, à l'ouest d'Oran. La présence de cette colonie s'explique par le voisinage des montagnes du Rîf marocain.

Le voisinage de la côte d'Espagne détermina aussi plusieurs émigrations de R'ommera dans la péninsule, où on retrouvait encore, au xvie siècle, plusieurs traces de leur séjour.

La tribu des R'ommera est la seule des cinq grandes nations africaines qui ait traversé presque inaperçue les révolutions du moyen âge. Aussi, la neutralité qu'elle paraît avoir gardée dans ces grandes collisions l'a sans doute préservée des déplacements et des mutilations qui ont atteint les tribus animées de l'esprit d'envahissement.

Vers l'an 116 de l'hégire, une insurrection, provoquée par les exactions des gouverneurs arabes, éclata dans la partie du Maghreb située au nord de Fès : ce furent des chefs zenâta qui la dirigèrent; mais, comme elle eut pour théâtre le pays des R'ommera, il est probable que ceux-ci y prirent part. La guerre qui s'ensuivit, et dont les principaux incidents eurent lieu sur le territoire de Tanger et de Ceuta, fut marquée par deux déroutes complètes de l'armée arabe. A la suite du second échec, l'insurrection devint générale, et les troupes arabes, un moment réfugiées à Ceuta, abandonnèrent cette ville pour se sauver en Espagne[1].

Ceuta resta déserte jusqu'à ce qu'un Berber païen,

---

[1] Ebn-Khaldoun, traduit par M. N. Desvergers, p 33 et suiv.

de la tribu des R'ommera, s'en déclara souverain et embrassa l'islamisme. Il fonda ainsi une petite dynastie locale qui se maintint dans cette contrée durant trois générations[1].

A dater de ce moment, nous ne retrouvons plus les R'ommera qu'en 172 de l'hégire (788-789), à l'époque de l'avénement des Édricites.

Ils figurent alors parmi les tribus qui, à l'instigation de l'émir d'Aourba, se soumirent sans résistance au chef de cette dynastie.

[1] Bekri, p. 555.

CHAPITRE IV.

TRIBUS DU NORD. — LES ZENÂTA ET LES HAOUÂRA.

Communauté d'origine des deux tribus. — Contrées occupées par elles dans l'empire de Maroc; dans la province d'Oran; dans la province d'Alger; dans la province de Constantine; dans la régence de Tunis; dans la régence de Tripoli. — Les Zenâta et les Haouâra du moyen âge sont devenus les Chaouïa de notre temps.

DIVISION DES ZENÂTA.

1° LES METR'ARA. — 2° LES MEK'NÈÇA. Ils ont fondé la dynastie des Beni-Medrar et la petite principauté de Meknès dans le Maroc. — 3° LES OURTNÀDJ. — 4° LES BENI-MRIN. — 5° LES BENI-OUÀT'AS. — 6° LES MAGHRAOUA. Point de départ de ces derniers. — Leurs déplacements. — Contrées qui conservent la trace de leur passage dans la province de Constantine et dans la régence de Tunis. — Ils ont formé un établissement dans l'ouest, à Sedjelmâça et à Fès. — 7° LES BENI-ZEÏÀN.

DIVISION DES HAOUÂRA.

1° LES MLÌLA. — 2° LES BENI-KEMLÀN.

EXAMEN DES DOCUMENTS HISTORIQUES.

Situation des tribus de l'Aourès au moment de l'invasion gréco-romaine. — Insurrection de Ksîla et de Kahîna contre les Arabes. — Transportation des Zenâta de l'Aourès dans l'Atlas marocain. — Les Zenâta figurent dans une insurrection près de Tanger. — Les Haouâra se révoltent à Gabès. — Les Zenâta fondent la dynastie des Medrarites à Sedjelmâça. — Nouveau mouvement de migration vers le Sahara marocain, par suite de cet événement. — Intervention des Zenâta de l'est dans les démêlés des Arabes entre eux. — L'établissement des Beni-Roustem à Tahart détermine une nouvelle émigration des Zenâta vers la province d'Oran. — Insurrection générale dans l'est du Maghreb. — Les Zenâta et les Haouâra y prennent part. — Nouveau soulèvement dans la province de Tripoli; elle a pour chef un Berber des Haouâra. — Établissement des Édricites à Fès. — Nouvelle insurrection des Zenâta dans la province de Constantine. — Ils s'emparent de cette ville. — Révolte des Haouâra à Tripoli contre les Aghlabites. — Les Zenâta, émigrés à Tahart, viennent dans l'est prendre part à cette insurrection. — Élévation des Fatimites, appuyés par les Ketâma et les S'enhâdja. — Effet produit sur la tribu des Zenâta par cet événement. — Scission dans la population berbère. — Origine de la division actuelle en Chaouïa et Kabiles. — Les Zenâta et les Haouâra de l'Aourès se révoltent contre les S'enhâdja et les Ketâma, sous la conduite d'Abou-Iezîd. — La guerre dure trente ans. — Révolte des Zenâta contre les S'enhâdja dans le Maroc. — Leur chef, Ziri-ben-'Atia, s'empare de Fès et de Sedjelmâça, étend ses conquêtes jusqu'à Tahart dans la province d'Oran, et fonde une principauté et une dynastie dont Fès fut le siége. — Participation des Zenâta à la formation de l'empire de Bougie, et au démembrement de l'empire des S'enhâdja. — Nouveaux efforts des Zenâta pour ressaisir l'autorité dans l'est du Maghreb. — Rupture des S'enhâdja avec le khalifat d'Égypte. — Irruption de tribus arabes; elles poussent devant elles les Zenâta de Tripoli. — Nouveau mouvement d'émigration vers l'ouest. — Apparition des Lemtouna du désert ou Almoravides. — Ils trouvent des auxiliaires dans les Zenâta. — Émigration des Zenâta en Espagne. — Ils prêtent leur appui aux Mas'moud'a et concourent à l'élévation de la dynastie almohade, dont le chef appartenait à leur tribu. — Nouvelle émigration des Zenâta vers l'ouest. — Probabilité d'une nouvelle émigration en Espagne. — Nouvelle émigration des Zenâta du Sahara algérien vers l'ouest; elle donne naissance aux deux dynasties des Beni-Mrîn à Fès, et des Beni-Zeïàn à Tlemcên. — Nouvelle émigration des Zenâta vers le Maroc et la province d'Oran. — Les Beni-Zeïàn renversés par les Turcs, et les Beni-Mrîn, par les chérifs.

Nous avons dit, d'après Marmol, qu'au xvie siècle les Zenâta se trouvaient disséminés sur toute la surface de l'Afrique; que, dans la province de Tamesna, sur la côte de l'Océan Atlantique, ils étaient désignés par le nom de *Chaouïa*, et qu'enfin, à la même époque, les Haouâra se trouvaient mêlés aux Zenâta dont ils étaient les vassaux.

Cet état de réunion qui existait alors devait remonter à une époque reculée, car on en retrouve des traces fréquentes dans les écrivains des siècles précédents, bien qu'ils ne mentionnent pas ce fait en termes aussi explicites.

Cette considération m'a déterminé à comprendre les deux peuples dans la même notice.

Une tradition, rapportée par les écrivains arabes, et dont il a déjà été question, leur assigne une origine commune.

Suivant Édrici, S'enhâdj et Lemt' étaient frères. Leur père lui-même s'appelait Lemt', et leur mère, Tazk'aï; cette dernière était issue des Zenâta[1] : elle eut, d'un autre lit, un troisième fils nommé Haouar. Lorsque leur postérité se fut accrue, ils commencèrent à soumettre de nombreuses peuplades. Ce fut alors que les tribus berbères s'étant réunies pour s'opposer à ces étrangers, les vainquirent et les refoulèrent dans les déserts voisins de la mer ténébreuse, où ils n'ont cessé de mener une vie nomade jusqu'à nos jours.

Ebn-Khaldoun donne le même récit, à quelques différences près.

Suivant lui, la mère de S'enhâdj, Lemt' et Haouar s'appelait Touska, au lieu de Tazk'aï.

Celui qu'elle épousa en secondes noces, et qui fut

_____
[1] Édrici, p. 204.

le père de Haouar, se nommait, suivant Édrici, *El-Mas-sour*, et suivant Ebn-Khaldoun, *Aourigh*.

Édrici ne dit pas positivement que la mère de Haouar fût d'origine zenâti, mais il le laisse pressentir; car, suivant lui, cet El-Massour, chef d'une tribu du Hedjaz, s'étant mis en marche vers l'est avec sa tribu, passa le Nil, pénétra dans le Maghreb, s'avança jusqu'au pays des Zenâta, et épousa alors Tazk'aï.

Il y a dans les traditions populaires, à travers les fables dont la vanité ou la superstition les entoure, un fond de vérité qui, lorsqu'on parvient à le dégager de son enveloppe mythologique, peut jeter quelque jour sur l'origine et le berceau des peuples. C'est pour cela que nous ne craignons pas de les recueillir, et que nous ne dédaignons pas de les discuter.

Nous avons déjà fait remarquer le lien de synonymie qui existe entre le nom de cette femme d'origine ze-nâti, qui fut mère de S'enhâdj, de Lemt' et de Haouar, et celui d'Azk'aï, qui désignait, du temps de Bekri, une montagne et une ville situées au milieu du grand dé-sert, et formant comme le rond-point de la mitoyen-neté des S'enhâdja et des Lemt'a.

Les autres fables, telles que la parenté originelle at-tribuée aux quatre peuples, leur refoulement simultané dans les profondeurs du désert, expriment qu'à l'époque où naquirent ces traditions, les quatre tribus des Lemt'a, des S'enhâdja, des Zenâta et des Haouâra occupaient ensemble le désert, et reconnaissaient une autorité, ou plutôt une suzeraineté commune dont la tribu des

Zenâta était dépositaire, et dont la position d'Azk'aï était le siége.

Plus tard, une séparation eut lieu; les S'enhâdja et les Lemt'a restèrent ensemble et occupèrent la région occidentale du désert en conservant la position d'Azk'aï. Les Zenâta et les Haouàra restèrent dans la région orientale.

Puis, il vint un moment où les uns et les autres s'avancèrent chacun de son côté vers le nord, et vinrent se disputer la partie septentrionale du Maghreb, qu'ils ensanglantèrent de leurs dissensions.

C'est ainsi que les faits nous apparaissent dans leur ensemble; nous allons les détailler et les préciser.

PAYS OCCUPÉS PAR LES ZENÀTA.

1° Dans l'empire du Maroc.

On a vu, dans l'histoire des Mas'moud'a, que cette tribu se trouvait groupée, dès les temps les plus reculés, dans la région de l'empire de Maroc comprise entre l'Ouad-Oumm-er-Rebi', l'Ouad-Dra', le désert et l'Océan. Cependant, au temps d'Édrici, une portion de la rive gauche de l'Oumm-er-Rebi' était occupée par les Zenâta[1]; mais ils n'étaient là qu'à l'état d'enclave.

Ils occupaient, du temps de Bekri, l'oasis de Sedjel-mâça, ou de Tafilelt par la dynastie des Beni-Medrar, qui appartenait à la fraction des Meknêça[2].

[1] Édrici, t. I, p. 216.
[2] Bekri, p. 628.

Du temps de Marmol, ils habitaient la province de Tamesna, qu'il appelle *leur ancienne demeure*. C'est là, en effet, qu'ils étaient établis au moment de l'avénement des Almoravides; mais ils en furent chassés par Ioucef-ben-Tachfin, et la contrée resta déserte pendant plus d'un siècle. Lors de l'élévation des Beni-Mrîn à l'émirat de Fès, les Zenâta et les Haouâra furent rappelés dans la province de Tamesna, en récompense des services qu'ils avaient rendus à la dynastie nouvelle.

C'est vers le milieu de la période durant laquelle les Zenâta demeurèrent éloignés de la province de Tamesna que fut composé l'ouvrage d'Édrici; or, celui-ci mentionne Tamesna comme une tribu berbère d'où dépendent les Berghaouâta, les Matmâta, quelques autres tribus encore, et enfin une partie des Zenâta. Il en résulte que les Zenâta n'avaient pas été entièrement expulsés, comme le dit Marmol, et qu'antérieurement à leur expulsion ils n'étaient pas les maîtres du pays, comme son récit le ferait croire; mais que les Tamesna l'habitaient avant eux, et que c'étaient ceux-ci qui avaient donné leur nom à la province. La proximité des Tamesna et des Berghaouâta, et la similitude des noms, me font penser que les Tamesna et les Berghaouâta sont les *Macenites* et les *Bacuates* de l'antiquité. D'abord, l'Itinéraire d'Antonin place ces deux tribus dans la Mauritanie de Tanger. D'un autre côté, le géographe J. Honorius (voir chap. 1er) place aussi les *Bacuates* dans la Mauritanie tingitane et à côté des *Barbares*, dont ils ne sont séparés que par le fleuve Malda.

Or, que constatons-nous dans la géographie moderne?
Les Mas'moud'a de Sous, regardés par tous les géographes comme les vrais Berbers (Barbares), sont établis
sur la rive gauche de l'Ouad-oum-er-Rebi', et sur l'autre
rive, les Tamesna (Macenites) et les Berghaouâta (Bacuates), établis ensemble et à côté d'eux. La ressemblance des noms, la coïncidence des emplacements et
même des accidents mentionnés par les géographes anciens et modernes, concourent à justifier cette opinion :
que les Tamesna et les Berghaouâta sont les plus anciens habitants de cette région, et que l'établissement
des Zenâta et des Haouâra date d'une époque bien postérieure.

Le groupe le plus compact de Zenâta compris dans
l'empire de Maroc habitait ce large massif appartenant
à la chaîne du grand Atlas qui s'élève au sud-est de Fès.
Il est formé de montagnes hautes et froides, dont plusieurs conservent la neige sur leur sommet pendant toute
l'année. Le pays occupé par les Zenâta et les Haouâra
dans cette région s'étend à l'ouest jusqu'au méridien
de Fès, et à l'est jusqu'à celui qui passe par l'embouchure de la Mlouïa; au nord, ils s'avançaient un peu
au delà du parallèle de Tâza; ils arrivaient même jusqu'à la côte, à travers le pays des R'ommera, par la montagne de Beni-Touzin et celle de Guardan, situées dans
le voisinage de Mlîla. Au sud, ils s'étendaient jusqu'au
Djebel-Dèdes, où ils atteignaient le territoire des Mas'-
moud'a par le Djebel-Magrân, contre-fort habité par la
fraction des Maghraoua.

Le massif qui vient d'être défini comprenait deux villes assez considérables, Tâza et Debdou[1].

Un des contre-forts portait le nom de Djebel-Brânis; il était situé dans la région la plus septentrionale du territoire, et habité par des Zenâta et Haouâra réunis.

Quelques tribus étrangères se trouvaient enclavées dans le massif.

Ainsi, le contre-fort de Meztalka, situé au sud, était occupé par des Zenaga, tribu du désert. Un autre, celui de Beni-Iazga, appartenait en commun aux Zenâta et aux S'enhâdja.

Une autre montagne contiguë à la précédente et au sud était entièrement peuplée de S'enhâdja. Il est à remarquer que la position de ces S'enhâdja coïncide avec celle assignée par Édrici à la tribu d'Amlou appartenant à la même nation, et qui paraît avoir donné son nom à la Mlouïa, dont elle domine le cours supérieur, comme je l'ai dit dans le chapitre consacré aux S'enhâdja.

Enfin, il existait encore à la même époque, c'est-à-dire au XVIᵉ siècle, un Djebel-Zenâta, à dix-huit lieues à l'ouest de Tlemcên, entre le désert de Gâret et celui d'Angad. Il était habité, conformément à l'indication du nom, par des Zenâta qui, à l'époque où écrivait Marmol, n'avaient jamais pu être soumis par les Turcs, « pour bien ni pour mal qu'ils leur eussent fait. » Aujourd'hui le nom des Zenâta a disparu et la position correspond à celle du Djebel-Beni-Snâcen.

[1] Marmol, t. II, p. 312.

Le massif zenâti situé au sud-est de Fès est traversé par la route de Fès à Tafilelt qui est, comme on sait, l'ancienne Sedjelmâça. Édrici est le seul des écrivains arabes qui en fasse mention; mais il se borne à dire : la route de Fès à Sedjelmâça traverse plusieurs tribus zenâta. Ce qui prouve que, de son temps, les Zenâta étaient déjà établis dans le massif que nous venons d'indiquer.

Telle était, au xvie siècle et au moyen âge, la situation des Zenâta dans l'espace occupé aujourd'hui par l'empire de Maroc.

Quant aux Haouâra, je ne trouve chez les auteurs arabes qu'une seule mention explicite de leur présence. Édrici dit que de son temps la ville d'Ar'mât-Ourika était habitée par des Haouâra, *naturalisés Berbers* par suite de leur voisinage et de leurs rapports *avec les indigènes*[1]. Il faut conclure de ce passage que les Haouâra étaient étrangers dans cette contrée, et, comme d'après Marmol, ils étaient vassaux des Zenâta et les suivaient partout, la même conclusion doit s'étendre à ceux-ci.

Au surplus, l'observation de Marmol étant générale, et s'appliquant surtout à l'empire de Maroc, qui avait été plus particulièrement l'objet de ses explorations et de ses études, il en résulte que là où il place des Zenâta, les Haouâra se trouvaient aussi. Toutefois, nous ferons remarquer que la mention de la présence simultanée des deux tribus, implicite pour la plupart de leurs habitations, est explicite à l'égard du Djebel-Brânis.

[1] Édrici, p. 212.

Cette remarque, que nous reproduirons plus tard, nous aidera à retrouver le point de départ de ces deux tribus, ainsi que le sens et l'origine de leurs migrations.

2° Province d'Oran. — Zenâta.

Du temps de Bekri, c'est-à-dire en 460 de l'hégire, les Zenâta habitaient en grand nombre la province d'Oran. La principale ville de leur pays était Tlemcèn, que Bekri appelle « le centre des tribus berbères[1]. » Il y en avait aussi au nord de la nouvelle Tahart (Takdemt)[2].

Leur établissement dans cette partie du Maghreb devait être déjà ancien; car ils avaient, suivant Bekri, *de temps immémorial,* un grand marché à Fekkân[3]. Cette ville, dont le nom s'est conservé dans celui de Hel-Fekkân et de l'Ouad-Fekkân, était située à deux journées de Tahart sur la route de Harchgoul, au pied des versants méridionaux du Djebel-Ouchilâs. Elle avait au midi l'Ouad-Sîra, et à l'ouest, le confluent de trois rivières, l'Ouad-Sîra, l'Ouad-Sebi et l'Ouad-Hît.

La position actuelle du pays de Fekkân, comparée à la description du géographe arabe, permet de retrouver la montagne et les trois cours d'eau qu'il mentionne.

En effet, le pays appelé aujourd'hui Fekkân, compris dans le territoire des Hachem, situé à 25 kilomètres environ au sud-sud-ouest de Mascara, sur les bords de l'Ouad-Fekkân, occupe le pied des versants mé-

[1] Bekri, p. 535.
[2] *Ibid.* p. 522.
[3] *Ibid.* p. 538.

ridionaux du Djebel-Châreb-er-Rîh (la lèvre du vent), sur les pentes duquel se trouve Mascara.

A environ 12 kilomètres au sud, coule l'Ouad-Tari'a, sur lequel est assis le camp français d'Ouizert.

A l'ouest et à 2 ou 3 kilomètres, sont les confluents très-rapprochés de trois rivières, savoir : l'Ouad-Tari'a, l'Ouad-beni-Meniarin et l'Ouad-Melr'ir.

Enfin, ce pays est situé à 120 kilomètres, ou deux fortes journées, de Takdemt ou Tahart, sur la route de Harchgoun.

La conformité parfaite des indications de la géographie ancienne et des accidents de la géographie actuelle ne permet pas de douter que l'Ouchilâs du xie siècle ne soit le Châreb-er-Rîh d'aujourd'hui, que l'Ouad-Sira ne soit l'Ouad-Tari'a, et enfin, que l'Ouad-Sebi et l'Ouad-Hît ne coïncident avec l'Ouad-beni-Meniarin et l'Ouad-Melr'ir.

C'est donc sur ce point, compris entre Tlemcên et Tahart, que se tenait le grand marché des Zenâta. La position du reste était favorablement choisie; car Édrici nous apprend que, de son temps, les tribus comprises entre Tlemcên et Tahart étaient toutes issues de la nation des Zenâta[1]. Or, cet intervalle forme presque toute la largeur de la province d'Oran; d'où l'on peut conclure qu'au xe et au xie siècle la partie septentrionale de cette portion de l'Algérie était occupée presque entièrement par des Zenâta.

Plus tard, à une époque que nous essayerons de dé-

[1] Édrici, p. 134.

terminer ultérieurement, cette contrée fut envahie par le flot arabe qui, de l'extrémité opposée du Maghreb, s'avançait comme une marée menaçante; de sorte que, de nos jours, le nom de ce peuple berbère a presque entièrement disparu.

Nous ne le trouvons qu'une seule fois parmi les populations qui habitent aujourd'hui ce territoire. C'est une fraction de la tribu des R'ossel, située au nord de Tlemcên, à cheval sur l'Isser et la Tafna, adossée aux Oulhaça et aux Trara.

Il est vrai que quelques-unes des tribus comprises dans la nation des Zenâta ont laissé leurs noms sur le territoire qu'elles occupaient.

Ainsi, parmi les peuplades zenâta, qui du temps d'Édrici habitaient entre Tlemcên et Tahart, nous en remarquons deux, les Sendjâs et les Beni-Râched, qui s'y sont maintenus pendant les sept siècles écoulés depuis lors. La première, celle des Sendjâs, est située au sud d'Orléansville, au pied du versant occidental de l'Ouarensenîs. La seconde, celle des Beni-Râched, habite la rive droite du Chélif, au nord-est d'Orléansville, où elle est contiguë au groupe berbère des Zatima.

Haouâra.

Les Haouâra ne sont mentionnés que deux fois dans cette contrée, par les écrivains arabes du moyen âge.

Bekri les place au sud de la nouvelle Tahart[1], indication qui s'applique au territoire occupé aujourd'hui

[1] Bekri, p. 522.

par la tribu des Harar; il existe, en effet, dans cette tribu une fraction appelée Oulâd-Haouâr; mais ils se confondent aujourd'hui avec les Arabes qui les ont assujettis et englobés.

Édrici comprend les Haouâra parmi les tribus qui, de son temps, habitaient l'Ouanserîs, aujourd'hui Ouarensenîs.

Il est probable que l'observation de Marmol, relative à l'union des Haouâra et des Zenâta, s'applique à cette contrée, et que les deux tribus se trouvaient mêlées dans la province d'Oran comme dans le Maroc.

Le territoire de cette province, qui, au xie et au xiie siècle, se trouvait presque entièrement occupé par les Zenâta, était déjà, au xvie siècle, envahi en grande partie par les Arabes.

3° Province d'Alger. — Zenâta.

Je n'ai trouvé aucune mention de la présence de cette tribu sur le territoire de la province d'Alger, ni dans les écrivains arabes du moyen âge, ni dans ceux du xvie siècle, ni dans la géographie actuelle.

Haouâra.

Aucune mention dans les écrivains. Il existe seulement aujourd'hui une tribu des Haouâra dans l'ancien beylik de Tit'erî, au sud de Médéa; mais cette tribu, perdue dans un milieu étranger, a pris les habitudes et le langage arabes, et n'a conservé aucun souvenir de son origine berbère.

4° Province de Constantine.

Édrici mentionne les Zenâta, comme habitant le bourg d'El-Mèdjber, situé à une journée d'Achir-Zîri et à deux journées de Sétif, sur la route de Tahart à Msîla.

Cette indication place le bourg en question au pied des versants méridionaux de l'Ouinnour'a, à l'entrée de la plaine d'El-H'odna et à peu de distance à l'ouest de Msîla.

Nous retrouvons les Haouâra dans le voisinage de cette position. Bekri dit, en effet, que de son temps ils habitaient les environs de Msîla avec les Beni-Barzal, les Beni-Anda et les Mzâta[1]. Suivant Ebn-Haoukal, ils étaient jadis propriétaires du territoire de Msîla avec les Beni-Barzal.

La présence des Zenâta au bourg d'El-Mèdjber, à l'ouest de Msîla, au pied des versants de l'Ouinnour'a, et la simultanéité constante de la présence de ces deux tribus dans les mêmes localités, donnent lieu de penser que le territoire des Haouâra de Msîla s'étendait à l'ouest de cette ville, dans la vallée de l'Ouad-èch-Chelâl, et la qualité de propriétaires, que leur donne Ebn-Haoukal, annonce que leur établissement dans cette contrée devait remonter à une époque éloignée. Cette réunion de circonstances tend à rapprocher les Haouâra de l'ancienne Auzia, aujourd'hui Aumale, et me fait supposer que l'inscription latine trouvée dans cette localité,

[1] Bekri, p. 514.

et qui mentionne une tribu des *Bavares*[1]; pourrait bien se rapporter à cette colonie des Haouâra.

Édrici place aussi les Haouâra dans la plaine de Msîla, avec les Beni-Berzâl, les Rendah', les Sedrâta et les Mzâna[2].

Bekri mentionne, en outre, la présence d'une de leurs fractions appelée *Beni-Ir'merâcen*, dans le lieu nommé R'edir-Ouaroua, entre Sétif et Msîla[3]. Cette localité, connue encore aujourd'hui sous le nom d'El-R'edir, est située dans la chaîne de montagnes qui sépare la plaine de H'odna de celle de la Medjâna.

L'ensemble de ces témoignages prouve qu'il existait, au xie et au xiie siècle, un groupe de Zenâta et de Haouâra autour de Msîla, et qu'il s'étendait surtout à l'ouest et au nord de cette ville. Mais je n'en trouve ni dans les écrivains du xvie siècle, ni dans la géographie actuelle de cette contrée. Leurs vestiges ont disparu, emportés par l'irruption arabe qui s'avançait de l'est à l'ouest, et dont plus tard nous chercherons à suivre la marche.

Le principal groupe de Zenâta et de Haouâra dans la province de Constantine était celui des monts Aourès.

Nous avons vu, dans le chapitre iii, que cette montagne célèbre se trouvait être, au moment de la conquête arabe, le siége de deux grandes souches dans lesquelles se divisait la nation berbère, ou, au moins,

[1] *Recherches sur l'histoire de la régence d'Alger,* par une commission de l'Académie des inscriptions et belles-lettres, p. 60.

[2] Édrici, p. 232.

[3] Bekri, p. 534.

des deux autorités qui s'en partageaient alors le commandement.

Des gorges de ce massif étaient parties les deux premières insurrections de la population africaine contre
l'invasion musulmane, celle de K'sîla, en 682, et celle
de Kahina, vers 700; à la suite de cette dernière, un
nombre considérable d'Aurasiens avaient été transportés
dans l'ouest.

Deux siècles après, vers 941, une nouvelle insurrection, plus formidable encore que les deux premières,
éclate dans l'Aourès contre la dynastie naissante des Fatimites; elle a pour chef un certain Abou-Iezîd, de la
tribu des Zenâta, et cette tribu devient le principal appui
de l'insurrection.

Ainsi, à cette époque, les Zenâta habitaient l'Aourès
et y formaient encore un groupe compacte.

Du temps de Bekri, c'est-à-dire environ cent vingt
ans après, nous voyons les habitants de Tehouda, dans
le Zâb, en guerre par suite de dissidences religieuses
avec les Haouâra et les Meknêça qui les avoisinent au
nord[1]. Les Meknêça forment une fraction des Zenâta;
par conséquent, là encore, les Zenâta et les Haouâra
se trouvent réunis. Au nord de Tehouda commencent
les versants méridionaux de l'Aourès. Ils étaient donc
habités par les deux tribus.

Une indication plus générale du même auteur prouve
qu'elles n'habitaient pas seulement le versant méridional, mais qu'elles étaient répandues dans toute la mon-

[1] Bekri. p. 531.

tagne, où elles occupaient, dit Bekri, un grand nombre
de châteaux[1].

Marmol est très-concis dans sa notice sur l'Aourès,
qu'il connaissait peu. Il ne nomme pas les tribus qui
occupaient ce massif de son temps ; mais il donne pour
synonyme au mot *Aourès* celui de *Righa*, qui doit être
le nom collectif de la population. Or, la nomenclature
d'Ebn-Khaldoun classe les Haouâra comme une fraction des Aourigha ; d'où il résulte que les Haouâra formaient bien réellement un groupe important de la
population de l'Aourès. Un autre fait, rapporté par
Marmol, vient encore en confirmation de ces divers témoignages. Il est relatif à l'année 1057 : à cette époque,
Mouleï-Moh'ammed, émir de Tunis, passant auprès de
Tebessa, dans une entreprise contre les Haouâra, et
n'ayant reçu des habitants qu'une réponse injurieuse
au lieu d'assurances de soumission, prit la ville et la
détruisit. L'état de révolte de la ville de Tebessa, et
la direction que suivait l'émir, prouvent que les rebelles
qu'il allait combattre, ou les Haouâra, devaient se trouver dans le voisinage de Tebessa, et probablement encore dans les monts Aourès.

Les traditions conservées dans plusieurs tribus de
la province de Constantine prouvent qu'à une époque
beaucoup plus rapprochée de la nôtre, il y eut une
émigration de Zenâta venant de l'Aourès et allant s'établir au nord. Ainsi, le territoire des Hanencha comprend une tribu, celle des Oulâd-Dîa, établie autour

[1] Bekri, p. 595.

d'une source appelée *Aïn-Zenâta;* deux autres tribus du
même groupe, les Oulâd-Khiâr et les Beni-Berber, se
regardent encore comme issues des Zenâta; une tradition, conservée chez ces peuples, porte qu'elles occupaient originairement la partie de l'Aourès habitée aujourd'hui par les Nemêmcha, et qu'elles ont été forcées
de s'en éloigner, il y a environ cent dix ans.

Ainsi, la province de Constantine nous présente encore les Zenâta et les Haouâra réunis, et l'on voit
qu'ils y formaient, au xiᵉ et au xiiᵉ siècle, deux groupes
distincts, savoir :

Le premier, dans les environs de Msîla;

Le second, dans le massif de l'Aourès, qui devait
leur appartenir presque entièrement.

5° Régence de Tunis.

Aucun auteur ne signale la présence des Zenâta dans
la régence de Tunis. Les Haouâra habitaient, du temps
d'Édrici, un bourg appelé *Merdjâna*[1], situé près d'El-
Orbes, au sud-est d'El-Kêf. Je ne trouve point d'autre
indication relative à ce peuple, si ce n'est un bourg de
Mermadjâna placé dans la même région, mentionné par
Nowaïri, et attribué aux Haouâra par le Mrâcid-el-It-
tàla[2]; mais il est fort probable que les deux noms qui
précèdent désignent la même localité.

Ainsi les Haouâra et les Zenâta occupaient très-peu
de place dans la régence de Tunis.

[1] Édrici, p. 269.
[2] Ebn-Khaldoun, traduit par M. N. Desvergers, p. 7.

6° Régence de Tripoli.

Une insurrection formidable de Zenâta, qui eut lieu vers l'an 1022, aux environs de Tripoli, prouve que cette contrée en possédait alors un grand nombre[1].

Bekri place à la date de 446 de l'hégire (1054), les Zenâta dans la ville d'Audagast (Aoudr'ast dans le désert); ils y étaient mélangés avec des Arabes[2].

Édrici leur donne pour demeure (vers 1153), le rivage de Telmita[3] (l'ancienne Ptolemaïs), qu'ils habitaient avec les Mzâta et les Fzâra.

Quant aux Haouâra, Édrici, rapportant l'origine des peuples berbères, dit qu'après la victoire remportée par David sur Goliath, les Berbers passèrent dans le Maghreb et s'y répandirent. Les Haouâra s'établirent dans le Djebel-Nfous[4].

Bekri place les Haouâra entre Tripoli et l'oasis de Ouâdan, située au sud de cette ville, dans le désert[5].

La ville de Zouila, dans le désert, fut fondée par un Haouâri, en l'an 306 de l'hégire (918)[6].

Vers 1153, c'est-à-dire du temps d'Édrici, des Haouâra habitaient le bourg de Zâla, situé encore dans le désert, à dix journées à l'ouest d'Aoudjla[7].

[1] Cardonne, t. II, p. 111. — Kaïrouâni, p. 141.
[2] Bekri, p. 628.
[3] Édrici, p. 290.
[4] Ibid. p. 208.
[5] Bekri, p. 458.
[6] Édrici, p. 115.
[7] Ibid. p. 289.

A la même époque, ils occupaient deux châteaux considérables, qui restaient de Lebda[1] (Leptis magna), et un lieu appelé *Souik'a-ebn-Metkoud*, à quarante milles au delà, sur la côte[2].

Enfin, au XVIe siècle, Marmol signale encore des Haouâra près de l'ancienne Tripoli[3].

Un fait, que je recueille dans Bekri, prouve surabondamment que la population des Haouâra était fort considérable dans le sud de Tunis. Abou-el-K'âcem, le second des Fatimites, avait agrandi un village du Djebel-Zar'ouân, placé sur la route des arrivages du désert, et en avait formé une ville destinée à servir de demeure aux voyageurs pauvres des tribus de Haouâra et de Nfouça.

L'ensemble de ces témoignages, et surtout celui d'Édrici, qui, d'après la tradition de son époque, donne aux Haouâra le Djebel-Nfous pour première demeure, me paraissent établir que la régence de Tripoli, surtout dans sa partie septentrionale, est le véritable berceau des Haouâra.

Nous voyons en outre que là, comme partout ailleurs, ils se trouvaient mêlés aux Zenâta; car leurs établissements dans cette province sont presque tous contigus à ceux des Zenâta, soit dans le désert, soit sur la côte, soit aux environs de Tripoli.

Cette simultanéité de présence est du reste confir-

[1] Édrici, p. 284.
[2] *Ibid.* p. 285.
[3] Marmol, t. II, p. 570.

mée par un détail, insignifiant en apparence, que j'emprunte à Ebn-Khaldoun. Cet auteur rapporte que, vers la fin du IIe siècle de l'hégire, la ville de Tripoli avait deux portes, dont l'une s'appelait porte des Haouâra, et l'autre, porte des Zenâta[1] : le rapprochement de ces deux noms me paraît un nouvel indice de la juxtaposition des deux peuples.

En résumé, voici quelle était au moyen âge la situation des Zenâta et des Haouâra dans toute l'étendue des états barbaresques :

1° Dans presque tous les pays qu'ils occupaient, ils se trouvaient réunis, ou mélangés, ou limitrophes. Ce fait, énoncé par Marmol pour la partie occidentale du Maghreb, et pour le XVIe siècle, existait donc déjà depuis plusieurs siècles, et il s'appliquait à tous les établissements des deux peuples.

2° Leurs principaux groupes étaient répartis de la manière suivante.

Dans l'empire de Maroc ils occupaient :

Sur la côte de l'Océan Atlantique, la rive nord de l'Ouad-Oum-er-Rebi' ;

Dans le massif du grand Atlas la partie septentrionale de la chaîne.

Dans la province d'Oran :

Le Tell et le petit désert en presque totalité.

Dans la province de Constantine :

Le massif de l'Aourès.

Dans la régence de Tripoli :

[1] Ebn-Khaldoun, traduit par M. N. Desvergers, p. 93.

La région septentrionale, une partie du désert et de la côte. La province d'Alger et la régence de Tunis ne comptaient qu'un très-petit nombre d'individus de ces deux peuples.

Dans l'intervalle du XIIe au XVIe siècle, le groupe de la province d'Oran et celui de la régence de Tripoli avaient été considérablement réduits.

Ainsi, ces deux tribus, dont les destinées paraissent avoir été jointes dès les premiers temps de la domination musulmane, se trouvaient surtout agglomérées aux deux extrémités du Maghreb.

De ces deux groupes d'habitations, lequel fut la métropole, lequel fut la colonie?

Indépendamment de la tradition rapportée par Édrici, laquelle attribue aux Haouâra une marche de l'est à l'ouest, le simple rapprochement de deux témoignages empruntés à cet auteur, et dont la corrélation remarquable lui a échappé, me paraît résoudre cette question d'une manière décisive.

A l'occasion des tribus comprises entre Tlemcèn et Tahart, et qu'il dit être issues des Zenâta, Édrici donne la généalogie de cette nation, qu'il fait remonter à Djalout, à Dâris, à Djâna et à Nefza, d'où sont sortis, dit-il, tous les Nifzaoua. Puis, il ajoute que les Nifzaoua étaient originairement des Arabes de race pure, mais que, par suite des alliances qu'ils ont contractées avec les Mas'moud'a, leurs voisins, « ils sont devenus eux-mêmes Berbers [1]. »

[1] Édrici, p. 234.

Il en est de même des Haouâra établis dans l'ouest.
« Ar'mat-Ourika, dit Édrici, est habité par des Haouâra
naturalisés Berbers par suite de leur voisinage et de
leurs rapports *avec les indigènes*[1]. »

Ainsi, voilà des peuples qui sont incontestablement
d'origine africaine, et qui pourtant, dans la région
occidentale du Maghreb, sont considérés comme des
Arabes, comme des étrangers. Qu'en faut-il conclure?
sinon que ces deux peuples n'étaient pas originaires de
la Barbarie occidentale, et que leur véritable patrie devait en être au contraire fort éloignée, dans la direction de l'Arabie, que les Berbers de l'ouest leur donnaient pour point de départ.

Ainsi les Mas'moud'a étaient bien, pour les Africains
du moyen âge, les habitants autochthones du Maghreb
occidental ou du Maroc; les Zenâta et les Haouâra n'y
étaient qu'à l'état d'émigrés et d'étrangers.

Si nous passons maintenant à l'extrémité opposée du
Maghreb, nous y voyons, toujours d'après Édrici, le ter-
ritoire de l'ancienne Ptolémaïs habité par les Mzâta, les
Zenâta et les Fzâra, « tribus berbères devenues arabes[2]. »
Nous y trouvons une partie du désert d'Aoudjla, habité
par des *Berbers de Haouâra*[3].

Pourquoi ces peuples, qui à Tripoli sont regardés
comme des Berbers devenus Arabes, passent-ils à Maroc pour des Arabes devenus Berbers? Pourquoi, dans

---

[1] *Édrici*, p. 212.
[2] *Ibid.* p. 290.
[3] *Ibid.* p. 289.

l'est, sont-ils reconnus par la famille autochthone, malgré leur langage arabe, tandis que dans l'ouest ils sont reniés par elle, malgré leur langage berbère?

La raison en est manifeste; c'est que, d'un côté, est pour eux le sol natal, et de l'autre, la terre d'exil.

A cette question que nous venons de résoudre : quelle partie de l'Afrique habitaient primitivement les Zenâta et les Haouâra? en succède naturellement une autre : quelle région habitent-ils aujourd'hui? Où retrouver, dans la population actuelle des états barbaresques, le sang de ces deux peuples qui, pendant toute la durée de la domination musulmane en Afrique, remuèrent cette contrée jusque dans ses fondements, et la firent retentir du bruit de leurs soulèvements, de leurs guerres et de leurs usurpations?

Il n'est pas douteux, pour nous, que la classe de la population actuelle de l'Afrique septentrionale, dans laquelle il faut chercher les restes des Zenâta et des Haouâra, est celle des Chaouia.

Marmol est le premier qui ait employé ce mot, et cette indication établit un lien précieux de filiation entre la population du moyen âge et celle de nos jours. On ne trouve ce mot ni dans Édrici, ni dans Bekri, ni dans les autres auteurs arabes. Marmol l'applique aux Zenâta et aux Haouâra rétablis par les Beni-Mrîn dans la province de Tamesna, d'où les Almoravides les avaient chassés : « Ces peuples, dit l'auteur espagnol, l'ont toujours possédée depuis, et sont nommés ordinairement *Chaviens* (Chaouia), errant sous des tentes comme les

Arabes, et parlant un arabe corrompu, bien que ce soit une nation africaine[1]. »

A cette époque, le nom de *Chaouia* était circonscrit à la colonie de Tamesna. C'est depuis lors qu'il a remplacé peu à peu partout le nom des tribus qu'il désigne. Du moins il est constant qu'il n'existe pas de région habitée aujourd'hui par les *Chaouia*, où l'on ne retrouve la trace du séjour de ces deux tribus.

Dans l'empire de Maroc, il existait deux groupes considérables de Zenâta et de Haouâra, la côte de Tamesna et le massif du grand Atlas. Marmol, qui donne le nom de Chaouia au premier groupe, ne l'applique pas, il est vrai, au second; mais aujourd'hui ce massif porte le nom de *Belad-ech-Chaoui*, ou *Dar-cheikh-Chaoui*. Il est habité par des Chaouia.

La province d'Oran renferme peu de Chaouia, parce que les Zenâta et les Haouâra en ont été chassés par les Arabes. Néanmoins, le fruste de la géographie actuelle nous fournit encore une indication qui confirme la synonymie.

Nous trouvons, en effet, au sud de la nouvelle Tahart, où Bekri place des Haouâra, la fraction des Harar appelée *Chaouia*.

Dans la province d'Alger, tout ce qui est de sang berbère est désigné par le nom de Kabile; il ne s'y trouvait pas jadis de Zenâta et de Haouâra; il ne s'y trouve pas non plus de Chaouia.

La province de Constantine, au contraire, habitée

[1] Marmol, t. II, p. 138.

autrefois par un groupe large et compacte de Zenâta et de Haouâra, est aujourd'hui couverte de Chaouia; on en rencontre presque dans tous les lieux où ces deux tribus ont laissé des vestiges de leur passage.

Près de Guelma, il existe une montagne appelée *Djebel-Haouâra*, qui domine la Seybous, et l'on sait que de tout temps le territoire de Guelma fut un but d'émigration pour les Berbers chaouia de l'Aourès.

La tribu chaouia des Segnìa possède plusieurs ruines importantes, parmi lesquelles il s'en trouve une qui porte le nom de *Biâr-Haouâra* (les puits des Haouâra).

Au nombre des tribus issues des Zenâta, Édrici en comprend une qui porte le nom de Timet'lâs[1]; or, je trouve encore une ruine importante de ce nom dans le territoire des Telar'ma, l'une des principales tribus chaouia de la province de Constantine.

Je rappellerai, comme ajoutant un nouveau degré de probabilité à la synonymie entre le nom de Chaouia et ceux de Zenâta et de Haouâra, ce que j'ai dit de quelques tribus des Hanencha, qui se disent Zenâta d'origine et venus du pays des Nemêmcha, tribu chaouia de l'Aourès.

Enfin, le mont Aourès, habité autrefois par les Zenâta et les Haouâra, est aujourd'hui entièrement peuplé de Chaouia.

Il est vrai que les noms de ces deux tribus ont disparu de ce massif, ou, du moins, la nomenclature actuelle ne les reproduit pas explicitement; mais la dis-

---

[1] Édrici, t. 1, p. 234.

parition n'est qu'apparente. En réalité, le nom des Zenâta est encore celui de la principale tribu de l'Aourès, de celle qui en habite le faite et qui passe pour y
avoir été le plus anciennement établie : je veux parler
des Beni-Oudjâna.

J'ai remarqué que lorsque les Chaouia de l'Aourès
énumèrent les tribus de leurs montagnes, et les localités regardées comme les siéges ou les centres d'habitations de chacune d'elles, ils assignent à ces diverses
peuplades soit un ruisseau, soit un contre-fort, soit une
plaine. Tout le territoire de chaque tribu se résume
ainsi dans un seul nom, et se concentre dans un seul
point. Ces noms et ces points, bien que compris dans
le même massif, sont tous différents. Quand on en vient
aux Beni-Oudjâna, on indique comme siége de leur
habitation le *Djebel-Aourès*, de sorte que la montagne
parait être plus spécialement le séjour et le domaine
de cette tribu. Or, cette tribu, quelle est l'origine de
son nom? La voici : Édrici, dans la généalogie des Zenâta, dit que Zenâta était fils de Djâna; or, en berbère,
ces mots *fils de Djâna* se traduisent par *ou-Djâna*. Beni-
ou-Djâna est donc synonyme de *Zenâta*.

Les observations et les rapprochements qui précèdent ne doivent pas laisser le moindre doute sur ce
fait, savoir : que la population barbaresque désignée
aujourd'hui par le nom de *Chaouia* représente les deux
tribus berbères des Zenâta et des Haouâra, qui occupèrent une si grande place dans les annales du moyen
âge.

Il résulte aussi de ce qui vient d'être dit, que la dénomination de Chaouia, partie de la région la plus occidentale du Maghreb, a dû s'avancer de proche en proche jusqu'à l'extrémité opposée de cette contrée.

Il m'est arrivé souvent, pendant mon séjour en Algérie, d'interroger les indigènes sur le sens qu'ils attachaient au mot de *chaouia*. En général, ils lui donnent la signification d'*étrangers*. Dans l'île de Djerba, dont la population est, comme on sait, berbère, on désigne par le mot de *chaouia* tous les Arabes du continent, et, là aussi, il éveille dans l'esprit de ceux qui l'emploient la même idée, celle d'*étrangers*[1].

Le mot de chaouia ne commença à être employé que longtemps après l'avénement des Beni-Mrîn; car il ne se trouve pas dans les auteurs arabes qui ont écrit l'histoire de cette révolution. Marmol lui-même, en le restreignant à la région qui paraît avoir été son point de départ, nous autorise à penser que cette désignation, destinée à recevoir plus tard un si grand développement, était encore assez récente de son temps.

[1] M. Ét. Quatremère a publié dans le Journal des savants une note qui a pour objet de faire connaître l'étymologie arabe du mot *chaouia*. M. Quatremère établit que ce mot correspond à celui de *nomades*, *numides*, et a été appliqué primitivement aux peuples pasteurs. Cette étymologie, ignorée aujourd'hui des indigènes, s'accorderait très-bien avec l'observation que fait Marmol que les Zenâta et les Haouâra, transplantés dans la province de Tamesna par les Beni-Mrîn, y menaient une vie errante comme les Arabes; circonstance d'autant plus remarquable pour les habitants de cette contrée, qu'elle contrastait avec les habitudes sédentaires des populations circonvoisines, presque toutes de race berbère.

Elle dut prendre naissance, selon toute probabilité, entre la mort d'Ebn-Khaldoun (1406) et les premières conquêtes des Portugais, c'est-à-dire vers le milieu du xv⁰ siècle.

Il reste une dernière question à examiner. Comment cette émigration de l'est à l'ouest, qui devait envahir deux provinces de l'empire du Maroc et une grande partie de la province d'Oran, comment, dis-je, cette émigration s'est-elle accomplie? Quelles circonstances ont soulevé ce flot de population berbère, et l'ont poussé dans la partie la plus reculée du continent qu'il occupait? Je pense que l'origine de ce mouvement remonte à la défaite de Kahîna, c'est-à-dire au commencement du viii⁰ siècle. Kaïrouâni dit, en effet, que ceux des enfants de cette reine qui s'étaient faits musulmans furent mis chacun à la tête de douze mille Berbers, et envoyés dans l'ouest[1]. Comme il n'entrait pas dans la pensée des chefs arabes que cette émigration dût revenir à son pays natal, il est presque certain que les déportés emmenèrent leurs familles avec eux. Cette mesure pesa principalement sur les populations de l'Aourès, qui avaient pris la part la plus active à l'insurrection, et dut atteindre, par conséquent, les Zenâta et les Haouâra.

Telle me paraît avoir été l'origine de l'établissement de ces deux tribus dans l'empire de Maroc. Un rapprochement de noms permettrait même de fixer approximativement le lieu où dut s'établir cette première colo-

[1] Kaïrouâni, p. 55.

nie. Parmi les contre-forts de la partie du grand Atlas occupée par les Chaouia du Maroc, il en est un qui porte le nom de Brânis et que Marmol dit être habité par des Zenâta et des Haouâra ; or les Brânis, tribu ou dynastie désignée par Ebn-Khaldoun comme une des deux souches du peuple berbère, avaient leur siége dans les pentes méridionales de l'Aourès. Ils figuraient, au moment de l'insurrection, parmi les premières familles du pays. Ce rapprochement n'indiquerait-il pas que les premiers émigrés de l'Aourès, envoyés dans l'ouest à la suite du soulèvement de Kahîna, sous la conduite de leurs chefs, furent installés dans le massif du grand Atlas ?

Au reste, l'état d'agitation où ces deux tribus sont demeurées pendant plusieurs siècles, les dynasties qu'elles ont formées dans l'ouest du Maghreb, laissent assez comprendre comment ce premier noyau devint un centre d'attraction et d'agrégation, comment il se développa peu à peu et finit par prendre des proportions colossales.

La notice historique fera connaître les diverses circonstances qui amenèrent ces déplacements successifs de population, et qui concoururent ainsi au développement de la colonie des Zenâta et des Haouâra, et à l'accroissement de leur puissance dans la partie occidentale du Maghreb.

I. DIVISION DES ZENÂTA.

J'ai déjà mentionné deux des tribus appartenant aux Zenâta, dont les noms se retrouvent encore dans la province d'Oran, les Sendjâs et les Beni-Râched.

Les auteurs arabes et ceux du xvie siècle désignent aussi, comme appartenant aux Zenâta, les peuplades suivantes :

1° Metr'ara;	5° Beni-Ouâtas;
2° Mek'nêça;	6° Maghraoua;
3° Ourtnâdj;	7° Beni-Zeïân.
4° Beni-Mrîn;	

1° Metr'ara.

La classification d'Ebn-Khaldoun, qui représente la division des tribus au moment de la conquête arabe, fait sortir les Metr'ara de la seconde souche, celle de Mâdr'es; elle les range dans la troisième branche, celle de D'arîça, qui comprend aussi les Zenâta, les Mek'nêça et les Ourtnâdj. Il paraît donc que ces trois dernières tribus formaient originairement des fractions de celle de D'arîça, et que, plus tard, postérieurement à l'époque de la classification, c'est-à-dire à l'ouverture de la période musulmane, la tribu de D'arîça aura disparu et fait place à celle de Zenâta, qui aura absorbé toutes les autres. Il est certain que dès le temps de Bekri (vers 1067), la tribu de D'arîça était déjà presque effacée du sol; je n'ai trouvé, dans ce géographe, cette tribu mentionnée qu'une seule fois, comme habitant les environs de Adjâra, sur la route de Kaïrouân à Bône[1].

Édrici comprend les D'ariça parmi les tribus qui originairement s'établirent dans les montagnes; ils étaient alors avec les Mzâna et les Mr'îla. Ces derniers figurent encore dans la nomenclature d'Ebn-Khaldoun parmi les tribus de D'ariça.

Je n'ai trouvé aucune mention des D'arîça dans les écrivains du xvie siècle, ni aucune trace de leur nom dans la géographie actuelle. Ainsi, cette tribu a dû disparaître dans les premiers siècles de la domination musulmane, au moment où les Zenâta commençaient à faire retentir le Maghreb du bruit de leur nom.

C'est aussi vers cette époque que les Metr'ara, les Ourtnâdj, les Mek'nêça, et probablement aussi la plupart des autres fractions de D'ariça, tombèrent au pouvoir des Zenâta, et commencèrent à suivre leur fortune et à partager leurs vicissitudes.

Aussi, les retrouvons-nous au xvie siècle avec les Zenâta, sur plusieurs points de leurs établissements dans le Maghreb occidental.

Ainsi, il y avait à cette époque, un peu au sud de Nedrôma, une montagne haute, froide et escarpée appelée *Djebel-Matagara* (Metr'ara[2]), dont les habitants étaient Zenâta.

D'autres montagnes, fort âpres aussi, et situées à

---

[1] Bekri, p. 5o8.
[2] Marmol, t. II, p. 388.

peu de distance de Tâza (Maroc), portaient le même nom, et avaient aussi pour habitants des Zenâta[1].

Une révolte qui éclata vers l'an 114 de l'hégire, du côté de Tanger, dans le voisinage des montagnes qui viennent d'être mentionnées, eut d'abord pour chef un Metr'ari[2] qui fut remplacé par un Zenâti[3], ce qui prouve que les Metr'ara appartenaient aux Zenâta; car généralement les chefs d'insurrection se succédaient dans la même tribu.

Enfin, un Metr'ari, homme influent parmi les Berbers, fut ministre du premier des Édricites à Fès[4].

L'ensemble de ces indications prouve : 1° que les Metr'ara faisaient partie des Zenâta; 2° que, dès l'an 114 de l'hégire (732), ils étaient établis dans le Maroc; d'où il faut conclure que les Metr'ara furent une des premières tribus qui émigrèrent dans le Maghreb occidental.

2° Mek'nèça.

Compris avec les Zenâta parmi les tribus de D'ariça et de Mâdr'es dans la classification d'Ebn-Khaldoun, les Mek'nèça devaient, comme eux, habiter l'Aourès au moment où les Medr'âcen, dont la sépulture se retrouve aujourd'hui au pied de cette montagne, commandaient à tous les peuples que cet auteur arabe place sous leur dépendance.

---

[1] Marmol, t. II, p. 317.
[2] Ebn-Khaldoun, traduit par M. N. Desvergers, p. 33.
[3] Id. ibid.
[4] Ibid. p. 89.

Ils s'y trouvaient encore du temps de Beki i (1067), puisque, d'après cet écrivain, ils y habitaient un grand nombre de forteresses.

D'autres renseignements prouvent que les Mek'nèça étaient en grand nombre dans la région orientale du Maghreb, longtemps après le début de la domination musulmane.

Ainsi, vers 223 de l'hégire (837), ils se révoltent à K'astilia (Tôzer dans le Belâd-el-Djerid), de concert avec les Zouar'a et les Leouâta[1].

Dans la révolte d'Abou-k'arra, vers 152 de l'hégire (769), révolte dont le théâtre s'étendit de Tobna (province de Constantine) jusqu'à Tripoli; le général arabe, pressé de tous côtés par les Berbers, se résolut enfin à tenter auprès de leurs chefs la voie de la corruption, et celui qu'il chargea de cette mission fut un Mek'nèci[2].

Il n'est donc pas douteux que jusqu'au XIe siècle les Mek'nèça n'ont pas cessé de figurer parmi les tribus considérables du Maghreb oriental.

Mais, en même temps, nous les retrouvons à l'extrémité opposée de l'Afrique, où ils jouent un rôle au moins aussi actif et aussi important.

Lorsqu'en 172 de l'hégire (788) le fondateur des Édricites arriva à Oulili, près de Fès, la tribu des Mek'-nèça fut une des premières qui reconnurent spontanément son autorité[3].

[1] Ebn-Khaldoun, traduit par M. N. Desvergers, p. 111.
[2] Nowaïri, traduit par M. N. Desvergers, p. 64.
[3] M. N. Desvergers, d'après Nowaïri, p. 90.

Antérieurement à cette époque, vers l'an 155 de l'hégire (771), la principauté de Sedjelmàça, fondée un demi-siècle auparavant, passait entre les mains des Mek'nèça, qui la gouvernèrent jusqu'en 347 de l'hégire, sous le nom de Beni-Medrâr[1].

Enfin, la tribu des Mek'nèça a donné son nom à la ville de Meknès dans le Maroc, où elle fonda, vers la fin du III° siècle de l'hégire, une petite principauté. Marmol, d'après le témoignage d'Ebn-er-Rakik, rapporte que les Mek'nèça vivaient autrefois sous la tente comme des Arabes, mais que, étant devenus riches, la discorde se mit entre eux, et que les plus faibles, chassés par les plus forts, s'établirent en ce lieu, où il y avait déjà quelques habitations, et devinrent peu à peu si considérables, que c'est aujourd'hui une des principales villes de la Mauritanie tingitane[2].

Si l'on rapproche ce tableau de la vie errante des Mek'nèça de l'ouest des conditions de stabilité où se trouvaient les Mek'nèça de l'Aourès, et de ce monument de Medr'âcen consacré à la sépulture de leurs rois, on comprend que les détails fournis par Ebn-er-Rakik doivent se rapporter à l'époque où les émigrés de l'Aourès, arrivant dans la Mauritanie tingitane, n'avaient d'autre abri que la tente, et se trouvaient contraints par la nécessité de subir un genre de vie opposé à leurs habitudes.

Il existe, dans la province d'Oran, une tribu de Mek'-

[1] Bekri, p. 602.
[2] Marmol, t. II, p. 153.

nèça qui présente une particularité assez remarquable, en ce sens qu'elle paraît s'être maintenue à la même place depuis plus de huit siècles, malgré toutes les ré- volutions qui ont si profondément remué cette contrée.

En 1067 de notre ère, Bekri plaçait des Mek'nèça au nord de la nouvelle Tahart[1], ce qui correspond à l'extrémité occidentale de l'Ouarensenis, habité aujour- d'hui par le groupe berbère des Beni-Ouragh.

Un siècle après, Édrici plaçait des Mek'nèça dans l'Ouancheris[2] (Ouarensenis).

Enfin, de nos jours, nous retrouvons encore une tribu de Mek'nèça chez les Beni-Ouragh, c'est-à-dire à la place où les deux écrivains arabes avaient signalé sa présence.

C'est là un des rares exemples de tribus qui aient conservé, à travers tant d'années et surtout tant de vi- cissitudes, leur nom avec la place qu'elles occupaient.

3° Ourtnâdj.

Cette tribu est placée, comme la précédente, sous la dépendance de D'arîça, dans la classification d'Ebn-Khal- doun.

C'est très-probablement celle que Marmol appelle, dans son orthographe, *Beni-Guertenax,* et qui habitait de son temps un contre-fort du grand Atlas.

Cet auteur la comprend parmi les Zenâta[3]. Il ajoute

[1] Bekri, p. 522.
[2] Édrici, p. 231.
[3] Marmol, t. II, p. 314.

que les Beni-Mrîn sont sortis de cette montagne, que, par suite, les habitants sont les plus illustres d'entre les Zenâta, et qu'ils ont toujours été fort respectés et francs de tout tribut.

4° Beni-Mrîn; 5° Beni-Ouâtas.

Les Beni-Mrîn, et après eux les Beni-Ouâtas, qui étaient de la même famille, n'ayant figuré dans l'histoire que par les deux dynasties qu'ils ont fondées, les détails qui les concernent seront compris dans la notice historique à laquelle ils appartiennent.

6° Maghraoua.

La tribu des Maghraoua est encore une de celles que les révolutions du moyen âge ont dispersées dans toute l'Afrique.

Ebn-Khaldoun, dans sa classification, la range parmi les tribus des Leouâta, ce qui annonce qu'elle est originaire de l'est.

On trouve, en effet, dans cette partie de la Barbarie, plusieurs vestiges de sa présence. Vers la fin du XI° siècle elle habitait les environs de Biskra, conjointement avec les Sedrâta[1]. A la même époque elle occupait une région saharienne, large de deux ou trois journées de marche, et qui commençait à deux journées à l'ouest de Bent'ious dans le Zibân[2]. La région désignée ainsi par l'auteur arabe doit être la partie méridionale de la plaine du Hodna.

[1] Bekri, p. 5o5.
[2] *Ibid*. p. 529.

Les indications de la géographie actuelle viennent à l'appui du témoignage de l'auteur arabe et marquent, pour ainsi dire, les limites de la région qu'il désigne. En effet, sur la route de Biskra à Mdoukâl, il existe une montagne que le chemin contourne pour en éviter les pentes, et qui porte le nom de Djebel-Maghraoua; elle est située entre les deux stations de K'ala'at-el-H'ammâm et d'El-Out'aïa.

Si nous passons de l'autre côté du H'odna, nous trouvons d'abord une tribu des Maghraoua dans le kaïdat du Dîra, et, à peu de distance de là, sur la route de Msîla à Aumale (Sour-el-R'ezlân), une colline et des ruines qui portent le nom de Hadjer-Maghraoua.

Ces deux positions comprennent entre elles la région saharienne que Bekri désigne comme ayant été, de son temps, occupée par les Maghraoua.

Il reste aussi, dans la régence de Tunis, une trace de leur séjour. Le pays dans lequel se trouvent les ruines et le grand marché de Zouârin, au sud du Kèf, porte encore aujourd'hui le nom de Maghraoua.

Il en est des Maghraoua comme des Mek'nèça, et comme des Zenâta en général, que l'on trouve, pendant toute la durée du moyen âge, établis aux deux extrémités du Maghreb, sans doute parce que toutes les fortes tribus des Zenâta ont plus ou moins payé leur tribut à l'émigration, sans pour cela abandonner entièrement le pays natal.

Au XVIᵉ siècle, ils occupaient, sur le territoire de l'empire de Maroc, le Djebel-Magrân, contre-fort du grand Atlas, couvert de neige pendant la majeure partie de l'année.

Une circonstance qui dut attirer un grand nombre de Maghraoua dans l'ouest fut l'insurrection de Ziri-ben-At'ia, qui éclata vers l'an 970 de notre ère. Cet homme, qui appartenait à la tribu des Maghraoua, par-vint avec ses Zenâta à s'emparer de Sedjelmâça et de Fès, et à fonder dans cette dernière ville une dynastie qui dura un siècle et ne se termina qu'à l'avénement des Almoravides, en 1071[1].

La province d'Oran dut recevoir aussi un grand nombre de Maghraoua sous la dynastie des Beni-Zeïân, qui appartenaient eux-mêmes à cette tribu. C'est à elle que la ville de Tlemcên doit, sinon sa fondation, au moins un agrandissement considérable[2].

Marmol place des Maghraoua dans les montagnes du territoire des Medjeher, au pied desquelles sont situées Mazagran et Mostaganem, entre l'Habra et le Chélif.

7° Beni-Zeïân.

Cette dynastie, qui régna à Tlemcên, était, comme nous venons de le dire, issue des Maghraoua. Nous ren-verrons à la notice historique les détails qui la con-cernent.

Je ferai seulement remarquer ici que nous retrou-vons en Algérie une seule tribu importante du nom d'Oulâd-Zeïân, et que c'est encore dans l'Aourès, au

[1] Marmol, t. II, p. 328.
[2] Ibid.

pied des versants méridionaux, qu'elle se trouve située. C'est un document à ajouter à tous ceux qui établissent l'étroite parenté entre le massif zenâta établi dans l'empire de Maroc et la province d'Oran, et le massif zenâta établi depuis les temps anciens dans les montagnes de l'Aourès.

La classification d'Ebn-Khaldoun, qui est notre point de départ, place les Haouâra dans des conditions tout à fait exceptionnelles. Ils dépendent de la tribu d'Aourir'a, qui appartient elle-même à la première souche, celle de Brânis, tandis que les Zenâta dépendent des D'ariça, qui appartiennent à la seconde souche, celle de Mâdr'es. Cette séparation se trouve en désaccord avec les habitudes de ces deux tribus, que l'on voit constamment réunies dans presque tous les lieux qu'elles habitent.

Mais j'ai déjà fait remarquer que, dans la tradition africaine, Haouâr, le fondateur de la tribu, descendait par sa mère des Zenâta.

D'ailleurs, une autre observation d'Ebn-Khaldoun lui-même, les fait rentrer dans le groupe de Mâdr'es, auquel appartenaient les Zenâta, et voici comment :

Les Haouâra, suivant la généalogie d'Ebn-Khaldoun, forment une fraction des Aourir'a, lesquels dépendent directement de Brânis. D'un autre côté, la première fraction ou tribu issue de la souche de Mâdr'es est celle des Addâça.

Or, Ebn-Khaldoun fait remarquer, dans le langage allégorique des généalogistes berbères, que Aour'ir, fils de Bernes, était en même temps oncle d'Addâs, de sorte que les Addâça se trouvent être frères des Haouâra. C'est pour cela, ajoute l'auteur arabe, qu'on réunit toujours ces deux tribus en une seule[1].

Cette même tribu des Addâça présente quelque chose d'assez remarquable. Elle se compose de sept fractions dont je n'ai trouvé aucune mention, pas plus que de la tribu elle-même, ni dans les auteurs arabes du moyen âge, ni dans les écrivains du xvie siècle, ni dans la géographie actuelle, tandis qu'il n'est pas une seule des autres tribus du même ordre dont je n'aie retrouvé quelque trace. Il en faut conclure, selon moi, que cette tribu des Addâça s'était fondue dans celle des Haouâra antérieurement à l'époque pour laquelle fut établie la classification d'Ebn-Khaldoun, et cependant que cette fusion n'avait pas eu lieu assez longtemps auparavant pour que le souvenir de la tribu et celui des peuplades qui la composaient se fussent effacés.

Suivant Ebn-Khaldoun, interprète en cela des généalogistes berbères, la tribu des Haouâra est divisée en deux fractions, Mlila et Kemlân. Je retrouve le nom de la première dans celui de Mlila (Maroc), et dans celui d'Aïn-Mlila, ruines considérables situées à l'une des sources du Roumel, au sud de Constantine, entre le territoire des Segnia, où se trouvent les ruines de Biar-Haouâra, et le territoire des Telar'ma, qui en contient

---

[1] *Nouv. Journ. asiat.* t. II, p. 123.

d'autres appelées *Timet'las*, nom d'une fraction des Zenâta. Ce qui fournit une preuve nouvelle de la synonymie entre les Zenâta et les Haouâra du moyen âge, et les Chaouia de nos jours.

Quant à la seconde fraction des Haouâra, elle est mentionnée sous le nom de Benou-Kemlân par Nowaïri, qui la place à l'ouest de Tobna, ce qui la porterait dans le voisinage de Msila, c'est-à-dire dans la région où Bekri, Ebn-H'aouk'al et Édrici mettent une colonie de Haouâra. Ces Benou-Kemlân se révoltèrent vers l'an 255 de l'hégire, et tuèrent le général arabe, comme avaient fait, à peu près sur le même territoire, la tribu mazique des Bavares, pour un général romain, quelques siècles auparavant.

NOTICE HISTORIQUE SUR LES ZENÂTA ET LES HAOUÂRA.

Au moment où les Arabes firent irruption dans la contrée qu'ils appelaient Maghreb ou couchant, par rapport à la situation de leur point de départ, un certain nombre de villes, et surtout les villes de la côte, étaient occupées par les Romains de Byzance; mais les populations indigènes se trouvaient, pour la plupart, sous l'autorité de deux familles ou tribus qui avaient leur résidence dans les monts Aourès, l'une appelée *Mádr'es*, au pied des versants septentrionaux, l'autre appelée *Brânis*, au pied des versants méridionaux de cette chaîne de montagnes.

Peut-être ces deux pouvoirs indigènes relevaient-ils de l'autorité byzantine; il est plus probable que, pro-

fitant de l'affaiblissement de l'empire grec, ils s'en étaient
affranchis.

Cette situation, dont j'ai déjà constaté l'existence
au moment de l'entrée des Arabes, devait remonter à
plus d'un siècle. En effet, un peu avant 533, époque de
l'invasion gréco-romaine, les peuples africains, après
de nombreuses victoires remportées sur les Vandales,
avaient fini par reconquérir toute la Mauritanie, depuis
l'Océan jusqu'au méridien de Cherchel, et la plus grande
partie du reste de la Libye[1].

C'est au moment où la race africaine venait de ressaisir sur les conquérants teutoniques la presque totalité de son patrimoine aborigène, que paraissent les Romains de Byzance.

Ils s'attaquent d'abord aux Vandales, dont ils ont
promptement raison. Dès 539, les descendants de Gen-
seric étaient entièrement soumis, et Bélisaire, agissant
envers les conquérants étrangers comme nous devions
nous-mêmes agir treize siècles plus tard envers d'autres
conquérants, aussi étrangers et aussi peu enracinés que
les Vandales, embarquait tout ce qui en restait et les
faisait transporter loin du rivage d'Afrique.

Dès lors, l'invasion gréco-romaine se trouva en face
d'autres ennemis bien autrement redoutables, les Maures,
c'est-à-dire les peuples de sang africain.

A peine Bélisaire a-t-il quitté Carthage, que ces peuples
cherchent à secouer le nouveau joug. Salomon, successeur de Bélisaire, remporte sur eux une première vic-

[1] Procope.

toire à Mamma, une seconde, au mont Burgaon; après quoi, les restes de l'armée africaine, ne pouvant plus tenir dans la plaine, se retirent dans les gorges du mont Aourès, d'où sans doute l'insurrection était partie[1].

Ce massif de montagnes était alors partagé entre deux chefs appelés Orthaïas et Iabdas. Orthaïas commandait dans la partie de la montagne tournée vers le couchant; le reste obéissait à Iabdas[2].

Le massif de l'Aourès devient donc le centre de la résistance des populations africaines, et le but des efforts de l'armée conquérante. Enfin Iabdas, blessé dans un combat, se sauve en Mauritanie. Aussitôt tout l'Aourès se soumet et Salomon s'empare sans difficulté d'une grande étendue de pays.

Depuis ce moment, suivant Procope, tous les Africains sujets de l'empire romain, jouissant d'une paix profonde, ont abjuré toute pensée de rébellion.

La soumission de l'Aourès entraîne celle de tout ce que Procope appelle la première Mauritanie, et dont il place la capitale à Sétif. La seconde Mauritanie, qui a pour capitale Césarée, reste sujette et tributaire des Maures soumis à Mastigas. Césarée, conquise par Bélisaire, est la seule ville que les Romains y possèdent,

---

[1] Sans attacher plus d'importance qu'il ne convient aux homonymies, je dois cependant faire remarquer que l'Ouad-Brânis porte, dans sa partie supérieure, le nom d'Ouad-Oulâd-'Abdi et traverse le territoire des Oulâd-'Abdi, l'une des tribus les plus considérables du massif. L'analogie des deux noms *I'abdi*, qui est la forme berbère d'Abdi et *Iabdas*, pourrait bien avoir une origine historique.

[2] Procope.

et ils ne peuvent, ajoute Procope, s'y rendre que par mer, parce que les Maures occupent tout le pays.

Ce passage de Procope montre que l'Afrique indigène se trouvait, au milieu du vı^e siècle, partagée en deux gouvernements, dont l'un, au moins, avait son siége dans l'Aourès, et que cette montagne était elle-même partagée entre deux chefs.

Il reste à savoir combien de temps a duré cette paix profonde dont parle Procope. Pour ma part, je ne doute pas qu'il en ait été de cette assertion pleine de confiance, comme de toutes les illusions qui ont bercé dans leurs débuts les conquérants de l'Afrique, et que cette contrée se soit retrouvée, dans les derniers temps de l'occupation gréco-romaine, précisément au point où elle en était sur le déclin de l'occupation vandale.

Au reste, l'examen des indications fournies par la généalogie et l'histoire berbères comparées à celles que la géographie et la tradition contemporaines ont conservées, m'ont amené à la constatation de ce fait, que j'ai développé dans les premiers chapitres de cet ouvrage.

La première protestation de la race autochthone contre l'invasion gréco-romaine était partie des gorges de l'Aourès. De là aussi s'éleva, un siècle après, la première protestation sérieuse contre la domination musulmane.

J'ai déjà parlé des deux insurrections, de Ksîla en 682, et de Kahina, en 695. L'histoire ne nomme pas les tribus qui prirent part à ces deux premières manifestations; mais comme les Zenâta et les Haouâra étaient depuis longtemps établis dans l'Aourès, il est hors de doute qu'ils y figurèrent.

A la suite de l'insurrection de Kahina, un grand nombre d'entre eux sont envoyés dans la région la plus occidentale du Maghreb.

Dès l'année 732, nous les voyons paraître à la tête des mouvements insurrectionnels qui agitent cette contrée; voici dans quelle occasion : le gouverneur arabe de Tanger, Omar-ben-Obeïd-Allah, s'était rendu odieux aux Berbers par ses injustices et ses exactions. Ainsi il voulait soumettre à l'impôt les terres de ceux qui s'étaient faits musulmans, et les traiter comme des terres conquises. Cette prétention souleva contre lui tous les indigènes de la contrée; un certain Miçara, de la tribu de Metr'ara, se mit à leur tête, s'empara de Tanger et égorgea le gouverneur arabe. Puis, comme il arrive toujours en pareil cas, les Berbers, venant se rallier à lui de tous les côtés, le saluèrent khalife et lui donnèrent le titre d'*émir-el-moumenin* (prince des croyants)[1].

Le gouvernement de l'Afrique envoya en toute hâte contre cette insurrection les troupes qu'il avait sous la main. Miçara et ses Berbers se portèrent intrépidement à leur rencontre, et leur livrèrent une première bataille, qui fut sans résultat.

Cependant Miçara s'abandonnait lui-même à des excès qui ne tardèrent pas à indisposer ses troupes contre lui. Elles le mirent à mort et le remplacèrent par un autre personnage, Zenâti d'origine comme le premier,

[1] Ebn-Khaldoun, traduit par M. N. Desvergers, p. 33 et suiv.

22

nommé Khalid-ben-H'amid. Celui-ci, à son tour, marcha contre l'armée arabe et remporta sur elle une victoire éclatante, connue dans les traditions africaines sous
le nom de *R'azouat-ech-cheraf* (le combat des nobles),
parce que l'élite de l'armée arabe y périt. Cette défaite
fut suivie d'un soulèvement général en Afrique.

Le gouverneur El-Habhab fut rappelé et remplacé
par Kaltoum-ben-Aïàd, qui arriva avec douze mille
hommes de la Syrie (123 de l'hégire, 740-741), et se
dirigea immédiatement vers le théâtre de l'insurrection.
Chemin faisant, il opéra sa jonction avec un autre général arabe, qui guerroyait aussi contre les Berbers de
Tlemcên, et tous deux atteignirent l'armée ennemie
dans la vallée de Seboua. Là, il se livra un rude combat, dans lequel périrent les deux chefs arabes et un
grand nombre des leurs. Les soldats venus de Syrie se
réfugièrent à Ceuta, et passèrent de là dans l'Andalousie. Les Africains et les Égyptiens de l'armée arabe
parvinrent à gagner Kaïrouân. Quant aux Berbers vic-
torieux, ils se répandirent de tous côtés, en appelant
tous leurs compatriotes à l'indépendance, c'est-à-dire
à l'insurrection.

A cet appel, fait par les Zenâta, les Haouâra répon-
daient presque en même temps, à l'autre extrémité de
l'Afrique. Voici dans quelles circonstances :

Aux griefs politiques que les Berbers avaient contre
les Arabes se joignaient de graves dissidences religieuses. Les donatistes, qui avaient si longtemps agité
et ensanglanté l'Afrique chrétienne, se trouvaient déjà

remplacés dans l'Afrique musulmane par d'autres sectes non moins intolérantes, non moins fanatiques. C'étaient les Sofria, les Abadia, les Ouhabia. A vrai dire, ces hérésies servaient le plus souvent de prétexte à l'explosion des mécontentements, et le fanatisme avait un caractère plutôt politique que religieux.

Les révoltés de Tanger appartenaient à la secte des Sofria. Ce fut au nom de la même cause que, peu de temps après la bataille de Seboua, un homme de la tribu de Fzara[1], nommé Okàcha-ben-Aïoub, leva l'étendard de la révolte dans les environs de Gabès. Des troupes accourues de Kaïrouân pour le combattre furent d'abord repoussées; mais elles revinrent à la charge, et le forcèrent à rentrer dans le désert. Il reparut bientôt après, et marcha sur Kaïrouân avec une réunion si considérable de tribus berbères, que jamais, dit Nowaïri, on n'en avait vu une pareille[2]. En même temps, et suivant la même direction, s'avançait, à la tête d'une armée formidable, un chef de la tribu des Haouâra, nommé 'Abd-el-Ouah'ed-ben-Iezîd.

H'and'ala, gouverneur de l'Afrique, veut prévenir la

---

[1] Cette tribu était, du temps d'Édrici, établie, en partie du moins, sur la côte de l'ancienne Cyrénaïque, avec les Zenâta et les Mzâta. Fiers et braves, ces Berbers protégeaient le pays contre les incursions des Arabes. Dans la suite, ils furent poussés vers le nord, probablement par ces derniers; car on trouve aujourd'hui une tribu de Fzâra dans le cercle de Lacalle. Ils durent s'établir aussi aux environs de Bône, sur les bords du lac Fzâra, qui, selon toute apparence, leur doit son nom.

[2] M. N. Desvergers, p. 40.

jonction des deux armées. Il se porte, avec la garnison
de Kaïrouàn, à la rencontre d'Okâcha, qu'il atteint à
El-K'arn [1], et qu'il met en fuite après un combat des
plus meurtriers. H'and'ala court aussitôt au-devant de
l'armée des Haouâra; la bataille s'engage à El-As'nam,
lieu situé à trois milles de Kaïrouàn; la victoire, longtemps disputée, reste enfin aux Arabes. Cette affaire
passe pour une des plus sanglantes qui aient eu lieu
entre les deux peuples. Ebn-Khaldoun et Nowaïri élèvent, l'un et l'autre, au chiffre incroyable de cent quatre
vingt mille, le nombre des Berbers qui y périrent. Un
chef arabe, présent à cette bataille, la comparait au
combat de Beder. Quant aux deux chefs, le Haouâri
Abd-el-Ouah'ed fut tué dans l'action, le Fzâri fut fait
prisonnier et mis à mort. Ces derniers événements eurent
lieu l'an 124 de l'hégire (741-742).

A peu près vers le même temps s'élevait, à l'autre extrémité du Maghreb, une dynastie qui dut attirer dans
la région occidentale un grand nombre de Zenâta et de
Haouâra; je veux parler des Beni-Medrar. Pendant
cent soixante ans cette dynastie conserva la souveraineté de Sedjelmàça dans la tribu des Meknêça, fraction
des Zenàta.

Ce fut en 140 de l'hégire [2] qu'un forgeron nègre,
nommé Medrar, suivant les uns, Aïça-ben-Iezîd, suivant
les autres, jeta les fondements de cette ville, si célèbre

[1] Aujourd'hui Bàten-el-K'arn, situé à quelques lieues de Kaïrouàn,
au sud-ouest sur la route de Gafs'a.
[2] Bekri, p. 600.

pendant tout le moyen âge. L'emplacement qu'il choisit faisait partie d'une vaste plaine déserte où se tenait un grand marché fréquenté par les Berbers. Il c mença par y planter sa tente; puis les Berbers se fixèrent autour de lui. Bientôt des habitations stables commencèrent à s'élever, et en peu de temps prirent les proportions d'une ville.

C'est alors que le fondateur se fit proclamer émir et régna pendant quinze ans sur les peuplades berbères qui l'entouraient.

Il eut pour successeur un Meknêci, nommé Aboul-Kâcem-Samgou-ben-Fezlân, qui après un règne de treize ans mourut subitement, l'an 168 de l'hégire (784-785). Ses descendants soumirent peu à peu toutes les tribus berbères qui les entouraient, et agrandirent considérablement la principauté.

En 199 de l'hégire (814-815), Sedjelmâça fut entourée de murs.

La souveraineté resta dans la même famille jusqu'en 297 que Iaça-ben-Méntacir, le prince régnant, en fut chassé par Abou-'Abdallah le Chiite, lieutenant d'Obeïd-Allah, le premier des Fatimites.

Celui-ci laissa à Sedjelmâça un gouverneur, qui fut massacré par les habitants après cinquante jours de commandement.

Les Zenâta de Sedjelmâça revinrent alors à la famille des Beni-Medrar, et ceux-ci continuèrent à régner avec le titre d'émir-el-moumenin jusqu'à l'année 347 de l'hégire (958-959). Ils en furent alors chassés par Djòhar-el-Kâteb[1], général d'Abou-Temim-Ma'âd, l'un des khalifes fatimites. Moh'ammed-ben-Fatah', qui régnait alors à Sedjelmâça, chercha d'abord un asile à Tasfe-râket, place forte située à douze milles de Sedjelmâça; mais, ayant essayé de rentrer dans la ville sous un déguisement, il fut reconnu et livré à Djôhar[2]. Avec lui finit la dynastie des Beni-Medrar, qui avait fondé la ville et la principauté de Sedjelmâça (aujourd'hui Tafilelt), au profit des Zenâta.

A l'époque même où cette dynastie s'élevait dans l'ouest, et y attirait une émigration nouvelle des Zenâta et des Haouâra, de violentes agitations, auxquelles ces deux tribus prenaient une part active, remuaient profondément la partie opposée du Maghreb et la contrée qui fut leur berceau.

Cette nouvelle insurrection prit naissance dans les dissensions qui divisaient le peuple arabe lui-même.

Au moment où s'accomplit à Bagdad la révolution qui substitua la dynastie des Abbassides à celle des Ommiades (750), Abd-er-Rah'man gouvernait l'Afrique, où il avait succédé à H'and'ala. Il adhéra d'abord au changement qui venait de s'opérer dans le gouvernement de la métropole; mais peu de temps après, un message hautain qu'il reçut du khalife Djôhar, changea ses dispositions et le détermina à rompre ouvertement avec la dynastie abbasside. Un jour donc, on le vit entrer, les

---

[1] C'est ce Djôhar qui, quelques années après, fit la conquête de l'Égypte pour les Fatimites.

[2] Bekri, p. 602.

pieds chaussés de sandales, dans la mosquée de Kaïrouàn, et là, du haut de la chaire, il maudit Abou-Dja-
far, et déclara qu'il répudiait sa souveraineté. En même
temps, il fit brûler le manteau noir, signe de l'investiture qu'il avait reçue des Abbassides, et envoya dans
les diverses provinces du Maghreb l'ordre de leur refuser toute soumission[1].

Peu de temps après cet acte de révolte, 'Abd-er-
Rah'man périt assassiné par ses deux frères, Élias et
'Abd-el-Ouâret. Il laissait un fils nommé H'abîb, avec lequel ses oncles conclurent un accord passager[2]. Mais
bientôt la discorde se mit entre eux. H'abîb resta seul
maître du gouvernement, par la mort d'un des assassins de son père qu'il tua dans un combat singulier, et
par la fuite d'Abd-el-Ouâret, qui se réfugia dans la
tribu berbère des Ouarfadjouma et trouva auprès du
chef de cette tribu, Acem-ben-Djemîl, un accueil empressé.

Ce fait est le premier exemple de l'intervention des
Berbers dans les querelles intestines des Arabes.

Acem épousa la cause d'Abd-el-Ouâret, et il partit
avec lui pour aller attaquer Kaïrouàn. A leur arrivée
devant la ville, une partie des habitants passa dans les
rangs berbères, une autre opposa une résistance dé-
sespérée et inutile. Acem resta maître de Kaïrouân.

De là il se porta sur Gabès, où se trouvait le gouverneur H'abîb, et le défit dans un combat. H'abîb,

<hr>

[1] Nowaïri, traduit par M. N. Desvergers, p. 45 et suiv.
[2] En l'an 138 de l'hégire.

vaincu, se réfugia dans le Djebel-Aourès, où il trouva de la sympathie. Acem l'y poursuivit; mais, dans cette nouvelle lutte, il succomba. Son successeur, 'Abd-el-Mâlik-ben-'Ali-el-Dja'âd, de la même tribu, s'installa à Kaïrouân. C'est là que H'abîb, quittant l'Aourès, vint l'attaquer, mais sans succès; car il perdit la bataille et la vie.

Les Ouarfadjouma[1], que cet événement laissait maîtres de l'Afrique, se conduisirent envers les habitants de Kaïrouân avec tant de cruauté et d'injustice, que ceux-ci se virent contraints d'abandonner la ville et de se disperser.

Indigné de ces excès, un autre chef berbère de la tribu des Mr'afra[2], nommé Abou-el-Khettâb-ben-'Abd-el-'Ala, se mit en campagne et s'empara de Tripoli. De là il marcha contre Kaïrouân, battit les troupes d'Abd-el-Mâlik, et resta maître de la ville (mois de s'afar 141, juillet 758).

Le lieu où les deux armées berbères en vinrent aux mains est celui où fut élevée plus tard la ville de Rek'-k'âda, résidence des Aghlabites; ce nom, qui signifie *la*

---

[1] Cette tribu est nommée *Ouark'adjouma* dans Bekri (p. 661); de son temps, elle habitait aux environs de Tripoli. Ebn-Khaldoun la place, sous le nom de *Ouarfadjouma* ou *Zkhal*, dans la fraction de Tidr'as, appartenant aux Nefzaoua et par eux aux Leouâta, et comprise dans les dépendances de Mâdr'es. Ebn-Khaldoun assure, d'après un généalogiste berbère, que toute la fraction de Tidr'as habite le mont Aourès. (*Nouv. Journ. asiat.* t. II, p. 125.)

[2] Cette tribu habitait alors, comme on le voit, les environs de Tripoli; aujourd'hui je ne la trouve plus qu'à l'extrémité diamétralement opposée de l'Afrique, dans la partie du grand désert qui borde l'Océan Atlantique, un peu au sud du cap Bojador.

dormeuse, fut donné, dit-on, au théâtre de cette bataille, à cause du nombre immense de Berbers qui, ce jour-là, y dormirent de leur dernier sommeil[1].

Cependant, un nouveau gouverneur, Moh'ammed-ebn-el-Achât, s'avançait vers le Maghreb, amenant avec lui de nouvelles troupes. Abou-el-Khettâb se porta à sa rencontre dans la direction de Tripoli, laissant, pendant son absence, le gouvernement de Kaïrouân entre les mains d'Abd-er-Rah'man-ben-Roustem, qui devait, quelques années après, fonder à Tahart la dynastie de son nom.

A la suite d'Abou-el-Khettâb marchaient des nuées de Berbers, parmi lesquels les Zenâta et les Haouâra figuraient pour un contingent considérable. Aussi, Ebn-el-Achât n'était-il pas sans inquiétude sur l'issue de la guerre, lorsqu'il fut informé que des dissensions venaient d'éclater entre les Zenâta et les Haouâra. En même temps les premiers accusaient Abou-el-Khettâb de partialité et désertaient en grand nombre. Car il faut remarquer que, dans ces mouvements insurrectionnels de la race autochthone, si la voix du sang berbère se faisait entendre, les nationalités et les rivalités de tribus parlaient quelquefois plus haut encore.

Afin de donner à ces germes de mécontentement et de discorde le temps de se développer, Ebn-el-Achât simula une retraite; puis, quand il fut parvenu à disperser ainsi l'armée berbère, et à réduire le nombre de ses ennemis, il revint tout à coup par une marche

[1] Bekri, p. 661.

de nuit, fondit sur eux à l'improviste et les écrasa. Nowaïri évalue à quarante mille le nombre des Berbers
qui périrent dans cette bataille[1].

'Abd-er-Rah'man-ben-Roustem reçut à Kaïrouân la
nouvelle de cet échec; il en partit aussitôt, se dirigea
vers l'ouest, et alla s'arrêter à Tahart, où il fonda une
ville nouvelle et une dynastie appelée de son nom Beni-
Roustem. J'ai cru devoir présenter l'ensemble de cette
insurrection, parce que les Zenâta et les Haouâra y
prirent une part active, et que leur défection exerça
une influence décisive sur l'issue de la lutte.

La coïncidence de cette défection avec le départ de Ben-
Roustem me fait regarder comme très-probable qu'un
grand nombre des transfuges d'Abd-el-Khettâb vinrent
se ranger sous les drapeaux de ce nouveau chef, et que
l'élévation des Beni-Roustem contribua beaucoup à introduire dans la province d'Oran cette colonie de Zenâta et de Haouâra qui, durant le xie et le xiie siècle,
habitaient au nord, au sud et à l'ouest de la nouvelle
Tahart, et dont quelques vestiges se retrouvent encore
aujourd'hui autour de Tiâret et de Takdemt.

A cette première induction viennent se joindre des
circonstances plus décisives. Ainsi, la plupart des Berbers qui suivirent 'Abd-er-Rah'man ou qui vinrent le
rejoindre à Tahart appartenaient à la secte des Abadis[2];

[1] Nowaïri, traduit par M. N. Desvergers, p. 57. — Cet événement
eut lieu au mois de rébi'-el-aouel, 144. Bekri le place dans le mois de
s'afar.
[2] Bekri, p. 523.

or l'abadisme régnait à cette époque dans la régence de Tripoli et particulièrement dans l'Aourès, peuplées l'une et l'autre de Zenâta et de Haouâra.

Mais il suffit de jeter les yeux sur la composition de la colonie berbère, qui du temps de Bekri habitait les environs de Tahart, pour y reconnaître les débris de l'armée d'Abou-el-Khettab, et surtout les Zenâta et les Haouâra. Au midi habitaient les Leouâta et les Haouâra, à l'ouest les Zouar'a, au nord les Zenâta, les Matmat'a et les Meknêça. De ces tribus, il n'en est pas une qui n'appartînt originairement à la région sud-est du Maghreb, dans laquelle l'armée d'Abou-el-Khettâb avait été recrutée. Les Leouâta venaient de Barka; les Haouâra, du Sahara tripolitain et de l'Aourès; les Zouar'a, de la régence de Tunis; les Zenâta, de l'Aourès et des environs de Tripoli; les Meknêça, de l'Aourès; les Matmât'a, de la partie du Sahara comprise entre Gabès et le Nifzaoua, où il existe encore aujourd'hui une montagne qui a conservé leur nom. D'après ces observations, je ne doute pas que le mouvement de migration qui a conduit ces tribus dans la partie occidentale de la province d'Oran ne remonte à l'établissement des Beni-Roustem sur le territoire de Tahart.

Il paraît que Roustem, le père d'Abd-er-Rah'man, était originaire de la Perse [1], et que son fils avait été amené en Afrique à la suite des armées arabes.

Quoi qu'il en soit, le territoire de Tahart, au moment où 'Abd-er-Rah'man y arriva, était couvert d'une épaisse

[1] Bekri, p. 523.

forêt. Il fit choix, pour s'y établir, d'un emplacement carré auquel ses compagnons trouvèrent la figure d'un tambour de basque et donnèrent, pour cette raison, le nom de Takdâmet. Le terrain appartenait à quelques familles pauvres des Mrâça et des S'enhâdja ; 'Abd-er-Rah'man leur proposa de le leur acheter, et, après une assez longue résistance, il en obtint la cession moyennant le payement d'une redevance perpétuelle sur toutes les marchandises qui s'y vendraient. Aussitôt on commença à tracer les rues et à construire les maisons.

La souveraineté de Tahart resta héréditaire dans la famille de Ben-Roustem depuis l'an 144 de l'hégire (761-762), date de la fondation de la ville, jusqu'en 296 de l'hégire (908-909)[1].

A cette dernière époque, Abou-'Abdallah le Chiite s'en rendit maître pour les Obeïdites, et fit égorger un grand nombre de Roustemi dont les têtes, envoyées à Kaïrouàn, furent promenées dans la ville et placées ensuite sur la porte de Rekk'âda. Ce fut ainsi que finit la dynastie des Beni-Roustem.

Après la défaite d'Abou-el-Khettâb et le départ de Ben-Roustem, la partie orientale du Maghreb jouit de quelques années de calme.

Mais, dès 148 de l'hégire, les Arabes de Modhar chassaient Ebn-el-Achât de l'Afrique.

Son successeur, El-Aghlab, était à peine installé à

---

[1] Bekri donne à ce fait la date de 270, qui est évidemment inexacte ; c'est en 296 qu'eut lieu l'avénement d'Obeïd-Allah, et c'est en 296 aussi qu'El-Kaïrouàni place la chute des Beni-Roustem.

Kaïrouàn, qu'un chef berbère nommé Abou-K'arra-el-
Iar'arni, se souleva dans le Zâb. El-Aghlab se mit à sa
poursuite; mais, abandonné de la plus grande partie de
ses troupes, il se vit obligé de revenir sur ses pas, et
se trouva alors en face d'une sédition arabe dans laquelle il périt.

Abou-H'afes-Omar, son successeur, eut encore trois
années de calme; mais Abou-K'arra n'avait pas été vaincu,
il pouvait reparaître à chaque instant, comme l'événement le prouva d'ailleurs, et le gouverneur jugea prudent de fortifier la ville de Tobna, qui était alors la capitale du Zâb. Il sortait à peine de Kaïrouàn, pour
présider à cette opération, lorsqu'un soulèvement général éclata parmi les Berbers qui appartenaient à la
secte des Abadis. Après un premier avantage remporté
sur les troupes arabes, les insurgés s'assemblèrent à
Tripoli et élurent pour chef Abou-H'atem-ben-H'abîb-
el-Abàdi.

Dès ce moment, toute la partie du Maghreb qui
comprend la province de Constantine, la régence de
Tunis et celle de Tripoli, fut en proie à une conflagra-
tion générale. Partagés en douze corps d'armée, les
insurgés se dirigèrent sur Tobna pour y assiéger le gouverneur. Parmi eux se trouvaient Abou-K'arra-el-Iar'arni,
qui reparaissait à la tête de quarante mille hommes de
la secte des Sofria; 'Abd-er-Rah'man-ben-Roustem,
venu de Tahart avec quinze mille Abadis; Abou-H'a-
tem, à la tête du rassemblement formé à Tripoli; Acem
le Sedràti, à la tête de six mille Abadis; El-Mouçaouer,

de la tribu des Zenâta, avec dix mille hommes de la même secte.

Il y avait, en outre, une multitude de sectaires des tribus des S'enhâdja, des Zenâta et des Haouâra.

En présence de cette formidable coalition, Omar-ben-Abou-H'afes jugea que la force lui serait inutile ; il eut recours à la corruption. Des sommes et des présents, distribués dans l'armée berbère, déterminèrent la retraite de quelques contingents. Une colonne envoyée contre Ben-Roustem, qui occupait Tehouda, le contraignit de reprendre la route de Tahart.

Pendant ce temps Kaïrouân, assiégée depuis huit mois par Abou-H'atem, était désolée par la famine et réduite aux plus dures extrémités. Omar courut au secours de cette ville ; il parvint à la ravitailler, compléta ses moyens de défense et soutint, du mieux qu'il put, l'effort des assaillants, dont le nombre augmentait sans cesse.

Sur ces entrefaites, il reçoit une lettre qui lui apprend qu'il est remplacé, et que son successeur se rend en Afrique avec une armée de soixante mille hommes. Sous l'impression pénible de cette nouvelle, Omar tente un dernier effort : il dirige contre les assiégeants une sortie furieuse, dans laquelle il périt, au milieu du mois de zil-h'adja 154 (novembre 771).

Son frère, qui le remplaça jusqu'à l'arrivée du nouveau gouverneur, Iezid, fit la paix avec Abou-H'atem, à la seule condition qu'il reconnaîtrait à Kaïrouân l'autorité des Abbassides. C'est ainsi que, pour la seconde

fois, un Berber se trouva maître de la partie orientale
du Maghreb.

A la nouvelle de l'approche d'Iezîd, Abou-H'atem se
porta à sa rencontre. Il commit la faute de laisser le
commandement intérimaire de Kaïrouân à un Arabe;
aussi une révolte de la garnison le força-t-elle de revenir sur ses pas. Cette fois, il confia l'intérim du gouvernement à un Berber des Mr'afra, puis il retourna
au-devant d'Iezîd, qui venait d'arriver à Tripoli. Il l'atteignit dans le Djebel-Nfous et obtint d'abord quelque
avantage; mais, dans un second engagement, le chef
berbère fut battu et tué. Iezîd fit son entrée à Kaïrouân
vers le milieu de l'an 155 de l'hégire (772)[1].

L'insurrection dont je viens de rapporter les principales circonstances, d'après Ebn-Khaldoun et Nowaïri,
comptait dans ses rangs de forts contingents des Zenâta
et des Haouâra. Ainsi, le rassemblement formé à Tripoli et le contingent venu de Tahart devaient, d'après
ce qui a été dit précédemment, être formés en grande
partie de ces deux tribus. Marmol, d'après Ebn-er-Rakik, leur attribue l'initiative de l'insurrection; ce qui
prouve qu'elles y jouèrent le principal rôle, et ce qui
me donnerait à penser que le chef lui-même appartenait à l'une d'elles.

Dès l'année 156 de l'hégire, c'est-à-dire un an à
peine après la défaite d'Abou-H'atem, un nouveau soulèvement éclatait dans les environs de Tripoli. Il avait

---

[1] Nowaïri, traduit par M. N. Desvergers, p. 64 et suiv. La bataille
eut lieu, suivant Cardonne, en mars 772, t. II, p. 166.

pour chef un Berber des Haouâra nommé Abou-Jah'ia-ben-Founâs. Le gouverneur de la province atteignit les insurgés dans le voisinage de la mer et sur le territoire même des Haouâra. Après un long et rude combat, Abou-Iah'ia fut mis en fuite.

Pendant ce temps, le gouverneur général Iezîd était à Tobna, où il cherchait à dissiper les restes de la ligue formée sous son prédécesseur; mais cela ne lui fut pas facile; car, suivant Ebn-Khaldoun, il eut encore à combattre soit les Ouarfadjouma, soit d'autres tribus, jusqu'à sa mort, qui arriva l'an 170 de l'hégire (786-87), sous le khalifat d'Haroun-er-Rachid.

Son fils Daoud, qui lui succéda, ne resta à la tête du gouvernement que pendant une année, et cependant il eut encore à réprimer une révolte de Berbers[1]; mais l'histoire ne dit pas quelle fut, à ce nouveau mouvement, la part des deux tribus qui nous occupent.

Tandis que ces événements se passaient dans la région orientale du Maghreb, un prince de la maison d'Ali, échappé aux poursuites des Abbassides, arrivait en Égypte, parvenait à se faire ouvrir les portes de la prison où le gouverneur de cette contrée l'avait fait enfermer, traversait inaperçu toute la largeur des états barbaresques, et, suivi d'un seul serviteur, apparaissait à l'extrémité la plus occidentale, où il fondait une nouvelle dynastie : il se nommait Édris-ben-'Abdallah.

Ce fut en 172 de l'hégire (788-789), qu'il s'arrêta au village de Oulili sur la cime du Djebel-Zerhoun,

---

[1] Ebn-Khaldoun, traduit par M. N. Desvergers, p. 67.

près de l'emplacement où devait, quelques années après, s'élever, sous les auspices de la dynastie naissante des Édricites, la célèbre ville de Fès.

Bien que les deux peuples qui nous occupent, les Zenâta et les Haouâra, ne paraissent pas avoir joué le principal rôle dans l'élévation des Édricites, il est constant qu'ils y contribuèrent. Ainsi les Mek'nèça, fraction des Zenâta, figurent parmi les premières tribus qui reconnurent Édris pour souverain. Un de ses premiers vizirs fut choisi parmi les Metr'ara, autre fraction des Zenâta. D'ailleurs cette révolution, bien qu'accomplie au profit d'un chef arabe, trouva ses principaux appuis dans l'élément berbère. Il est donc probable qu'au moins dans les premiers temps, les Zenâta et les Haouâra eurent de l'influence sur les Édricites, et, si elle ne fut pas prédominante, c'est peut-être le motif qui plus tard arma contre la maison d'Édris ces deux nations puissantes et ambitieuses.

Marmol place vers cette époque (789) une nouvelle insurrection des Zenâta dans la province de Constantine. Les rebelles assiégèrent le chef-lieu; mais le gouverneur général accourut au secours de cette ville, et refoula les Berbers dans le désert.

Quelques années après, vers 795, ils sortent du Sahara, et viennent se présenter de nouveau devant Constantine. Cette fois ils s'en rendent maîtres, tuent le chef que le gouverneur général y avait laissé, et chassent les Arabes de la province.

Pendant que les contrées les plus occidentales du

Maghreb se trouvaient réparties sous trois pouvoirs indépendants des khalifes, et appuyés sur la nation berbère; savoir, les Beni-Roustem à Tahart, les Beni-Medrar à Sedjelmâça, et les Édricites à Fès, un gouverneur
arabe, Ibrahim-ebn-el-Aghlab, demandait au khalife
Haroun-er-Rachid la souveraineté héréditaire de l'A-
frique. En échange de cette concession, il promettait
de renoncer à la subvention annuelle de cent mille
dinâr, que l'occupation de l'Afrique avait exigée jusqu'alors; il s'engageait, de plus, à en envoyer chaque
année quarante mille. Haroun-er-Rachid accepta cette
proposition, et vers le milieu de l'année 184 de l'hégire
(5oo), Ibrahim reçut l'acte d'investiture qui instituait
dans l'est du Maghreb la dynastie arabe des Aghlabites.

Les premières années du nouveau règne furent employées à réprimer des séditions nées dans le sein de
l'armée ou de la population arabe.

C'est en 812 seulement que nous voyons reparaître
les Berbers avec leur individualité nationale. A cette
époque, les Haouâra se révoltent à Tripoli et en chassent la garnison. Ibrahim y envoie aussitôt un corps d'armée, qui reprend la ville; mais sur ces entrefaites se
présente devant Tripoli, avec des forces berbères considérables, l'émir de Tahart, 'Abd-el-Ouahab, le fils de
Ben-Roustem, que nous avons vu fonder cette ville.
C'était la deuxième fois que les émigrés de Tahart tra-
versaient ainsi l'Afrique, et revenaient du fond de leur
exil prendre part aux mouvements qui agitaient leur

patrie originelle. 'Abd-el-Ouahab mit le siége devant Tripoli, défendue par le fils d'Ibrahim. Mais celui-ci, ayant reçu la nouvelle de la mort de son père, s'empressa de traiter avec l'émir de Tahart. Par ce traité, il se réserva la souveraineté de Tripoli et de la mer, et laissa le reste du pays à 'Abd-el-Ouahab[1].

Ici commence dans la région orientale du Maghreb une nouvelle série d'agitations excitées par les chefs arabes, et dont la population berbère semble demeurer spectatrice indifférente.

Vers 223 de l'hégire (838), les Mek'nêça, réunis aux Leouâta et aux Zouâr'a, se révoltent à Kastília (Tôzer, dans le Belâd-el-Djerid) : ils sont promptement réprimés.

Ebn-Khaldoun mentionne vers l'an 240 de l'hégire, dans les environs de Tripoli, quelques mouvements auxquels les Zenâta et les Haouâra ne furent certainement pas étrangers; mais l'historien arabe ne précise pas.

Des troubles plus sérieux éclatèrent dans le Zâb vers l'an 255 (868); l'émir aghlabite Abou-el-R'aranik y envoya une armée nombreuse qui, après plusieurs succès, parvint jusqu'à Tehouda et Biskra. De là elle marcha vers Tobna, qu'elle atteignit, poussa jusqu'à la ville d'Aba, et en repartit pour attaquer les Benou-Kemlân de la tribu des Haouâra; mais le général qui la commandait fut tué dans un combat, et l'armée mise en déroute ne s'arrêta qu'à Tobna.

La marche de l'armée arabe, dans la direction de

---

[1] Ebn-Khaldoun, traduit par M. N. Desvergers, p. 93.

Biskra à Tobna, supposée prolongée jusqu'à la ville d'Aba et au delà, nous paraît conduire, ainsi qu'il a été dit ci-dessus, aux Haouâra qui habitaient à l'ouest de Msila.

Cet événement est suivi d'une période de treize ans, pendant laquelle l'histoire n'enregistre aucun fait relatif aux deux peuples qui nous occupent. Vers 881, les Ouâzdâdja révoltés sont battus dans le Djebel-Menchâr. Cette montagne, dont j'ai retrouvé le nom dans l'Aourès, devait être un des contre-forts de ce massif, et les Ouâzdâdja devaient par conséquent tenir de très-près, ainsi que je l'ai dit, aux Zenâta et aux Haouâra. Et, en effet, immédiatement après, les Haouâra et les Leouâta suivent l'exemple des Ouâzdâdja. Au reste cette insurrection ne dura pas longtemps; les rebelles, après un premier combat dans lequel le général arabe avait péri, furent poursuivis par un nouveau corps d'armée jusqu'à Bèdja et dispersés.

A la suite de cet événement, il se passe près d'un demi-siècle sans que l'histoire enregistre aucun mouvement des Zenâta et des Haouâra. Mais ce demi-siècle produisit la révolution la plus considérable, dans les annales comme dans la situation du peuple berbère. Il fut rempli en grande partie par l'apostolat armé d'Abou-'Abdallah, le précurseur et le vrai fondateur de la dynastie des khalifes fatimites. Il fut marqué par l'avénement de cette dynastie, qui renversa toutes les autres, savoir : celle des Aghlabites à Tunis, celle des Roustemites à Tahart, celle des Medrarites à Sedjelmâça, celle des Édricites à Fès, et leur substitua, pour la première fois, un gouvernement et une autorité unitaires.

Les premiers instruments de cette révolution furent les Ketâma d'abord, et ensuite les S'enhâdja ; ceux-ci devaient recueillir l'héritage africain des Fatimites, et réunir, pour la première fois et avec des conditions de stabilité, dans une main berbère, les rênes jusque-là éparses et flottantes du gouvernement du Maghreb.

Les écrivains arabes constatent l'espèce de stupeur[1] dont ce déplacement inattendu de l'autorité frappa la tribu des Zenâta. Cette observation, échappée de leur plume sans commentaire, mérite cependant d'être expliquée. Pour cela, je rappellerai un fait historique que je crois avoir surabondamment établi, savoir : qu'au moment de l'invasion musulmane l'Aourès était le siége de l'autorité d'où relevaient le plus grand nombre des tribus berbères. On a pu voir aussi, par ce qui précède, que, si les Zenâta n'étaient pas alors les dépositaires de cette autorité, ils furent, du moins, les premiers à en réclamer l'héritage. C'est à ce titre qu'ils prirent, après Ksîla et Kahîna, l'initiative de l'insurrection, et cette longue série de révoltes, dont nous venons de dérouler le tableau et à laquelle nous ne trouvons rien d'analogue dans l'histoire d'aucune autre nation berbère, eut pour objet de replacer dans leurs mains un pouvoir qu'ils regardaient comme leur patrimoine. Aussi les voyons-nous saisir tous les prétextes pour prendre les armes,

[1] Kaïrouâni, p. 192. — *Exposé de la religion des Druzes*, par M. Sylvestre de Sacy, introd. p. CCLXXII.

et surtout les prétextes religieux, s'attacher à la suite des Abadis, et, sous le drapeau de cette hérésie, ameuter contre les Arabes toutes les tribus berbères.

L'élévation des Ketâma et des S'enhâdja, en transportant à d'autres tribus de même race ce droit de suprématie revendiqué par les Zenâta, changea le cours des animosités de cette tribu. Elle appela, sur les usurpateurs berbères, passés tout à coup de la condition de chameliers à celle de princes, tous les efforts de résistance, tous les mouvements d'agression qui, jusqu'alors, avaient été dirigés sur la domination arabe.

C'est à cette époque que je rapporte, sans la moindre hésitation, l'origine de cette division en Chaouia et en Kabiles qui caractérise surtout la province de Constantine, division si tranchée, malgré la communauté d'origine et de langage. Jusqu'alors les S'enhâdja s'étaient mêlés aux Zenâta dans les mouvements du peuple berbère; à dater de l'avénement des Obeïdites, ils se séparent en deux camps presque toujours opposés, d'un côté les S'enhâdja et les Ketâma, devenus les Kabiles de notre temps; de l'autre les Zenâta et lés Haouâra, devenus les Chaouia.

C'est encore dans le massif des monts Aourès que prit naissance cette nouvelle phase de l'histoire des Berbers.

Vers le milieu du règne d'Obeïd-Allah[1], un marabout de Tôzer, Zenâti d'origine, commença à prêcher la révolte dans ces montagnes. Il se nommait Abou-Iezîd-

---

[1] Marmol, t. I, p. 249. — Kaïrouâni, p. 97. — Ebn-Khaldoun, traduit par M. N. Desvergers, p. 165.

Makhlad-ben-Kidâd. Ses dehors de piété, non moins que ses discours, lui attirèrent en peu de temps un grand nombre de disciples. Il soutenait qu'Obeïd-Allah était hérétique, et ne méritait ni le respect ni l'obéissance des musulmans. Il exhortait ses auditeurs à reconnaître pour souverain, Nâc'er, prince d'Andalousie, descendant des Ommiades.

Quand le nombre de ses partisans fut assez considérable, il se fit appeler *cheikh-el-moumenin* (le cheikh des fidèles.)

La mort d'Obeïd-Allah, qui arriva en 934, lui parut une occasion favorable pour passer de la prédication à l'action. Il descendit de l'Aourès avec des forces imposantes et commença par s'emparer de Kastîlia (Tôzer). Après une victoire remportée sur Bêchir-el-Fita, que l'émir El-K'aïm avait envoyé contre lui, Abou-Iezîd enleva Bèdja de vive force; puis, il se présenta devant Tunis, dont les habitants se révoltèrent en sa faveur et lui ouvrirent leurs portes.

Abou-Iezîd se dirigea alors vers Kaïrouân. Chemin faisant il essuya un échec à Herk'la, située sur la côte; mais il réorganisa son armée, et, arrivé près de Kaïrouân, il battit les Ketâma, qui s'enfuirent dans la direction de Rek'kâda. Peu de temps après, il entrait dans Kaïrouân, qu'il livrait au pillage.

Informé que les troupes d'El-K'aïm marchaient contre lui, il alla au-devant d'elles et les mit en déroute complète. Souça et toutes les villes de l'Afrique proprement dite tombèrent successivement en son pouvoir.

En 333 de l'hégire (944-45), il se présente devant Mohdia, résidence des émirs obeïdites. Dans la prévision de cette attaque, El-K'aïm avait fait entourer de fossés les faubourgs de cette ville, et il avait appelé à sa défense les S'enhâdja et les Ketâma. De son côté, Abou-Iezîd convoquait les Berbers de Tripoli, de Gabès, de Nfouça, du Zâb et même du fond du Maghreb, qui, répondant à son appel, vinrent en foule se ranger sous ses drapeaux. Après quatre assauts successifs livrés inutilement à la ville, le découragement s'empara de ses troupes, qui commencèrent à se disperser. Dans les premiers jours de l'année 334, Abou-Iezîd, abandonné de tout son monde, se retira avec trente hommes seulement à Kaïrouân, d'où il ne tarda pas à s'enfuir, chargé du mépris général.

Sa cause semblait perdue, lorsque tout à coup on le vit reparaître dans les environs de Tunis avec une nouvelle armée de Berbers. En s'afar 334, il envoya contre cette ville un corps de troupes, qui s'en empara et la mit au pillage. Elle fut reprise, un mois après, par El-K'aïm; mais après son départ, Iak'oub, fils d'Abou-Iezîd, rentra dans cette malheureuse cité, et la mit de nouveau à feu et à sang; puis, à la tête de quatre-vingt-sept mille Berbers, il marcha contre Souça.

Sur ces entrefaites, El-K'aïm mourut. Cette guerre se prolongea encore deux ans; enfin, en moh'arrem 366 de l'hégire (947), une victoire décisive remportée près de Kaïrouân fit tomber Abou-Iezîd entre les mains de l'émir El-Mans'our.

Il mourut après quatre jours de captivité. El-Mans'our le fit écorcher, fit remplir sa peau de coton, et ce hideux mannequin fut promené dans les rues de Kaïrouân avec un singe sur les épaules.

L'insurrection d'Abou-Iezîd dura trente ans, et mit la dynastie des Obeïdites à deux doigts de sa perte.

Les circonstances que je viens de rapporter établissent nettement le caractère de cette révolte. El-K'aïm s'adresse aux S'enhâdja et aux Ketâma; Abou-Iezîd convoque les Berbers de Tripoli, de Gabès, de Nfouça et du Zâb, c'est-à-dire les Zenâta, les Haouâra et leurs alliés. Il en arrive même, disent les historiens, du fond du Maghreb, c'est-à-dire des colonies zenâta de Tahart, de Sedjelmâça et de Tamesna, comme Ben-Roustem était venu deux fois de Tahart, une fois à Tehouda et une autre fois à Tripoli. Cette insurrection fut donc une véritable guerre civile entre des nationalités berbères.

Après tout ce qui a été dit précédemment, je crois pouvoir, sans hésiter, attribuer aux Zenâta et aux Haouâra une nouvelle révolte qui, six ans après, éclata encore dans l'Aourès, et dont Kaïrouâni, qui la mentionne, n'a pas fait connaître les auteurs. (342 de l'hégire, 953.)

L'animosité entre les S'enhâdja et les Zenâta s'accrut encore par suite d'une circonstance accidentelle qui rendit les deux peuples irréconciliables. L'émir Mans'our, en poursuivant Abou-Iezîd, était arrivé sur le territoire d'Achîr, occupé alors par une tribu de S'enhâdja dont le chef était Ziri-ben-Mnâd; celui-ci vint au-devant de Mans'our, lui rendit hommage, et lui offrit avec empressement ses services. Le khalife accepta ses offres, et le combla d'honneurs et de présents.

Zìri acquit ainsi un grand crédit sur l'esprit du prince ; mais il excita la jalousie des autres chefs, dont l'un, nommé Djafar, gouverneur du Zâb, se retira chez les Zenâta, qu'il poussa à la révolte. Zìri marcha contre eux à la tête de ses S'enhâdja, et leur livra une bataille dans laquelle il périt.

Ioucef, son fils, qui était à Achîr, en partit aussitôt pour le venger. Il fit en effet un grand massacre de Zenâta, les chassa de leur pays, et s'empara de leurs femmes et de leurs enfants.

Quelques années après, le khalife Moezz-lid-Dîn se mettait en route vers l'Égypte, qui venait d'être conquise par ses troupes, et laissait en partant le gouvernement de l'Afrique entre les mains d'Ioucef-ben-Zîri. Au moment de le quitter, le khalife lui donna des instructions sur la conduite qu'il devait tenir dans l'exercice du pouvoir suprême ; une de ces instructions était celle-ci : « Tiens toujours ton bras levé sur les Berbers. » Il semble étrange, au premier abord, qu'une recommandation de cette nature soit adressée par un Arabe à un Berber. Mais, depuis la chute des Aghlabites, la race africaine était en réalité partagée en trois camps : d'un côté les Mas'moud'a et les R'omera, que leur éloignement du théâtre des collisions tenait dans une sorte de neutralité ; d'un autre côté, les Zenâta et les Haouâra avec toutes les tribus de leur dépendance ; enfin, les S'enhâdja et les Ketâma. Entre ces deux derniers camps une guerre farouche était allumée, et Moezz-lid-Dîn, en appelant sur les Berbers l'inexorable sévérité d'un S'enhâdji, n'entendait lui désigner sans doute que les Berbers du camp ennemi.

L'élévation des S'enhâdja fut, en effet, pour leurs adversaires le signal de protestations nouvelles. Kaïrouâni assure que Ioucef-ben-Zîri, pendant tout son règne, poursuivit les Zenâta jusqu'à ce qu'il les eut forcés de s'enfoncer dans les sables du désert. Cette assertion est probablement relative aux Zenâta de l'est; car, pour ceux de l'ouest, loin de se voir refoulés dans le désert, ils restèrent maîtres du terrain et forcèrent leurs adversaires à capituler. Dès l'année 362 de l'hégire, c'est-à-dire un an après l'avénement d'Ioucef-ben-Zîri, ils s'emparaient de Tlemcèn; mais Ioucef marchait contre eux et rentrait presque aussitôt en possession de cette ville[1].

En même temps, et pour donner à leurs mouvements un caractère et un intérêt politiques, ils prenaient, à l'exemple d'Abou-Iezid, ouvertement parti pour les Ommiades d'Espagne. La même année, un Zenâti nommé Zîri-ben-'At'ïa, de la fraction des Maghraoua, levait l'étendard de la révolte dans l'ouest; il s'emparait de Fès et de Sedjelmâça, et faisait réciter dans toutes les mosquées la prière dite *khotba* pour les Ommiades[2].

---

[1] Kaïrouâni, p. 129.

[2] *Id. ibid.* — 'Abd-er-Rah'man, le fondateur de la dynastie des Ommiades d'Espagne, avait échappé fort jeune aux mains des Abbassides. Il était fils d'une mère berbère nommée Rah' (Casiri, t. II, p. 197);

Les S'enhâdja, fort occupés par les Zenâta de l'est, durent négliger d'abord l'insurrection dont le théâtre était le plus éloigné du siége de leur gouvernement. Zîri-ben-'At'ia profita de leur inaction pour étendre ses conquêtes; il s'empara, sans rencontrer d'obstacles, de Fès, de Sedjelmâça et de toute la partie occidentale du Maghreb jusqu'à Tahart[1].

Ce n'est que vers 984 que Mans'our, fils et successeur d'Ioucef, effrayé des progrès de Zîri, se décida à envoyer dans l'ouest des forces dont il donna le commandement à son frère; mais cette armée fut battue, et le frère de Mans'our s'enfuit à Achîr. « Depuis lors, ajoute Kaïrouâni, Mans'our ne fit plus aucune entreprise contre le pays des Zenâta. »

Ce fut au contraire Zîri-ben-At'îa qui prit l'offensive, et il concourut puissamment à opérer dans l'empire des S'enhâdja, par la formation du royaume de Bougie, un démembrement qui dura un siècle et demi.

Vers l'année 997, sous le règne du troisième émir, Bâdis, deux de ses oncles, dont l'un, H'ammâd, était gouverneur d'Achîr[2], se mirent en état de révolte contre lui dans des vues d'ambition personnelle. Trop faibles pour soutenir avec leurs propres ressources une lutte aussi inégale, ils cherchèrent dans les Zenâta un appui

ce qui le détermina à se réfugier parmi les tribus berbères du ghreb. Il alla chercher un asile au sein de la tribu des Zenâta. Cette circonstance donnerait à penser que sa mère était originaire de cette tribu. (Kaïrouâni, p. 164.)

[1] Cha'ab-ed-Dîn, p. 159.
[2] Cardonne.

qui ne pouvait leur manquer. Ziri-ben-At'ia, probablement à leur instigation, se mit en marche vers Achîr, qui était le fief héréditaire de la famille des S'enhâdja. Bâdis envoya à sa rencontre un premier corps d'armée, qui l'atteignit près de Tiâret et fut taillé en pièces. Bâdis prit alors en personne le commandement des troupes; cette fois il força Zîri à lever le siége d'Achîr et le poursuivit, dit Kaïrouâni, jusqu'aux extrémités du Maghreb. Puis, il revint à Achîr, vainquit ses oncles dans plusieurs combats et leur tua sept mille Zenâta, dont il envoya les têtes à Kaïrouân[1]. Ces succès n'empêchèrent pas H'ammâd de conserver l'émirat de Bougie, qu'il légua à ses descendants.

De son côté, Zîri-ben-At'ia resta en possession du pays qu'il avait conquis. Il en forma une principauté, qui eut pour chef-lieu la ville de Fès, et fut gouvernée par ses descendants jusqu'à l'année 464 de l'hégire (1071-1072). Ils en furent alors dépossédés par Ioucef-ben-Tachfîn, le chef des Almoravides[2].

Le règne de Bâdis fut troublé par des révoltes continuelles, allumées toutes au même foyer. Enfin, il marchait encore contre les Zenâta lorsque la mort le surprit, en 1015[3]. Kaïrouâni mentionne sous ce règne, l'insurrection d'un certain Fulful, de la tribu des Zenâta. Tripoli fut aussi le théâtre de grands troubles, dont l'auteur arabe ne fait connaître ni la cause ni les auteurs;

[1] Kaïrouâni, p. 136.
[2] Cha'ab-ed-Dîn, p. 159.
[3] Kaïrouâni, p. 137.

mais tout ce qui précède, et surtout ce qui va suivre, supplée au silence de l'historien[1].

En effet, Kaïrouâni nous apprend que sous le règne de Moezz, successeur de Bâdis, les Zenâta prirent les armes du côté de Tripoli. Cette guerre, qui fut longue et meurtrière, eut un grand retentissement en Afrique; elle laissa des traces profondes dans les souvenirs et dans les traditions du Maghreb[2].

La révolte des Zenâta de Tripoli fut suivie d'une autre insurrection, qui éclata dans le Zâb et à laquelle le voisinage de l'Aourès annonce encore leur participation. Moezz s'empara de Koura (Kòrra) et de Koundoum, et passa au fil de l'épée les Berbers qui se trouvaient dans ces places.

En 1038, il s'empara de l'île de Djerba, habitée par les Zenâta ou leurs alliés, et massacra la population[3].

Depuis ce moment, l'histoire ne rapporte plus aucune insurrection des Zenâta dans la province de l'est; mais aussi, quelques années après, arriva un événement qui amena la dispersion des groupes autochthones établis dans cette partie du Maghreb, et exerça une influence désastreuse sur les destinées de cette contrée.

Jusque vers le milieu du xɪᵉ siècle, l'émirat berbère de Kaïrouân avait reconnu la suzeraineté des khalifes

[1] Kaïrouâni, p. 136.

[2] *Ibid.* p. 142. — Les gens de Tripoli, dit l'auteur arabe, aiment à parler de ces Zenâta; c'est au point qu'ils trouvent toujours moyen de ramener la conversation sur ce sujet.

[3] Cardonne, t. II, p. 112.

fatimites d'Égypte; mais le massacre des Chiites, exécuté dans les premières années du règne d'El-Moezz[1], faisait prévoir une rupture prochaine, qui eut lieu en 440 de l'hégire (1048), sous le règne de ce prince.

Le nom des Beni-Obeïd ou khalifes fatimites fut supprimé dans les prières publiques; leur drapeau fut déchiré et brûlé. En même temps El-Moezz rendit hommage au khalife abbasside de Baghdad et reçut de lui l'investiture.

El-Mestamer, qui occupait alors le trône fatimite d'Égypte, pouvait répondre à cet acte de rébellion par une déclaration de guerre; il fit mieux que cela : il fit publier par toute l'Arabie que les familles qui voudraient passer en Afrique avec tout leur bagage recevraient, à la sortie d'Égypte, un dînâr par tête, avec des provisions de bouche et tout ce qui leur serait nécessaire pour le voyage. El-Mestamer ouvrit ainsi aux Arabes la porte du Maghreb, qui leur avait été fermée par ses prédécesseurs. Trois grandes tribus se mirent aussitôt en marche et entrèrent, au nombre d'un million de personnes, dans la Barbarie par les déserts de Barka[2].

Ce n'est pas ici le lieu d'apprécier dans ses conséquences cette seconde invasion, bien autrement formidable que la première. Nous y reviendrons, avec plus de détails, dans la partie de cet ouvrage consacrée aux migrations des tribus arabes du Maghreb, et nous suivrons alors pas à pas, dans le temps et dans l'espace la marche de ce torrent dévastateur.

[1] Voir, ci-dessus, la notice historique des Ketàma.
[2] Marmol, t. I, p. 273 et suiv.

Les Zenâta de Tripoli furent les premiers qui eurent
à supporter le choc de cette irruption. Longtemps ils
essayèrent de repousser les hordes nomades; un moment
même, ils oublièrent leurs querelles intestines et vinrent se ranger avec les S'enhâdja sous les drapeaux d'El-
Moezz; mais, lorsque les deux partis furent en présence,
les Zenâta firent défection et les S'enhâdja prirent la fuite[1].

Les premiers, cependant, continuèrent à résister pour
leur propre compte à l'envahissement du flot arabe; mais
le courant finit par les disperser ou les entraîner. Il est
probable que l'arrivée de ces nouveaux Arabes détermina l'émigration d'un grand nombre de Zenâta vers
l'ouest, où ils allèrent joindre leurs efforts à ceux des
Maghraoua et des Haouâra pour se débarrasser de ces
hôtes malencontreux[2].

L'insolence des nouveaux Arabes, les excès et les violences qu'ils commirent, soulevèrent contre eux toute
la population du Maghreb[3]. La haine de l'ennemi commun fit taire les rivalités intestines et favorisa l'élévation des Lemtouna ou Almoravides, dont l'apparition
dans l'ouest de l'Afrique coïncida avec l'entrée des Arabes
par la porte opposée.

Suivant Marmol, la première armée almoravide qui
traversa le grand Atlas, près d'Ar'mat-Ourika, se composait de S'enhâdja et de Zenâta[4]. Mais il est probable, ainsi

---

[1] Kaïrouâni, p. 144.
[2] Marmol, t. I, p. 276.
[3] Ibid. p. 282.
[4] Ibid.

que je l'ai dit ailleurs[1], que Marmol ou Ebn-er-Rak'ïk, dont il a suivi le récit, prend ici le mot de S'enhâdja dans un sens général pour désigner les Lemtouna qui, à l'époque où il écrivait, étaient beaucoup moins connus que les S'enhâdja, et passaient d'ailleurs pour appartenir à cette dernière tribu. Quant aux Zenâta, Marmol est le seul qui les donne pour alliés aux Almoravides. Je regarde néanmoins ce fait comme vraisemblable, et je pense qu'il s'applique tant aux Zenâta de Sedjelmâça, qui fut l'une des premières conquêtes des Lemtouna, qu'à ceux de la province de Tripoli, chassés de leurs foyers par l'invasion des nouveaux Arabes.

Toutefois, parmi les fragments dispersés de cette grande tribu, quelques-uns repoussèrent l'autorité des Almoravides; tels furent les Zenâta de Tamesna. Comme ils suivaient les doctrines d'un sectaire musulman, Ioucef-ben-Tachfîn, dans l'espoir de les convertir, leur envoya des marabouts; mais ceux-ci furent massacrés. Ioucef partit aussitôt de Maroc et se mit à la poursuite des Zenâta. Il les atteignit sur l'Ouad-Bou-Regreg, les tailla en pièces et en extermina un grand nombre. Ce qui en resta fut chassé du pays et se retira, selon toute apparence, chez les Zenâta et les Haouâra déjà établis dans le grand Atlas. La contrée de Tamesna resta dépeuplée jusqu'à l'avénement des Beni-Mrîn, qui y envoyèrent une nouvelle colonie de Zenâta et de Haouâra.

Les Zenâta continuaient alors à se signaler par leur zèle pour les doctrines hérétiques; car l'époque où la

[1] Dans la notice historique des S'enhâdja.

colonie de Tamesna expiait si cruellement son fanatisme est précisément celle où Bekri nous apprend que les Mek'nèça et les Haouâra du mont Aourès étaient livrés à la secte des Abadis et faisaient la guerre aux habitants de la plaine qui professaient les dogmes religieux des peuples de l'Irak.

Vers le temps où avait lieu, à la fois, l'irruption des Arabes à l'extrémité orientale de la Barbarie, et des Lemtouna à l'extrémité occidentale, la dynastie des Ommiades s'éteignait en Espagne après une durée de trois siècles. Les Zenâta, qui depuis longtemps s'étaient attachés à leur cause par opposition soit aux Abbassides, comme représentant la domination arabe, soit aux Fatimites, comme représentant le gouvernement des S'enhâdja, les Zenâta, dis-je, perdirent dans cette famille un moyen de ralliement et d'opposition. Cette circonstance, combinée avec le désir de refouler les hordes arabes, avec l'espoir d'enlever aux S'enhâdja l'empire du Maghreb, et enfin, avec le silence que l'histoire garde sur eux depuis cette époque, donne un nouveau degré de probabilité au fait de leur alliance spontanée avec les Almoravides.

Les Ommiades d'Espagne eurent plusieurs fois, dans le cours de leurs guerres avec les chrétiens, l'occasion de réclamer le concours des Zenâta d'Afrique. Ainsi, en 998, après la défaite de Kalatagnazor, El-Mans'our, lieutenant du khalife de Cordoue, écrit aux cheikhs des Zenâta et aux autres chefs qui étaient de son parti en Afrique, pour les appeler à son aide. Marmol fait re-

marquer qu'il passa alors une nuée d'Africains en Espagne[1]. En 1009, une émigration de Berbers se rend
dans la péninsule pour rétablir sur son trône le khalife
Hécham. En 1018, un corps d'armée berbère passe en
Espagne et va assiéger Cordoue. Vers 1026, une nouvelle émigration africaine franchit le détroit, sous la
conduite d'Édris, gouverneur de Ceuta, pour venger la
mort d'Iah'ia, roi de Malaga.

Les Ommiades n'ayant pas en Afrique de plus fermes
alliés que les Zenâta, durent recevoir d'eux le concours
le plus énergique. Il n'est pas douteux que jusqu'à l'avénement des Almoravides les Zenâta, conjointement avec
les R'omera, payèrent un large tribut aux émigrations
du Maghreb. Aussi, n'est-ce pas un spectacle sans intérêt que celui de cette tribu berbère, reste des anciens
dominateurs indigènes de cette contrée, sortie des montagnes et des déserts de l'Afrique orientale et que l'on
voit, pendant l'espace de près de quatre siècles, tantôt
poussée, tantôt attirée, s'éloignant toujours, sous l'action
de ces deux forces, de son point de départ et toujours
dans la même direction.

Nous avons dit les motifs qui assurèrent à la dynastie
des Almoravides au moins la neutralité et probablement
l'appui des Zenâta; une circonstance toute différente les
attacha, dès l'origine, à la cause des Almohades (1120).
Le véritable fondateur de cette dynastie, Moh'ammed-
'Abd-Allah-ben-Toumart, appartenait, comme nous l'a-
vons dit précédemment, à la nation des Mas'moud'a;

_____
[1] Marmol, t. I, p. 259.

mais il lui donna pour chef, dans 'Abd-el-Moumen, un Zenâti. Si ce choix fut dû au hasard, le hasard le servit bien. Je crois cependant qu'il faut en faire honneur à l'intelligence de Ben-Toumart. En effet les difficultés immenses suscitées aux S'enhâdja par la nation des Zenâta, dont les membres couvraient le Maghreb et l'Espagne; cette longue série d'insurrections, dont quelques-unes avaient failli les renverser, tous ces faits, que nous voyons aujourd'hui à la lumière affaiblie de sept siècles, et bien d'autres encore, que le temps a ensevelis dans l'oubli, apparaissaient alors sans doute, dans tout leur jour, à cet homme doué d'un esprit si pénétrant et d'une instruction si vaste. Celui qui avait deviné l'homme de génie dans le fils d'un obscur artisan, pouvait-il méconnaître l'influence politique d'une nationalité?

'Abd-el-Moumen fixa sa résidence à Maroc, et il y a tout lieu de croire qu'un grand nombre de Zenâta restés dans l'est, en proie aux incursions et aux vexations des Arabes, allèrent chercher, dans la région occidentale du Maghreb, la protection et le repos que leur promettait la communauté d'origine avec les souverains de cette contrée.

Il y eut aussi, sous les Almohades et par suite des guerres qu'ils soutinrent dans la péninsule, un grand mouvement de migration d'Afrique en Espagne. Il n'est pas douteux que les Zenâta durent y contribuer; mais l'histoire n'a pas mentionné ce fait d'une manière explicite.

Pendant que l'autorité des Almohades, appartenant par son origine populaire au peuple des Mas'moud'a, et au peuple des Zenâta par son origine dynastique, s'étendait au nord sur l'Espagne jusqu'à Tolède, et au midi sur le Maghreb, dont elle embrassait dans sa sphère d'action directe la région centrale et la région occidentale, la dynastie des S'enhâdja achevait à l'extrémité opposée de cette contrée son existence orageuse. Menacée dès sa naissance par les insurrections continuelles des Zenâta, ébranlée dans sa maturité par l'irruption des tribus arabes en Afrique, elle se voyait encore en butte dans sa vieillesse aux incursions des chrétiens de la Sicile, maîtres déjà de plusieurs points de la côte.

Elle s'éteignit en 601 de l'hégire (1204-1205), et le gouvernement almohade se décida alors à donner à cette partie du Maghreb un centre d'autorité qui lui fût propre. C'est dans cette vue que, le 10 de chaouâl 603 (10 mai 1207), l'émir almohade, Moh'ammed-ben-Nâc'er, installa à Tunis, comme gouverneur héréditaire, Abou-H'afes-Omar, qui devint le chef de la dynastie des Beni-H'afes ou H'afsites.

Abou-H'afes avait été l'un des premiers disciples d'Abd-Allah-ben-Toumart; il était originaire de la tribu des Hentâta, fraction des Mas'moud'a, et point de départ de l'apostolat de Ben-Toumart. Il tenait donc, par un double lien, à la puissance des Almohades.

Nous devons faire remarquer ici ce singulier concours de circonstances qui porte au gouvernement de la région occidentale du Maghreb une famille issue des Zenâta

et par conséquent originaire de l'est, et au gouvernement de la région orientale, une autre famille venue
des sommets du grand Atlas et des bords de l'Océan.

Cette étrange coïncidence devait recevoir, quelques
années après, une sanction nouvelle par l'avénement des
Beni-Mrîn et des Beni-Zeïàn, deux familles de Zenâta
qui gouvernèrent pendant près de trois siècles la partie du Maghreb correspondant à l'empire actuel du Maroc
et aux deux provinces algériennes d'Oran et d'Alger.

L'avénement de la première de ces deux dynasties se
rattache au mouvement d'émigration des Zenâta de l'est
à l'ouest, mouvement commencé dès les premiers temps
de la domination arabe, et qui, sous l'empire de causes
diverses, s'était continué presque sans interruption durant les siècles suivants.

En 610 de l'hégire, une tribu de Zenâta qui habitait
au sud du Zâb, où elle vivait à l'état nomade, se mit
eu marche vers l'ouest, et pénétra dans le Maghreb occidental. Cette tribu était celle des Beni-Mrîn[1]. El-Kaïrouâni, qui a fait connaître ce fait, n'indique ni la cause
de ce mouvement, ni la contrée qui en fut le point de
départ. Mais il est certain que l'irruption arabe arrivée
au milieu du XIe siècle s'était étendue constamment depuis cette époque, comme elle s'étendit depuis lors, et
qu'ainsi ce nouveau déplacement d'une partie des Zenâta de l'est eut lieu sous l'impulsion des hordes arabes.

Suivant Kaïrouâni, la tribu des Beni-Mrîn possédait des troupeaux de chameaux et se nourrissait de

[1] Kaïrouâni, p. 244.

dattes et de lait[1]. Ce sont là des mœurs qui ne con-
viennent qu'à des peuples situés sur l'extrême limite du
Sahara; ce qui place le point de départ des Beni-Mrîn
entre l'oasis d'Ouâregla et celle de Touât.

Une indication, puisée dans la géographie actuelle,
confirme cette induction : je l'emprunte à mes études
sur le Sahara[2]. Il existe dans l'oasis d'Ouâregla un village
de Ba-Mendil, habité par une population appelée *Ou-*
lâd-el-Mrîni. De temps immémorial elle était en guerre
avec la tribu arabe des Mkhâdma, lorsque, vers 1829,
ceux-ci fondirent à l'improviste sur le village, qu'ils saccagèrent après en avoir chassé les habitants. Ceux-ci revinrent alors à la vie nomade, qu'ils n'ont pas quittée
depuis cette époque. Ce fait me paraît indiquer que
l'oasis d'Ouâregla se trouvait ou dans le voisinage du
lieu d'habitation des Beni-Mrîn, ou sur le chemin qu'ils
parcoururent dans leur mouvement d'émigration.

La tribu des Beni-Mrîn signala son arrivée dans le
nord du Maghreb par des brigandages et des incursions[3].

En 1216, l'émir almohade, El-Mestamer, envoya contre
elle des troupes qui furent battues. C'est alors que ces
Zenâta se répandirent dans l'émirat de Fès. Les uns s'é-
tablirent dans le désert de Gâret, qui leur offrait des
pâturages pour leurs troupeaux[4], et bâtirent à trois lieues
de Mlila, sur la pointe d'un rocher, dans les montagnes

[1] Kaïrouâni, p. 244.
[2] Remises au ministère de la Guerre en 1850.
[3] Kaïrouâni, p. 244.
[4] Marmol, t. II, p. 290.

qui dominent la plaine de Gâret, un village nommé Tez-zout, qui reçut le dépôt de leurs approvisionnements et de leur richesse mobilière.

Les autres gravirent le grand Atlas et allèrent se joindre aux Zenâta qui depuis longtemps déjà avaient fixé leur séjour dans ce massif. Ils y occupèrent un con-tre-fort appelé par Marmol *Beni-Guertenax*[1], et dont le nom véritable est *Ourtnâdj*, ainsi que nous l'avons dit précédemment.

C'est de ces deux points qu'ils partirent pour atta-quer la puissance déjà fort affaiblie des Almohades.

De 1237 à 1242, sous le règne de Rachid, l'un de ces princes, les Beni-Mrîn s'emparèrent de plusieurs villes, au nombre desquelles était Fès.

Effrayé de leurs progrès, Sa'îd, successeur de Rachid, envoya contre eux quelques troupes, qui furent battues (1242). Sa'îd se détermina alors à prendre en personne la direction de la guerre. Cette fois, il obtint la soumis-sion du chef de la tribu, Abou-Iah'ia-'Abd-el-H'ak'-el-Mrîni, qui lui prêta même son concours dans une ex-pédition contre l'émir de Tunis; car le Maghreb était alors plongé dans la plus profonde anarchie. Ainsi, en 638 de l'hégire (1240-41), époque à laquelle les Beni-Mrîn prirent possession de Fès, cette ville se trouvait depuis vingt ans privée de toute autorité et livrée à des factions intestines qui la déchiraient[2].

A cette époque aussi une autre famille, issue elle-même

---

[1] Marmol, t. II, p. 314.

[2] Cha'ab-ed-Dîn, *Notices des manuscrits*, t. II, p. 163.

des Zenâta, celle des Beni-Zeïân, investie du gouvernement de Tlemcèn, s'y était affranchie de l'obéissance des
Almohades. De l'immense empire d'Abd-el-Moumen,
il ne restait plus à ses descendants que la province de
Maroc.

Menacé par plusieurs orages à la fois, occupé d'un
côté par les Beni-Mrîn, de l'autre, par l'émir de Tunis
Abou-Zakaria, l'émirat de Fès avait dû renvoyer à des
temps plus calmes la répression de la révolte des Beni-
Zeïân. Enfin, en 1248, l'émir Saïd put se mettre en
campagne et marcha sur Tlemcèn. Ir'merâcen-ben-Zeïân
commandait alors dans cette ville. A la nouvelle de l'approche de Saïd, il alla s'enfermer dans la forteresse de
K'ala'. Saïd l'y poursuivit; mais, au moment où il faisait une reconnaissance des abords de la place, il fut
assassiné par trois hommes embusqués dans ce dessein
(juin 1248)[1].

Ben-Zeïân resta maître du matériel de l'armée almohade, qui se retira en lui abandonnant la libre possession de Tlemcèn. La dynastie des Beni-Zeïân n'eut pas
plus de peine à s'établir, et elle conserva le gouvernement héréditaire de cette province jusqu'en 1516; alors
elle tomba par capitulation au pouvoir de Barberousse.
Une fois maître de la ville, le corsaire, au mépris des
engagements les plus sacrés, fit mettre à mort tous les
membres qu'il put saisir de la famille des Beni-Zeïân.
L'un d'eux se sauva à Fès, puis revint à Tenès, où il
fonda une petite principauté, connue sous le nom de

[1] Kaïrouâni, p. 228.

Royaume de Tenès; mais ses fils ne purent s'y maintenir, à cause du voisinage des Turcs, et furent obligés de passer en Espagne, où ils embrassèrent la religion chrétienne[1].

Revenons aux Beni-Mrîn.

Leur soumission à l'émirat de Fès ne fut pas de longue durée. En 652 de l'hégire (1254-1255), ils rompirent ouvertement avec le successeur de Saïd, Abou-H'afes-Omar, en reconnaissant la suzeraineté de l'émir de Tunis, et ordonnant que les prières publiques seraient faites en son nom[2].

Abou-H'afes marcha aussitôt sur Fès; mais un accident des plus vulgaires ayant jeté la panique parmi ses troupes, elles prirent la fuite. Iah'ia-ben-Mrîn acheva leur déroute et s'empara du camp.

Dans l'armée des Beni-Mrîn se trouvait alors un jeune homme, nommé Édris, et surnommé Abou-Dabbous, parent et rival d'Abou-H'afes, contre lequel il était venu demander leur appui. Iak'oub-el-Mrîni, à qui il s'était adressé, lui avait fourni, pour soutenir ses prétentions, des hommes et de l'argent, mais à condition qu'en cas de réussite Édris partagerait avec lui.

Édris s'empara en effet de Maroc; mais il oublia sa promesse, et répondit même insolemment à l'envoyé d'Iak'oub, qui venait en réclamer l'exécution.

Iak'oub entra aussitôt sur le territoire du Maroc, rencontra l'armée d'Édris dans la province de Dkâla, et

[1] Marmol, t. II, p. 339, 390.
[2] Kaïrouâni, p. 224.

gagna sur elle une bataille décisive dans laquelle Abou-Dabbous périt. Sa tète fut promenée dans les rues de Fès.

Cet événement, qui eut lieu en 667 de l'hégire (1268-1269), mit fin à la dynastie des Almohades.

Les Beni-Mrìn, déjà maîtres depuis longtemps de la province de Fès, entrèrent dès lors en possession de tout ce qui forme aujourd'hui l'état de Maroc, et ce vaste débris de l'empire d'Abd-el-Moumen resta entre leurs mains jusqu'en 1521, où les chérifs, maîtres de Maroc et de Tarudant, se firent proclamer sultans d'Afrique.

Mais, ce ne fut qu'en 1552 que les membres de la famille des Beni-Mrìn furent mis à mort par les ordres du chérif.

L'élévation des Beni-Zeïân et des Beni-Mrìn fut, pour les Zenâta restés dans la métropole, un nouveau motif d'attraction vers l'ouest. Elle contribua à entretenir le mouvement d'émigration qui durait depuis la fin du viie siècle. A cette époque, la nationalité des dynasties exerçait encore une influence notable sur la destinée des tribus. Ainsi, Marmol fait remarquer que les Berbers de la montagne de Touzìn avaient toujours été très-bien traités par les Beni-Mrìn, parce qu'ils étaient, comme eux, de la tribu des Zenâta, et que, en outre, la mère du troisième roi de Fès était fille d'un riche habitant de cette montagne.

Avec les Beni-Zeïân et les Beni-Mrìn finit la période du gouvernement de l'Afrique par des mains berbères;

on vit s'affaiblir par degrés le prestige des nationalités qui se partageaient la population autochthone. Les noms eux-mêmes disparurent peu à peu avec les intérèts et les passions qu'ils représentaient. C'est à peine si, aujourd'hui, les montagnes de l'Aourès et celles du grand Atlas, peuplées cependant des restes de ces Zenâta qui ont si profondément remué le Maghreb, ont conservé, malgré le nom de Chaouïa qui leur est encore commun, quelques traditions fugitives de leur confraternité originelle.

CHAPITRE V.

TRIBUS DU SUD. — LES LEMT'A.

Contrée occupée par les Lemt'a et par les principales fractions de cette tribu au xiie siècle. — Entreprises des Lemt'a, antérieurement au mouvement almoravide. — Déplacements considérables pendant le cours du xve siècle. — Origine des Touàreg. — Contrée occupée par les Lemt'a au xvie siècle. — Examen des documents historiques. — Situation des Lemt'a au moment de l'invasion arabe. — Première irruption des Arabes sur leur territoire. — Rivalité entre les nations berbères du désert. — Coïncidence entre les révolutions du grand désert et celles du Maghreb. — Mouvements alternatifs des Berbers du désert sur le Soudan, et des peuples du Soudan sur le désert. — Le chef des Lemt'a part pour la Mecque. — Commencement des Almoravides. — Effet produit en Afrique et en Europe par leur apparition dans le nord du Maghreb. — Étrangeté de leurs mœurs et de leur costume. — Ils s'emparent de l'Ouad-Dra'; de Sedjel-mâça. — Révolte dans le désert. — Formation de deux corps d'armée almoravides destinés à opérer, l'un dans la Nigritie, l'autre dans le Maghreb. — 'Abdallah-ben-Iacin s'empare de l'Ouad-Noun; du pays de Sous; il franchit l'Atlas; il s'empare du pays des Mas'moud'a; il meurt; Abou-Bekr le remplace, et s'empare d'El-Ar'ouàt-K'sàn dans la province d'Oran. — Il reprend ses projets de conquête dans le Soudan et se rend dans le désert, laissant Ioucef-ben-Tachfìn pour continuer la conquête du Maghreb. — Il fonde un vaste empire dans la Nigritie. — Effet produit par ce mouvement des Berbers vers le sud. — Introduction de l'islamisme dans le Soudan. — Réaction de la race noire. — Au commencement du xvie siècle, un roi nègre, Abou-Bekr-Izkia, reprend à la race blanche les pays conquis par Abou-Bekr-ben-Omar. — Origine de la puissance de Timbectou. —

Progrès d'Ioucef-ben-Tachfin dans le nord. — Fondation de Maroc.
— Il passe en Espagne et remporte la victoire de Zellaka. — Il rétablit l'unité du commandement parmi les rois maures de la péninsule. — Immense étendue de l'empire almoravide. — Appréciation
des jugements portés sur le chef de cette dynastie berbère.

Vers le milieu du XIᵉ siècle, une tribu qui habitait la
partie occidentale du grand désert se mit en marche
vers le nord, et, dans l'espace d'un demi-siècle environ,
conquit la moitié des États barbaresques et de l'Espagne;
c'était la tribu des Lemtouna ou des Marabouts (Almoravides). Elle faisait partie de la nation berbère des
Lemt'a, à laquelle ce chapitre est consacré.

Cette dernière appartenait elle-même à une grande
famille ou confédération de peuples de même race, situés tous originairement dans le grand désert.

Nous avons déjà fait remarquer le lien de parenté
originelle que les traditions du moyen âge établissent
entre les peuples de cette grande famille saharienne.
Suivant Ebn-Khaldoun, cette famille se composait des
Lemt'a, des S'enhâdja, des Aourir'a, des Addàça et des
Haouâra, unis entre eux par leur parenté commune
avec une femme nommée Tazk'aï, qui tirait son origine
des Zenâta.

Or, les traditions recueillies par Ebn-Khaldoun dans
les écrits des généalogistes berbères doivent se rapporter, ainsi que nous l'avons établi précédemment, à l'é-
poque de la conquête arabe, c'est-à-dire au milieu du
VIIᵉ siècle.

Les renseignements fournis par Édrici sont l'expression des traditions populaires conservées en Afrique vers le milieu du xiie siècle.

Dans l'intervalle qui sépare ces deux époques les Addâça s'étaient fondus avec les Haouâra, comme Ebn-Khaldoun le déclare explicitement. Les Aourir'a avaient disparu, et on n'en retrouve aucune mention dans les écrivains arabes. A leur place s'étaient élevés les Zenâta, qui avaient rempli du bruit de leurs insurrections toute la première moitié de la période musulmane, et devaient remplir la seconde du bruit de leurs usurpations et de leurs conquêtes.

Ainsi la grande famille à laquelle appartenait originairement la nation des Lemt'a se composait, en outre, des Zenâta, des Haouâra et des S'enhâdja.

Or, les Zenâta étaient originaires du Djebel-Aourès et de la partie du désert qui correspond aux régences de Tunis et de Tripoli[1].

Les Haouâra étaient originaires du Djebel-Nfous et de la même partie du désert.

Les S'enhâdja habitaient primitivement la région centrale du désert, celle qui correspond à l'Algérie.

Les Lemt'a enfin occupaient primitivement, ainsi que nous l'exposerons ci-après, la partie occidentale du désert, celle qui, contiguë à l'Océan, s'étend entre le cours du Niger et le Sah'ara marocain.

On voit donc que cette grande famille de peuples avait pour domaine et pour patrie originelle toute l'étendue des déserts de l'Afrique.

[1] Voir le chapitre des Zenâta et des Haouâra.

SITUATION DES LEMT'A.

La position géographique que je viens d'assigner aux
Lemt'a n'est point explicitement indiquée par les géographes arabes; mais elle résulte de l'ensemble des positions partielles occupées par les principales tribus dont
se composait cette nation berbère.

Édrici donne aux Lemt'a proprement dits la ville de
l'Ouad-Noun, qu'il appelle Noul-Lemt'a. Suivant cet auteur, la rivière qui passe à Noul, venant de l'orient, est
habitée par les tribus de Lemtouna et de Lemt'a. Ce
renseignement ne peut s'appliquer qu'à la rivière de
l'Ouad-Noun[1]. Ainsi, au temps d'Édrici, les Lemt'a occupaient la rivière et la ville de l'Ouad-Noun. Ce ne
pouvait être d'ailleurs que la limite septentrionale de
leur territoire, car au nord de l'Ouad-Noun se trouve
le pays de Sous habité, comme nous l'avons vu précédemment, par les Mas'moud'a.

Édrici parle encore de la ville d'Azk'a comme d'une
possession des Lemt'a; mais des témoignages plus explicites établissent que cette ville du désert appartenait
spécialement à une de leurs tribus, les Lemtouna[2].

Du temps d'Édrici, une colonie de Lemt'a occupait
la grande plaine située à peu près à moitié chemin
entre Maroc et Sla[3], c'est-à-dire une partie du district
de Tamesna. Il est très-probable que la formation de

[1] Édrici, p. 205.
[2] Id. ibid.
[3] Ibid. p. 216.

cet établissement ne remontait pas plus haut que le règne d'Ioucef-ben-Tachfîn, le premier des émirs almoravides, et qu'elle se rapporte à l'époque (1071) où ce chef berbère chassa les Zenâta établis sur le territoire de Tamesna[1] et y appela pour le repeupler des familles de la nation des Lemt'a, à laquelle il appartenait lui-même.

Au temps d'Édrici, c'est-à-dire vers le milieu du xiie siècle, les principales tribus comprises sous le nom commun de Lemt'a étaient :

Les Msoufa,	Les Maïa,
Les Ouchân,	Les Djedâla,
Les Temâlta,	Les Lemtouna,
Les Benou-Mans'our,	Les Benou-Ibrahim[2].

Il faut y ajouter les Madâça, que Bekri[3] considère comme formant une branche des S'enhâdja, par suite d'une erreur que nous avons déjà signalée[4], et qui s'explique par la préoccupation de l'époque où cet auteur écrivait; mais les Madâça doivent appartenir à la nation de Lemt'a, comme les Djedâla, les Lemtouna et les Msoufa, attribués aussi à tort aux S'enhâdja par le même écrivain.

De ces tribus, les unes ont disparu sans laisser de traces ni dans l'histoire ni sur le sol; tels sont les Ou-

[1] Marmol, t. I, p. 289.
[2] Édrici, p. 205.
[3] Bekri, p. 651.
[4] Voir, ci-dessus, le chapitre des S'enhâdja.

chân, les Temâlta, les Benou-Mans'our, les Maïa et les Benou-Ibrahim.

D'autres, mentionnées soit par les géographes, soit par les historiens, dessinent, par l'ensemble de leurs gisements, le territoire général du peuple berbère de Lemt'a. Ce sont les Msoufa, les Djedâla, les Lemtouna et les Madâça.

Les Msoufa.

Suivant Ebn-Khaldoun, les Msoufa habitaient, au moment de la conquête arabe, en arrière du pays de Sous[1]. Cette indication leur assigne pour territoire les deux vallées de l'Ouad-Noun et de l'Ouad-Dra'.

Bekri les appelle Beni-Msoufa, et, par suite de l'erreur qui lui a fait comprendre toutes les tribus du désert sous le nom de S'enhâdja, il classe les Msoufa dans cette nation et les représente comme errant dans le désert, depuis l'Ouad-Dra' jusqu'au pays des Noirs[2].

Un voyageur arabe, Ebn-Batouta, les trouva encore, vers le milieu du XIVe siècle (de 1324 à 1354), établis à Oualâta, entre Galam et Timbektou, sur la lisière du pays des Noirs.

Ces trois renseignements concordants établissent que le territoire des Msoufa s'étendait depuis l'Ouad-Noun, où sans doute ils venaient camper pendant l'été, jusqu'au Niger, dont ils se rapprochaient durant la saison d'hiver, et que cette situation durait encore au milieu du XIVe siècle.

[1] Ebn-Khaldoun, traduit par M. N. Desvergers, p. 19.
[2] Bekri, p. 602.

Je n'ai point retrouvé dans la géographie actuelle le nom de cette tribu, dont le territoire a été envahi par les Arabes dans le cours du xve siècle.

Les Djedàla.

La tribu des Djedàla formait, du temps de Bekri, l'extrême frontière de l'islamisme du côté du pays des Noirs. Six journées de marche seulement la séparaient de la nation nègre la plus rapprochée des frontières musulmanes[1].

Un géographe anonyme, cité par M. Quatremère, dit que c'était la plus nombreuse des tribus berbères.

Elle était située au delà des Lemtouna, à peu de distance de la mer[2].

Kaïrouâni parle d'une tribu des Kedàla qui accueillit la première Abdallah-ben-Iâcin, le promoteur du mouvement almoravide. Il est hors de doute que l'historien désigne la tribu des Djedàla, l'altération du nom provenant de la substitution du *k* au *dj*, assez fréquente dans les noms de tribus berbères[3].

La conséquence des indications qui précèdent, c'est que la tribu de Djedàla devait occuper, vers l'an 460 de l'hégire (1067-1068), tout le littoral de l'Océan, depuis le cours de l'Ouad-Dra' jusqu'aux environs de la baie d'Arguin, et que, dans l'intérieur du continent,

---

[1] Bekri, p. 637.
[2] *Ibid.* p. 624.
[3] Kaïrouâni, p. 176. — C'est ainsi que la tribu de K'ezoula est appelée fréquemment Djezoula.

leur territoire devait s'étendre jusqu'au voisinage du méridien de Oualâta.

Le nom des Djedâla a presque complétement disparu de la nomenclature des tribus africaines. Je ne l'ai retrouvé que dans les environs de Philippeville, où il appartient à une fraction de la tribu kabile des Zerâmna.

Les Lemtouna.

Bekri, contemporain du grand mouvement de migration qui a produit l'élévation des Lemtouna et la dynastie des Almoravides, a indiqué assez nettement le centre d'habitation de cette tribu célèbre. Vers le milieu du xie siècle, époque où commença cette grande révolution, la tribu des Lemtouna était campée autour d'une montagne qui portait son nom. Cette montagne, d'un accès difficile, était abondamment pourvue d'eau et de pâturages. Elle avait en longueur six journées de marche, et une en largeur. Au sommet s'élevait une forteresse appelée *Azdji, Azk'i* ou *Arki,* environnée d'une forêt de palmiers[1].

L'incertitude de prononciation et d'orthographe provient ici de l'absence des points diacritiques dans le manuscrit de Bekri; mais elle disparaît devant les indications plus précises d'Édrici. Suivant ce géographe, la ville d'Azk'i du pays de Lemt'a est un des principaux lieux de séjour du désert; elle est située à treize journées de Sedjelmâça, à sept ou neuf de Noul (Ouad-

[1] Bekri, p. 627.

Noun)[1], à douze de Tr'iza (Tr'aza), et sur la route de l'Ouad-Noun à Tekrour, qui est aujourd'hui Timbek-tou. L'ensemble de ces témoignages détermine la position de cette ville d'Azk'i, qui devint, vers le milieu du XIe siècle, le point de départ et le quartier général de la conquête almoravide.

Les Lemtouna s'étendaient au nord jusqu'à l'Ouad-Noun, dont ils venaient sans doute habiter les bords pendant l'hiver[2]. Ils possédaient aussi le pays de Tazk'âr'et[3], dont la position n'a pas été jusqu'ici déterminée, et que je crois être le Sagui-el-H'amra, devenu si célèbre dans toute l'Afrique, comme ayant été, au XVIe siècle, le berceau des chérifs. L'identité des deux positions me paraît résulter de leur synonymie; car *Tazk'ar'et* a le même sens en berbère qu'*el-H'amra* en arabe; il signifie *la rouge,* et nous voyons le mot berbère disparaître et faire place au mot arabe, à l'époque où le pays lui-même échappe aux mains berbères pour tomber dans les mains arabes, c'est-à-dire vers le XVe siècle.

Ainsi, au temps d'Édrici, les Lemtouna devaient s'étendre à l'ouest dans le désert jusqu'à l'Ouad-Sagui-el-H'amra, c'est-à-dire jusqu'au méridien de l'Ouad-Noun. Il est probable que dans la région septentrionale, l'Ouad Dra', ils se mêlaient avec les Msoufa et les Djedâla.

Bekri ajoute, sur l'étendue de leur territoire, quelques détails qui, peut-être, se ressentent un peu de

[1] Édrici, p. 205.
[2] Id. ibid.
[3] Ibid. p. 203.

l'impression produite à cette époque dans toute l'Afrique septentrionale par le bruit des grandes entreprises que ce peuple y accomplissait. « Les Lemtouna, dit Bekri, sont des nomades qui errent dans le désert. » Ils parcourent une contrée « qui s'étend l'espace de deux mois de marche, tant en longueur qu'en largeur, » et qui sépare le pays des Noirs, des contrées soumises à l'islamisme. Ils passent l'été dans un lieu nommé *Amtelmous,* ou dans un autre lieu situé seulement à dix journées du pays des Noirs[1].

L'étendue assignée par Bekri au territoire des Lemtouna me paraît un peu exagérée; toutefois, il est certain que cette tribu, avant de s'avancer vers le nord, avait déjà poussé ses conquêtes fort loin dans l'est du désert. Ainsi, ils s'étaient emparés de Tr'iza (sans doute Tr'aza) appelé alors *Kammouria,* et ils en avaient détruit ou dispersé les tribus[2]. Par suite de cet accroissement, leur territoire se trouvait contigu à celui des Zaghaoua, qui comprenait le Fezzân et les villes de Djerma et de Taçaoua; cette dernière, qui existe encore aujourd'hui, est située sur la limite du pays des Touâreg et du Soudan.

Il résulte de ce qui précède que la tribu des Lemtouna avait, au moyen âge, pour lieu de dépôt et pour centre d'habitation, la ville et la montagne d'Azk'ï, et que son territoire de parcours s'étendait de l'est à l'ouest depuis le méridien de l'oasis de Touât jusqu'à celui de

[1] Bekri, p 624.
[2] Édrici, p. 111 et 112.

Sagui-el-H'amra, et, du nord au sud, depuis l'Ouad-Dra'
jusqu'à six ou dix journées du Niger.

J'ai déjà fait remarquer la similitude qui existe entre
ce nom d'Azk'i, quartier général des Lemtouna, et le
nom de Tazk'aï ou Touzk'aï, attribué par Édrici et par
Ebn-Khaldoun à cette femme qui, originaire de la tribu
des Zenâta, donna naissance aux S'enhâdja, aux Lemt'a
et aux Haouâra; d'où l'on peut induire que, primitivement, toutes les tribus du désert relevaient d'une même
autorité, dont le siége était dans cette montagne d'Azk'i.

Le nom des Lemtouna paraît avoir disparu complétement de la géographie africaine. Je n'ai trouvé aucune tribu, ni aucune fraction dans laquelle il se soit
conservé.

Les Madâça.

Cette tribu est mentionnée par Bekri[1], qui la comprend, comme celles qui précèdent, parmi les S'enhâdja; mais sa position indique assez qu'elle doit, comme
elles, appartenir aux Lemt'a. Du temps de Bekri, c'est-
à-dire vers l'an 460 de l'hégire, elle habitait sur les
bords du Niger, à l'est de Gana (Djenné), c'est-à-dire
entre Ahîr, H'aouça et Sakkatou.

Il existe aujourd'hui une tribu chaouia appelée *Ou-
lâd-el-Madâci*, dans le Djebel-bel-H'annâch, au sud de
Sétif.

En résumant l'ensemble des indications relatives aux
diverses fractions de la nation des Lemt'a, on voit que

[1] Bekri, p. 651.

e peuple berbère occupait au temps d'Édrici, c'est-à-
ire vers le milieu du XIIe siècle, toute la partie du dé-
rt comprise entre le méridien de l'oasis de Touât à
st, l'Océan à l'ouest, le Sahara marocain au nord, et
pays des Noirs au sud.

Cet état de choses dut se maintenir jusqu'au temps
Ebn-Khaldoun, c'est-à-dire jusqu'au milieu du XVe siècle;
ais, peu de temps après cette époque, la partie occi-
ntale du territoire des Lemt'a fut envahie par les Arabes
côté du continent, et abordée, du côté de la mer, par
s Portugais.

Ces deux circonstances réunies expliquent le chan-
ment apporté dans la nomenclature de cette partie
l'Afrique, et constaté par les deux géographes du
I^e siècle, Léon et Marmol.

En 1415, Jean Ier chassait les Maures du Portugal,
ssait le détroit et s'emparait de Ceuta.

En 1433, les Portugais doublaient le cap Boyador,
s'avançaient à quarante lieues au delà.

En 1440, ils s'avançaient jusqu'au cap Blanc.

En 1450, ils découvraient un fleuve, qu'ils crurent
re le Niger, et que les indigènes nommaient *Senedek*.
fleuve marquait la séparation entre les peuples maures
e l'on appelait aussi les *Basanés,* et les peuples noirs.
s Portugais entrent alors en relation avec un chef
gre nommé *Senega,* et donnent son nom au fleuve qui,
puis cette époque, s'est appelé *Senega* ou *Senegal.*

Dans cette dernière expédition, les Portugais recon-
rent le cours du Sénégal; ils remarquèrent que la

rive droite de ce fleuve était habitée par une tribu musulmane appelée *Azenaga*, et que la rive gauche était habitée par des noirs; qu'ainsi le Sénégal formait la séparation entre le pays des blancs et celui des noirs[1]. Dès lors, le nom d'Azenaga fut étendu à presque tous les peuples de la côte occidentale de l'Afrique, et le nom de Senega, à toute la partie comprise entre l'Océan Atlantique à l'ouest, les salines de Tr'aza à l'est, l'Ouad-Dra' au nord, et le Sénégal au sud.

Ces dénominations se conservèrent jusqu'au xvie siècle et l'espace que l'on vient de définir est encore appelé par Marmol le désert de Senega.

Pendant que les navigateurs portugais reconnaissaient les côtes de l'Afrique occidentale et préparaient ainsi la grande découverte du passage aux Indes, qui devait marquer la fin du xve siècle, l'irruption arabe du xie siècle s'avançait de l'est à l'ouest à travers le continent africain et atteignait de son côté les rivages de l'Atlantique, où elle envahissait une partie du territoire de la tribu de Lemt'a.

C'est par suite de ces deux événements que les noms des Djedâla et des Msoufa ont disparu pour faire place à ceux de Senega et Azenaga d'une part, et de l'autre à ceux des tribus arabes d'Oulâd-Dleîm, d'Oudaïa et de Berbêch que Marmol place dans la partie la plus occidentale du territoire occupé quelques siècles auparavant par les Lemt'a.

Une autre tribu, berbère d'origine, paraît pour la première fois dans les écrivains du xvie siècle à la place

[1] Louis de Cadamoste.

occupée jadis par la célèbre tribu de Lemtouna ; c'est celle des Ouenzîr'a. Marmol la présente comme occupant le désert de Gogdem[1]. Or, ce mot de Gogdem avait déjà été mentionné trois siècles auparavant par Édrici, comme l'équivalent du nom d'Azk'a. Ainsi, que les Ouenzîr'a existassent ou n'existassent pas au temps des géographes arabes, il est certain que leur nom avait remplacé sur le sol celui des Lemtouna.

A l'est de ceux-ci et dans la partie orientale du territoire des Lemt'a, les écrivains du xvie siècle placent une tribu qui, quatre siècles auparavant, du temps de Bekri, occupait une petite oasis sur la lisière septentrionale du désert; qui avait pris, sous la dynastie des Beni-Mrîn, un accroissement considérable et qui a aujourd'hui complétement effacé la tribu de Lemt'a. Cette tribu est celle que Marmol appelle *Targa* et que nous appelons à présent *Touâreg*[2]. J'y reviendrai plus tard dans l'examen de la situation actuelle de la race berbère.

Au xvie siècle, la tribu de Lemt'a, refoulée successivement vers l'est, se trouvait séparée de l'Océan Atlantique par le désert de Senega, envahi en grande partie par les Arabes, par le désert d'Azk'a ou de Gogdem qu'occupaient les Ouenzîr'a, et enfin par le désert d'Ahîr qu'habitait la tribu berbère de Targa ou des Touâreg. Elle était ainsi confinée dans la partie du grand désert qui renferme les oasis de R'ât et de R'dâmes. Cette

---

[1] Marmol, t. III, p. 51.
[2] *Targa* est le nom du pays, *Targui*, celui de l'habitant, et *Touâreg* est le pluriel de *Targui*.

contrée, qui portait alors le nom de désert d'Iguidi, fut plus tard envahie par les Touâreg qui l'occupent actuellement, et le nom de Lemt'a a disparu entièrement de la géographie africaine.

NOTICE HISTORIQUE.

La classification d'Ebn-Khaldoun qui, ainsi que nous l'avons établi, représente la situation du peuple berbère au moment de la conquête arabe, comprend le peuple de Lemt'a parmi les tribus qui, à cette époque, dépendaient de l'autorité des Brânes. Mais l'auteur arabe fait observer que, pour les Lemt'a aussi bien que pour les Haskoura et pour les Djezoula, les généalogistes ne sont pas d'accord et que quelques-uns d'entre eux seulement rangent ces trois tribus sous la domination des Brânes. Il est très-probable en effet que ces trois peuples, groupés sur l'extrême frontière de l'Afrique septentrionale, avaient conservé leur indépendance. Le christianisme, quoique répandu à cette époque dans presque toute l'Afrique, n'avait point pénétré chez les Berbers de Sous[1], voisins de ces trois peuples et, selon toute vraisemblance, les tribus de Lemt'a, situées au sud de cette contrée, étaient restées elles-mêmes dans les ténèbres de l'idolâtrie.

Ces peuples furent cependant des premiers chez lesquels pénétra la conquête musulmane. Cela eut lieu en l'an 62 de l'hégire (682 de J. C.), sous le deuxième

[1] Chaab-ed-Dîn, p. 157. — Ebn-Khaldoun, traduit par M. N. Desvergers, p. 19.

commandement d'Okba. Ce général, après avoir pris Bar'aï et Samis ou plutôt Lambés au pied des monts Aourès, soumis le Fezzân et le Djerid dans le Sahara, se porta d'une marche rapide vers l'Afrique occidentale, et alla planter l'étendard musulman sur les murs de Ceuta et de Tanger. Arrivé là, il fut renseigné par Julien, gouverneur de cette ville, sur l'existence des Berbers idolâtres qui peuplaient la province de Sous. Il partit aussitôt pour les combattre, traversa leur pays au pas de course, et, s'avançant au delà de cette contrée qui forme aujourd'hui la limite méridionale de l'empire de Maroc, il pénétra dans le désert. Là, suivant Kaïrouâni[1], il atteignit les Semtourna ou plutôt les Lemtouna dont le nom aura été défiguré par un copiste. Ceux-ci s'enfuirent à son approche et lui livrèrent passage.

Suivant Ebn-Khaldoun, la tribu du désert chez laquelle Okba porta ses arme° était celle de Msoufa[2]. Que ce soit l'une ou l'autre, il est certain que, dès cette époque, les armées musulmanes se trouvèrent en contact avec le peuple de Lemt'a.

Que resta-t-il de cette première invasion? Rien. Après le départ d'Okba les Berbers de Lemt'a rentrèrent dans leur indépendance, ce qui leur fut d'ailleurs facile; car l'insurrection de Ksila, qui attendait Okba à son retour et qui devait lui être fatale, celle de Kahina, qui occupa pendant plusieurs années les armes musulmanes,

[1] Kaïrouâni, p. 47.
[2] Ebn-Khaldoun, traduit par M. N. Desvergers, p. 19.

et d'autres encore, empêchèrent longtemps les Arabes de porter leurs regards au delà des territoires occupés aujourd'hui par les régences de Tunis et de Tripoli.

Pendant que la puissance musulmane luttait dans cette partie de l'Afrique contre les soulèvements de la race berbère, et rencontrait dans les rangs de l'insurrection, unies sous une bannière commune et animées d'un sentiment commun, toutes les tribus de la partie orientale de l'Afrique, les peuples berbères situés sur la limite du grand désert se disputaient entre eux la suprématie de cette vaste et mystérieuse contrée. En même temps aussi, ils cherchaient à étendre leurs possessions dans le pays des Noirs et à envahir, les armes à la main, les principaux foyers de la production nigritienne. Malheureusement l'histoire ne nous a conservé sur ces démêlés des Berbers sahariens, sur ces collisions de la race blanche et de la race noire, antérieurement à la conquête des Almoravides, qu'un bien petit nombre de documents. On sait cependant, et nous l'avons déjà rapporté, que les S'enhâdja avaient préludé, par des empiétements considérables sur les terres du Soudan, à l'établissement de leur domination dans le nord du Maghreb.

Il existe entre les mouvements qui à diverses époques agitèrent les contrées les plus méridionales du grand désert et les révolutions des contrées septentrionales de l'Afrique, des rapports de synchronisme qu'il n'est pas sans intérêt de faire remarquer.

La domination du désert paraît avoir été alternative-

ment entre les mains des tribus du Soudan septentrional et des peuples berbères limitrophes.

Je pense qu'au moment de la conquête arabe une
grande partie de cette contrée se trouvait sous le joug
des Zenàta et des Haouâra, qui avaient leur siége principal dans les montagnes de l'Aourès et du Nfous, et qui,
à cette époque, exerçaient sur la race berbère une véritable suprématie. Peu à peu ces deux tribus, occupées
dans le nord par leurs luttes incessantes contre la domination musulmane, laissèrent échapper de leurs mains
le sceptre du désert. Mais l'histoire, absorbée par le
récit des guerres qui éclatèrent à cette époque entre
les nouveaux conquérants et les habitants aborigènes
de l'Afrique, a laissé dans l'oubli les mouvements qui
durent agiter en même temps la lisière méridionale du
désert.

Les premières traditions relatives à cette partie du
continent africain remontent seulement au milieu du
VIIIe siècle. Je les trouve dans l'historien Kaïrouâni [1].
Suivant cet auteur, le premier qui régna dans le désert
fut Biouloutân-ben-Tiklân. Il était maître d'une partie
du Soudan; car les nègres lui payaient un tribut de
100,000 nadjib. Il était contemporain d'Abd-er-Rah'-
mân, premier khalife ommiade d'Espagne, qui régna
de 756 à 787 de notre ère. Après un long règne, il
mourut en 222 de l'hégire (837 de J. C.), à l'âge de
quatre-vingts ans.

Ce chef du désert, qui fonda une dynastie moitié

[1] Kaïrouâni, p. 174.

saharienne, moitié nigritienne et qui régna longtemps sur les pays qu'il avait conquis, dut s'élever vers l'an 760 de notre ère. Son avénement coïncida à peu près avec celui des Ommiades d'Espagne, ainsi que le fait observer Kaïrouâni; mais il coïncida aussi avec l'élévation des Aghlabites, qui eut lieu en 800 et avec celle des Édricites, qui eut lieu en 789.

On voit qu'au moment où se constituaient sur des bases régulières et durables les gouvernements indépendants des khalifes de Cordoue pour l'Espagne, des émirs aghlabites pour le Maghreb oriental, et des émirs édricites pour le Maghreb occidental, il se formait aussi dans le Maghreb méridional un empire qui embrassait les populations berbères d'une partie du désert et les populations nègres de la bordure limitrophe du Soudan.

Le nom du personnage mentionné comme le fondateur de cet empire paraît indiquer que cette révolution eut son point de départ dans le pays des Noirs. En effet, ce nom transmis des Berbers aux Arabes, qui nous l'ont transmis à nous-même, contient la désignation de Ben-Tiklân, désignation moitié arabe, moitié berbère, dans laquelle nous trouvons le mot *Ben,* qui exprime le lien de filiation ou d'origine et le mot *Tiklân* qui doit se rapporter à la famille ou à la race d'où ce premier roi du désert était issu. Or, il existe entre le mot Tiklân rapporté par un auteur arabe ignorant la langue berbère, et le mot de Aklân ou Iklân qui dans cette langue désigne les nègres, une ressemblance qui me

paraît exprimer l'origine nigritienne de ce souverain
du désert.

Cette interprétation est confirmée par une autre désignation analogue empruntée encore à El-Kaïrouâni.
En effet, cet auteur ajoute que ce Biouloutân, premier
roi du désert, eut pour successeur son neveu, appelé
El-Atrin-ben-Bout'aïr-ben-Tiboutsân [1]. Ben-Tiboutsân
me paraît encore exprimer l'origine et indiquer que
Bout'aïr, père d'El-Atrin et beau-frère de Biouloutân,
était originaire des Tibous.

El-Atrin mourut en 287 de l'hégire (900 de J. C.),
après avoir régné soixante-cinq ans. Il eut pour successeur un certain Temin-ben-el-Atser qui continua
cette dynastie jusqu'en 306 de l'hégire (918-919). A
cette époque les cheikhs des S'enhâdja se révoltèrent
contre lui et le massacrèrent.

Pendant que cette révolution s'accomplissait dans le
désert, que la race berbère y secouait le joug de la
race nègre, une révolution entièrement analogue s'accomplissait dans le nord. La dynastie arabe des Aghlabites s'écroulait sous l'effort des Ketâma et des S'enhâdja,
auxiliaires de la dynastie des Fatimites; de sorte que la
race berbère s'affranchissait à la fois de l'autorité nègre
dans le sud et de la domination arabe dans le nord.

Le renversement de la dynastie fondée par le roi
nègre Biouloutân laissa les populations livrées à l'anarchie. Après plus d'un siècle employé en luttes des
peuples berbères contre la race noire et en guerres in-

[1] Kaïrouâni, p. 174.

testines des tribus berbères, la suprématie du désert demeura à la tribu des Lemtouna. Les peuples de cette contrée reconnurent pour chef suprème Abou-'Abd-Allah-Moh'ammed-ben-Tifât-el-Lemtouni, que l'historien Kaïrouâni représente comme un homme religieux, grand protecteur des pèlerins de la Mecque. Le nom de ce personnage et le caractère que l'historien lui prête indiquent qu'il était musulman; par conséquent la domination du désert, qui, sous la dynastie de Biouloutân, avait été nigritienne et idolâtre, devint berbère et musulmane. Cette double qualité, qui réunissait dans une même tribu l'énergie autochthone à la ferveur religieuse, fut la cause de l'agrandissement des Lemtouna sous le nom d'Almoravides.

Moh'ammed-ben-Tifât ne régna que trois ans; il périt dans un combat contre un peuple de nègres juifs, en un lieu nommé *Kara*. Ce fait, rapporté par El-Kaïrouâni, prouve qu'à cette époque le mouvement d'invasion des Berbers dans le pays des Noirs avait déjà commencé et qu'à la tête de ce mouvement, du moins dans la partie occidentale du désert, figurait la tribu des Lemtouna.

Dans la région orientale de cette contrée, le mouvement d'invasion vers le sud était dirigé par les S'enhâdja, comme cela résulte d'un passage de Bekri déjà cité précédemment. Nous avons dit, en effet, que vers l'an 350 de l'hégire (961 de J. C.), c'est-à-dire vers le milieu de cette période de plus d'un siècle qu'El-Kaïrouâni nous représente comme un temps d'anarchie et qui fut

30

réellement employée à fonder la puissance des populations berbères dans le désert, les S'enhâdja avaient un centre d'autorité dans la ville d'Audagast, que de là leur domination s'étendait sur des pays habités l'espace de deux mois de marche et comprenait plus de vingt royaumes nègres.

Moh'ammed-ben-Tifât le Lemtouni, eut pour successeur Iah'ia-ben-Brâhim, qui imprima au mouvement de conquête des Lemtouna une direction nouvelle et fut le véritable fondateur de leur puissance dans le nord. Il était de la tribu des Kedâla, suivant Kaïrouâni [1] et des Djedâla suivant Bekri [2]; ce qui prouve que les deux noms s'appliquent bien à la même tribu, à cette tribu regardée comme la plus nombreuse de la race berbère [3] et qui habitait à cette époque les bords de l'Océan Atlantique, à l'extrême frontière du monde musulman.

Les populations berbères du désert poursuivaient depuis près d'un siècle leurs conquêtes dans la Nigritie, lorsqu'en 427 de l'hégire (1035-1036 de J. C.), leur chef Iah'ia-ben-Brâhim partit pour la Mecque, laissant, pour le remplacer pendant son absence, son fils Ibrâhim. A son retour il s'arrêta à Kaïrouân. Cette ville possédait alors un savant professeur de philosophie nommé Abou-Amrân et natif de Fès. Iah'ia alla écouter ses leçons. Le maître remarquant un étranger dans son au-

---

[1] Kaïrouâni, p. 175.
[2] Bekri, p. 624.
[3] Ibid. p. 637.

ditoire le questionna sur son pays, sur le rite que l'on y suivait, et sur les principes religieux qui dirigeaient ses compatriotes. Il reconnut bientôt que le voyageur, quoique musulman, était fort ignorant sur sa religion; mais il trouva en lui le plus vif désir de s'instruire.

Iah'ia pria Abou-Amrân d'envoyer avec lui un disciple de confiance qui fût en état d'initier les Djedâla à la connaissance du culte et du dogme musulmans. Abou-Amrân ne trouva personne à Kaïrouân qui voulût se charger de cette mission; mais il adressa Iah'ia à un savant jurisconsulte qui avait suivi ses leçons et qui habitait en un lieu nommé *Malkous*, dans le pays de Nefis, près de Maroc. Ce docteur s'appelait, suivant Kaïrouâni [1], Ouah'adj-ben-Zelou, et suivant Bekri [2] Ouagâg-ben-Rezoua.

Iah'ia se rendit auprès de lui et lui remit une lettre d'Abou-Amrân. Ouâgag lui désigna pour l'accompagner un t'âleb nommé 'Abdallah-ben-Iâcîn, de la tribu de Djezoula; c'était le plus instruit de ses disciples.

Iah'ia et 'Abdallah s'acheminèrent donc ensemble vers le pays des Djedâla, qui vinrent en foule à leur rencontre et les accueillirent avec joie. 'Abdallah ne tarda pas à reconnaître combien ces peuples, qui se disaient musulmans, étaient ignorants des préceptes de l'islamisme. Il chercha donc à leur enseigner le Koran et à les ramener à l'observation des devoirs et des pratiques orthodoxes. Mais ces Berbers, accoutumés à une

[1] Kaïrouâni, p. 176.
[2] Bekri, p. 625.

grande liberté de mœurs, ne tardèrent pas à se fatiguer
de ses exhortations et de ses exigences. Peu à peu ils s'é-
loignèrent de lui. 'Abdallah, voyant ses efforts inutiles,
résolut de quitter le pays. Iah'ia, qui lui était resté fidèle,
désespérant de la conversion de ses compatriotes, lui
proposa de se retirer ensemble dans une île déserte,
voisine du lieu qu'ils habitaient, et d'y passer le reste
de leurs jours dans l'abstinence et la dévotion. 'Abdallah accepta cette proposition, et, à la marée basse,
ils passèrent dans l'île, suivis de sept individus de Djedâla, qui voulurent partager leur existence austère.

Une cabane qu'ils bâtirent eux-mêmes devint leur
demeure; le poisson et les fruits sauvages de l'île com-
posèrent toute leur nourriture; la prière fut leur unique
occupation.

La renommée des pieux solitaires se répandit bientôt
parmi les tribus. De toutes parts on accourut pour les
visiter; le nombre des pèlerins alla toujours croissant.
On commença alors à les appeler *El-Mrabtin* (les marabouts), nom dont on a fait en Europe celui d'Almoravides.

'Abdallah enseignait le Koran, prêchait la pénitence
à ses visiteurs. Ses exhortations et surtout son exemple
en touchèrent un grand nombre, qui s'attachèrent à lui.
Il parvint ainsi à réunir mille disciples. Alors il jugea
que le moment était venu de faire de la propagande
armée et de soumettre ceux qui refuseraient de se convertir.

Il sortit donc de son île suivi de ses compagnons et

de ses disciples, et entra sur le territoire des Djedâla. Un combat dans lequel ceux-ci furent battus décida la conversion ou au moins la soumission de cette tribu [1] (440 de l'hégire, 1048-49 de J. C.). Il marcha ensuite contre les Lemtouna, qui furent eux-mêmes réduits à l'obéissance. 'Abdallah et Iah'ia firent partager le butin entre les vainqueurs, conformément aux prescriptions du Koran. Leur réputation s'étendit bientôt dans tout le désert et jusque dans le pays des Noirs.

Iah'ia-ben-Brâhim étant mort sur ces entrefaites, 'Abdallah lui donna pour successeur Iah'ia-ben-Omar, de la tribu des Lemtouna ; il lui confia la direction des opérations militaires, se réservant à lui-même le rôle supérieur, l'autorité politique et religieuse [2].

Il s'établit alors dans la tribu des Lemtouna, où il exerçait un empire absolu. Il leur ordonna de fonder une ville et aussitôt on se mit à l'œuvre ; mais il voulut que toutes les maisons fussent absolument égales, et il fut obéi [3]. Lui-même en fit construire une qu'il habita.

A mesure que son autorité se consolidait, 'Abdallah se montrait plus exigeant. Il en vint à déclarer aux Berbers que tous leurs biens étaient mal acquis et qu'ils

[1] Bekri, qui n'a pas donné sur les premières opérations d'Abdallah autant de détails que Kaïrouâni, dit que les Djedâla se résolurent, en 440, à pratiquer les règles de l'équité, à réparer les injustices et à payer les redevances légitimes. Cette résolution doit coïncider avec la conversion forcée que leur imposa 'Abdallah ; ce qui place à cette année 440 (1048-1049) le début de la croisade almoravide.

[2] Kaïrouâni, p. 178.

[3] Bekri, p. 626.

devaient en abandonner le tiers pour légitimer la possession du reste.

Cette nouvelle prétention souleva contre 'Abdallah un mécontentement général. Les tribus se révoltèrent contre lui; sa maison fut pillée et rasée, lui-même fut chassé du pays.

Il se rendit alors auprès d'Ouagâg, le jurisconsulte de Malkous; celui-ci adressa aux Berbers de vifs reproches sur leur conduite. Il déclara exclus de la communion musulmane et mis hors la loi tous ceux qui résisteraient à 'Abdallah. En même temps il lui prescrivit de retourner à son poste. 'Abdallah obéit; fort de l'autorité du marabout, il triompha des rebelles et fit massacrer tous ceux qui s'étaient déclarés contre lui. Il obtint ainsi la soumission d'un grand nombre de tribus, qui se résignèrent enfin à lui abandonner le tiers de leurs biens pour obtenir la jouissance paisible des deux autres tiers. Tous ceux qui subirent cette condition fondamentale furent admis dans la confédération.

Maître de la partie occidentale du désert, 'Abdallah étendit ses conquêtes jusque vers les contrées les plus éloignées de son point de départ. En 446 de l'hégire (1054-55), il entreprit une expédition contre la ville d'Audagast, habitée alors par un mélange de Zenâta et d'Arabes qui vivaient dans un état continuel d'hostilité.

Jusqu'alors toute la puissance des Almoravides s'était étendue dans le désert, mais sans en franchir les limites. C'est vers cette époque qu'ils apparurent dans le nord du Maghreb, où leur réputation les avait devancés.

Cet événement produisit sur l'Afrique et l'Europe une impression profonde. L'aspect de ces guerriers à demi sauvages, venus des profondeurs du désert, leurs mœurs, leur costume, leur étrange attitude dans les combats, enfin leur origine mystérieuse, tout concourait à les entourer d'un prestige formidable aux yeux des populations africaines qui les voyaient pour la première fois. Au reste, l'effroi superstitieux qu'inspira dans le cours du moyen âge aux peuples de l'Afrique septentrionale l'apparition des Lemtouna ou Almoravides leur a survécu dans leurs descendants, les Touâreg et les Tibous, qui, sans égaler leurs devanciers en puissance, leur ressemblent encore beaucoup par l'excentricité de leurs habitudes.

A l'époque où les Lemtouna firent irruption dans la partie septentrionale du Maghreb, ils n'y étaient connus que comme des nomades couvrant de leurs hordes éparses tout l'espace depuis la limite des terres cultivables jusqu'au pays des Noirs. Leur territoire de parcours avait une étendue de deux mois de marche en longueur sur autant de largeur, c'est-à-dire environ deux millions de kilomètres carrés de superficie.

Les peuples qui habitaient ces steppes immenses et arides avaient dû conformer toutes leurs habitudes aux exigences de leur ingrate patrie. Le labourage leur était inconnu; aussi passaient-ils leur vie sans manger et même sans voir de pain, à moins que par hasard des marchands venus de la Nigritie ou du Maghreb ne leur en fissent goûter. Leur nourriture se composait de tranches de viande séchées au soleil, pilées et arrosées de graisse ou de beurre fondu. Le lait formait leur unique boisson et les dispensait de l'usage de l'eau. Toute leur richesse consistait en troupeaux.

Mais ce qu'il y avait en eux de plus étrange, ce qui devait surtout attirer l'attention des peuples qu'ils visitaient, c'était leur costume. Chez ces peuples du désert chaque homme portait, enroulé sur le front, un bandeau bleu foncé appelé *nikâb*, et sur la partie inférieure du visage un autre bandeau appelé *litâm*; les deux pièces d'étoffe étaient assez rapprochées pour ne laisser voir que l'orbite des yeux. Jamais ce masque ne les quittait. Leur arrivait-il par hasard de s'en dépouiller, il devenait impossible, même à leurs amis et à leurs parents, de les reconnaître. Les guerriers tués sur le champ de bataille et privés de leur coiffure restaient inconnus tant que le litâm n'avait pas été replacé. C'était pour eux une partie essentielle du vêtement. Les autres hommes qui gardaient le visage découvert leur semblaient ridicules; ils les appelaient *becs de mouche*.

De leur côté, les peuples chez lesquels pénétrèrent les Lemtouna, frappés d'une si étrange coiffure, leur donnèrent le nom de *Meltemin*, c'est-à-dire les hommes au litâm, les hommes masqués.

C'est à tort que quelques auteurs, dont la version a été reproduite par Cardonne[1], attribuent l'origine de cette coutume à une circonstance accidentelle, qui n'est peut-être elle-même qu'une fable imaginée pour expli-

[1] Cardonne, t. II, p. 246.

quer l'usage du voile. Suivant ces auteurs, les Lemtouna se trouvant, au moment d'une bataille, inférieurs en nombre à leurs ennemis, durent la victoire au courage de leurs femmes, qui se jetèrent résolument dans la mêlée, le visage voilé suivant la coutume de l'Orient; alors les hommes se voilèrent eux-mêmes pour qu'il fût impossible de les distinguer. Ce serait en mémoire de ce fait que l'usage du litâm aurait été introduit chez eux. On ne saurait voir dans ce récit qu'une fable inventée après coup par les Almoravides pour ajouter un caractère romanesque au fait déjà si extraordinaire de leur élévation.

A l'époque où les Lemtouna sortirent des solitudes de l'Afrique occidentale, d'autres peuples, situés dans la région opposée du désert avaient déjà adopté la même coutume. Ainsi les habitants de Tadmekka, ville située à quarante journées au sud de R'dâmes, portaient un voile sur la figure comme les Berbers de Lemt'a [1].

L'habitude de se couvrir le visage d'un bandeau existe encore aujourd'hui chez les Berbers du désert oriental et du désert central, les Tibous et les Touâreg. Une pièce d'étoffe d'un bleu foncé enroulée sur le front et descendant en spirale sur le nez et la bouche, de manière à ne laisser qu'un petit intervalle à la hauteur des yeux, forme une partie essentielle du costume de ces peuples. Il a pour objet, du moins c'est l'opinion accréditée aujourd'hui parmi eux, de préserver les voyageurs de l'action des sables que les vents soulèvent et

[1] Bekri, p. 653.

chassent au visage, ce qui prouve que l'adoption de ce masque, aussi incommode que bizarre, leur fut imposée par les exigences du climat et n'a point l'origine romanesque que quelques auteurs lui ont attribuée.

Ce fut vers 446 de l'hégire (1054-1055) que les guerriers masqués firent pour la première fois irruption dans la zone cultivable du Maghreb. Conduits par Iah'ia-ben-Omar, ils s'emparèrent de l'oasis de Dra'. Leur attitude dans les batailles, la nouveauté de leur tactique militaire ajoutèrent encore à l'effet de leur accoutrement bizarre. Les uns étaient à cheval, les autres perchés sur des dromadaires. Le plus grand nombre combattaient à pied, rangés sur plusieurs lignes dont la première était armée de longues piques et les autres de javelots. Chaque soldat en portait un grand nombre et les lançait avec une adresse merveilleuse; rarement il manquait s n but. En avant des rangs marchait un guerrier qui portait le drapeau. C'est à l'aide de cet étendard que se transmettaient les commandements; était-il dressé, tous les combattants se tenaient debout et immobiles; s'inclinait-il vers la terre, aussitôt ils s'asseyaient. Du reste, ils montraient une intrépidité à toute épreuve; sous le choc de leurs ennemis, ils demeuraient inébranlables comme des montagnes[1].

De l'Ouad-Dra' ils se dirigèrent sur Sedjelmâça, à la sollicitation des ulémas de ce pays, mécontents du gouvernement des Zenâta. Ils y arrivèrent au nombre de trente mille hommes, montés sur des dromadaires.

[1] Bekri, p. 625.

Iah′ia-ben-Omar, qui les commandait, se rendit maître de Sedjelmàca ; il opéra aussitôt dans l'administration du pays diverses réformes, notamment la suppression du droit d'entrée sur les marchés, puis il retourna dans le désert[1], laissant un corps de troupes pour occuper Sedjelmâça[2].

Bientôt après, les habitants se révoltèrent contre les Almoravides et retombèrent sous le joug des Zenàta. 'Abdallah se disposait à entreprendre une nouvelle expédition contre ces derniers, lorsque ses troupes refusèrent de lui obéir. Les Djedâla entrèrent en pleine révolte contre lui et se retirèrent vers les côtes de l'Océan.

'Abdallah, qui était alors dans l'oasis de Dra', prescrivit à Iah′ia-ben-Omar de se retrancher sur la montagne de Lemtouna, devenue le quartier général des Almoravides et le centre de leur domination dans le désert. Pour lui, résolu à poursuivre ses entreprises dans le Maghreb, il choisit pour commander les troupes le frère de Iah′ia, nommé Abou-Bekr.

Dès lors, la conquête almoravide s'étendit à la fois au sud et au nord; au sud, la montagne de Lemtouna avec la forteresse d'Azk′a pour point de départ, et pour chef Iah′ia-ben-Omar, à la tête d'une armée dans laquelle figuraient des contingents nègres fournis par le roi de Tekrour, devenue la fameuse Timbektou des temps modernes; au nord, pour point de départ l'Ouad-

[1] Kaïrouâni, p. 179.
[2] Bekri, p. 626.

Dra', et pour chefs 'Abdallah-ben-Iacîn et Abou-Bekr-
ben-Omar avec les contingents fournis par un grand
nombre de peuplades berbères restées fidèles à la cause
almoravide. La première campagne de l'armée du désert fut loin d'être heureuse. En 448 de l'hégire, Iah'ia-
ben-Omar, attaqué dans la montagne de Lemtouna par
les Djedâla, fut battu et resta sur le champ de bataille
avec la plus grande partie de ses troupes. Cet événement
arrêta pour quelques années le progrès des Almoravides
dans le désert et la Nigritie.

Mais, en revanche, leur puissance dans le nord du
Maghreb prenait un accroissement rapide. Déjà maître
des deux oasis de Dra' et de Sedjelmâca, 'Abdallah
s'empara encore de l'Ouad-Noun et du pays de Sous.
En 449, il franchit la chaîne du grand Atlas et porta
la guerre dans la province d'Ar'mât-ou-Rika, devenue
depuis la province de Maroc.

Deux ans après il achevait la conquête du pays des
Mas'moud'a; mais à peu de temps de là (451 de l'hégire)
il fut tué dans un combat, en un lieu nommé *Krîflet*[1].

Abou-Bekr, resté seul chef des Almoravides, poursuivit activement l'exécution des desseins d'Abdallah.
Déjà en possession de toute la partie méridionale de
l'empire actuel de Maroc, il se porta vers l'est et attaqua,
toujours sous prétexte de les ramener à la foi orthodoxe, les Beni-R'ouât'a, qui habitaient le pays connu
aujourd'hui sous le nom d'El-Ar'ouât-Ksân, à l'extrémité
sud-ouest de la province d'Oran. Vainement les Beni-

[1] Bekri, p. 627.

R'ouât'a se réfugièrent-ils dans le désert; Abou-Bekr les y poursuivit et les força, dit l'historien Kaïrouâni, à renouveler leur profession de foi à l'islamisme [1].

C'est à la suite de cette expédition qu'Iah'ia-ben-Omar se décida à reprendre en personne la direction des opérations dans le sud; car l'ambition des Almoravides s'étendait à toute l'Afrique septentrionale. Formé dans le désert, leur plan de conquête embrassait à la fois les deux immenses contrées qu'il sépare, le Maghreb et le Soudan, la race blanche et la race noire.

Depuis qu'Iah'ia-ben-Omar avait succombé dans sa lutte contre les Djedâla, le mouvement d'invasion vers le sud s'était arrêté ou du moins ralenti; mais la mémoire de ce héros marabout était restée en grande vénération parmi les peuples du désert. On assurait même qu'à l'endroit où il avait succombé, une voix de modden se faisait entendre aux heures de prière; aussi les Berbers évitaient-ils d'y passer. Cette terreur superstitieuse, attachée au souvenir d'Iah'ia, servit peut-être plus utilement la cause des Almoravides dans le désert, qu'il n'eût pu le faire lui-même s'il avait vécu. Les Djedâla eux-mêmes en subirent l'influence et renoncèrent à toute agression contre les Lemtouna [2].

Abou-Bekr en arrivant dans le désert pour y continuer l'œuvre de son frère, y trouva donc les tribus berbères dans des dispositions favorables. Il avait d'ailleurs emmené avec lui la moitié de son armée, laissant l'autre

[1] Kaïrouâni, p. 180.
[2] Bekri, p. 627.

sous le commandement de son cousin, Ioucef-ben-Tachfin, à qui il confia la continuation de ses entreprises
dans le Maghreb (453 de l'hégire)[1].

Pour lui, il s'enfonça dans le désert, résolu de poursuivre l'œuvre de conversion et de conquête, tout à la
fois, commencée par ses prédécesseurs dans la Nigritie.

Cet apostolat armé dura depuis l'année 453 de l'hégire (1061-1062), jusqu'en 480 (1087-1088), c'est-
à-dire environ vingt-six ans. Pendant ce temps, les tribus berbères du désert, réunies sous le commandement
d'Abou-Bekr le Lemtouni, envahirent une étendue
considérable du pays des Noirs, et fondèrent dans cette
partie du continent africain un empire musulman, au
moins aussi vaste, quoique beaucoup moins célèbre,
que l'empire fondé par les Almoravides dans le Maghreb
et l'Espagne.

Ainsi que nous l'avons dit, ce mouvement des Berbers du désert vers le sud avait précédé leur irruption
dans le nord, et nous avons fait remarquer qu'il s'était
produit par réaction contre la domination nigritienne,
renversée par une insurrection des S'enhâdja, l'an 306
de l'hégire (918-919). Ainsi, au moment où Abou-
Bekr rentra dans le désert, qui avait été son berceau,
pour de là s'avancer vers les régions tropicales habitées
par la race noire, il y avait plus d'un siècle que fermen-
tait, parmi les Berbers nomades du sud, l'esprit de
conquête et de prosélytisme.

Avant cette période, de laquelle date l'introduction

[1] Kairouáni, p. 180.

du mahométisme dans la Nigritie, tous les peuples de
race noire étaient adonnés à l'idolâtrie; les uns ado-
raient le soleil, les autres le feu; ceux-ci un arbre ou
un rocher; ceux-là, changeant de divinité tous les jours,
adressaient leurs hommages au premier objet qui, chaque matin, s'offrait à leurs yeux [1].

La première contrée nigritienne qui embrassa la foi
musulmane fut celle de Mali ou Mla, située au sud de
Djenné et appelée ainsi du nom de sa capitale. Elle
s'étendait de l'ouest à l'est, depuis Gago jusqu'à l'Océan.
Cette contrée fut initiée au mahométisme par quelques
marabouts qui allèrent s'y établir vers l'an 380 de l'hégire (990). Convertie à l'islamisme par les Berbers du
désert, cette contrée fut, huit cents ans plus tard, le
point de départ d'une nouvelle croisade, qui rangea
sous la loi musulmane la plus grande partie de la Nigritie. Cette révolution, accomplie dans les premières
années de notre siècle, eut pour chef un nègre de Mla,
le fameux Danfodio, à la fois roi et prophète. Elle
s'étendit de l'est à l'ouest sur presque tous les peuples
du Soudan et donna naissance au vaste empire des
Fellâta.

Outre la province de Mla, les tribus du désert con-
quirent encore, sous la conduite d'Abou-Bekr-ben-Omar,
celles de Djenné, de Zanfra, de Zegzeg, de Ouangâra
et presque tous les états qui forment la lisière septentrionale de la Nigritie. Ce conquérant berbère mourut
en 480 (1087-1088), laissant aux Almoravides un

[1] Marmol, t. III, p. 57.

empire immense qu'ils conservèrent jusqu'à la fin du
XIVe siècle. A cette dernière époque, leurs possessions
dans le désert et dans le Soudan étaient encore gou-
vernées par un roi berbère, que Marmol appelle *Soni-
Heli*. Mais à sa mort, qui eut lieu l'an 1500 de notre
ère, un nègre de Timbektou, nommé Abou-Bekr-Izkia,
se mit à la tête d'une révolte contre la domination de
la race blanche. Dans l'espace de quinze ans, il conquit
ou rendit tributaires les vastes provinces de Djenné,
Mla, Kâtchna, Gouber, Zanfra et Kânou, et enleva aux
Berbers du désert l'empire qu'ils avaient fondé dans le
Soudan. C'est de cette époque que datent la puissance et
la richesse de Timbektou, éclipsée cependant et amoin-
drie depuis environ un demi-siècle par les conquêtes
des Fellâta.

Pendant que Abou-Bekr-ben-Omar étendait jusqu'au
cœur de l'Afrique centrale le mouvement d'invasion de
la race berbère, son cousin Ioucef-ben-Tachfin s'avançait vers l'est et vers le nord et s'emparait de toute la
partie du Maghreb comprise entre le rivage de l'Océan
Atlantique et le méridien d'Alger. En 475 (1082-83),
suivant Cha'ab-ed-Dîn[1], en 462 (1069-1070) suivant
d'Herbelot[2], il jeta les fondements de la ville de Maroc,
qui, aujourd'hui encore, est une des principales cités
de l'Afrique septentrionale. Il y établit le siége de son
gouvernement.

Il avait conquis la moitié du Maghreb, lorsque les

[1] Cha'ab-ed-Dîn, p. 159.
[2] *Biblioth. or.* p. 624.

musulmans d'Espagne vinrent implorer son secours contre Alphonse VI, roi de Léon et de Castille et le décidèrent à intervenir dans les affaires de la péninsule. Il rassembla donc une armée formidable, composée en majeure partie de Berbers, débarqua à Malaga et marcha à la rencontre du roi chrétien, qu'il atteignit dans les montagnes de Zellâka près de Badajoz, le 10 de ramadân 480 (9 décembre 1087). La bataille qui se livra est une des plus célèbres du moyen âge. Les troupes chrétiennes essuyèrent un affreux désastre. Il n'en resta, dit Kaïrouâni, que quatre cents cavaliers, avec lesquels Alphonse se sauva en Castille.

L'année même où la bataille de Zellâka réunissait dans la main d'Ioucef-ben-Tachfîn tous les états musulmans d'Espagne et lui livrait la moitié de la péninsule, Abou-Bekr-ben-Omar mourait dans l'Afrique centrale, et laissait son cousin seul maître des vastes conquêtes qu'il y avait faites; de sorte que, à ce moment, l'autorité du chef berbère s'étendait sans interruption sur l'Europe et sur l'Afrique, depuis les rives du Tage jusqu'à celles du Niger et au delà.

Ioucef-ben-Tachfîn s'était rendu en Espagne, à la sollicitation des princes musulmans qui se partageaient cette contrée. Trois ans après, mécontents de leur auxiliaire, ils cherchèrent à s'en débarrasser et lui refusèrent leur concours. Ioucef convoqua les ulémas et, d'après leur avis unanime, brisa le pouvoir des chefs rebelles. Ben-Abbâd, roi de Séville, était le plus puissant d'entre eux; c'était lui qui, en leur nom, avait appelé Ioucef en Espagne et qui avait pris la principale part au succès de Zellâka. C'était lui aussi qui avait été l'instigateur de la rébellion contre Ioucef. L'émir africain le fit arrêter et l'envoya mourir en prison à 'Adjimât.

Cet acte d'autorité fit cesser l'anarchie qui régnait en Espagne. Ioucef resta en possession de la péninsule jusqu'à Tolède, qui avait été reprise par les chrétiens deux ans avant la bataille de Zellâka, et qui demeura en leur pouvoir malgré les efforts d'Ioucef-ben-Tachfîn et de son fils pour la reconquérir.

Maître d'une partie du Soudan, et de la moitié du Maghreb et de l'Espagne, Ioucef-ben-Tachfîn était devenu l'un des plus puissants souverains du monde. Le nombre des mosquées dans lesquelles la khotba était récitée en son honneur s'élevait à dix-neuf cents. C'est alors qu'il prit le titre d'émir-el-moumenin et fit battre monnaie en son nom.

Il mourut le 1er moharrem de l'an 500 de l'hégire (2 septembre 1106), à l'âge de cent ans. Il eut pour successeur son fils 'Ali, qui étendit encore l'empire des Almoravides, surtout dans le Maghreb, où il atteignit le méridien de Bougie. Mais, dès l'année 514, il se vit menacé par une insurrection qui avait pris naissance dans les gorges de l'Atlas, aux portes mêmes de Maroc, et qui devait substituer l'empire berbère des Almohades à celui des Almoravides.

La dynastie fondée par Ioucef-ben-Tachfîn s'éteignit dans la personne de son petit-fils Tachfîn-ben-'Ali, en l'an 540 de l'hégire. (Voir la notice des Mas'moud'a et le récit de l'élévation des Almohades.)

Tous les historiens chrétiens semblent, dans le jugement qu'ils ont porté sur la dynastie des Almoravides, et en particulier sur Ioucef-ben-Tachfin, qui en fut le chef, avoir obéi à un mot d'ordre de dénigrement donné par les écrivains espagnols. « C'était à la vérité, dit Cardonne, un prince hardi, entreprenant, plein de courage, mais perfide, cruel et sanguinaire, et dont l'ambition lui faisait trouver justes et permis tous les moyens qui pouvaient agrandir son empire. » Apprécier ainsi le caractère et le rôle du premier émir almoravide, c'est méconnaître la véritable portée historique de la révolution qu'il représente. Cette révolution s'épancha à la fois au sud et au nord. Au sud, elle eut pour résultat l'initiation à la foi musulmane d'un grand nombre de peuplades idolâtres de la Nigritie; elle y porta la croyance à un Dieu unique, qui fait la base de la religion mahométane. Elle prépara l'apostolat de deux rois nègres qui devaient continuer plus tard l'œuvre commencée par les Berbers du désert, Izkia qui parut au XVIe siècle, et Danfodio au XIXe. Au nord l'avénement des Almoravides eut pour effet de faire cesser, pour quelque temps au moins, l'anarchie qui déchirait le Maghreb et l'Espagne musulmane.

Le commerce de l'Afrique septentrionale dut à Ioucef-ben-Tachfin l'abolition du meks ou droit d'octroi qui grevait avant lui l'entrée de toutes les denrées sur les marchés.

Enfin, loin d'être cruel et sanguinaire, comme le dit Cardonne, le gouvernement d'Ioucef-ben-Tachfin montre, au contraire, dans l'application des peines, une douceur que l'Europe chrétienne ne connaissait pas. Ce chef berbère, à son lit de mort, rappelait aux assistants que, dans le cours de son existence séculaire, il n'avait pas prononcé une seule condamnation capitale; et, en effet, suivant la coutume des peuples berbères, coutume que nous retrouvons aujourd'hui chez les kabiles, le système des compensations pécuniaires avait été substitué à la peine de mort. L'opinion émise par Cardonne est un de ces nombreux préjugés que l'on trouve stéréotypés dans l'histoire, et que les esprits vulgaires accueillent aveuglément sans se donner la peine de vérifier.

CHAPITRE VI.

TRIBUS DU SUD. — LES LEOUÂTA.

Contrées habitées par les Leouâta, dans les temps les plus reculés ; au xie siècle ; au xiie siècle ; au xvie siècle. — Migrations principales ; leurs causes. — Lien de filiation entre les populations des anciens âges et celles des temps modernes. — Origine du nom de *Libye*. — Interprétation de la légende des frères Philènes. — Subdivisions des Leouâta : les Nefzaoua ; les Oulhaça ; les Ouarfadjouma ; les Mekerra. — Traces d'une émigration considérable des Leouâta dans la province d'Oran. — Les R'sâça. — Les Soumâta. — Les Zâtima. — Vestiges d'une émigration des Leouâta aux environs de Cherchel. — Les Mzâta. — Les Sedrata. — Émigration à l'époque de l'établissement des Beni-Roustem à Tahart. — Gisement actuel.

A l'époque qui me paraît être le point de départ des traditions musulmanes et à laquelle se rapporte la classification donnée par Ebn-Khaldoun, c'est-à-dire vers le temps de la conquête arabe ou le milieu du viie siècle, la nation des Leouâta formait encore un des groupes berbères les plus considérables de l'Afrique septentrionale.

Ebn-Khaldoun les appelle *Benou-Lioua*, ou fils de Lioua, et il les divise en deux branches germaines : les fils de Lioua l'aîné et les fils de Lioua le jeune. La branche cadette se trouve placée par l'historien arabe dans la dépendance de la branche aînée, conjointement avec une autre nation ou tribu, celle des Nefzaoua.

La branche aînée des Leouàta se compose donc à cette époque de deux groupes parfaitement distincts : les Nefzaoua, d'une part, et, de l'autre, la branche cadette des Leouàta.

De ces deux groupes le premier, celui des Nefzaoua, se subdivise en douze fractions; le second, ou la branche cadette des Leouàta, se subdivise en sept.

Les Leouàta habitaient, dès les temps les plus anciens, la partie la plus orientale du Maghreb; c'est une des traditions qui se sont le mieux conservées en Afrique. Édrici dit formellement qu'ils étaient originaires de Barka[1], c'est-à-dire de l'ancienne Cyrénaïque.

L'examen de la classification d'Ebn-Khaldoun prouve que, au moment de la conquête arabe, ils s'étendaient assez avant dans l'ouest. En effet, le nom de Nefzaoua, attribué par ce document à l'une des deux branches des Leouàta, s'est conservé jusqu'à nos jours, et appartient encore à l'oasis la plus méridionale de la régence de Tunis, oasis située entre Gabès et Nefta.

La branche des Nefzaoua se partage, ainsi que nous l'avons dit, en douze fractions. L'une de ces fractions porte le nom d'Oulhâça, et se subdivise elle-même en deux tribus, dont l'une, appelée *Tidras*, habitait en grande partie le mont Aourès[2]. Enfin, cette tribu de Tidras se divise encore en cinq autres, dont l'une, appelée *Ouarfadjouma* ou *Zkhal*, joua un grand rôle dans la première période d'insurrection contre la conquête

[1] Édrici, p. 203.
[2] *Vour. Journ. asiat.* t. II, p. 125.

arabe, et parvint même à s'emparer de Kaïrouân. Cette dernière habitait le territoire de Tripoli.

Du côté de l'est, les Leouâta paraissent s'être étendus jusqu'aux confins de l'Égypte. Du moins on trouvait cette tribu, et spécialement une de ses fractions, les Mzàta[1], établie du temps de Bekri, vers le milieu du XIe siècle, aux portes mêmes d'Alexandrie.

A la même époque (1067), le territoire de Barka était encore habité par des tribus de Leouâta et d'Afârîk', ou Berbers originaires de Frik'ia, pays de Tunis[2]; on retrouvait aussi les Leouâta établis dans les environs de Gabès[3].

Enfin une oasis, celle d'Adjedabia, située au sud de Barka, est mentionnée par Bekri comme étant, de son temps, occupée par des Coptes et par quelques familles de *vrais* Leouâta[4].

Au moment où Bekri achevait son livre, il y avait quelques années seulement que le khalife fatimite du Caire avait ouvert aux tribus arabes de l'Égypte les portes du Maghreb. Cette irruption, dont les effets se sont étendus jusqu'aux limites occidentales de cette contrée et ont exercé une si grande influence sur sa destinée, atteignit d'abord les peuples voisins de la frontière orientale et y produisit des déplacements considérables.

[1] Bekri, p. 445.
[2] *Ibid.* p. 448.
[3] *Ibid.* p. 462.
[4] *Ibid.* p. 449.

Un siècle après, en 1153, la plaine de Barka, qui avait été le berceau des Leouàta, était couverte de villages arabes[1].

L'effet de l'irruption sur cette tribu paraît avoir été principalement de la refouler vers le sud; car au XVI⁰ siècle, du temps de Marmol, les Leouàta, que cet écrivain appelle *Lebétes*, habitaient toute la partie du grand désert comprise entre l'oasis d'Aoudjela (Audjila) et le Nil.

D'autres causes, survenues dans le cours de la période musulmane, contribuèrent à la dispersion de cette tribu et y déterminèrent des émigrations partielles.

Telle fut la révolte des Ouarfadjouma[2]. Commencée l'an 140 de l'hégire (757-758), cette insurrection se termina en 144 (761-762) par une grande bataille livrée sur le territoire de Sort, au fond de la grande Syrte, et, par conséquent, dans le pays même des Leouàta. À la suite de cette bataille, dans laquelle succomba la coalition des tribus berbères de l'est, 'Abd-er-Rah'màn-ben-Roustem quitta la ville de Kaïrouàn, où il commandait, quoique Arabe, pour le parti berbère, et alla fonder dans l'ouest du Maghreb une ville, la nouvelle Tahart, aujourd'hui Tak'demt, et une dynastie celle des Rouste-mites. Dans sa retraite, 'Abd-er-Rah'màn emmena avec lui des contingents de la plupart des tribus qui avaient pris part à l'insurrection. De ce nombre furent les Leouàta. Chaque peuple conserva dans l'émigration le

[1] Édrici, p. 286.
[2] Voir le chapitre consacré aux Zenàta et aux Haouàra.

nom de sa métropole lointaine. Aussi retrouvons-nous, trois siècles après, une colonie de Leouâta établie au midi de la nouvelle Tahart[1]. La cause de leur présence dans cette contrée est trop apparente pour qu'on puisse douter un instant qu'ils y soient arrivés autrement que par l'effet de cette transplantation.

Vingt-sept ans après la bataille de Sort et la fondation de la nouvelle Tahart, en 172 de l'hégire (788-89), une autre dynastie, celle des Édricites, s'élevait aussi dans l'ouest du Maghreb. Édris, chef de cette famille, arrivait à Ouâlili près de l'emplacement où devait exister plus tard la ville de Fès, l'une des deux capitales du Maroc. Là, il était proclamé par l'émir d'Aourba, qu'il envoyait dans les tribus berbères pour y recueillir des soumissions. La tribu des Leouâta fut une des premières qui reconnut son autorité[2], et il est probable qu'un certain nombre de familles, tant de la métropole de Barka que de la colonie formée récemment à la nouvelle Tahart, vinrent s'établir auprès des souverains Édricites. Toutefois, le mouvement d'émigration qui se rapporte à cet événement dut être peu considérable, du moins pour cette tribu; car je n'en retrouve pas de traces dans la géographie actuelle du Maroc. Si une étude plus détaillée des tribus marocaines révélait la présence d'une colonie de Leouâta dans le voisinage de Fès, c'est à cette époque qu'il faudrait en reporter la formation.

[1] Bekri, p. 522.
[2] Nowaïri, dans M. N. Desvergers.

A dater de ce moment, les faits épars qui se rattachent à l'histoire des Leouâta ont pour théâtre la région orientale du Maghreb et le voisinage de leur berceau. C'est ainsi que nous les retrouvons, vers l'an 223
de l'hégire (837-838), dans une insurrection où ils
avaient pour alliés les Zouâr'a et les Mek'nêça[1]. Cette
révolte éclata à Tôzer, appelée alors *Kastília,* dans le
Belâd-el-Djerid; elle fut promptement réprimée par,
l'émir aghlabite Abou-Ikâl.

Nous les voyons encore en état de révolte un demi-
siècle après, en 268 de l'hégire (881-882)[2], avec les
Ouazdâdja et les Haouâra. Tandis que ceux-ci se soulèvent dans l'Aourès, les Leouâta attaquent les troupes
arabes et tuent leur général. L'émir aghlabite envoie
contre eux son fils, Abou-el-'Abbâs, qui les atteint près
de Bêdja et les disperse.

A partir de ce moment nous cessons de les rencontrer dans l'histoire. Les géographes seuls constatent
leur présence dans la contrée qu'ils occupaient au début
de la période musulmane, c'est-à-dire sur la côte de
Tripoli depuis Gabès jusqu'à Barka. Les écrivains du
XVIe siècle leur assignent pour territoire la région la
plus orientale du désert, celle qui s'étend depuis l'oasis
d'Aoudjela jusqu'au Nil.

La contrée occupée par les Leouâta au moment de
l'invasion arabe en Afrique est une de celles qui ont
laissé des souvenirs et un nom classiques. Elle s'éten-

[1] Ebn-Khaldoun, traduit par M. N. Desvergers, p. 111.
[2] *Ibid.* p. 128.

dait le long des deux Syrtes jusqu'à l'ancienne Cyrénaïque, cette riche colonie de Lacédémone qui fut l'un
des foyers de la civilisation antique.

Quelques mots sur l'état de cette contrée durant les
siècles qui précédèrent la conquête musulmane aide-
ront à établir le lien de filiation historique entre les
populations des anciens âges et celles des temps modernes.

Hérodote et Scylax sont les deux géographes qui ont
fourni les documents les plus anciens sur les peuples
de ces contrées; Scylax, environ cinq cents ans, Hérodote, quatre cent cinquante ans avant J. C. Au moment
où ils composaient leurs livres, il y avait un siècle et
demi que la colonie lacédémonienne de Cyrène avait
été fondée par Battus à la pointe du cap qui borne au
nord le territoire de Barka; il y avait trois siècles que
la colonie tyrienne de Carthage avait été fondée par
Didon. Hérodote et Scylax écrivaient dans la langue
que la colonie de Cyrène avait apportée sur le rivage de
l'Afrique. La connaissance qu'ils avaient de cette côte
leur venait donc plutôt de la colonie grecque de Cyrène
que de la colonie tyrienne de Carthage.

A cette époque si éloignée de nous le vaste golfe
des Syrtes, au fond duquel s'élève la ville de Monastir,
s'appelait la grande baie de Triton. Il se divisait, comme
de nos jours, en deux Syrtes, la petite ou Syrte de Cer-
cinna, située à l'ouest, et la grande ou Syrte des Hes-
pérides, située à l'est du golfe. La petite Syrte contenait une île appelée *Triton*, qui est aujourd'hui l'île de

Djerba. Les bords du golfe, sur toute l'étendue de son pourtour, étaient habités par les Libyens, et la contrée située en arrière portait elle-même le nom de Libye (Libuè). Les Libyens établis dans le fond du golfe et dans la petite Syrte se nourrissaient d'un fruit appelé *lotus* et avaient reçu pour cette raison le nom de *Lotophages*, nom d'origine grecque qui avait dû leur être donné par la colonie grecque de Cyrène.

A ces noms généraux se mêlent quelques dénominations particulières de peuples. Ainsi, il est hors de doute que la peuplade établie dans le fond de la grande Syrte portait le nom de Nasamons; mais Scylax ajoute que c'est un peuple libyen, c'est-à-dire que les Nasamons formaient une tribu de la nation libyenne.

Lorsque les Lacédémoniens, conduits par Battus, s'établirent sur la côte où devait s'élever la ville de Cyrène, cette contrée portait le nom de *Libué :* les colons grecs le lui conservèrent. Plus tard, les auteurs grecs lui donnèrent une consécration nouvelle. Puis, par l'effet d'une élasticité d'appellation dont tous les conquérants de l'Afrique ont successivement donné l'exemple, ils l'étendirent à tout le continent africain.

Toutefois, au temps d'Hérodote, il était encore circonscrit à la zone maritime comprise entre le Nil et le golfe de Gabès. Il s'appliquait donc au territoire occupé lors de la conquête arabe par la nation berbère des Leouâta, et particulièrement à la côte de Barka, où fut bâtie, dans le viie siècle avant l'ère chrétienne, la ville de Cyrène, et où la tradition africaine, recueillie par

Édrici et rapportée plus haut, place le berceau de cette nation.

L'induction que l'on doit tirer du rapprochement de ces diverses circonstances et de la similitude du nom grec de *Libuê,* donné par les Cyrénéens au pays où ils s'établirent, et du nom berbère de *Lioua,* désignation patronymique des Leouâta, c'est que la tribu africaine qui s'offrit aux Grecs conduits par Battus, l'an 630 avant J. C., était déjà celle des fils de *Lioua* ou des Leouâta, celle que les Arabes arrivant de l'Égypte retrouvèrent établie dans les mêmes parages douze siècles après.

Les Grecs firent alors ce qu'ont fait tous les conquérants de l'Afrique septentrionale; ils appliquèrent à l'ensemble du pays le nom du premier peuple qu'ils y avaient rencontré, et c'est ainsi que s'est introduit dans la géographie africaine le nom classique de *Libye.*

D'autres rapprochements augmentent encore la probabilité de cette origine et prouvent que, dès les temps les plus reculés, la tribu qui nous occupe existait déjà. Ainsi, n'y a-t-il pas une analogie frappante entre le nom du fruit particulier que produisait le rivage des deux Syrtes et celui du peuple qui l'habitait, entre le nom de *Lotus* et celui des *Leouâta?* Cette coïncidence ne semble-t-elle pas indiquer que le nom de ce fruit si célèbre venait de l'usage qu'en faisaient les Leouâta?

L'une des principales villes de ce rivage portait le nom de *Leptis.* N'y aurait-il pas là encore une corruption du nom de Leouâta, corruption analogue à celle par laquelle Marmol a transformé ce nom en celui de *Lebètes*[1].

Voici encore un rapprochement. A l'époque de la conquête arabe, la tribu des Leouàta se divisait en deux branches, celle de Lioua l'aîné, ou le grand, et celle de Lioua le jeune, ou le petit. Il y avait pareillement une grande Leptis et une petite Leptis.

Enfin, parmi les nombreuses tribus qui figurent dans la classification d'Ebn-Khaldoun, il en est une seule qui se compose de deux branches germaines, qui reconnaisse pour ses auteurs deux frères du même nom : cette tribu est celle des Leouàta. Le territoire que la postérité de ces deux frères occupait au moment de la conquête arabe comprend l'intervalle de côtes qui séparait les deux républiques anciennes de Cyrène et de Carthage. Or, cette tradition de la consanguinité de deux branches, particulière au peuple qui établissait la mitoyenneté des deux états, se trouve racontée par Salluste, sous la forme d'une légende que les écrivains des âges suivants ont presque tous reproduite. Cette légende est celle des frères Philènes. C'étaient, suivant Salluste,

---

[1] Salluste rapporte que la ville de Leptis fut fondée par des habitants de Sidon que la discorde forçait à quitter leur pays. Cyrène, au contraire, fut fondée par des Grecs. Il n'est donc pas étonnant que le nom de *Leptis* et celui de *Libye*, donnés par des colonies venues de contrées différentes, reproduisent les deux formes différentes du même nom, que les Tyriens trouvant les Leouàta sur la côte où ils abordaient, aient donné à leur ville le nom de *Leptis*, et que les Grecs, y trouvant les descendants de Lioua, aient donné à la contrée le nom de *Libué*.

deux Carthaginois qui, après de longues et sanglantes collisions pour la délimitation des frontières, furent chargés de cette importante opération. A cet effet, on convint que, à un jour marqué, des envoyés partiraient de chaque ville en suivant le rivage de la mer et que le point où ils se rencontreraient serait la limite des deux états. Les frères Philènes, choisis par les Carthaginois, rencontrent les Cyrénéens au fond de la grande Syrte, tout près de Cyrène; ceux-ci accusent alors les Carthaginois d'être partis avant le temps convenu, et rejettent le résultat de l'épreuve, à moins que leurs rivaux ne consentent à être enterrés vifs au point où la rencontre a eu lieu. Les frères Philènes acceptent cette condition et sacrifient leur existence à la grandeur de leur patrie. En reconnaissance de cet acte de dévouement, les Carthaginois leur élèvent des autels sur le lieu même qui en avait été le théâtre.

Sous le jour de la tradition berbère, cette légende devient transparente; elle laisse deviner la vérité historique et aussi la vérité géographique. Dans les deux frères Philènes, l'imagination des Grecs n'aurait-elle pas personnifié, ou du moins individualisé les deux branches germaines des Leouâta?

Salluste dit qu'ils étaient Carthaginois, et, en effet, Carthage, ayant devancé Cyrène de deux siècles, avait eu le temps de pousser ses conquêtes jusqu'au Nil avant que la colonie grecque parût sur la côte.

Quant aux autels des Philènes, c'étaient tout simplement des collines de sable, comme Pline nous l'apprend.

Un voyageur moderne, qui visita cette contrée en 1819 à la suite d'une armée tripolitaine, nous explique ce dévouement allégorique des Philènes enterrés vifs au fond de la grande Syrte. Della-Cella, qui est ce voyageur, remarqua qu'en avançant vers l'extrémité de l'angle intérieur de ce golfe, le sol, jusque-là pierreux, commence à se couvrir d'un sable rougeâtre très-fin, et à se hérisser de dunes de plus en plus élevées, qui souvent interceptent les communications et mettent les voyageurs en grand danger. La moindre brise y soulève de gros tourbillons de sable; ce qui fit penser à Della-Cella que, si le vent du sud avait soufflé avec violence, comme cela arrive fréquemment sur cette côte, toute l'armée tripolitaine eût pu être enterrée vive sous les sables[1].

C'est là aussi que dans l'antiquité les frères Philènes furent enterrés vivants; ces dunes de sable, qui avaient été leurs tombeaux, devinrent leurs autels. Entre cette tradition des âges païens et la tradition qui prend naissance au commencement de l'ère musulmane, il existe tant d'analogies qu'il me paraît difficile de ne pas croire à une origine commune. Les mangeurs de *lotus*, les habitants de la grande et de la petite *Leptis*; les deux *Libyes*, la *Libye* cyrénaïque et la *Libye* phénicienne; enfin les deux frères Philènes sont autant de noms qui s'appliquent à la tribu des Leouâta et qui expliquent la tradition berbère des deux frères Lioua.

---

[1] Hérodote raconte aussi qu'au même lieu les Psylles furent ensevelis sous les sables.

Il est fort probable que, dès l'époque où les Phéniciens prirent possession du pays, la tribu des Leouâta ou fils de Lioua occupaient déjà la contrée où les place la classification d'Ebn-Khaldoun, c'est-à-dire l'étendue de côtes comprise entre le golfe de Gabès et l'embouchure du Nil. Lorsque, vers le milieu de ce rivage, fut fondée, deux siècles après, la ville de Cyrène, la colonie grecque coupa en deux la tribu berbère : une partie des Leouâta devint vassale de Cyrène, l'autre resta sous la dépendance de Carthage. Le peuple de Lioua se divisa en deux branches : la Lioua ou Libye phénicienne (Libo-Phénicie), et la Lioua ou Libye cyrénaïque. Les vassaux de la colonie la plus ancienne furent considérés comme les aînés de la tribu, et appelés les fils de Lioua l'aîné; les vassaux de la colonie la plus récente furent considérés comme les cadets, et appelés les fils de Lioua le jeune. Enfin, la limite entre les deux dominations fut placée là où la nature elle-même avait séparé par un obstacle infranchissable les habitations des hommes. Les deux branches des Leouâta eurent pour frontière cette zone de dunes mouvantes à travers laquelle elles ne pouvaient se réunir sans s'exposer à y être ensevelies vivantes sous les flots de sable que soulèvent les vents.

Telle est, selon toute apparence, la signification historique de cette tradition des frères Philènes, recueillie par Salluste, et reproduite par les écrivains qui l'ont suivi.

Telle fut aussi, antérieurement à l'apparition de l'islamisme en Afrique, la destinée de cettè tribu des fils de Lioua, dont le nom se retrouve dans celui de Λιϐύη (Libye), donné par les colons grecs de Cyrène à la côte où ils avaient débarqué, et étendu, plus tard, par les géographes grecs, à tout le continent africain.

Parmi les noms des divisions et des subdivisions dont se composait la tribu des Leouâta au moment de la conquête arabe, quelques-uns ne se retrouvent plus dans la nomenclature actuelle de l'Afrique septentrionale; d'autres, transportés loin de la contrée qu'ils occupaient alors, témoignent des déplacements qui ont affecté cette tribu dans le cours de la domination musulmane.

Nous avons dit que la tribu des Leouâta se divisait, vers le milieu du VIIᵉ siècle, en deux branches : les Nefzaoua, formant la branche aînée, et les Leouâta proprements dits, formant la branche cadette.

BRANCHE AÎNÉE. — LES NEFZAOUA.

Le nom de cette subdivision s'est conservé, ainsi que nous l'avons déjà dit, dans l'oasis la plus méridionale de la régence de Tunis. Dans la classification d'Ebn-Khaldoun, les Nefzaoua sont indiqués comme partagés en douze rameaux. Huit ont disparu, ou, du moins, je n'en ai pas retrouvé de traces dans la géographie des États barbaresques. Il est probable qu'ils se sont fondus dans la population actuelle des quatorze villes ou villages formant l'oasis du Nefzaoua. Ce sont :

1. Zehîla,	5. Ourdor'rous,
2. Oursîf,	6. Ourdîn,
3. Ourkoul,	7. Medjer,
4. Mernîça,	8. Meklàta.

Quatre se retrouvent dans la nomenclature, mais transportées par le flot des révolutions loin du territoire qu'elles occupaient au moment de la conquête musulmane. Ce sont :

1. Oulhâça,	3. Soumâta,
2. R'sàça,	4. Zatîma.

1. Les Oulhâça.

Dès le xvı^e siècle, il existait une tribu des Oulhâça dans le massif de montagnes qui borde le littoral à l'extrémité occidentale de la province d'Oran. Marmol les appelle indifféremment *Tarare* (Trâra) et *Gualhaza* (Oulhâça). Ils étaient alors en guerre avec la ville d'One (Honeïn), située dans leur voisinage. Ils la saccagèrent plusieurs fois et finirent par la ruiner. Ils étaient pauvres, et vivaient du commerce de charbon et de quelques mines de fer qu'ils exploitaient. Après la ruine de Honeïn, ils descendirent dans les plaines situées à l'embouchure de la Tafna, et se livrèrent alors au labourage[1]. Ceux qui restèrent dans la montagne conservèrent le nom de Trâra; les autres, celui de Oulhâça.

Aujourd'hui les Trâra et les Oulhâça forment deux tribus contiguës, mais distinctes; les premiers habitent

[1] Marmol, t. II, p. 388.

la montagne qui porte leur nom et qui confine à l'empire du Maroc; les autres sont établis dans les plaines, à l'embouchure de la Tafna.

Il existe aussi dans le cercle de Bône, à l'ouest du lac Fzâra, une tribu des Oulhâça; son territoire est compris entre les bords du lac et le cours de l'Ouad-Radjêta.

Il est à remarquer que le lac Fzâra, sur les bords duquel se trouve établie une tribu originaire de la Libye proprement dite, porte lui-même le nom d'une autre tribu qui habitait la même contrée dans les premiers siècles de l'islamisme, et prit part à l'une des principales insurrections de cette période[1]. D'où il paraît que, à une certaine époque, une émigration des Berbers de la côte de Tripoli se serait établie dans la campagne de Bône.

Ce mouvement dut être provoqué, soit par le soulèvement dont il vient d'être question (741-742), soit par la pression du flot arabe versé en Afrique vers le milieu du XIe siècle.

La tribu des Oulhâça établie sur les bords du lac doit être assez ancienne; car elle a perdu la tradition de son origine berbère, qui, cependant, n'est pas douteuse.

---

[1] Voir la notice des Zenâta et des Haouâra. — La tribu de Fzâra habitait encore, vers le milieu du XIIe siècle, le territoire de l'ancienne Ptolémaïs (Telmîta), avec les Mzâta et les Zenâta. Ce point est situé au delà de la grande Syrte, à peu de distance de R'enna, où sont les ruines de l'ancienne Cyrène.

Dans la classification d'Ebn-Khaldoun, les Oulhâça se divisent en deux fractions, savoir :

1. Tidr'as,
2. Dah'ia.

1. TIDR'AS. — Ceux-ci, comme nous l'apprend Ebn-Khaldoun d'après un généalogiste berbère, étaient établis dans l'Aourès. C'est tout ce qu'on en sait. Leur nom ne se retrouve pas dans la géographie actuelle.

Les Tidr'as se subdivisaient en cinq fractions, dont quatre ont disparu, savoir :

1. Touou,
2. Bourr'ech,
3. Ouàndjer,
4. Kertît.

La cinquième est celle des Ouarfadjouma, appelée aussi *Zkhal* par Ebn-Khaldoun.

Celle-ci joue un rôle considérable dans le mouvement de résistance des populations autochthones de l'est à la domination arabe. Elle fut la première des tribus africaines qui intervint dans les dissensions intestines des Arabes, ce qui eut lieu vers l'an 140 de l'hégire, à la suite de la révolution qui substitua la dynastie des Abbassides de Baghdad à celle des Ommiades de Damas.

L'insurrection à laquelle les Ouarfadjouma prêtèrent le concours le plus actif est racontée par Ebn-Khaldoun, par Nowaïri et par Bekri; ce dernier les appelle Ouark'adjouma.

2. DAH'IA. — Cette subdivision se compose de cinq

fractions, comme celle de Tidr'as. Quatre ont disparu,
savoir :

1. Ourtdin,   3. Ouritounet,
2. Nrir.   4. Ik'ouin.

La dernière, nommée *Mkerra,* se retrouve à peu de
distance des Oulhâça de la Tafna, dans la province
d'Oran, où elle donne son nom au cours supérieur du
Sig et à la plaine qu'il arrose. Ce rapprochement paraît
indiquer que l'émigration qui porta dans la province
d'Oran une partie des Leouâta de l'ancienne Libye phénicienne dut être assez considérable.

2. Les R'sàça.

Il existait au temps de Bekri, vers 1067, une tribu
de ce nom dans la province d'Oran. Elle habitait près
des Zouar'a et des Djeraoua : deux noms également
originaires de l'est, l'un de la régence de Tunis, l'autre
du Djebel-Aourès. Leur territoire était situé à cinq journées à l'est d'Oudjda. Ce qui les placerait encore dans
le voisinage des Oulhâça et des Mkerra, et donnerait
un nouveau degré d'autorité aux faits déjà cités, des-
quels il résulte qu'à une certaine époque la province
d'Oran a dû recevoir une colonie importante venue de
la Libye phénicienne.

3. Les Soumâta.

Il existe aujourd'hui une tribu de ce nom au sud-est
de Cherchel, dans le massif de montagnes qui entoure
la plaine de la Metidja.

4. Les Zatîma.

A peu de distance des Soumâta et au sud-c   t de Cherchel, il existe une tribu de ce nom, assez considérable pour former un aghalik.

Les Soumâta et les Zatîma, dont les noms se rattachent à une souche commune, indiquent, par leur rapprochement actuel sur le sol, que leur déplacement a dû s'opérer sous l'empire des mêmes causes, et que les environs de Cherchel furent aussi le point d'arrivée d'une émigration de Leouâta aînés ou Libo-Phéniciens.

BRANCHE CADETTE, OU LEOUÂTA PROPREMENT DITS.

La branche cadette des Leouâta se divise, dans la classification d'Ebn-Khaldoun, en six rameaux, sur lesquels quatre paraissent avoir disparu de la géographie. Ce sont :

1. Akoura,
2. 'Atrouza,
3. Mr'ar'a,
4. Djedâna.

Je n'ai retrouvé les noms de ces tribus ni dans les géographes arabes du moyen âge, ni dans les géographes du xvıe siècle, ni dans la géographie actuelle des États barbaresques. Il est probable que ces populations se seront fondues, soit dans le flot de l'irruption arabe, soit dans d'autres tribus berbères.

Les deux autres rameaux, dont les noms se retrouvent dans les âges postérieurs à la conquête de l'Afrique par les Arabes, sont :

1. Mzâta,
2. Sedrâta.

1. Les Mzâta.

Ebn-Khaldoun, en comprenant les Mzâta parmi les tribus qui, dans sa classification, forment la branche cadette des Leouâta, indique qu'à l'époque à laquelle cette classification se rapporte, c'est-à-dire vers le milieu du VIIe siècle, cette tribu occupait une partie du territoire de la Libye propre (Libye cyrénaïque ou Libye phénicienne).

Un fait historique, rapporté par Bekri et relatif à la même époque, désigne, d'une manière plus précise, la région qui leur servait de demeure. L'an 46 de l'hégire (666-667), Okba apprit en Égypte que la ville de Ouàdân, conquise vingt ans auparavant par Bêcher-ben-Artât, refusait de payer le tribut convenu. Aussitôt il s'achemine vers le Maghreb. Arrivé à R'dâmes, il y laisse son armée et part avec une colonne légère pour soumettre la ville de Ouàdân. Cette première opération accomplie, il s'empare de toutes les forteresses du Fezzân et du Kaouar, et, après cinq mois d'absence, il rejoint son armée à R'dâmes. Il en repart aussitôt pour s'avancer vers le Maghreb. Chemin faisant, il enlève les forteresses des Mzâta, soumet la ville de Gafsa et de Kastîlia, et arrive enfin à Kaïrouân[1].

Ainsi, à cette époque, le territoire des Mzâta était compris entre R'dâmes et Gafsa, et, comme on sait aujourd'hui que la seule partie habitable de cette contrée est celle qui avoisine le lac Melr'îr, la ville de Gabès ou

[1] Bekri, p. 461.

le Djebel-Nfous, c'est dans la région comprise entre l'oasis de l'Ouad-R'ir et la côte de la petite Syrte que s'élevaient les forteresses des Mzâta.

Quatre siècles après, au temps de Bekri, vers 1067, les Mzâta habitaient les environs de Gabès avec les Leouâta, les Lmaïa, les Nfouça, les Zouar'a, les Zouaoua et autres tribus berbères logées alors dans des cabanes de bois[1]. A la même époque, on trouve des Mzâta établis autour d'un tertre qui formait jadis l'une des portes d'Alexandrie, c'est-à-dire à l'extrémité la plus orientale du Maghreb, sur les bords du Nil[2].

Vers le même temps encore, la ville de Zelhi, située dans le désert, à moitié chemin entre Zouila et Ouâdân, et comprise dans l'oasis du Fezzân, était habitée par des Mzâta[3].

Ainsi, nous retrouvons, vers le milieu du XIe siècle, des fragments de cette tribu sur trois points qui comprennent presque toute l'étendue du territoire de l'ancienne Libye, savoir :

1° Dans le voisinage de Gabès;

2° Dans le désert au sud du cap Mesrâta, qui marque le milieu de la grande Syrte;

3° Aux bords du Nil, à côté d'Alexandrie.

Mais, à cette époque aussi, et sans doute à la suite des insurrections auxquelles avaient pris part tous les rameaux du peuple berbère de Lioua, la dispersion des

[1] Bekri, p. 462.
[2] Ibid. p. 445.
[3] Ibid. p. 458.

Mzâta a commencé. Bekri les signale, en effet comme habitant les environs de Msila, conjointement avec les Haouâra, les Benou-Berzâl et les Benou-Anda[1].

Telle était la situation des Mzâta lorsque la grande irruption arabe fondit sur l'Afrique. Un siècle après, au temps d'Édrici, toute la région orientale du Maghreb était déjà envahie. Cependant nous retrouvons encore des Mzâta sur le sol de la Cyrénaïque, à Telmîta (l'ancienne Ptolémaïs)[2]. Ils y étaient établis avec les Zenâta et les Fzâra; mais Édrici les qualifie de Berbers devenus Arabes; ce qui prouve que la grande irruption arabe, qui devait exercer une influence décisive sur la destinée du Maghreb, avait déjà métamorphosé les Berbers de l'est.

A la même époque, nous trouvons une nouvelle colonie de Mzâta, établie à moitié chemin entre Tifêch et Msila, dans la province de Constantine, sur le territoire des Ketâma, auxquels ils se mêlaient[3].

Les écrivains du XVIe siècle n'ayant pas fait mention de cette tribu, nous passons immédiatement à l'époque actuelle. Je ne rencontre dans la géographie des États barbaresques que deux vestiges du passage des Mzâta. En premier lieu, le lac Melr'ir est appelé, par un grand nombre d'Arabes de cette contrée, *Chott-el-Mzâti*, ce qui indique que les Mzâta en ont habité les bords, indication conforme aux documents historiques rapportés plus haut.

---

[1] Bekri, p. 514.
[2] Édrici, p. 290.
[3] *Ibid.* p. 272.

En second lieu, il existe une tribu du nom de Mzâta dans l'ancien kaïdat des Beni-Dja'âd, situé au sud-est d'Alger.

2. Les Sedrâta.

La tribu des Sedrâta figure dans la classification d'Ebn-Khaldoun parmi celles qui, à l'époque où se reporte ce document, composaient la branche cadette des Leouâta ou Leouâta proprement dits. Ainsi, à l'époque de l'invasion arabe, c'est-à-dire vers le milieu du VIIe siècle, cette tribu habitait entre le Nil et le golfe de Gabès.

Un siècle après, en 154 de l'hégire (770), on voit les Sedrâta, au nombre de six mille, prendre part, sous le commandement d'un certain Acem-es-Sedrâti, à une insurrection générale dont le théâtre s'étendit de Tripoli à Tobna, et concourir au siége de cette ville avec les Zenâta, les Haouâra et les S'enhâdja.

Peu de temps avant cette insurrection, 'Abd-er-Rah'-mân-ben-Roustem était parti de Kaïrouân, emmenant avec lui une troupe considérable formée des tribus de cette contrée, et s'était rendu dans l'ouest, où il avait fondé la ville de Tahart.

La tribu des Sedrâta dut fournir un contingent à cette émigration; car elle se trouve comprise parmi les tribus qui, suivant Nowaïri, se déclarèrent les premières en faveur d'Édris, en 172 de l'hégire, et concoururent à l'élévation des Édricites.

Quelques années après le cataclysme de 1048, qui versa en Afrique un million d'Arabes, les Sedrâta paraissent avoir déjà ressenti l'effet du refoulement vers l'ouest. Ils habitent alors avec les Maghraoua, aux environs de Biskra : c'est là que les place Bekri en 1067.

Nous franchissons encore l'intervalle d'un siècle pour arriver au temps d'Édrici (1053). A cette époque, les Sedrâta sont encore comptés comme une des principales tribus berbères[1]. On reconnaît dans les circonstances de son gisement la double trace de la métropole établie originairement dans la terre de Barka, et de la colonie transplantée dans l'ouest par 'Abd-er-Rah'mân-ben-Roustem et accrue à la faveur de la protection qu'elle trouva auprès des Édricites.

La tribu métropole, déjà refoulée en 1067 jusqu'à Biskra, se trouve, en 1153, transportée par l'impulsion du flot arabe dans la plaine de Msila avec les Haouâra[2].

La tribu colonie habite une grande plaine, comprise entre Maroc et Sla, dans l'empire de Maroc[3].

Là s'arrêtent les documents antérieurs à notre temps; car je n'ai rencontré, dans les écrivains du XVIᵉ siècle, aucune mention de la tribu des Sedrâta. Aujourd'hui cette tribu se trouve disséminée sur plusieurs points de l'Algérie, savoir :

1° Dans la plaine d'El-Fîd, à l'extrémité orientale de l'oasis du Zîbân. Les Sedrâta forment une fraction de la tribu des Oulâd-bou-Hadîdja, qui habite cette plaine. Mais cette dernière tribu se regarde comme

[1] Édrici, p. 203.
[2] Ibid. p. 232.
[3] Ibid. p. 216.

étant de sang arabe, et les Sedrâta eux-mêmes ont perdu la tradition de leur origine berbère;

2° Dans la ville de Khenguet-Sidi-Nâdji, située aussi dans l'oasis du Zibân et voisine de la plaine d'El-Fîd. Il existe dans la population de cette ville une fraction qui porte le nom de Sedrâta;

3° Dans le village de Beld-Ah'med, situé au pied de l'Aourès méridional, à peu de distance de Khenguet-Sidi-Nâdji et d'El-Fîd. Une partie de la population de ce bourg porte le nom de Sedrâta;

4° Au sud de Guelma, près des sources de l'Ouad-Cherf, dans la province de Constantine, il existe une tribu qui porte le nom de Sedrâta;

5° Dans la Medjâna, sur les bords de l'Ouad-bou-Seblâm, au sud-est de Sétif. La tribu des Sedrâta établie sur ce point est probablement originaire de la colonie des Sedrâta qui, vers le milieu du XIIᵉ siècle, habitait la plaine de Msila. Aujourd'hui les Sedrâta de la Medjâna, fondus dans le flot arabe, ont perdu le souvenir de leur origine berbère;

6° Dans la tribu des Beni-bou-Msa'oud, près de Bougie, il existe un village kabile qui porte le nom de Icedrâten (forme berbère de Sedrâta). Ces derniers, et ceux de l'Aourès méridional, ont seuls conservé leur caractère et leur langage originels.

CHAPITRE VII.

LES AZUAGUES OU ZOUAR'A.

Mention spéciale de cette tribu par les écrivains du xvi° siècle. — Origine de la confédération des Zouaoua dans la Kabilie. — Gisement de la tribu des Azuagues vers la fin du xvi° siècle ; causes qui avaient déterminé ce gisement. — Gisement de la tribu des Zouar'a, antérieurement au xvi° siècle. — Gisement actuel de cette tribu. — Identité des Zouar'a et des Azuagues de Marmol. — Origine du cheïkhat héréditaire des Zouar'a dans la province de Constantine. — Témoignage de l'existence et de la position de la tribu des Zouar'a dans la plus haute antiquité. — Origine probable du nom de Zeugis, donné par les Romains à la province située au sud de Carthage. — Récapitulation des faits relatifs à l'origine et aux déplacements de la tribu des Zouar'a.

Les écrivains du xvi° siècle, et particulièrement Marmol, mentionnent, d'une manière toute spéciale, une peuplade africaine qu'ils désignent par le nom d'Azuagues, et qui paraît avoir joué à cette époque un rôle important. Il en existait un groupe considérable dans les provinces de Tamesna et de Fès (empire du Maroc). Mais les plus puissants habitaient entre le royaume de Tunis et le Belâd-el-Djerîd. Or, en examinant sur la carte jointe à l'ouvrage de Marmol les limites de ces deux pays, on reconnaît que la région occupée par ces Azuagues s'étendait depuis la limite orientale du Zibân jusqu'au golfe de Gabès, et qu'elle comprenait les villes de Tôzer, Taguious et Nefta, c'est-à-dire l'oasis actuelle du Belâd-el-Djerîd, et, en outre, Gafsa et Gabès.

Ils étaient donc situés au nord et à la suite des Leouâta ou anciens Lotophages, dans le pays que l'antiquité avait appelé la Libo-Phénicie. C'est ce qui explique pourquoi les auteurs africains dont Marmol invoque le témoignage les regardaient comme originaires de la Phénicie, d'où ils avaient passé dans la Libye, et y étaient venus fonder la ville de Carthage. Plus tard, ils se seraient embarqués sous la conduite d'Hannon, et seraient allés à l'extrémité occidentale de la Barbarie former une colonie Libo-phénicienne. De cette seconde époque daterait leur établissement dans les provinces marocaines de Tamesna et de Fès.

Suivant Marmol, les Azuagues se faisaient gloire d'être d'origine chrétienne; ils étaient ennemis des Arabes et des autres peuples de l'Afrique.

Ceux qui, au xvi⁰ siècle, habitaient le Belâd-el-Djerîd vivaient depuis longtemps dans un état presque permanent d'insurrection contre l'autorité des rois de Tunis. En 1500 de notre ère, ils se révoltèrent de nouveau, marchèrent vers Constantine, et remportèrent un avantage décisif sur le gouverneur de cette ville, nommé Moula-Nâc'er, fils de l'émir hafsite Moh'ammed, qui régnait à Tunis. Moula-Nâc'er resta sur la place avec deux mille cavaliers. Ce succès éclatant donna un grand relief aux Azuagues. Il détermina plusieurs tribus à faire cause commune avec eux et accrut ainsi considérablement leur puissance.

Les insurgés poursuivirent leur marche au delà de Constantine, pénétrèrent dans le massif actuel de la Kabilie, et allèrent s'établir dans les montagnes du Jurjura, où ils fondèrent une principauté que Marmol appelle *le royaume de Cuco*. Cette désignation s'applique évidemment à la confédération actuelle des Zouaoua, qui renferme, aujourd'hui encore, la montagne et la ville de Koukô.

A l'époque où avait lieu ce mouvement important de migration berbère, la domination turque s'établissait en Afrique. Elle rencontra parmi ses adversaires le roi ou cheikh des Azuagues récemment installés à Koukô, et elle eut à soutenir une rude guerre contre le chef indigène, qui devint bientôt, suivant l'expression de Marmol, un des plus puissants seigneurs de l'Afrique.

Ce renseignement fourni par l'auteur espagnol fait connaître l'origine de cette confédération des Zouaoua, qui, aujourd'hui encore, forme l'un des groupes les plus compacts de la Kabilie.

Contemporains de ces événements, les écrivains du xvie siècle durent en être plus vivement frappés; aussi ne doit-on pas s'étonner qu'ils aient accordé à cette tribu des Azuagues une mention toute spéciale.

Quelle était cette tribu? Comment se rattachait-elle aux membres anciens de la famille berbère? Comment se fait-il que nous retrouvions les Zouaoua à la place où vint, il y a trois siècles, s'établir une colonie d'Azuagues partie du Sahara tunisien? Ce sont des questions que la comparaison des documents fournis par les

auteurs arabes, et des indications de la géographie actuelle, permet de résoudre avec certitude.

Examinons d'abord quelles étaient les principales positions occupées vers la fin du XVIᵉ siècle, sur la surface
de l'Afrique, par cette tribu des Azuagues.

Dans l'empire de Maroc, indépendamment de la province de Tamesna, ils occupaient le Djebel-Zerhoun, à
quelques lieues à l'ouest de Fès; c'est au sommet de
cette montagne qu'est située la ville célèbre de Oualili,
où fut proclamé le premier des Édricites[1].

Dans la province d'Alger, ils composaient, mêlés avec
d'autres Berbers, la population de la montagne de Zatima et de l'ancienne ville de Brescar, située au pied de
ce massif, à l'est de Tenès[2].

Les villes de Médéa et de Miliàna comptaient aussi
parmi leurs habitants un grand nombre d'Azuagues[3].

Le principal gisement des Azuagues se trouvait dans
la province de Constantine, et la manière dont ils y
étaient groupés prouve assez que leur établissement dans
cette contrée avait dû être le résultat du mouvement
de migration dont Marmol nous a conservé le souvenir.

Le massif de montagnes qui borde la rive gauche de
l'Ouad-Akbou et forme le prolongement de la chaîne du
Jurjura renfermait une population composée d'Azuagues et d'autres Berbers. La circonstance qui avait amené
les Azuagues dans cette contrée est explicitement indi-

[1] Marmol, t. II, p. 198.
[2] Ibid. p. 391.
[3] Ibid. p. 397.

quée par Marmol; c'est le mouvement de migration
parti en 1500 du Sah'ara tunisien.

Mais l'invasion n'était pas restée circonscrite aux
montagnes du Jurjura. Le massif des Beni-Jubar[1] (Beni-
'Abd-el-Djebbâr) était aussi rempli d'une population
d'Azuagues. Ce massif, que Marmol désigne par un trait
caractéristique, comme étant couvert de forêts de noyers,
et par un nom conservé jusqu'à nos jours (Beni-'Abd-el-
Djebbâr), comprend, sans le moindre doute, les montagnes des Beni-Slimân, couvertes de noyers, et celles
des Oulâd-Tamzâlt (Beni-'Abd-el-Djebbâr), c'est-à-dire
toute la rive droite du cours inférieur de l'Ouad-Akbou.

Le pays des Beni-'Abbès, appelé par Marmol *La-Abez*,
était encore peuplé de Berbers et d'Azuagues[2]; c'était
la rive droite du cours supérieur.

En marchant vers l'est on retrouvait le même mélange dans la population des montagnes de Kollo[3].

Enfin, l'invasion azuague s'était avancée le long du
massif méditerranéen jusqu'aux limites orientales de la
province de Constantine, ainsi que cela résulte d'un passage de Marmol, où il nous apprend qu'un chef des
Azuagues a longtemps tenu la campagne de Tifèch avec
les Haraoua[4]. C'est là, sans doute, qu'était venu expirer
le mouvement d'invasion des Azuagues, qui, ainsi, avait
dû couvrir de ses infiltrations toute la partie du littoral

---

[1] Marmol, t. II, p. 423.
[2] *Ibid.* p. 425.
[3] *Ibid.* p. 427.
[4] *Ibid.* p. 442.

comprise entre le Jurjura et le Zerdèza, c'est-à-dire presque tout l'ancien territoire des Ketàma.

Le caractère de généralité de ces infiltrations, et, en même temps, l'importance du mouvement de migration dont nous constatons les effets, sont mis hors de doute par deux déclarations de Marmol, qui présente comme peuplées d'un mélange de Berbers et d'Azuagues, d'une part, les montagnes de la province de Constantine[1], et, de l'autre, les plaines du royaume de Bougie[2].

La généralité de ces deux dernières déclarations prouve que le mouvement azuague du xvie siècle dut rayonner au delà même des limites que les indications locales rapportées ci-dessus semblent lui assigner, et se faire ressentir, quoique avec une intensité moindre, jusque parmi les populations qui habitent la plaine de Sbakh.

En résumant l'ensemble de ces témoignages, on voit que, au xvie siècle, la tribu des Azuagues formait trois gisements principaux, savoir :

Le premier, à l'ouest de Fès, près du berceau de la dynastie des Édricites;

Le second, dans le massif de Zatima situé sur le littoral, au nord et non loin de Tak'demt, où fut le berceau de la dynastie des Roustémites;

Le troisième, enfin, dans le bourrelet montagneux qui s'étend au nord de Constantine, et forme le Sahel de Bougie et de Kollo.

Cette expression résumée de la situation des Azuagues

---

[1] Marmol, t. II, p. 443.

[2] Ibid. p. 414.

au xvie siècle prouve l'identité de ce peuple et des Zouàr'a, identité que l'analogie des noms faisait pressentir, et qui avait déjà été indiquée comme probable par le savant M. Quatremère[1]. Il suffira, pour s'en convaincre, d'examiner comparativement la situation des Zouâr'a antérieurement au xvie siècle et la position qu'ils occupent de nos jours.

Au moment de la conquète arabe, époque à laquelle se rapporte la classification d'Ebn-Khaldoun, les Zouâr'a (زواغة) formaient avec les Zouâra (زوارة) un groupe compris sous le collectif de Semkân, qui dépendait lui-même d'un autre groupe, les Benou-Iah'ia, compris dans le peuple des D'arìça, appartenant à la deuxième souche berbère, celle de Mâdr'es. Indépendamment du groupe de Semkân, le peuple des Benou-Iah'ia comprenait encore, d'une part, toutes les tribus zenâta, et, de l'autre, un groupe appelé *Ours'et'ef,* duquel dépendait la tribu des Mek'nèça. Les noms de Semkân et d'Ours'et'ef ont disparu dans les commotions qui ont bouleversé le Maghreb sous la domination musulmane; mais les Zenâta et les Mek'nèça ont joué un grand rôle dans l'histoire, et il a été établi précédemment qu'à l'époque de la conquète arabe ils occupaient la partie orientale du Maghreb, et principalement la région comprise entre l'Aourès, le Djebel-Nfous et le golfe de Gabès. Il est donc probable que la troisième fraction du même peuple, celle à laquelle appartenaient les Zouâr'a, habitait aussi le même quartier.

Les documents relatifs aux époques postérieures

[1] Bekri, p. 462 (la note).

changent cette probabilité en certitude. Le premier se rapporte à la grande insurrection des Ouarfadjouma, qui éclata en 140 de l'hégire, dans la région orientale du Maghreb (Sah'ara tunisien), livra un moment l'Afrique aux Berbers de l'est, et se termina, en 144 (761-762), par la bataille de Sort, où le chef berbère, Abou-el-Khettâb-'Abd-el-'Ala, fut vaincu et tué.

A la suite de cette bataille, 'Abd-er-Rah'màn-ben-Roustem, qui commandait à Kaïrouàn pour 'Abd-el-'Ala, partit de cette ville, emmenant avec lui des contingents fournis par la plupart des tribus qui avaient pris part à l'insurrection, et qui toutes appartenaient à la contrée où s'étaient accomplis les principaux événements de la guerre (le mont Aourès et le Sah'ara tunisien); il se dirigea vers l'ouest et alla fonder une colonie, appelée depuis la nouvelle Tahart, sur l'emplacement occupé aujourd'hui par Tak'demt. Cette ville devint ainsi la capitale d'un nouvel état, et le siége d'une nouvelle dynastie, celle des Roustémites.

Trois siècles après, les contingents qui avaient suivi dans sa retraite 'Abd-er-Rah'màn-ben-Roustem conservaient encore les noms de leurs tribus métropolitaines [1], et nous y voyons figurer les Zouâr'a, mentionnés par Bekri comme habitant à l'ouest de la nouvelle Tahart, tandis qu'au midi c'étaient les Leouàta et les Haoùàra, et au nord les Zenâta, les Mek'nêça et les Matmât'a, toutes tribus originaires du Maghreb oriental, d'où leurs colonies avaient dû partir à la même époque. De ce

[1] Bekri, p. 552.

rapprochement on peut conclure, avec beaucoup de vraisemblance :

1° Que les Zouâr'a établis du temps de Bekri (1067) sur le territoire de la nouvelle Tahart étaient originaires du Sah'ara tunisien;

2° Qu'ils y étaient venus, en 761-762, à la suite d'Abd-er-Rah'mân-ben-Roustem, le fondateur de la dynastie des Roustémites.

Vingt-sept ans après, en 172 de l'hégire (788-789), une nouvelle dynastie, celle des Édricites, s'élève dans la partie la plus occidentale du Maghreb, et détermine un nouveau mouvement de migration, qui porte plus à l'ouest encore quelques-unes des colonies amenées de l'est par 'Abd-er-Rah'mân. Aussi, s'explique-t-on parfaitement comment, parmi les tribus qui furent des premières à reconnaître les Édricites, figurent, d'une part, les R'omera, originaires des côtes occidentales du Maroc, et, de l'autre, les Leouâta, les Sedrâta, les Reïâta, les Nefza, les Mek'nèça venus du Sah'ara tunisien et du Sah'ara tripolitain. Les Berbers de cette dernière catégorie ne pouvaient être qu'une partie des colons établis récemment par Ben-Roustem sur le territoire de la nouvelle Tahart, et dont une fraction dut se transporter à Oualïli, sous la protection de la nouvelle dynastie. Parmi ceux-ci, nous retrouvons encore les Zouâr'a[1], communauté de destinée qui rend plus probable la communauté d'origine.

---

[1] Nowaï.i, dans la traduction d'Ebn-Khaldoun, par M. N. Desvergers, p. 90.

Sur la route suivie par les colons détachés de la nouvelle Tahart et qui allèrent, en 788, fonder aux environs de Fès une nouvelle colonie, les Zouâr'a formèrent un établissement intermédiaire dont Bekri nous a conservé la trace. Il existait en effet, de son temps, c'est-à-dire en 1067, une tribu des Zouâr'a mêlés avec les Djeraoua, à cinq journées à l'est d'Oudjda, position qui correspond à peu près au méridien de Mascara. Ces Djeraoua étaient eux-mêmes, comme nous avons déjà eu occasion de le faire remarquer, originaires du Maghreb oriental. Ils avaient pour berceau le Djebel-Menchâr, l'un des contre-forts de l'Aourès, et reconnaissaient Kahina pour reine, à l'époque où cette héroïne souleva contre la domination arabe toutes les forces de l'Afrique autochthone.

Cependant les colonies formées par les Zouâr'a, l'une aux environs de la nouvelle Tahart, et l'autre dans le voisinage de Fès, n'avaient pas dépeuplé le berceau de la tribu. En effet, vers 223 de l'hégire (837-38 de J. C.), les Zouâr'a, réunis aux Leouâta et aux Mek'nêça, se révoltaient à Kastîlia (Tôzer) contre l'émir aghlabite Abou-Ikal[1]. — En 1067, au temps de Bekri, les Zouâr'a formaient la population de la ville de Sabra, située près de Kaïrouân. — A la même époque, les environs de Gabès étaient occupés par diverses tribus berbères, parmi lesquelles figuraient les Zouâr'a et les Zouaoua.

Ces trois derniers renseignements fixent le véritable berceau des Zouâr'a dans la région qui forme aujour-

[1] Ebn-Khaldoun, traduit par M. N. Desvergers, p. 111.

d'hui le Sah'ara tunisien, qui se termine au golfe de Gabès, et qui fut le point de départ du mouvement azuague au commencement du XVIᵉ siècle.

En résumé on voit que, antérieurement à cette époque, le Maghreb comptait trois gisements principaux de Zouâr'a, savoir :

Le premier et le plus ancien dans le Sah'ara tunisien, et précisément aux lieux où devait prendre naissance, en l'année 1500 de notre ère, le mouvement de migration des Azuagues rapporté par Marmol.

Le second, dont la formation remontait à l'an 761, existait dans le voisinage de la nouvelle Tahart, précisément au sud et à peu de distance du groupe azuague de Zâtima signalé par Marmol. Ce second gisement se rattachait à l'élévation de la dynastie des Roustémites.

Enfin, le troisième gisement de Zouâr'a se trouvait à l'ouest et aux environs de la ville de Fès; formé par suite d'un démembrement du précédent à l'époque de l'élévation des Édricites, il coïncidait encore par sa position avec un des groupes azuagues signalés par Marmol.

Cet ensemble de rapprochements me paraît établir, sans le moindre doute, l'identité complète des Azuagues de Marmol avec les Zouâr'a qui figurent dans l'histoire et la géographie africaines du moyen âge.

Je vais examiner maintenant la situation actuelle de cette tribu.

Je n'en ai pas retrouvé de traces dans la contrée même qui fut le point de départ de l'émigration du xvie siècle; mais il en existe à peu de distance au nord et au sud.

Sur la côte de Tripoli, entre cette ville et celle de Gabès, on trouve deux petites villes, voisines l'une de l'autre, appelées Zouâr'a et Zouâra. Le rapprochement de ces deux noms, qui, dans la classification d'Ebn-Khaldoun, caractérisent les deux fractions d'une même tribu, est un indice de plus qui désigne la contrée où on les retrouve comme leur berceau commun. Quoique étant toutes deux d'origine berbère, Zouâra est la seule où l'on parle l'idiome berbère : l'autre, envahie par l'irruption arabe, n'a conservé que son nom comme trace de sa nationalité primitive, et des ruines qui témoignent de son ancienneté.

Quant aux habitants de Zouâra, outre la langue berbère qu'ils parlent, ils professent aussi le rite ouhabite, reste des querelles religieuses qui s'élevèrent au moyen âge entre les Berbers et les Arabes.

Zouâr'a est désignée souvent par le nom de Zouâr'a-el-Khâlia (Zouâr'a la dépeuplée), ce qui prouve qu'elle a été autrefois beaucoup plus peuplée qu'elle ne l'est aujourd'hui.

La géographie tunisienne fournit aussi une indication qui rappelle la présence des Zouâr'a. La route de Medjez-el-Bâb à Lacalle traverse une contrée appelée *Zouâr'a;* on y trouve des ruines dites *douâmes* (souterrains) situées à quelques lieues au midi de Bêdja.

Dans la province de Constantine, il existe deux massifs montagneux qui portent le nom de Zouâr'a; le pre-

mier est situé sur la route de Guelma à Tifêch, et plus
près de ce dernier point. Il doit correspondre à l'établissement formé par les Azuagues, en compagnie des
Haraoua, dans la campagne de Tifêch.

Le second est celui qui comprend aujourd'hui le
cheïkhat héréditaire des Zouâr'a, vaste district situé
un peu au sud du cap Boujarone, et qui correspond
évidemment au gisement azuague établi du temps de
Marmol dans les montagnes de Kollo.

Il est à remarquer que les deux principaux groupes
de population azuague, dont la formation fut le résultat du mouvement de migration parti du golfe de Gabès
au xvie siècle, sont :

1° Le groupe formé autour du Djebel-Koukò, dans
le Jurjura, et qui compose aujourd'hui la confédération
démocratique des Zouaoua;

2° Le groupe formé dans les montagnes de Kollo,
et qui a donné naissance à la confédération féodale des
Zouâr'a.

On retrouve l'origine de ces deux noms, et la cause
de la formation simultanée de ces deux groupes, dans
les documents que le temps nous a conservés sur les
gisements berbères du moyen âge. Nous y voyons en
effet que, au temps de Bekri, le territoire de Gabès,
d'où partirent les Azuagues, était occupé par plusieurs tribus, parmi lesquelles figurent les Zouâr'a et
les Zouaoua. Sans doute, la tribu des Zouâr'a était la
plus puissante, celle qui se mit à la tête du mouvement, et voilà pourquoi elle donna son nom à l'émigra-

tion; mais elle dut se recruter aussi de contingents fournis par les autres peuplades du même groupe. Dans ce mouvement, les Zouâr'a proprement dits allèrent se fixer dans le massif montagneux qui porte aujourd'hui leur nom, tandis que les Zouaoua s'arrêtèrent dans la chaîne du Jurjura.

Une circonstance de la géographie actuelle jette encore un nouveau jour sur cette distribution des tribus émigrées. Parmi les peuplades berbères qui, au temps de Bekri, habitaient le territoire de Gabès, et durent prendre part au déplacement des Azuagues ou Zouâr'a, Bekri mentionne les Leouâta, tribu incontestablement originaire du Maghreb oriental. Eh bien, nous retrouvons aujourd'hui une tribu des Leouâta dans le cheïkhat héréditaire des Zouâr'a.

Ainsi, il me paraît hors de doute que le mouvement de migration et de conquête qui partit, au xvie siècle, du Sah'ara tunisien pour aller fonder des établissements nouveaux dans l'ouest, entraîna plusieurs des tribus qui habitaient à cette époque les environs de Gabès, et qu'il donna naissance à la confédération kabile des Zouaoua et au cheïkhat héréditaire des Zouâr'a.

Après avoir comparé la situation des Zouâr'a durant le moyen âge avec ce qu'elle devint au xvie siècle et ce qu'elle est de nos jours, il me reste à rechercher ce qu'elle a pu être dans l'antiquité. En général, cette recherche est superflue; car il est bien rare que les traditions nous conduisent au delà du viie siècle, époque de la conquête musulmane. Mais la tribu des Zouâr'a fait heureusement, sous ce rapport, exception à la règle.

Hérodote, après avoir dit que d'un côté du lac et du fleuve Triton sont les Libyens laboureurs appelés *Maxies*, et de l'autre côté les Libyens pasteurs appelés *Auses*, ajoute : « Les Libyens Maxies ont pour voisins les Zauèkes (Ζαυηκες). »

Il n'est guère possible de douter que le lac Triton des anciens ne soit le lac Melr'îr et le fleuve Triton l'Ouad-el-Djedi. Le territoire des Maxies devait donc commencer à la chaîne de l'Aourès, et les Zauèkes devaient habiter cette portion de la régence de Tunis qui s'étend depuis le territoire des Nemèmcha jusqu'au golfe de Gabès, c'est-à-dire le territoire qui au moyen âge était occupé par les Zouâr'a. La grande analogie des deux noms et la coïncidence des lieux de séjour établissent le lien de filiation des deux peuples. Ainsi, cinq siècles environ avant l'ère chrétienne, les Zouâr'a se trouvaient déjà établis dans la contrée d'où ils devaient partir deux mille ans plus tard, en 1500, pour envahir une partie de la province de Constantine.

Ils se trouvèrent donc en face de la domination romaine au moment où elle vint s'établir sur la côte de Carthage, et la mention qu'en fait Hérodote prouve que cette peuplade africaine devait être alors l'une des plus considérables du pays. Aussi est-il bien vraisemblable que le nom de Zeugis, donné par les Romains à la province qui s'étendait au sud de Carthage, n'est autre que la reproduction un peu altérée du nom de Zauèkes ou de Zouâr′a[1]. Les Romains firent, en cela, ce qu'ont fait après eux tous les conquérants qui se sont succédé en Afrique : ils étendirent à une province entière le nom de la première tribu qui s'offrit à eux.

Récapitulons, dans leur ordre chronologique, les principaux faits qui viennent d'être discutés et établis :

1° Cinq cents ans avant J. C., il existait une tribu des Zauèkes (Ζαυηκες) qui devait occuper le territoire actuel de la régence de Tunis;

2° Quatre siècles après, sous la domination romaine, le même nom reparait dans celui de Zeugis, donné par les Romains à celle de leurs provinces où se trouvait la ville de Carthage, et correspond à la partie septentrionale de la régence de Tunis;

3° Au moment de l'invasion arabe, nous retrouvons le même nom dans celui des Zouâr′a, tribu que la classification d'Ebn-Khaldoun comprend parmi les peuples berbères établis à cette époque dans la région orientale du Maghreb, et surtout dans la partie méridionale de la régence de Tunis;

4° Les traditions du moyen âge nous montrent la même tribu, établie aux environs de Kaïrouân et de Gabès, et dans l'oasis tunisienne du Belâd-el-Djerîd, c'est-à-dire dans les parties méridionale et centrale de la régence de Tunis;

___

[1] Il ne faut pas perdre de vue que la lettre r′ a la valeur d'un g grasseyé, et souvent même d'un g simple. J'ai souvent entendu les Berbers de l'est prononcer Zouâga, Guedâmes les mots que nous écrivons Zouâr′a, R′dâmes.

5° En l'année 144 de l'hégire (761-762), après la révolte des Ouarfadjouma, une partie de la tribu des Zouâr'a, établie dans le Sah'ara tunisien, en part avec d'autres peuplades de la même contrée, sous la conduite d'Abd-er-Rah'mân-ben-Roustem, et va dans l'ouest coopérer à la fondation de la nouvelle Tahart et à l'établissement de la dynastie des Roustémites, dont cette ville devait être le siége;

6° En 172 de l'hégire, une partie des Zouâr'a établis aux environs de la nouvelle Tahart s'en détache pour répondre à l'appel d'un nouveau chef récemment proclamé à Oualili, près de Fès, et va s'associer aux travaux de la fondation de cette ville et à l'élévation de l'empire des Édricites, dont la ville de Fès fut la capitale;

7° Au commencement du XVI° siècle, nous retrouvons le nom et la trace des Zouâr'a roustémites, émigrés à la nouvelle Tahart, dans les Azuagues de Miliâna et dans ceux qui peuplent les montagnes de Zatima; nous retrouvons encore le nom et la trace des Zouâr'a édricites, appelés de la nouvelle Tahart à Oualili, dans le groupe azuaguc du mont Zerhoun et de la province marocaine de Tamesna.

A cette époque, une nouvelle émigration de Zouâr'a, désignés alors sous le nom d'Azuagues, part des environs de Gabès, berceau de la tribu, et s'achemine vers l'ouest; forte des contingents qu'elle recrute sur sa route ou qu'elle emprunte aux tribus voisines, et particulièrement aux Zouaoua et aux Leouàta, elle s'avance dans

la direction de Constantine, remporte un avantage décisif sur le gouverneur de cette ville, poursuit sa marche
vers l'ouest et s'empare de la partie septentrionale de
cette province, où elle forme deux centres considérables d'agglomération et d'autorité, l'un celui des Zouâr'a,
dans le massif montagneux situé au sud de Kollo et de
Djidjeli, l'autre celui des Zouaoua, dans le Djebel-Koukô,
l'un des contre-forts du Jurjura.

8° Enfin, de nos jours, le pays de Zouâr'a situé dans
le voisinage de Tunis, la ville de Zouâr'a située à peu
de distance au nord de Tripoli, marquent encore la
place et désignent la contrée où se trouvaient,

Il y a deux mille trois cents ans, les Zauèkes;

Il y a dix-huit cents ans, la province romaine de
Zeugis;

Il y a onze cents ans, les Zouâr'a du moyen âge;

Il y a trois cents ans, les Azuagues du xvie siècle.

Quant au mouvement de migration exécuté à cette
époque par ces derniers, les effets en subsistent encore
dans la confédération démocratique des Zouaoua et
dans le groupe féodal des Zouâr'a.

CHAPITRE VIII.

SITUATION GÉNÉRALE ACTUELLE DES TRIBUS D'ORIGINE AFRICAINE.

Division et langage des peuples berbères au xvie siècle. — Changements survenus depuis cette époque. — Division et gisement actuel de la population autochthone. — Oasis algériennes. — Origine de l'Ouad-Mzâb. — Signification probable du nom de l'Ouad-Rir'. — Les Aourir'a. — Origine probable du mot *Afrique*. — Les Tibbous et les Touâreg. — Résumé. — Lien de filiation qui, à travers les âges, unit les générations autochthones.

J'examinerai, dans ce chapitre, quelle est la distribution actuelle de la race berbère, et comment cette situation se rattache à celle du xvie siècle, la dernière qui nous ait été fournie par les géographes.

Les écrivains du xvie siècle divisaient les peuples de race africaine en cinq catégories, savoir :

1. Les Chelouh',
2. Les Berbers,
3. Les Lebètes ou Leouâta,
4. Les Azuagues,
5. Les Chaouïa.

Suivant les traditions accréditées à cette époque, les Chelouh' étaient considérés comme les premiers habitants de l'Afrique ; c'étaient eux qui, dans l'origine des temps, avaient peuplé la Mauritanie tingitane, la Numidie et la Libye.

Plus tard, bien qu'à une époque encore très-reculée, les peuples de l'Asie auraient, suivant les mêmes auteurs, fait irruption en Afrique, et y auraient introduit dix tribus, qui, peu à peu, se seraient mêlées aux Chelouh'.

De ces dix tribus, cinq occupèrent le Tell et le Sahara de l'Afrique septentrionale. Ce furent :

1. Les S'enhâdja,
2. Les Mas'moud'a,
3. Les Zenâta,
4. Les R'omera,
5. Les Haouâra.

Cinq fixèrent leur séjour dans le désert. Ce furent :

1. Les Senega,
2. Les Ouenzir'a,
3. Les Lemt'a,
4. Les Terga (Touâreg),
5. Les Berdoa.

C'est à ces dix peuples que Marmol donne plus spécialement le nom de Berbers.

Quant aux Lebètes et aux Azuagues, qu'il sépare des autres, bien qu'il leur reconnaisse une origine africaine, ce sont, ainsi que je l'ai fait voir dans les chapitres qui leur sont consacrés, les deux tribus des Leouâta et des Zouâr'a.

Le nom de Chaouïa devait être encore de création récente au temps de Marmol; il était alors à peu près circonscrit à une seule province de l'empire de Maroc[1]. C'est depuis cette époque qu'il a pris une extension considérable. J'ai fait voir qu'il s'appliquait surtout à

[1] Voir la notice des Zenâta.

deux tribus, fatalement liées l'une à l'autre dans les phases de leur existence orageuse, les Zenâta et les Haouâra.

Du temps de Marmol, personne ne doutait qu'il n'existât une langue propre à l'Afrique; c'était celle des Chelouh', qui en faisaient tous usage, bien que dispersés sur la surface du Maghreb. Cet idiome était désigné indifféremment par les noms de *chelh'ia* et de *tamazir't*, noms fort anciens, ajoute Marmol.

Les colonies berbères, suivant l'hypothèse qui les faisait venir de l'Asie, auraient elles-mêmes adopté ce langage qui, par suite, aurait reçu un troisième nom, celui de *zenâtia*; mais elles y auraient introduit un grand nombre de mots arabes, hébreux, latins et grecs. Néanmoins, l'ancien africain y dominait toujours.

En réalité, et Marmol lui-même en fait la remarque, les noms de chelh'ia, de tamazir't et de zenâtia désignaient un seul et même idiome.

Les Arabes eux-mêmes avaient, par suite de la fréquentation des Africains, fait un grand nombre d'emprunts à la langue des Chelouh', de sorte que, entre cet idiome et l'arabe, il y avait encore une langue mixte en usage dans les tribus voisines des massifs africains et dans les tribus africaines voisines des massifs arabes, un peu plus africaine chez celles-ci, un peu plus arabe chez les autres.

Au XVIe siècle, l'africain mêlé d'arabe était employé,

1° Dans l'ouest, chez les R'omera et les Haouâra du massif méditerranéen;

2° Dans l'est, chez les Berbers des régences de Tunis et de Tripoli, jusqu'au désert de Barka;

3° Au centre du Maghreb, chez la plupart des Azuagues, quoique leur véritable langage, comme le fait observer Marmol, fût le zenâtîa.

La langue africaine pure régnait dans la partie méridionale de l'empire de Maroc, et dans la partie occidentale de la Numidie et de la Gétulie.

Ainsi, au XVIᵉ siècle, la situation de l'élément aborigène se résumait de la manière suivante :

1° Cinq classes d'habitants, savoir :

Les Chelouh' distribués sur toute l'étendue du Maghreb;

Les Berbers, de même que les précédents, distribués sur toute l'étendue du Maghreb;

Les Leouâta établis dans le désert d'Audjila (Aoudjela);

Les Azuagues groupés dans la partie septentrionale de la province de Constantine, et sur quelques points de la province d'Alger et de l'empire de Maroc;

Les Chaouïa groupés au centre de l'empire du Maroc.

2° Trois dialectes plus ou moins mélangés d'arabe, d'hébreu, de grec et de latin, mais dérivant d'une même langue désignée sous les noms de

> Chelh'ia,
> Tamazir't,
> Zenâtîa.

Constatons maintenant les changements survenus dans le groupement et les dénominations de la race africaine durant les trois siècles qui nous séparent de cette époque.

Ici, c'est à nos observations personnelles et à la notoriété contemporaine que nous aurons recours.

Tous les peuples d'origine africaine répandus sur le territoire de l'ancien Maghreb sont compris sous quatre dénominations, savoir :

1. Les Chelouh',   3. Les Chaouïa,
2. Les Kabiles,   4. Les Bràber (Berbers).

Comme au xvie siècle, ces peuples font usage d'un même idiome dont les dialectes sont désignés par les noms suivants :

1. Le Chelh'ïa,   4. Le Lar'oua,
2. Le Kebaïlia,   5. Le Zenâtïa.
3. Le Chaouïa,

Le nom de Chelouh' s'applique presque exclusivement aux peuples qui habitent la partie méridionale de l'empire de Maroc.

Le nom de Kabile s'applique aux tribus de race autochthone qui habitent le massif méditerranéen.

Le nom de Chaouïa sert à caractériser les groupes d'origine africaine établis,

1° Dans la partie centrale de l'empire de Maroc; il embrasse la plus grande partie de la contrée que circonscrivent l'Ouad-Sbou, l'Ouad-Oum-er-Rebi', et le cours supérieur de la Mlouïa;

2° Dans la partie de la zone des landes[1] et du massif intérieur qui dépend de la province de Constantine.

_____

[1] Les mots *massif méditerranéen*, *zone des landes*, *massif intérieur*, sont

Quant au nom de Brâber ou Berbers, si usité durant le moyen âge, je n'ai entendu les indigènes en faire usage que pour désigner des populations établies dans le Sah'ara ou dans le désert, surtout dans la partie de ces deux régions qui correspond à l'Algérie. Pour toutes les autres tribus, ils emploient les noms de Chelouh', de Kebaïl ou de Chaouïa, suivant la contrée.

Ainsi, la distribution générale des peuples auxquels s'appliquent les quatre dénominations employées pour désigner les quatre branches actuelles de la race africaine peut se résumer ainsi :

1º Tout ce qui porte le nom de Kabile habite le massif méditerranéen dans toute l'étendue des États barbaresques, c'est-à-dire *la région septentrionale du continent barbaresque.*

2º Tout ce qui porte le nom de Chaouïa habite, dans l'empire de Maroc, la partie des côtes de l'Océan située au centre de cette contrée, et la partie septentrionale de la chaîne du grand Atlas; en Algérie, la zone des landes et le massif intérieur, c'est-à-dire *la région centrale des États barbaresques.*

3º Tout ce qui porte le nom de Chelouh' habite la partie méridionale de l'empire de Maroc.

4º Tout ce qui porte spécialement le nom de Brâber

---

des expressions dont j'ai donné la signification dans un mémoire intitulé *Description et division de l'Algérie*, que j'ai composé en collaboration avec M. Warnier. Ce mémoire, inséré dans le Tableau de la situation des établissements français en Algérie (1847), a été réimprimé cette même année et édité par MM. Hachette et Cⁱᵉ.

ou de Berber, habite la partie méridionale de l'Algérie
et des régences de Tunis et de Tripoli, ou la portion
du Sah'ara et du désert correspondante à ces régions.

En termes plus généraux encore :

Les Kabiles sont au nord ;

Les Chelouh' et les Berbers sont au sud, les uns
dans l'ouest, les autres dans l'est ;

Les Chaouïa sont au centre.

Il est inutile de dire que ces gisements autochthones
sont parsemés de groupes arabes plus ou moins étendus, plus ou moins compacts. En quelques points même
l'élément aborigène a été presque entièrement remplacé
par l'élément arabe. Dans les régences de Tunis et de
Tripoli, il se trouve en grande infériorité.

La distribution des idiomes est en partie indiquée
par les noms des groupes autochthones. En général, la
langue des Kabiles s'appelle *kebaïlia*, la langue des
Chaouïa s'appelle *chaouïa*, la langue des Chelouh' s'appelle *chelh'ia*, la langue des Berbers s'appelle tantôt
lar'oua et tantôt *zenátia*.

Cependant les noms des dialectes ne correspondent
pas toujours aux noms des peuples : ainsi les tribus de
l'Ouarensenis comptent comme kabiles et sont réputées
cependant parler la langue chelh'ia. Il en en est de
même des Kabiles du Rif, et, en général, des populations kabiles de l'ouest ; car le dialecte chelh'ia est principalement en usage dans l'ouest des États barbaresques.

Quelques populations, quoique étant notoirement
d'origine africaine, parlent la langue arabe : tels sont les

Trâra, situés à l'extrémité occidentale des côtes de l'Algérie et dont une partie ne connaît que la langue arabe. Parmi les Chaouïa, un certain nombre de tribus, quoique étant d'origine africaine, ont adopté l'usage de la langue arabe.

Dans le Sah'ara, toutes les tribus parlent arabe. La population et la langue africaines sont confinées dans les centres d'habitation stable (villes et bourgs). — Dans le Sah'ara marocain, l'élément berbère domine. Figuig, Tafilelt, l'Ouad-Dra' renferment une population africaine considérable.— Dans le Sah'ara tunisien, l'île de Djerba est la seule contrée où l'idiome berbère soit en usage; il y porte le nom de lar'oua. — Dans le Sah'ara tripolitain, la chaîne du Djebel-Nfous a conservé la langue primitive. Les habitants y sont appelés *Berbers*. Sur la côte de Tripoli, l'idiome lar'oua n'est parlé que dans la petite ville de Zouâra. — Dans le Sah'ara algérien, la langue lar'oua ne s'est conservée que chez les populations des oasis méridionales et seulement dans les villes. Toutes les villes de l'Ouad-Mzâb, à l'exception de Metlili, sont peuplées par la race autochthone, qui y est désignée sous le nom de berbère; mais les tribus n'en sont pas moins toutes arabes.

Mais la population berbère de l'Ouad-Mzâb n'est point originaire du pays qu'elle occupe aujourd'hui. Une tradition universellement accréditée parmi les habitants de cette oasis les fait venir du Djebel-Nfous dans la régence de Tripoli. A quelle époque cette colonie s'est-elle formée? Dans quelle circonstance s'est accompli ce mouvement d'émigration qui a renouvelé la population de cette contrée si intéressante? C'est ce que je n'ai pu découvrir. Les écrivains arabes du moyen âge n'en font pas mention. Marmol lui consacre, sous le nom de *Mesécab*, une notice de quelques lignes; mais il constate l'état de prospérité où se trouvait, de son temps, cette oasis, par suite de sa situation sur la route qui, d'Alger et de Bougie, conduisait au pays des Noirs, et des relations commerciales dont cette position avantageuse lui assurait le bénéfice. Il paraît donc que, dès le XVIe siècle, la colonie était formée; mais, je le répète, il m'a été impossible de découvrir, ni dans les traditions locales, ni dans les témoignages de l'histoire, la date et la cause de ce mouvement.

Les oasis de l'Algérie méridionale qui suivent l'Ouad-Mzâb à l'est sont celles de Ouaregla, Temacîn et Tuggurt; elles occupent un immense bas-fond presque continu, sous lequel existe une nappe d'eau que les habitants exploitent pour leurs besoins, à l'aide de puits profonds.

Ces trois oasis portent le nom commun de Ouad-Rir' (l'oasis de Rir'). Le dialecte berbère qu'on y parle est désigné par le nom de lar'oua, quelquefois aussi par celui de rir'ia. Les habitants des villes sont eux-mêmes compris sous le nom générique de Rouar'a (les gens du Rir'). Les deux races, comme les deux langues, arabe et berbère, s'y trouvent mélangées. Les Arabes viennent des tribus; les Berbers passent pour être originaires du pays. Il est d'ailleurs facile de les reconnaître; car les Arabes ont la peau basanée comme les hommes de race blanche qui ont séjourné longtemps dans les régions méridionales, tandis que les Rouar'a proprement dits, ou habitants autochthones, ont la peau presque aussi noire que les nègres et quelques-uns des traits de la race noire. Toutefois, ils diffèrent encore essentiellement des peuples nigritiens, et, dans le pays, il n'arrive jamais de les confondre. J'ai vu plusieurs Rouar'a berbères tirant fort sur le nègre et qui, cependant, auraient regardé comme une injure d'être confondus avec la race des esclaves. Ils ne caractérisent leur teint que par l'épithète de *khomri*, qui signifie *brun*.

La population autochthone de l'Ouad-Rir' marque donc la transition de couleur et de traits entre la race blanche et la race noire. Ce n'est pas le teint plus ou moins bronzé des populations blanches du midi, c'est une couleur tout autre et qui leur est propre, beaucoup plus voisine du noir que du blanc. Cependant ils n'ont de la race noire ni le nez aplati, ni les lèvres épaisses, ni les cheveux crépus, quoique, cependant, ces traits ne soient pas complétement ceux de la race blanche.

C'est une race intermédiaire, mitoyenne, tenant à la fois des deux races extrêmes qu'elle rapproche et qu'elle sépare.

Une observation que j'ai faite durant le cours de mes études géographiques dans les régences d'Alger et de Tunis m'a fourni la signification probable de ce mot de *Ouad-Rir'*. Cette signification se rapporte précisément au

caractère de mitoyenneté que je viens de signaler. Parmi
les noms de lieux qui m'étaient indiqués par les voyageurs, il s'en trouvait quelquefois qui portaient la terminaison *rir*. J'en avais demandé le sens à plusieurs
voyageurs qui l'ignoraient, lorsqu'un habitant chaouïa
de l'Aourès, m'ayant désigné, par le nom de Tak'ôrir',
un lieu situé sur la limite de deux tribus, m'apprit en
même temps que cette terminaison en *rir* exprime,
dans l'ancienne langue berbère, l'idée de séparation,
de contiguïté, de mitoyenneté. Ainsi, le mot de Ta-
k'ôrir' signifie le *taga*[1] de la séparation, de la mitoyenneté. Pareillement, et par application de la même règle,
Ouad-Rir' signifie l'oasis, le bassin de la séparation;
et Rouâr'a, les hommes qui marquent la séparation, la
transition, sans doute entre la race blanche et la race
noire.

Cette observation en suggère d'autres.

Il existe en Algérie plusieurs tribus qui portent le
nom de Rir'a. On en trouve une dans les montagnes
qui bornent, au sud, la plaine de Sétif, et une autre
dans le voisinage de Miliâna. Ces tribus ont vraisemblablement la même origine.

C'est ici le lieu de revenir sur une des nations berbères comprises dans la classification d'Ebn-Khaldoun
(souche des Branes), les Aourir'a. Ce nom, analysé
suivant les règles de l'idiome berbère, se compose des
deux mots suivants :

La particule générative *aou* او,

---

[1] Le *taga* est un arbre dont j'ignore le nom français.

La dénomination de *rir'a* رِيغَا.

Il signifie donc, en réalité, les descendants des Rir'a; ou, en attribuant au mot *rir'* sa signification originelle: *les descendants de ceux qui établissent une séparation*. La particule *aou*, dans la langue berbère, sert à exprimer, non-seulement un rapport de filiation, mais aussi un simple rapport de possession ou d'attribution. Pris dans cette dernière acception, le mot *Aou-Rir'a* signifierait *les gens du Rir' ou de la séparation*.

J'ai déjà fait remarquer que le nom d'Aourir'a avait déjà, au moyen âge, disparu de la géographie africaine; car on ne le rencontre dans aucun des auteurs arabes de cette période, pas même dans Ebn-Khaldoun, qui ne le cite que comme un nom historique.

Ce peuple des Aourir'a se composait de quatre tribus, dont une, celle des Haouàra, s'allia, dès les premiers temps de la conquête arabe, avec les Zenâta et partagea, depuis lors, leur aventureuse destinée. Les trois autres tribus qui, avec les Haouâra, formaient le peuple des Aourir'a, ont disparu, ainsi que les fractions dont elles se composent. Une seule de ces dernières se retrouve dans la géographie du moyen âge; c'est celle de Bel. Bekri mentionne la plaine de Bel comme étant arrosée par l'Ouad-Mellâg ou le Medjerda[1]. On retrouve encore le nom de Bel dans celui de Bulla-Regia, l'une des villes de la province d'Afrique, sous la domination romaine.

L'existence de cet unique vestige des Aourir'a dans l'ancienne province d'Afrique, dont la capitale était Car-

[1] Bekri, p. 5o6.

thage, donne lieu de penser que cette nation berbère
y était originairement établie.

Il existe d'ailleurs, entre le nom d'Aourik'a[1] et celui
d'Afrika, une analogie assez remarquable; c'est qu'on
obtient le second de ces noms en changeant, dans le
premier, les deux lettres و et غ dans leurs similaires
ƒ et k.

Il ne faut pas perdre de vue que presque tous les
noms généraux employés pour désigner cette partie des
côtes de la Méditerranée ont été formés par extension
du nom de la peuplade qui s'est d'abord offerte aux
conquérants. Ainsi, le nom de Libye ou *Libué*, donné
par les Grecs de Cyrène, n'est autre que celui de *Lioua*,
nom de la tribu établie sur le rivage où vint se fixer
cette colonie; le nom de *Berberie*, donné par les Arabes,
provenait des Berbers de Sous, les premiers adversaires
autochthones qui eussent fixé l'attention de ces conquérants. Le nom de *Zeugis*, par lequel les Romains ont
désigné la province d'Afrique, longtemps après leur
établissement dans cette contrée, était une corruption
de celui de Zouar'a, la principale tribu de ce district[2].

Mais, dans les premiers temps de la conquête romaine, les auteurs latins n'employaient, pour désigner
la province de Carthage, que le mot *Africa*. Bientôt, ils

[1] Nous rétablissons la prononciation appliquée fréquemment à la
lettre غ.
[2] On peut joindre à tous ces exemples empruntés aux âges antérieurs celui que fournit l'Algérie actuelle, dont le nom est la généra-
lisation de celui d'Alger.

étendirent cette dénomination à tout le continent, tandis que les géographes grecs, suivant l'usage consacré par la colonie grecque de Cyrène, ne parlaient jamais que de la Libye. Strabon lui-même, qui écrivait dans les premières années de notre ère, c'est-à-dire environ un siècle et demi après la destruction de Carthage par les Romains, n'emploie jamais le mot *Afrique*, tandis que Salluste, Pline et Pomponius Méla, qui florissaient à peu près à la même époque, ne manquent jamais de l'employer concurremment avec celui de Libye. Pline, établissant la distinction entre l'Afrique continent et l'Afrique province, dit que cette dernière comprenait toute l'étendue des côtes, depuis Bizerte jusqu'à Gabès.

Un siècle plus tard, Ptolémée, dans le partage qu'il fait de la Lybie en éparchies et satrapies, y mentionne l'Afrique (Ἀφρίκη), mais seulement comme une province.

Ce n'est que longtemps après que les géographes latins parlent de la province de Zeugis, dont la création est évidemment d'origine romaine.

Au contraire, le nom d'Afrique, employé dans les premiers moments de la conquête romaine, paraît être un héritage des Carthaginois. Il fut sans doute, pour les colons phéniciens de Carthage, ce que celui de Libye avait été pour les colons grecs de Cyrène, ce que celui de Zeugis devait être plus tard pour les colons romains de Carthage, une dénomination empruntée au peuple avec lequel on se trouve d'abord en contact, et déjà consacrée par les traditions du pays; dénomination

antérieure à celle même de Libye, comme l'établissement des Carthaginois fut antérieur à celui des Cyrénéens.

J'avoue que cette origine du nom d'*Afrique* ne repose pas sur des documents aussi explicites que l'origine
des autres dénominations analogues qui correspondent
aux dominations cyrénéenne, romaine et arabe; et il en
doit être ainsi, puisque c'est celle qui remonte le plus
haut dans la nuit des temps; cependant, elle me paraît
probable.

D'abord, puisque toutes les dominations ont laissé
après elle un nom pour désigner l'ensemble de la contrée
qui leur était échue en partage, pourquoi la domination
carthaginoise n'aurait-elle pas eu le sien?

Ce nom ne peut être que celui d'Afrique, puisque
nous le voyons employé par les Romains, aussitôt après
la prise de Carthage.

Il devait être, suivant l'usage invariable des conquérants, celui de la tribu établie dans la contrée où abor-
dait la colonie phénicienne.

La tribu des Aourir'a paraît avoir habité originairement cette contrée, et son établissement devait remonter
à une époque fort reculée, puisque, au moment de la
conquête arabe, elle n'existait plus déjà qu'à l'état de
tradition.

Enfin, le nom d'Africa semble n'être qu'une corruption de celui d'Aourika.

A ces divers rapprochements j'en ajouterai un dernier, qui n'est pas sans intérêt. Marmol rapporte que,

suivant quelques auteurs africains, le mot d'*Afrique* vient de *Fèrek,* qui signifie *séparer, diviser;* et j'ai déjà fait remarquer que le mot *Aourir'a* exprime précisément la même idée.

L'ensemble de ces indications autorise à penser :

Que la tribu des Aourir'a, établie primitivement dans l'ancienne province d'Afrique, est celle qui lui a donné son nom ;

Que cette origine remonte à la domination carthaginoise, sous laquelle cette tribu des Aourir'a aurait été détruite ou dispersée, à l'exception d'une seule fraction, les Haouâra, réunie, après la dispersion, à celle des Zenâta et associée à cette dernière pendant toute la durée de la période musulmane.

Je n'ai pas cru devoir m'arrêter aux diverses étymologies qui ont été données du mot *Afrique,* à celle des auteurs arabes, par exemple, qui le font dériver du nom d'Ifriki, roi de l'Arabie Heureuse, poussé, on ne sait par quelles circonstances, vers les rives de Carthage, à travers les déserts de la Libye; ni à celle de Bochart, qui, voulant rapporter toutes les dénominations africaines à la conquête carthaginoise, en a systématiquement cherché l'origine dans la langue phénicienne. Suivant lui, le mot *Afrique* dériverait de *érikf* « épi de blé. »

N'est-il pas plus rationnel, puisqu'il existe une race et une langue antérieures à toutes les dominations, de remonter à cette langue, comme à la principale source des appellations générales ou locales? Ce qui se passe

de nos jours n'a-t-il pas dû se passer de tout temps?
Chaque invasion nouvelle n'a-t-elle pas dû adopter, surtout dans le voisinage des lieux où elle prit naissance,
la plupart des noms consacrés, soit par les traditions de
la domination précédente, soit surtout par les traditions
autochthones, qui sont les plus vivaces et auxquelles,
en définitive, on est conduit inévitablement en remontant le cours des âges?

Je reviens à la distribution actuelle de la race berbère.

A l'est des trois oasis comprises sous le nom commun
de Ouad-Rir', il ne reste plus que celle de l'Ouad-Souf,
contrée entièrement arabe, et dont il sera question ci-
après, dans la notice consacrée aux Arabes.

Si du Sah'ara l'on passe dans le désert, on y retrouve
la dénomination de Berbers conservée aux peuples d'origine africaine. Les principaux sont les Tibous et l'oasis
du Fezzân, les Touâreg et l'oasis de Touât, au sud
de l'Algérie.

On donne souvent à l'idiome que parlent les Touâreg
le nom de *targaia*; mais tous les indigènes de cette
contrée reconnaissent que c'est la langue berbère, et
l'appellent aussi de ce nom.

La langue parlée dans l'oasis de Touât est désignée
par le nom de *zenâtia*.

Les Tibous et les Touâreg sont issus de la nation de
Lemt'a, dont une partie, les Lemtouna, conquit l'Afrique
et l'Espagne, sous le nom d'Almoravides. Une circonstance suffirait presque à elle seule pour lever tous les

doutes sur leur origine, c'est l'usage étrange qu'ils ont conservé de se masquer le visage avec un bandeau d'étoffe de couleur sombre, usage qui fit donner aux Lemtouna et aux Almoravides le surnom d'hommes voilés.

Les Tibous et les Touâreg ont encore les mœurs qu'ils avaient au moyen âge. Ils sont, comme ils l'étaient autrefois, les pilotes et aussi les pirates du grand désert. Ils pillent quelquefois les caravanes, mais le plus souvent ils les guident. Tout le mouvement commercial entre l'oasis de Fezzân et l'empire nigritien de Bernou s'effectue par l'entremise des Tibous; tout le mouvement entre l'oasis de Touât et Timbektou s'effectue par l'entremise des Touâreg.

Ces derniers habitaient, vers le milieu du XIe siècle, une oasis située à cinq journées au sud-est de l'Ouad-Dra', sur l'extrême lisière du Sah'ara marocain [1]. Cette oasis s'appelait *Ouad-Targa*. Peu à peu ils s'étendirent vers le sud-est; mais ils durent leur principal accroissement à la protection des Beni-Mrîn, qui en avaient reçu divers services lors de leur avénement à l'émirat de Fès. C'est de cette époque que, suivant Marmol, date la puissance de la tribu de Targa ou des Touâreg [2].

Aujourd'hui les Tibous et les Touâreg couvrent de leurs hordes une immense étendue de pays, et ils sont appelés à voir leur richesse et leur puissance s'accroître considérablement, dès que le commerce d'Europe leur demandera de lui ouvrir les portes de la Nigritie.

[1] Bekri, p. 623.
[2] Marmol, t. III, p. 51.

En rapprochant la situation de la race et de la langue berbères au XVIᵉ siècle, de celle que nous présente aujourd'hui l'Afrique septentrionale, il devient facile de constater le lien de filiation qui unit à travers les âges la grande famille africaine.

Au XVIᵉ siècle, la population autochthone du Maghreb renferme trois catégories principales d'habitants, savoir :

1° Les Chelouh', qui forment la branche préexistante ;

2° Les Berbers, dont la célébrité date de la période musulmane ;

3° Les Chaouïa, dont le nom, de création récente, était encore circonscrit dans le Maghreb occidental.

Trois dialectes d'une même langue se partagent alors cette population, savoir :

1° Le chelh'ia,

2° Le tamazir't,

3° Le zenâtia.

Dans ces diverses dénominations, qui s'appliquent, soit à des groupes de la même race, soit à des dialectes du même idiome, nous voyons reparaître :

Les Maziques ou les Maxyes de l'antiquité (Tamazir't);

Les Zenâta et les Berbers du moyen âge (Zenâtia).

Nous voyons apparaître deux noms nouveaux, ceux de Chelouh' et de Chaouïa.

Que s'est-il passé durant les trois siècles qui nous séparent de Léon l'Africain et de Marmol ?

Le nom de Tamazir't a perdu son acception générale et ne s'applique plus qu'à quelques peuplades isolées.

Le nom de Zenâtìa est resté attaché au dialecte abo-rigène qui se parle dans le désert, et le nom de Berbers aux peuples qui l'habitent.

Le nom de Chelh'ìa caractérise encore la langue en usage dans le sud-ouest du Maghreb, et celui de Chelouh' les habitants de cette région.

Le nom de Chaouïa a pris un développement consi-dérable et couvre deux vastes contrées.

Deux noms nouveaux se sont introduits, celui de Kabile, sous lequel on désigne aujourd'hui les peuples autochthones du massif méditerranéen, et celui de Lar'oua, appliqué au dialecte africain en usage dans le Sah'ara.

Ainsi se complète et se manifeste le lien non inter-rompu de parenté qui rattache entre elles les diverses générations de la famille africaine :

Les Maxyes de l'antiquité grecque,

Les Maziques de l'antiquité romaine,

Les Berbers du moyen âge,

Les Chelouh' du XVIᵉ siècle,

Les Chaouïa et les Kabiles de nos jours.

LIVRE III.

AVÉNEMENT ET DESTINÉE DE L'ÉLÉMENT ARABE EN AFRIQUE.

CHAPITRE PREMIER.

PÉRIODE D'INCURSIONS.

Objet du livre troisième. — Expédition d'Amrou-ben-el-'Assi dans le Maghreb. — Expédition d'Abdallah-ben-Sa'âd. — Inaction de dix-huit années.

J'ai recherché dans ce qui précède les principaux déplacements éprouvés par la race africaine depuis l'apparition des Arabes. Il me reste à étudier le mouvement du peuple arabe lui-même.

Comment s'est opérée la naturalisation, sur le sol de l'Afrique, de la langue et des peuples de l'Yémen? Par quelles phases successives a passé ce grand et long travail de transplantation et d'infiltration des tribus de l'Asie sur un sol lointain et étranger?

Comment s'est étendue peu à peu cette tache d'huile qui couvre aujourd'hui une si vaste étendue de pays?

Quelle a été son influence sur la destinée de l'Afrique septentrionale?

L'examen de ces questions éclaire et complète le tableau des mouvements accomplis par la race autochthone.

Bien que cet examen embrasse tout le temps qui s'est écoulé depuis la première entrée des Arabes jusqu'à nos jours, ce n'est point une histoire que je veux écrire. Je ne me propose que de classer et de grouper les faits spécialement relatifs au développement des intérêts arabes en Afrique, pour en rendre le caractère plus saisissant et l'appréciation plus facile.

Mon but est surtout de rechercher les causes qui ont fait descendre l'Afrique septentrionale au rang qu'elle occupe parmi les nations, et de montrer, dans les deux races qui la peuplent, celle où la civilisation moderne peut chercher des auxiliaires intelligents, celle qui lui opposera toujours une résistance instinctive et invincible.

La première apparition des Arabes dans le pays qui embrasse aujourd'hui les États barbaresques n'annonce pas qu'ils eussent l'intention arrêtée de le conquérir et de l'occuper régulièrement. Ils regardaient, il est vrai, cette contrée comme une des plus fertiles et l'appelaient *El-Khâdra* (la verdoyante), à cause de la riche végétation dont elle était couverte. Ils savaient aussi que les villes du Maghreb renfermaient de grandes richesses, fruit de plusieurs siècles de prospérité. C'est là ce qui devait surtout les tenter. Mais cette mine d'or se trouvait bien éloignée de leur empire. Aussi, bornèrent-ils pendant longtemps leurs entreprises sur cette contrée à de simples incursions.

Le premier général arabe qui porta ses armes dans la Barbarie fut Amrou-ben-el-'Assi. En 640 (19 de l'hégire), il avait conquis la Syrie; en 641, il fut maître d'Alexandrie et de l'Égypte. Trois ans après, en 644 (23 de l'hégire), il se mit en marche vers l'est, s'empara de Tripoli, et soumit le Djebel-Nfous, alors peuplé de chrétiens[1].

Tandis que lui-même était occupé au siége de Tripoli, il envoya un de ses lieutenants, Béchir-ben-Artât, dans le désert, vers l'oasis de Ouâdân, située près de Sokna, au sud-est de Tripoli. L'entreprise réussit; l'oasis de Ouâdân fut mise au pillage et les habitants s'engagèrent à payer un tribut; mais ils s'en affranchirent bientôt[2].

Quant aux Arabes, ils retournèrent en Égypte chargés de butin. Cette première expédition ne produisit donc aucun effet durable; elle ne rapporta aux Arabes d'autres profits que ceux du pillage, et se réduisit à une simple incursion.

Il en fut de même d'une autre entreprise exécutée quatre ans plus tard. En 27 de l'hégire (647-648), 'Abdallah-ben-Sa'âd, gouverneur de l'Égypte, pénétra en Afrique à la tête de vingt mille hommes, et s'avança, sans rencontrer de résistance, jusqu'à Gafsa. De là, il se porta sur Sbîtla (l'ancienne Sufetula), où commandait alors un certain Djardjir, appelé par les historiens chrétiens tantôt George et tantôt Grégoire, alors gouverneur de l'Afrique, et en état de révolte contre l'empereur Héraclius. Après plusieurs sanglants combats livrés sous

[1] Kaïrouâni, p. 36.
[2] Bekri, p. 459.

ses murs, la ville fut emportée d'assaut par les musulmans. Elle renfermait une grande quantité d'or et d'argent dont 'Abdallah s'empara[1]. Sbìtla fut ruinée et sa
population se dispersa dans les villes voisines[2].

Ce succès des armes musulmanes, et surtout l'œuvre
de destruction qui en fut la suite, répandirent l'épou-
vante parmi les Romains. Toutes les villes de la province
envoyèrent demander la paix, qui leur fut accordée,
moyennant le payement immédiat d'une contribution.
Sfax, pour sa part, paya trois cents livres d'or, et la
somme des rançons s'éleva à trois cents quintaux. A
ces conditions, 'Abdallah-ben-Sa'âd consentit à se retirer, et, après une absence de quatorze mois, il rentra
en Égypte chargé d'un immense butin.

. A la suite de cet épisode, dix-huit années se passent
sans que l'histoire mentionne aucune entreprise nouvelle des Arabes contre le Maghreb; ce qui prouve que
l'expédition d'Abdallah-ben-Sa'âd, pas plus que celle
d'Amrou-ben-el-'Assi, ne se rattachait à l'exécution d'un
plan de conquête, et qu'elles ne furent, l'une et l'autre,
que des actes de brigandage exécutés sur une grande
échelle.

Aussi ces deux apparitions des Arabes avec les dix-
huit années qui les suivent, années de silence et d'inaction, forment-elles, dans l'histoire de la domination musulmane, ce qu'on peut appeler la phase des incursions.

Au début de la seconde expédition, 'Abdallah-ben-

[1] Kaïrouâni, p. 37.
[2] Cardonne, t. I, p. 23.

Sa'âd avait chargé un de ses lieutenants d'aller s'emparer de Tripoli ; mais, rappelé presque aussitôt, celui-ci n'eut que le temps de faire main basse sur quelques navires mouillés dans la rade. Cent hommes se trouvaient à bord ; ils furent présentés au général arabe, qui les fit égorger[1].

Maître de Sbîtla, il donnait l'ordre de raser cette ville, l'une des plus belles de l'Afrique romaine, et il s'en allait, quelques mois après, chargé des dépouilles de la civilisation africaine qu'il distribuait à ses soldats.

Pillage, massacre, destruction, tels furent les préludes de la domination arabe en Afrique.

Je passe à la seconde période, celle de la conquête.

[1] Cardonne, t. I, p. 11.

CHAPITRE II.

PÉRIODE DE CONQUÊTE.

Les Arabes sont rappelés en Afrique par les Grecs. — Maouïa-ben-
   Khedidj. — Ok'ba-ben-Nafih. — La pensée d'une occupation permanente commence à paraître dans la politique arabe. — Fondation
   de Kaïrouân. — Légende arabe relative à ce fait. — Expédition
   d'Ok'ba dans le désert. — Cruautés. — Abou-el-Meh'adjer succède
   à Ok'ba. — Deuxième commandement d'Ok'ba. — Expédition à
   l'extrémité occidentale du Maghreb. — Retour d'Ok'ba. — Il est
   battu et tué au combat de Tehouda, au pied de l'Aourès. — L'armée arabe se retire dans le désert de Barka. — Arrivée de nouvelles
   troupes arabes. — Défaite des Berbers. — Évacuation momentanée
   de l'Afrique. — Combat entre les Grecs et les Arabes. — Commandement de H'acen-ben-No'mân. — Prise et destruction de Carthage.
   — H'acen est vaincu par la reine Kahîna, sur les bords de l'Ouad-
   Nîni. — Il se retire dans le désert de Barka. — Générosité de la
   reine berbère. — Défaite de Kahîna. — Transportation de vingt-
   quatre mille Berbers dans l'ouest. — Résumé.

Après dix-huit années d'inaction, les Arabes semblaient avoir oublié l'Afrique du Maghreb, lorsqu'ils
y furent rappelés par les habitants eux-mêmes.

Un Grec, nommé Djennaha suivant les uns, El-Hawa-
dja, suivant les autres, ancien gouverneur de l'Afrique
pour l'empire d'Orient, révolté des exigences fiscales
de la cour de Constantinople, alla trouver à Damas le
khalife, qui était alors Maouïa-ben-Abou-Sofiân, et le

supplia de délivrer cette contrée de l'anarchie où elle était plongée[1].

Le khalife leva une armée de dix mille hommes, tirés de la Syrie et de l'Égypte, et il en donna le commandement à Maouïa-ben-Khedidj, qui entra dans le Maghreb l'an 45 de l'hégire (655-656).

Cette même année, il s'empara de Souça et de Djeloula, et, l'année suivante, de l'île de Djerba. Chacune de ces villes fut livrée au pillage et fournit un riche butin aux Arabes. A Djeloula, on enleva les enfants, qui furent distribués comme le reste[2].

Ben-Khedidj envoya aussi une flotte de deux cents voiles en Sicile; mais cette expédition ne dura qu'un mois, et n'eut pour objet que le pillage d'une partie de l'île. Les Arabes se retirèrent chargés de dépouilles, dont le cinquième fut envoyé au khalife.

Là se bornèrent les opérations de Maouïa-ben-Khedidj. En 46, il retourna en Égypte, dont il fut nommé gouverneur.

Il fut remplacé dans le Maghreb par Ok'ba-ben-Nafi-el-Fahri, qui y arriva presque immédiatement, à la tête de dix mille hommes tirés de la Syrie.

A dater de ce moment, la pensée d'une occupation permanente apparaît clairement dans les actes de la politique arabe, et elle ne tarde pas à recevoir une consécration définitive. Les expéditions précédentes avaient

[1] Cardonne, t. I, p. 26. — Ebn-Khaldoun, traduit par M. N. Desvergers, p. 10. — Kaïrouâni, p. 40.
[2] Kaïrouâni, p. 40.

déterminé, parmi les Berbers, un certain nombre de
conversions à l'islamisme. Mais des professions de foi
arrachées par la crainte sont, en général, peu sincères;
aussi les néophytes africains les oubliaient-ils bien vite,
dès que les troupes musulmanes avaient disparu. Pour
contenir la population berbère, Ok'ba résolut de fonder
en Afrique un établissement qui fût, à la fois, le siége
de l'autorité et le quartier général des forces musulmanes. C'est dans cette vue qu'il arrêta la fondation de
Kaïrouân. Les premiers travaux durent être exécutés
en 45 de l'hégire; mais le mur d'enceinte ne fut achevé
que dix ans plus tard, en 55[1].

Voici un fait relatif à la fondation de Kaïrouân et qui
montre un des caractères de l'invasion arabe. Il est raconté par Nowaïri, et la tradition s'en est conservée
jusqu'à nos jours dans les souvenirs de l'Afrique barbaresque.

L'emplacement de Kaïrouân, couvert originairement
d'une forêt épaisse, était le séjour d'une foule d'animaux
malfaisants; aussi, les Arabes n'osaient-ils y pénétrer
pour commencer les travaux. Il fallut qu'Ok'ba adressât
aux habitants de la forêt une sommation en règle; ce
qu'il fit en ces termes : « Ô vous, serpents et bêtes sauvages, sachez que nous sommes les compagnons du

[1] Les auteurs laissent dans l'obscurité la date de la fondation de
Kaïrouân. Nowaïri dit que le mur d'enceinte fut achevé en 55; c'est
ce qui a fait placer à cette date la fondation même de la ville. Mais
Bekri, en faisant revenir Ok'ba à Kaïrouân, en 46, après son expédition de R'dâmes, prouve que, dès cette époque, la ville était fondée.

prophète de Dieu ; retirez-vous du lieu que nous avons choisi pour nous y établir ; car ceux de vous que nous rencontrerions plus tard seraient mis à mort. » — « Amen ! » s'écrièrent à la fois tous les guerriers. Les animaux ne se le firent pas dire deux fois ; ils quittèrent aussitôt la forêt, emmenant avec eux leurs petits. No-waïri ajoute qu'un grand nombre de Berbers, témoins de ce miracle, se convertirent immédiatement à l'isla-misme [1].

Après avoir présidé à la fondation de Kaïrouân, Ok'ba se dirigea vers le désert. Il se proposait surtout de faire expier aux habitants de Ouâdân la violation de leurs engagements. Il se mit en route en l'an 46 de l'hégire [2].

---

[1] Je possède la traduction d'un manuscrit arabe intitulé : *Ftouh'-Frik'ia* (Conquête de l'Afrique) ; c'est un ramassis informe de légendes populaires relatives à l'invasion musulmane. L'anecdote de la somma-tion aux bêtes s'y trouve reproduite avec des embellissements. D'après ce manuscrit, Ok'ba aurait bien voulu accorder aux animaux trois jours pour effectuer leur retraite. Passé ce délai, la forêt devait être incen-diée. Tous les animaux obéirent à l'exception des scorpions : « On peut nous brûler, dirent-ils, mais jamais nous ne consentirons à abandonner notre pays. » Ils restèrent, en effet, et furent brûlés. Cette histoire, et surtout l'acte de patriotisme des scorpions, dont l'imagination des mo-dernes l'a enrichie, font aujourd'hui les délices des lettrés africains. Voilà pourtant les extravagances que la civilisation arabe, si mal à propos vantée, surtout en ce qui touche l'Afrique, a importées dans ce malheureux pays.

[2] Kaïrouâni place cette expédition sous le premier commandement d'Ok'ba ; elle fut donc postérieure à l'année 45 de l'hégire ; par consé-quent, la date de 42, donnée par Kaïrouâni lui-même ou par son co-piste, est inexacte. Bekri la place en 46, et ce doit être la véritable date.

Arrivé à R'dâmes, il y laissa son armée, sous le commandement de Zouhir-ben-Kìs-el-Belaoui, et marcha sur Ouâdân, n'emmenant avec lui que quatre cents cavaliers et quatre cents chameaux portant huit cents outres d'eau. Bientôt maître de Ouâdân, Ok'ba fit couper l'oreille au chef de cette ville, et, comme celui-ci demandait le motif de ce traitement : « C'est un avertissement que j'ai voulu te donner, lui dit le général ; toutes les fois que tu toucheras ton oreille, tu ne songeras point à faire la guerre aux Arabes. » Puis il lui imposa un tribut de trois cent soixante têtes d'esclaves. C'était la contribution que, vingt-trois ans auparavant, Bêcher-ben-Artât avait déjà exigée de lui.

De Ouâdân, Ok'ba se rendit à Djerma, qui lui avait été indiquée comme la capitale du Fezzân. Arrivé devant cette ville, il somma les habitants d'embrasser l'islamisme, ce qu'ils firent sans résistance. Ok'ba renonça donc à occuper la ville ; mais, le chef de Djerma étant sorti pour le venir saluer, des cavaliers arabes le séparèrent de son escorte, l'obligèrent de mettre pied à terre et l'amenèrent devant Ok'ba, épuisé de fatigue et crachant le sang. Comme il se plaignait de ces violences, Ok'ba lui répondit : « J'ai voulu te donner une leçon salutaire ; toutes les fois que tu te rappelleras ce qui vient de se passer, tu renonceras à faire la guerre aux Arabes. » Ensuite, il imposa aux habitants un tribut de trois cent soixante esclaves.

Toutes les villes du Fezzân tombèrent successivement au pouvoir d'Ok'ba. Arrivé à la dernière, il s'enquit des habitants s'il existait au delà quelque contrée. Ils lui indiquèrent la ville de Djaouân. Quinze journées de marche dans le désert le conduisirent sous les murs de cette ville, qu'il assiégea inutilement pendant un mois. Forcé de lever le siége, il se dédommagea de cet échec sur les places du K'aouar, qu'il emporta successivement. Arrivé devant la dernière, où résidait le chef de l'oasis, il prit ce dernier et lui fit couper le doigt, et, comme celui-ci s'indignait de ce traitement barbare : « C'est, lui répondit Ok'ba, une leçon que je prétends te donner; toutes les fois que tu jetteras les yeux sur ton doigt, tu ne songeras point à entreprendre la guerre contre les Arabes. » Et il imposa au pays une contribution de trois cent soixante esclaves.

S'étant enquis s'il existait une contrée au delà de celle qu'il venait de soumettre, il reçut une réponse négative; alors, il revint sur ses pas. Il passa devant Djaouân sans s'y arrêter et marcha encore trois jours au delà. Puis, tout à coup, rebroussant chemin, il vint par une autre route fondre à l'improviste sur cette ville, qu'il enleva par escalade. Tous les hommes furent égorgés, et les femmes et les enfants abandonnés aux soldats comme esclaves.

Toutes ces cruautés, tous ces attentats aux droits de l'humanité et aux lois de la guerre devaient trouver plus tard une éclatante expiation.

Ok'ba se rendit ensuite à Zouïla, d'où il regagna son camp de R'dâmes, après une absence de cinq mois. Il en repartit quelque temps après pour se diriger vers l'ouest, passa par le territoire des Mzâta, dont il enleva les places fortes, se rendit maître de Gafsa et de Tòzer et rentra enfin dans Kaïrouân[1].

Ok'ba resta chargé du commandement des troupes arabes en Afrique jusqu'en l'année 51 de l'hégire (671). Rappelé alors par le khalife Maouïa-ben-Abou-Sofiân, il fut remplacé par Dinar-Abou-el-Meh'adjer. Celui-ci se montra dans tous ses actes l'adversaire de son prédécesseur. Ainsi il détruisit Kaïrouân, à peine bâtie, et fit construire une nouvelle ville, qu'il nomma Ti-Kaïrouân[2].

El-Meh'adjer étendit le territoire des Arabes en Afrique. Sous son commandement, la presqu'île du cap Bon, appelée aujourd'hui Dakhla, fut conquise[3]. Il eut aussi à combattre un des principaux chefs berbères nommé K'sila, roi d'Aourba et de Brânis, deux contrées qui comprenaient l'Aourès méridional et la province du Zâb. Vaincu par Abou-el-Meh'adjer, K'sila se convertit à l'islamisme[4].

Pendant que Abou-el-Meh'adjer commandait en Afrique, Ok'ba ne cessait d'intriguer auprès du khalife contre ce général. Il obtint enfin, sous le khalifat de Iezîd, sa réintégration dans le commandement de l'armée d'Afrique, où il reparut en l'an 62 de l'hégire (681-682).

Son premier acte fut la destruction de la nouvelle ville

[1] Bekri, p. 4ᶠ
[2] Kaïrouâni, p. 43.
[3] Id. ibid.
[4] Ebn-Khaldoun, traduit par M. Noël Desvergers, p. 16. — Voir la notice sur la nation d'Aourba, liv. Iᵉ, chap. III.

élevée par son prédécesseur et le rétablissement de Kaïrouân, où il rappela les anciens habitants[1].

Il se disposa ensuite à entreprendre une de ces expéditions aventureuses et lointaines dont il avait déjà ma-
nifesté le goût pendant son premier commandement.
Les préparatifs terminés, il se dirigea vers l'ouest,
laissant à Kaïrouân, comme chef intérimaire, Zouhir-
ben-Kîs-el-Belaoui.

Il se porta d'abord sur Bar'aï, au pied des monts Aourès, où s'était formé un rassemblement considérable de
Romains et de Berbers. Il les vainquit, les obligea de
se renfermer dans leurs places, et continua sa route
jusqu'à Lambés, située à deux journées de Constantine,
et l'une des plus importantes cités de l'Afrique romaine[2].
Arrivé sous les murs de cette ville, Ok'ba se trouve en
face d'une armée résolue à lui barrer le passage. Il lui
livra bataille et fut vainqueur. Les chrétiens s'enfer-
mèrent dans leurs forteresses[3].

Fidèle à ses habitudes de témérité chevaleresque,
Ok'ba ne se préoccupe pas de cés places qu'il laisse derrière lui. Il s'élance à travers le Maghreb, qu'il parcourt,
comme un ouragan, d'une extrémité à l'autre. Il arrive,
sans rencontrer d'obstacle, jusqu'à Ceuta et Tanger, qui
tombent en son pouvoir.

[1] Kaïrouâni, p. 44.

[2] Cette ville est appelée *Melich* par Nowaïri, *Samis* par Kaïrouâni
et *Lamis* par Ebn-Khaldoun. Cette dernière version, qui ne diffère de
Lambès que par un seul point, prouve qu'il s'agit de la ville de Lam-
bœsa, à laquelle seule peuvent convenir les indications de Kaïrouâni.

[3] Kaïrouâni, p. 44.

Il allait même passer en Espagne, lorsque le gouverneur de Tanger lui fit remarquer qu'il ne serait pas
prudent de laisser derrière lui la nation des Berbers.
« Qu'est-ce que les Berbers? » demande Ok'ba. — « Ce
sont, lui répondit-on, les habitants de Sous[1]. » Et aussitôt il part pour cette contrée, qu'il traverse au pas
de course. Il fait aussi une apparition dans l'Ouad-Dra'
et s'empare de la ville de Nefis, défendue par les Romains et les Berbers. Toutefois, il ne s'en rendit maître
qu'après un long siége. Il visita encore Oualili, Handze-
roun et le pays des Mas'moud'a[2].

Continuant sa route vers le sud, Ok'ba quitte le Sa-
h'ara et pénètre dans le grand désert, où il atteint les
Lemtouna[3], et particulièrement la tribu des Msoufa[4].
Arrivé sur les bords de l'Océan Atlantique, il pousse
son cheval dans les flots, en s'écriant : « Salut! » et,
comme on lui demandait ce qu'il saluait : « Je salue,
répondit-il, les sujets d'Iounès.[5] »

Il fit alors ses dispositions pour le retour; mais le
moment approchait où ce général, dont la mémoire
est si fort en honneur chez les Arabes, allait expier
d'une manière cruelle ses violences et ses témérités.

Il avait laissé dans les monts Aourès plusieurs causes
d'animosité et de révolte. Ksila, roi autochthone de ces

[1] Cha'ab-ed-Dìn, p. 157.
[2] Ebn-Khaldoun, traduit par M. N. Desvergers, p. 19.
[3] Kaïrouâni (p. 47) écrit *Semtourna*; mais il est très-probable qu'il
y a là une faute de copiste, et qu'il faut lire Lemtouna.
[4] Ebn-Khaldoun, traduit par M. N. Desvergers, p. 19.
[5] De Jonas.

contrées, avait, comme nous l'avons dit, embrassé l'islamisme, sous le commandement d'Abou-el-Meh'adjer. Pour s'assurer de sa fidélité, il eût été de bonne politique de respecter en lui la double condition de chef et de vaincu. Telle avait été, à ce qu'il semble, la conduite d'El-Meh'adjer; telle ne fut pas celle d'Ok'ba. Deux auteurs arabes, Ebn-Khaldoun et Nowaïri, témoignent des humiliations que le général arabe lui fit subir. Chaque jour il le faisait venir et lui ordonnait d'écorcher les moutons destinés à ses repas. La première fois que Ksila reçut cet ordre, il voulut le faire exécuter par ses serviteurs; mais Ok'ba l'accabla d'injures et exigea qu'il remplît lui-même l'office de boucher. L'Africain obéit, et, comme il passait sur sa barbe ses mains ensanglantées, les Arabes lui dirent : « Que fais-tu donc, Berber? » A quoi il répondit : « Je fais quelque chose qui est bon pour le poil. » — « Prenez garde, leur dit un vieil Arabe qui se trouvait là, c'est une menace que le Berber vous adresse. »

Abou-el-Meh'adjer, qui était resté en Afrique après sa disgrâce, savait combien est profond dans le cœur des Africains le ressentiment de l'injure, et, plus d'une fois, il avait conseillé à Ok'ba de se tenir sur ses gardes; mais l'aveugle présomption du général arabe avait dédaigné ces avertissements.

L'événement justifia les prévisions de l'ancien gouverneur. Tandis que Ok'ba, plein de confiance dans sa fortune, plantait l'étendard musulman sur les bords de l'Océan Atlantique, un soulèvement formidable s'orga-

nisait dans le Zâb et l'Aourès, et l'attendait à son retour.

Il parvint jusqu'à Tobna sans rencontrer de résistance ; mais, arrivé à cette ville, où commençaient les
possessions de Ksîla, il trouva devant lui tout le pays
en armes. En même temps, il apprit que Ksîla était le
promoteur et le chef de l'insurrection, et qu'il avait
établi son quartier général à Tehouda, au pied des versants méridionaux de l'Aourès. Ok'ba laisse le gros de
son armée et prend les devants à la tête d'une petite
colonne. Il dépasse Bâdés et se présente devant Tehouda ; mais aussitôt les portes se ferment et la population, accourue sur les remparts, répond à ses som-
mations par des injures.

Ok'ba-ben-Nafih avait enfin trouvé la punition de ses
fautes. Aussi intrépide qu'il avait été impolitique et
imprévoyant, il se détermine à tenter l'attaque avec sa
petite troupe. Il descend de cheval, fait sa prière, et
annonce à El-Meh'adjer, qui l'accompagnait, sa résolution d'emporter Tehouda ou de mourir. En même
temps, il presse ce chef de rejoindre l'armée et d'en
prendre le commandement ; mais El-Meh'adjer lui-même
est décidé à partager le sort d'Ok'ba et refuse de lui
obéir. Exaltés par l'exemple de leurs généraux, tous les
soldats brisent les fourreaux de leurs sabres et s'élancent
au combat. Généraux et soldats, ils périrent tous (63
de l'hégire)[1].

C'était le premier succès des Africains ; la nouvelle

[1] Kaïrouâni, p. 49.

s'en répand avec une merveilleuse rapidité et elle propage la révolte dans toute l'Afrique. Ksila est proclamé roi par les Romains et les Berbers. Sans perdre de temps, il marche sur Kaïrouân, où commandait Zouhir-ben-Kîs, lieutenant d'Ok'ba. En vain celui-ci essaye-t-il de réunir quelques forces : personne ne répond à sa voix. Enfin, privé de tout moyen de résistance, il se décide à évacuer la ville. Accompagné d'un petit nombre d'Arabes, il opère sa retraite vers le sud et va attendre dans le désert de Barka les ordres ultérieurs du khalife.

Pendant ce temps, Ksila entrait dans Kaïrouân ; tous les hommes valides avaient pris la fuite. Il n'y trouva que des enfants et des vieillards, auxquels il donna l'aman. C'était la première fois que l'insurrection berbère entrait triomphante dans le quartier général de l'armée arabe.

Ok'ba avait pris possession de son commandement en 62 de l'hégire ; il avait présidé à la reconstruction de Kaïrouân ; il avait traversé le Maghreb d'un bout à l'autre, de Kaïrouân à Tanger ; de là, remontant vers le sud, il avait traversé le Sah'ara, pénétré dans le désert, salué l'Océan Atlantique, et, enfin, retraversé le Maghreb, passant au milieu de populations étonnées, qu'il avait le tort de croire soumises. En 63[1], moins d'une année après, tout cet échafaudage s'était écroulé : Ok'ba avait été vaincu et tué ; Kaïrouân était au pouvoir des Africains, l'armée arabe en fuite, et le Maghreb en insurrection.

[1] Cha'âb-ed-Dîn, p. 157.

L'échec de Tehouda et la prise de Kaïrouân appelaient une réparation éclatante ; mais d'autres soucis occupaient alors le khalifat. L'empire de l'islam venait de naître, et déjà la guerre civile le déchirait. Déjà l'Arabie, l'Irak et l'Égypte s'étaient levés contre le khalife Iezîd, pour se ranger sous les étendards d'un audacieux compétiteur nommé 'Abdallah. La lutte se prolongea jusqu'à la mort de Iezîd et l'empêcha de venger l'affront que les armes musulmanes venaient de recevoir en Afrique.

Maouïa, son fils, ne put supporter le fardeau de son héritage et abdiqua au bout de six mois.

Après lui, Merouân continua la guerre contre 'Abdallah et lui enleva l'Égypte. Mais, en même temps, une nouvelle révolte éclatait à Koufa en faveur de la maison d'Ali. Merouân mourut peu de temps après, en 65 de l'hégire (685).

Il eut pour successeur 'Abd-el-Mâlek, son fils, qui, vingt ans auparavant, avait servi en Afrique, sous le commandement de Maouïa-ben-Khedidj, et qui, à cette époque, s'était emparé de Bizerte[1]. 'Abd-el-Mâlek eut à continuer la guerre contre 'Abdallah. La Mecque étant encore au pouvoir de ce dernier, il dut transporter à Jérusalem le but du pèlerinage.

Cependant, Zouhir-ben-Kîs-el-Belaoui attendait toujours, dans les déserts de Barka, le terme de la situation précaire que le sort des armes lui avait faite. 'Abd-el-Mâlek se décida enfin à lui fournir les moyens d'en

[1] Kaïrouâni, p. 41.

sortir. Pourvu de troupes et d'argent, Zouhir sortit de
sa retraite et reprit la route de Kaïrouân en 67 de l'hégire[1] (686), plus de quatre ans après l'avoir évacuée.
Ksîla ne jugea pas à propos de l'y attendre et alla camper
à quelque distance au nord de cette ville, en un lieu
nommé Meins par les uns et Oss par les autres. C'est là
que l'armée arabe vint le chercher; une seule bataille,
dans laquelle Ksîla périt, mit fin à l'insurrection dont il
était le chef. Aussitôt après, tous les Berbers, suivant
leur usage, se renfermèrent dans leurs places fortes.

De son côté, Zouhir-ben-Kîs rentra à Kaïrouân; mais
bientôt, par une de ces résolutions bizarres qui ne
trouvent leur explication que dans le caractère fantasque
de la politique arabe, il se serait décidé à évacuer
l'Afrique, trouvant, dit Kaïrouâni, en *philosophe pieux*
qu'il était, le fardeau du commandement trop pesant
pour lui[2].

L'armée arabe, suivant Kaïrouâni, se serait donc mise
en route pour l'Égypte, partie par le désert de Barka,
partie par le littoral. La colonne du littoral, que commandait Zouhir lui-même, rencontra en chemin un
corps de troupes grecques envoyées par l'empereur
d'Orient. Le général arabe apprit que l'armée chrétienne
traînait à sa suite des prisonniers musulmans; il résolut
de les délivrer; on en vint aux mains, et Zouhir périt
avec toute sa troupe.

[1] Kaïrouâni donne l'année 57 ou 69; Ebn-Khaldoun donne 67, ce
qui est la date la plus probable.
[2] Kaïrouâni, p. 51.

Cet événement, dont les allures excentriques du gouvernement arabe dispenseraient de rechercher la cause, paraît néanmoins se rattacher à un fait historique ignoré ou dissimulé par Kaïrouâni : c'est le traité conclu à cette époque entre le khalife 'Abd-el-Mâlek et l'empereur Justinien II, traité qui stipulait l'abandon à l'empire d'Orient des possessions musulmanes en Afrique. En exécution de cette clause, des ordres durent être donnés de part et d'autre pour l'évacuation du pays par les Arabes et l'occupation par les Grecs. C'est ainsi que naturellement les deux armées durent se rencontrer sur les côtes de l'ancienne Cyrénaïque. Alors, et en dehors des prévisions diplomatiques, une collision s'engagea entre elles; sans doute, comme le dit Kaïrouâni, parce qu'il se trouvait des captifs musulmans dans l'armée chrétienne. Quoi qu'il en soit, l'armée arabe fut détruite et la paix rompue.

La nouvelle de cette catastrophe produisit une vive sensation dans la capitale de l'empire arabe. H'acen-ben-No'mân, gouverneur de l'Égypte, reçut l'ordre de passer sur-le-champ en Afrique et de ne rien épargner pour obtenir une réparation éclatante. Il entra dans le Maghreb en 69 de l'hégire (688)[1], à la tête de quarante mille hommes; c'était l'armée la plus considérable qu'on y eût encore vue. Comme il en voulait surtout aux Grecs, il marcha droit sur Carthage, qui était restée

---

[1] Ebn-el-At'ir place l'arrivée de H'acen en 74, et Ebn-er-Rak'ik' en 69. C'est évidemment à cette date qu'il convient de s'arrêter. Ebn-Khaldoun ne donne pas son opinion personnelle sur cette question.

en leur pouvoir. Cette ville recevait alors ses eaux d'un magnifique aqueduc, dont on suit encore les ruines colossales à une grande distance, dans la direction du Djebel-Zar'ouân. H'acen-ben-No'mân le fit couper et fut bientôt maître de la ville, qu'il incendia et détruisit de fond en comble. Forcés d'abandonner leurs demeures, les habitants se réfugièrent dans les ports de l'Espagne et de la Sicile.

H'acen alla ensuite dissiper un rassemblement de Grecs et de Berbers qui s'était formé sur le littoral, entre Tabarka et Bizerte, et un autre de même nature dans le Sud, aux environs de Barka.

Ces deux opérations paraissent s'être accomplies sans difficulté. Ce n'était pas, en effet, chez les Grecs du Bas-Empire, que la conquête arabe devait trouver ses plus redoutables adversaires. Déjà, une première fois, elle avait appris à ses dépens combien la menaçaient d'une résistance plus sérieuse les populations africaines. A la tête de leurs clans belliqueux, une femme berbère allait renouveler cette sanglante leçon.

Cette héroïne, nommée généralement Kahîna, et quelquefois Dâmia, appartenait à l'une des plus grandes familles africaines. Elle commandait d'abord dans le Djebel-Aourès; mais, après la défaite et la mort de Ksila, elle avait été reconnue par toutes les tribus berbères. Les Romains eux-mêmes (ce qui en restait encore) s'étaient mis sous sa protection. Aussi, lorsque H'acen-ben-No'mân, débarrassé des Grecs, demanda aux habitants du pays quelle était la plus grande puis-

sance indigène, ils n'hésitèrent pas à lui désigner Kahîna.

H'acen se mit en campagne et rencontra l'armée berbère sur les bords de l'Ouad-Nîni[1]. Il fut mis en déroute complète et se retira précipitamment dans la direction du sud-est. Poursuivi jusqu'au delà du territoire
de Gabès, il continua sa retraite vers le sud et ne s'arrêta
que dans le désert de Barka, devenu le champ d'asile
des armées arabes. Un grand nombre de prisonniers
arabes tombèrent au pouvoir de Kahîna[2]. Elle eut pour
eux les plus grands égards et les rendit à la liberté, à
l'exception d'un tout jeune homme, nommé Khâled-
ben-Iezîd-el-Kîci, qu'elle retint auprès d'elle pour le
faire élever avec ses deux fils et que, pendant toute sa
captivité, elle combla de soins maternels[3].

H'acen, à la tête des débris de l'armée arabe, resta
cinq ans dans le désert de Barka. Enfin, en 74 de l'hégire, il reçut de nouvelles troupes et put reparaître
dans le Maghreb. Des émissaires envoyes secrètement
auprès de Khâled-ben-Iezîd obtinrent de lui des renseignements sur la situation des peuples berbères et sur
les moyens les plus avantageux de les attaquer.

A la nouvelle du mouvement de l'armée arabe, Ka-

[1] Nowaïri, dans la traduction d'Ebn-Khaldoun, p. 25.
[2] Nowaïri.—Kaïrouâni en porte le nombre seulement à quatre-vingts.
[3] Ebn-Khaldoun, Nowaïri et Kaïrouâni s'accordent à rendre hommage à la générosité de Kahîna envers ses prisonniers. Si l'on compare cette conduite avec celle que tenaient les Arabes en pareille circonstance, on reconnaîtra que, à cet égard, la civilisation de l'Afrique
n'avait rien à espérer de leur domination.

hîna, demeurée depuis sa victoire maîtresse de l'Afrique, prit une de ces résolutions violentes dont l'histoire moderne offre un exemple célèbre. Convaincue que l'attrait du pillage était le seul mobile des Arabes, et que l'Afrique les séduirait moins si elle était moins riche et moins belle, elle donna l'ordre de tout dévaster. Cet ordre fut exécuté autant qu'il pouvait l'être ; et, pendant quelques mois, l'exaltation du patriotisme africain commença cette œuvre de destruction que le vandalisme des Arabes devait continuer plus tard sans interruption pendant des siècles.

Les historiens arabes s'accordent à dire que, à cette époque, l'Afrique, depuis Tripoli jusqu'à Tanger, offrait un réseau continu de villages et de vergers.

La population romaine, animée d'un amour beaucoup moins farouche de l'indépendance, se détacha alors du parti de Kahîna et vint implorer le secours du général arabe contre les excès du patriotisme berbère.

Le moment décisif approchait; avant d'engager une lutte dont elle pressentait peut-être l'issue, Kahîna fit venir ses enfants et les envoya au général arabe avec Khâled-ben-Iezîd qui, jusqu'à ce moment, était resté auprès d'elle.

Enfin, les deux armées se trouvèrent en présence : cette fois, la victoire resta aux Arabes. Kahîna périt les armes à la main. Sa tête fut envoyée au khalife 'Abd-el-Mâlek.

H'acen, maître du Djebel-Aourès et des pays qui en

dépendaient, livra toute cette contrée à la dévastation et au pillage [1].

La mesure la plus importante adoptée à la suite de cette guerre fut la transportation d'environ vingt-quatre mille Berbers envoyés dans l'ouest, sous le commandement des fils de Kahîna, qui s'étaient convertis à l'islamisme. C'est la première fois que l'idée vint aux Arabes d'utiliser, dans l'intérêt de leur domination, le caractère belliqueux des indigènes. Ce déplacement considérable de population donna vraisemblablement naissance, comme je l'ai expliqué dans les premiers livres de cet ouvrage, à ces groupes considérables de Haouâra, de Zenâta et de Mek'nêça répandus dans l'empire de Maroc, et que devaient successivement grossir les épaves des révolutions ultérieures.

Après avoir étouffé l'insurrection de Kahîna, H'acen retourna à Kaïrouân. Il resta investi du commandement de l'armée d'Afrique jusqu'à la mort du khalife 'Abd-el-Màlek, en 86 de l'hégire (705 de notre ère).

Deux ans auparavant, en 84, il avait assujetti au kharadj ou à l'impôt foncier sur les terres conquises la population romaine et berbère qui reconnaissait l'autorité arabe.

Ici se termine la seconde phase de la domination arabe en Afrique, celle de la conquête. Au point de vue de l'extension de l'autorité des khalifes dans le Maghreb, elle réalise les progrès suivants :

La fondation de Kaïrouân donne aux troupes d'oc-

[1] Ebn-Khaldoun, traduit par M. N. Desvergers, p. 25.

cupation un quartier général permanent et imprime aux entreprises des Arabes un caractère de persistance et de durée qui leur avait manqué jusqu'alors.

L'élément romain s'efface peu à peu et laisse sur la scène l'élément autochthone, qui finit par l'occuper seul.

La transportation des Berbers d'une contrée dans une autre et leur incorporation dans l'armée arabe affaiblissent pour quelque temps l'action de la résistance indigène.

A la faveur de cette trêve, l'impôt commence à s'asseoir et à remplacer les dérèglements du pillage, seule loi des premières années.

A part ces commencements d'installation, la politique arabe se montre digne de ce qu'elle avait été pendant la première période.

Maouïa-ben-Khedidj continue l'œuvre de pillage et de dévastation commencée par ses prédécesseurs. Dans les villes qui tombent en son pouvoir, la population adulte est égorgée; les enfants sont distribués aux soldats comme du bétail.

Ok'ba-ben-Nafih arrive en Afrique, et, au moment de fonder Kaïrouân, il adresse aux animaux une sommation puérile, affectant pour les bêtes des égards qu'il n'avait pas pour les hommes.

Puis il s'enfonce dans le désert et s'empare de quelques oasis dont il mutile les chefs, coupant le nez à celui-ci, le doigt à celui-là, l'oreille à un troisième, laissant partout des exemples de barbarie et des motifs de haine.

Après lui, Abou-el-Meh'adjer se livre à des excen-

tricités d'un autre genre; il démolit Kaïrouân à peine
bâtie et affecte de défaire tout ce qu'avait fait son prédécesseur.

Ok'ba reparaît en Afrique, et refait à son tour tout
ce que son prédécesseur avait défait.

Puis il s'élance à travers le Maghreb, laissant derrière
lui des forteresses menaçantes et des populations irri-
tées. En moins d'une année, il a parcouru deux fois
toute la longueur de l'Afrique septentrionale. Mais l'insurrection l'attend à son retour; elle a pour chef un
prince africain, qu'animait contre Ok'ba le ressentiment
d'une injure personnelle.

Ok'ba périt dans cette lutte qu'il a imprudemment
provoquée, et l'armée arabe, chassée du Maghreb, va
attendre quatre ans dans les déserts de Barka la réparation de l'affront qu'elle a reçu.

Enfin, la cour de Damas se décide à réoccuper l'A-
frique; mais, presque aussitôt, elle en signe l'abandon;
puis, tout à coup, elle y envoie une nouvelle armée,
hâtant, par ces fluctuations, la décadence du pays qui
les subissait.

La réapparition de l'armée arabe est marquée par la
ruine de Carthage, ruine nouvelle ajoutée à tant d'autres.

Après quelques triomphes faciles sur les Grecs, le
général arabe va porter la guerre dans la contrée où,
quelques années auparavant, Ok'ba avait succombé. Il y
trouve une armée africaine commandée par une femme.
Il est battu et s'enfuit dans les déserts de Barka, où les
ordres du khalife se font attendre pendant cinq ans.

Dans ces premières luttes contre la race belliqueuse des peuples du Maghreb, l'histoire recueille quelques exemples d'humanité et de générosité, donnés par les chefs africains, qui forment un frappant contraste avec les habitudes barbares de la politique arabe.

Tel est le résumé des faits qui caractérisent la période de conquête dans l'histoire de l'établissement des Arabes en Afrique.

CHAPITRE III.

PÉRIODE DE DOMINATION.

Le gouvernement du Maghreb est rendu indépendant de celui de l'Égypte. — Gouvernement de Mouça-ben-Noc'eïr. — Tanger devient le chef-lieu des possessions arabes dans l'ouest du Maghreb. — Descente des Arabes et expédition de Mouça en Espagne. — Dévastation et pillage. — Disgrâce et mort de Mouça. — Le gouvernement de l'Afrique devient une charge politique et subit les fluctuations du gouvernement de la métropole. — Première soumission complète de l'Afrique, suivant les historiens arabes. — Exactions des gouverneurs arabes. — Tentative infructueuse contre la Sicile. — Nouvelles exactions. — Insurrection des Berbers à Tanger. — Deux défaites consécutives de l'armée arabe. — Première révolte d'un chef arabe. — Caractère de la période de domination.

La troisième phase, celle de la domination proprement dite, s'annonce par une réforme importante. Le Maghreb, qui, jusqu'alors, avait formé une annexe de l'Égypte, est érigé en gouvernement distinct. Cette séparation fut provoquée par les vexations et les exactions dont H'acen-ben-No'mân avait eu à se plaindre de la part du gouverneur de l'Égypte[1].

Mouça-ben-Nac'ir, qui succéda à H'acen-ben-No'mân, fut le premier gouverneur indépendant envoyé dans le Maghreb. Il y arriva en 86 de l'hégire (705-

[1] Ebn-Khaldoun, p. 28. — Kaïrouâni place cet événement en l'année 88 de l'hégire.

706)[1], à l'avénement du khalife Ouâlid-ben-'Abd-el-Mâlek. Il trouva cette contrée fort agitée, surtout dans l'ouest, par les soulèvements de la population berbère. Dans l'est, Constantine s'était aussi insurgée et avait tué son gouverneur. Mouça réduisit d'abord cette ville[2]; puis, passant dans la Mauritanie tingitane, il soumit la province de Sous, l'oasis de Dra' et celle de Tafilelt, appelée alors *Sedjelmâça*. Adoptant la politique de son prédécesseur, il obligea les Berbers à lui fournir dix-neuf mille hommes de cavalerie, les fit instruire dans la religion musulmane et les incorpora dans ses troupes[3].

Il couronna son expédition par la prise de Tanger, dont il fit le chef-lieu des possessions arabes dans l'ouest du Maghreb, et le point de départ d'une descente prochaine en Espagne. Il y laissa, comme gouverneur, Tarik-ben-Ziâd, avec un corps de dix-sept mille cavaliers, tant arabes que berbères, assurant ainsi, par une occupation locale et permanente, la conservation des nouvelles conquêtes qu'il venait de faire[4].

Avant de retourner au siége de son gouvernement, il soumit la tribu des Mas'moud'a, et en exigea des otages, auxquels il assigna pour résidence la ville de Tanger[5].

En revenant à Kaïrouân, il soumit la Medjâna et le pays de Zar'ouân. Il fit aussi des incursions dans le sud,.

---

[1] Cardonne, t. I, p. 55.
[2] Marmol, t. I, p. 157.
[3] Cardonne, t. I, p. 55.
[4] Kaïrouâni, p. 57.
[5] *Id. ibid.*

sur les terres des Haouâra, des Zenâta et des S'enhâdja, qui occupaient alors la portion du Sah'ara comprise aujourd'hui dans les états de Tripoli, de Tunis
et d'Alger.

En 91 de l'hégire (709-710), Mouça donna l'ordre
au gouverneur de Tanger de descendre en Espagne.
Tarik débarque aussitôt à Gibraltar[1], qui, au dire des
historiens arabes, lui doit son nom. Il s'avance jusqu'au
cœur de la péninsule, et, avec la puissance et la rapidité d'impulsion qui caractérisent les invasions arabes,
il enlève plusieurs positions importantes. Séville, Cordoue, Tolède, Sarragosse tombent en son pouvoir.

Des succès aussi rapides excitent la jalousie de Mouça:
il part de Kaïrouân, laissant à son fils 'Abdallah le gouvernement de l'Afrique, et passe en Espagne à la tête
de dix mille hommes, résolu à s'attribuer le profit d'une
entreprise dont un autre avait affronté les dangers.

A son arrivée en Espagne, il accable son lieutenant
Tarik des traitements les plus odieux. Puis, concentrant
dans ses propres mains le commandement de toutes les
forces arabes, il se met en route vers le nord. Tous les
historiens s'accordent à reconnaître que sa marche à
travers l'Espagne eut la rapidité de la foudre; mais elle
en eut aussi les effets. Dans l'espace de vingt mois, il
avait parcouru la péninsule dans toute sa longueur mé-
ridienne, franchi les Pyrénées, envahi le midi de la
France jusqu'à Carcassonne, et épuisé, sur les populations qu'il rencontrait, tous les genres d'atrocités. C'est

[1] Djebel-Tarik.

alors qu'il fut rappelé par le khalife et sommé de venir rendre compte de sa conduite.

Il repassa donc en Afrique en 94 de l'hégire (712-713), et, l'année suivante, il partit pour Damas. 'Abdallah, son fils, resta chargé, pendant son absence, de l'intérim du gouvernement.

Les historiens arabes, fidèles au caractère national, se montrent fort indulgents pour la mémoire de Mouça. Kaïrouâni le regarde comme un « homme sage et généreux. » Ils admirent surtout l'immense butin qu'il rapporta de l'Espagne; ils supputent avec complaisance tout ce que produisit le pillage de cette contrée. En partant pour Damas, il emportait dans ses bagages treize coffres pleins d'or, d'argent et de bijoux, une table d'émeraude prise à Merida, vingt-sept couronnes enrichies de pierreries. Il traînait, en outre, à sa suite trente mille esclaves de familles nobles. L'Afrique lui fournit aussi son contingent : sur le butin de cette contrée, il envoya au khalife, pour sa part, qui était du cinquième, soixante mille têtes d'esclaves; pour son fils 'Abdallah, dix mille, et pour Merouân, un autre de ses fils, dix mille aussi[1].

L'opulence de ces présents n'empêcha pas Mouça-ben-Nac'ir de tomber dans la disgrâce, et, bientôt après, dans la misère. On dit qu'il fut réduit à demander l'aumône. En 97, il entreprit le pèlerinage de la Mecque; mais il ne put supporter les fatigues du voyage, et l'on vit le vainqueur de l'Afrique et de l'Espagne

[1] Kaïrouâni, p. 63.

mourir en chemin, dénué de tout et abandonné de son dernier serviteur[1].

Après Mouça-ben-Nac'ir, le gouvernement du Maghreb, jusqu'alors indépendant des variations politiques de la métropole, fut livré aux intrigues de la cour de Damas. Le pouvoir y changea de main à chaque changement de règne; il devint la proie des courtisans.

Au moment où Mouça avait été rappelé, le khalife régnant était Ouâlid; il mourut peu de temps après, en 96. Son successeur, Slîman, envoya pour gouverner l'Afrique une de ses créatures, 'Abdallah-ben-Kerîz[2]. Si on le juge par le seul acte de son administration que l'histoire ait enregistré, c'était un homme nul. Un jour il adressa au khalife une plainte contre les reptiles et les insectes venimeux qui fourmillent en Afrique. Sur quoi, le khalife lui répondit qu'il fallait se résigner en bon musulman, et prier Dieu de le préserver des piqûres.

En 99 commence un nouveau règne. 'Abdallah est rappelé et remplacé par Moh'ammed-ben-Zaïd-el-Ansari[3]. Mais ce gouverneur ne reste sans doute en fonctions que quelques mois; car, en cette même année 99, Ebn-Khaldoun mentionne comme gouverneur Isma'ïl-ben-'Obeïd-Allah, fils de cet Abou-el-Meh'adjer qui avait commandé l'armée d'Afrique avant Ok'ba-ben-Nafi, et avait péri avec lui sous les murs de Tehouda. Ebn-Khaldoun constate que l'administration de ce gouverneur

[1] Kaïrouâni, p. 60.
[2] Id. p. 62.
[3] Id. p. 63.

fut irréprochable ; aussi détermina-t-elle un grand nombre de conversions parmi les Berbers[1]. C'est à cette époque, l'an 100 de l'hégire (718), que Kaïrouâni place la première soumission complète de l'Afrique. Romains et Berbers avaient également déposé les armes. Une partie de la population était musulmane et le reste tributaire[2].

Des services de cette importance ne retardèrent pas d'un seul jour la disgrâce d'Isma'ïl. En 101 de l'hégire, un nouveau khalife fut appelé au trône et un nouveau gouverneur envoyé dans le Maghreb. C'était Iezîd-ben-Abi-Meslem, secrétaire et affranchi de Hadjadj, qui fut le Néron des généraux arabes. Iezîd prétendit appliquer à l'Afrique le système d'extorsions et de violences suivi dans l'Irak par son ancien patron. Ainsi, il voulut exiger le kharadj, ou l'impôt de capitation, des Africains convertis à l'islamisme ; ce qui était contraire aux lois. Mais il avait affaire à une population moins débonnaire que celle de l'Irak. Les Berbers, poussés à bout, le massacrèrent un mois après son arrivée, et proclamèrent à sa place Moh'ammed-ben-Zaïd, qui les avait déjà gouvernés[3]. En même temps ils écrivirent au khalife pour lui exposer les motifs de leur conduite ; motifs qui devaient être bien légitimes, puisque le khalife les accueillit et confirma le choix des Berbers.

Toutefois, Moh'ammed-ben-Zaïd ne conserva pas

[1] Ebn-Khaldoun, p. 30.
[2] Kaïrouâni, p. 63.
[3] Kaïrouâni raconte que Iezîd fut assassiné au moment même où Moh'ammed-ben-Zaïd allait être décapité par ses ordres, p. 64.

longtemps son commandement. En 103 de l'hégire, il
fut remplacé par Bèchir-ben-Safouân-el-Kalbi[1], qui gouverna le Maghreb au milieu d'agitations sans cesse re-
naissantes, jusqu'à sa mort, arrivée en 109 de l'hégire
(727-728).

Un successeur qu'il s'était choisi lui-même avant de
mourir faillit perdre le pays par sa mauvaise administration, et fut destitué au mois de s'afar 110[2] de l'hégire (juin 728).

A sa place, le khalife nomma 'Obeïd-Allah-ben-'Abd-
er-Rah'mân, qui gouverna l'Afrique environ quatre ans,
sans avoir signalé son administration autrement que par
une tentative infructueuse contre la Sicile. Il revint à
Damas en 114 de l'hégire (732-733), rapportant au
khalife plus de sept cents esclaves de choix, des chevaux, de l'or et de l'argent; d'où l'on peut induire que,
pendant ces quatre années, le régime des exactions et
des rapines continua d'être la règle du gouvernement.

Le gouverneur de l'Égypte reçut l'ordre de se rendre
dans le Maghreb et de prendre le commandement de
cette contrée. Les historiens ne sont pas d'accord sur
le nom de ce personnage. Kaïrouâni l'appelle 'Abdallah-
ben-el-Hedjâb[3], et Ebn-Khaldoun, 'Obeïd-allah-ben-el-
Habbâb[4]. Quoi qu'il en soit, en arrivant à Kaïrouân, le

---

[1] Ebn-Khaldoun, p. 32.
[2] Kaïrouâni, p. 65.
[3] Ibid. p. 66.
[4] Ebn-Khaldoun, p. 33. — Nowaïri dit qu'il arriva en Afrique en
l'an 116 de l'hégire.

nouveau gouverneur envoya dans la province de Sous (Maroc méridional) le fils d'Ok'ba-ben-Nafi, et, dans la province de Tanger (Maroc septentrional), Omar-ben-'Obeïd-Allah. Le premier de ces deux généraux s'avança fort avant dans le sud, et pénétra même jusqu'au Soudan, d'où il rapporta un riche butin. Ebn-Khaldoun dit qu'il soumit le Maghreb et « les tribus berbères qui l'habitent ». Ce qui ne donne pas une haute idée de la solidité des soumissions obtenues précédemment, et, en particulier, de cette soumission complète de l'Afrique, constatée pompeusement par les historiens arabes, sous l'année 100 de l'hégire. Au reste, les événements qui vont suivre prouvent bien que les Arabes n'avaient encore, jusqu'à cette époque, obtenu en Afrique que des trêves passagères et locales.

Le général envoyé dans la province de Tanger ne tarda pas à se rendre odieux aux Berbers par ses injustices et surtout par ses exactions. Ainsi, il n'observait, dans l'établissement de l'impôt, aucune des règles tracées par la loi musulmane. Les Berbers refusèrent de se soumettre à ses prétentions et coururent aux armes. Ils choisirent pour chef un certain Mîsra, de la tribu des Metr'ara, qui appartenait à la secte des Sofria, espèce de protestantisme musulman, de sorte que la lutte entre la race africaine et la race arabe eut dès lors un double caractère et un double objet ; ce fut une protestation religieuse et politique tout à la fois.

J'ai donné ailleurs, dans la notice consacrée aux Ze-

nâta, les détails de cette insurrection. Je n'en repro-
duirai ici que les faits principaux.

A la tète de ses Berbers, Mîsra massacre le général
arabe et s'empare de Tanger; là, il est proclamé khalife
et prend le titre d'Émir-el-Moumenîn (chef des Fidèles),
donnant ainsi le premier l'exemple d'une usurpation qui
devait plus tard se reproduire et se consolider.

A la nouvelle de cette insurrection, Ebn-el-Habhâb
rassemble toutes ses forces; il rappelle même une colonne qu'il venait d'envoyer en Sicile, et dirige toutes
ces troupes sur Tanger. Khâlid-ben-H'abib, chargé du
commandement, attaque les Berbers; mais ses troupes
sont mises en déroute, et il périt lui-même avec l'élite
de son armée. Dès lors, le soulèvement devient général.

Ebn-el-Habhâb est rappelé et remplacé par K'altoum-
ben-Aïâd, qui arrive en Afrique, en 123 de l'hégire
(740-741), à la tête de douze mille hommes tirés de
l'armée de Syrie. Il rencontre les Berbers dans la vallée
de Seboua près de Tanger; mais l'armée arabe, battue de
nouveau, se sauve d'abord à Ceuta et de là en Espagne.
Le gouverneur fut au nombre des morts. Quant aux insurgés, au lieu de rester groupés, ils se dispersèrent
après leur victoire et se répandirent dans toute l'Afrique.

En ce moment, une nouvelle révolte de Berbers hérétiques éclate à Gabès (régence de Tunis); des troupes
arabes, envoyées de Kaïrouân, éprouvent un premier
échec; mais elles reprennent le dessus et dissipent les
Berbers, dont le chef, Okkâcha-ben-Aïoub-el-Fzârì,

se retire dans le désert et va y attendre le moment favorable pour recommencer la lutte.

Sur ces entrefaites (124 de l'hégire), un nouveau gouverneur, H'and'ala-ben-Safouân-el-Kalbi[1], arrive en Afrique. Okkàcha sort alors de sa retraite, à la tête de trente mille Berbers hérétiques, et s'avance jusqu'aux portes de Kaïrouân. Une première sortie dirigée contre lui est repoussée; mais, dans une seconde rencontre, à Bâten-el-Garn, il est battu, fait prisonnier et mis à mort.

Pendant la courte trève qui suivit cette bataille, l'un des épisodes les plus sanglants de la lutte entre les deux peuples, un nouvel élément de dissolution, l'esprit de révolte et d'indiscipline, commença à s'introduire dans l'armée arabe.

Parmi les Arabes qui avaient passé en Espagne à la suite du combat de Seboua, se trouvait un certain 'Abder-Rah'mân-ben-H'abîb, fils d'un général qui avait péri dans cette affaire. Ses intrigues le firent bientôt chasser d'Espagne, d'où il se rendit à Tunis. Là, il chercha à exciter l'animosité de ses compatriotes contre le gouverneur. Il parvint ainsi à se créer un parti dans l'armée arabe, et alors il se révolta contre H'and'ala. Celui-ci, pour éviter une collision intestine, eut la générosité ou la faiblesse de lui céder le commandement. La cour de Damas montra plus de faiblesse encore : au lieu de punir cette audacieuse usurpation, qui ouvrait une ère d'anar-

---

[1] Il était frère de Bechîr, qui avait gouverné l'Afrique quinze ans auparavant.

chie et de décadence pour la puissance arabe en Afrique, elle la sanctionna.

Nowaïri rapporte que, au moment de son départ, H'and'ala convoqua le k'âd'i et les principaux habitants de Kaïrouân, qu'en leur présence il ouvrit la caisse du trésor public et y prit seulement mille dinâr. « Soyez témoins, leur dit-il, que je n'ai pris que la somme nécessaire pour mon voyage. » Ce fait donne à penser que les gouverneurs de l'Afrique étaient dans l'usage de vider le trésor public, lorsqu'ils quittaient leur commandement; ce qui mettait leurs successeurs dans la nécessité de recourir aux exactions et aux extorsions.

C'est à la révolte d'Abd-er-Rah'mân-ben-H'abîb, et au départ de H'and'ala-ben-Safouân-el-Kalbi, que je place la fin de la troisième période de l'établissement arabe en Afrique. Le premier acte de cet âge fut l'érection du Maghreb en gouvernement indépendant, et la spécialisation des intérêts barbaresques. Il eut, comme conséquence immédiate, la création d'un centre d'occupation permanente dans la partie la plus occidentale de cette contrée. Tanger devint ainsi le Kaïrouân de l'ouest. Cette division des forces militaires en rendit l'action plus prompte et plus efficace, les garnisons se trouvant placées à proximité des populations qu'elles étaient chargées de maintenir. Elle établit enfin un commencement de division territoriale, qui est la base de toute domination.

Aussi, quatorze années se sont à peine écoulées, que nous voyons les écrivains arabes constater avec orgueil l'état de calme général dont jouit un moment le Maghreb. Nul doute que le perfectionnement de la première division territoriale, combiné avec l'action bienfaisante de la justice et de la probité, n'eussent ôté aux tribus berbères tout prétexte d'insurrection. C'est un bien grand enseignement, à notre avis, que de voir cette pacification générale coïncider avec le gouvernement d'Isma'ïl-ben-'Obeïd-Allah, dont l'histoire reconnaît, sans restriction, la sagesse et l'équité.

Mais cette prospérité dura peu; dès l'année suivante ce gouverneur était remplacé par un homme violent et avide, que les Berbers, révoltés de ses injustices, massacraient après un mois de règne.

Quelques années plus tard, l'iniquité du gouverneur de Tanger provoque une nouvelle insurrection : deux armées arabes sont taillées en pièces; le feu de la révolte embrase toute l'Afrique.

La politique arabe reste sourde à ces avertissements. L'exaction, qu'elle pratique avec cynisme, appelle la révolte, et la révolte sert de prétexte à de nouvelles exactions. Ainsi, par un enchaînement funeste, la démoralisation et le désordre envahissent de plus en plus le Maghreb, et le poussent fatalement vers la barbarie.

Ce mouvement de décadence entraine la domination arabe elle-même, en vertu de cette loi imprescriptible qui fait expier aux gouvernements leurs dérèglements et leurs excès.

Le premier symptôme de dissolution se manifeste, en l'an 126 de l'hégire, par la révolte d'Abd-er-Rah'mân et le succès dont elle est couronnée. Dès lors la discorde et l'indiscipline s'introduisent parmi les troupes arabes et leur inoculent le germe de mort.

A dater de ce moment, l'établissement arabe entre dans une phase nouvelle. Aux périls sans cesse renaissants de l'insurrection autochthone vient se joindre le péril plus grand encore des dissensions intestines. L'élément berbère profite du désordre pour accroître son influence. Il devient l'auxiliaire des mécontents et pèse dans la balance des partis. Tout annonce le démembrement prochain de l'empire arabe en Afrique.

CHAPITRE IV.

PÉRIODE D'ANARCHIE.

Nouvelle insurrection des Berbers. — Les Ommiades sont renversés par les Abbassides. — Effets de cette révolution dans le Maghreb. — Guerre civile entre les Arabes du Maghreb. — Les chefs arabes se partagent le gouvernement de l'Afrique. — Intervention des Berbers dans ces querelles intestines. — Ils deviennent momentanément maîtres du Maghreb. — Le khalife renvoie une nouvelle armée. — Formation d'une première principauté berbère, celle des Beni-Medrar, dans l'ouest du Maghreb, à Sedjelmàça. — Formation d'une autre principauté indépendante, celle des Beni-Roustem, à Tak'demt, dans la province d'Oran. — Nouvelles révoltes dans l'armée arabe. — Soulèvement des tribus berbères à Tobna. — Participation des chefs arabes aux mouvements de l'élément autochthone. — Caractère religieux des insurrections. — Établissement d'une nouvelle principauté indépendante, celle des Édricites, à Fès. — Rupture des souverains musulmans d'Espagne avec le gouvernement de la métropole. — Révolte des chefs arabes à Tunis. — Le gouverneur tombe en leur pouvoir et est mis à mort. — Nouvelle révolte de l'armée arabe à Kaïrouân; le gouverneur est déposé. — Désordre général dans la partie du Maghreb soumise aux Arabes. — Ibrahim-ben-el-Aghlàb achète au khalife le gouvernement du Maghreb. — Établissement de la dynastie indépendante des Aghlabites.

Le départ de H'and'ala fut pour les Berbers le signal de l'insurrection. Les tribus de Tlemsèn, de Bougie, de Tunis et de Tripoli se levèrent à la fois, sous prétexte de défendre la secte des Abâdi, qui, à cette époque, réunissait presque toute la population africaine.

La répression de ces divers mouvements occupa le nouveau gouverneur jusque vers l'année 135 de l'hégire (752-753).

Pendant ce temps, une grande révolution s'accomplissait dans la métropole. La dynastie des Ommiades venait d'être renversée par celle des Abbassides (132 de l'hégire, 750 de J. C.), et les gouverneurs des provinces durent répondre à la notification de ce changement. 'Abd-er-Rah'mân, occupé de sa guerre contre les Berbers, n'hésita pas à reconnaître le nouveau khalife Abou-el-'Abbâs et conserva de bonnes relations avec l'autorité métropolitaine jusqu'à la mort de celui-ci, qui eut lieu en 136 (754).

'Abou-Dja'far-el-Mans'our, qui succédait à Abou-el-'Abbâs, écrivit au gouverneur de l'Afrique pour l'inviter à reconnaître son autorité. 'Abd-er-Rah'mân répondit par une lettre de soumission ; mais il l'accompagna d'un présent de peu de valeur où se trouvaient, au lieu d'esclaves, des faucons et des chiens. « Toute l'Afrique, écrivait-il, est maintenant convertie à l'islamisme ; il ne s'y fait plus de prisonniers ; ne me demandez donc pas quelque chose qu'il n'est pas en mon pouvoir de vous envoyer. » Abou-Dja'far se montra fort mécontent de ce message et y répondit par une lettre pleine de menaces. Dès lors 'Abd-er-Rah'mân ne garda plus de mesure. Il convoqua aussitôt le peuple de Kaïrouân dans la mosquée. Il y arriva lui-même chaussé de sandales, et là, du haut de la chaire, il maudit Abou-Dja'far. « En saluant, dit-il, l'avénement de cet homme, j'avais cru au règne de la justice ; mais je reconnais mon erreur et je repousse sa souveraineté ; je le dépose comme je dépose ces sandales. » Puis il se fit apporter le manteau noir, signe de l'investiture des Abbassides, et ordonna qu'il fût brûlé devant lui. Aussitôt après, il envoya à tous les commandants des provinces l'ordre de supprimer dans la prière dite *khotba* le nom du khalife. Sa lettre fut lue en chaire dans toutes les mosquées du Maghreb [1].

'Abd-er-Rah'mân ne jouit pas longtemps de l'indépendance qu'il venait de s'attribuer. Il périt, peu de temps après sa révolte, assassiné par ses deux frères, Élias et 'Abd-el-Ouâret.

Il laissait un fils nommé H'abîb, qui se réfugia à Tunis, auprès d'un oncle appelé 'Amrân. Après plusieurs combats, ces quatre personnages conclurent un arrangement d'après lequel le gouvernement de l'Afrique fut partagé entre eux de la manière suivante : H'abîb eut le Belâd-el-Djerîd et la partie méridionale de la régence de Tunis. 'Amrân eut Tunis, la presqu'île du cap Bon et la partie septentrionale de la régence. Enfin, le reste de l'Afrique échut à Élias, associé sans doute avec 'Abd-el-Ouâret, qui avait été son complice dans l'assassinat de 'Abd-er-Rah'mân.

Cette convention fut arrêtée en 138 de l'hégire (755-756). Elle créait trois capitales : Tunis, Kaïrouân et Gafs'a, et impliquait l'abandon de la partie occidentale du Maghreb.

Les nouveaux gouverneurs venaient à peine de s'ins-

[1] Nowaïri, dans la traduction d'Ebn-Khaldoun, p. 45.

taller dans leurs commandements respectifs, lorsque
'Amrân fut arrêté par ordre de son frère Élias et tué ou
déporté en Espagne. H'abîb voulut le venger et marcha
sur Kaïrouân; mais, lorsque les deux armées furent en
présence, H'abîb provoqua son oncle en combat singulier et le tua. Il resta ainsi tranquille possesseur de
Kaïrouân (138 de l'hégire).

Jusque-là, les chefs arabes avaient vidé leurs querelles sans l'intervention des Africains. Mais 'Abd-el-
Ouâret, l'un des assassins de 'Abd-er-Rab'mân, craignant
la vengeance de son fils, se réfugia chez les Ouarfadjouma, tribu berbère établie aux environs de Tripoli. Acem-
ben-Djemîl, qui en était le chef, s'empressa de l'ac-
cueillir, et ils marchèrent ensemble contre Kaïrouân,
où ils entrèrent après un combat sanglant.

H'abîb s'était enfermé dans Gabès; il y fut attaqué et
vaincu. C'est alors qu'à son tour il va demander un asile
aux Berbers de l'Aourès, qui épousent sa cause. Acem le
poursuit dans les montagnes; mais il est battu et tué.

Un autre chef berbère remplace ce dernier dans son
commandement et s'installe à Kaïrouân. H'abîb vient l'y
attaquer et reste sur la place (140 de l'hégire, 757-
758 de J. C.).

Ainsi, depuis l'année 136 jusqu'à l'année 140, c'est-
à-dire dans l'espace de quatre ans, l'Afrique avait vu
un gouverneur arabe révolté contre l'autorité de la métropole, puis assassiné par ses frères; une partie de
l'Afrique abandonnée à elle-même, tandis que l'autre
était scindée en trois gouvernements hostiles, et, parmi

ces chefs rivaux, les uns s'exterminant entre eux, les autres appelant les Berbers à leur aide, puis disparaissant dans la lutte et laissant ces redoutables auxiliaires maîtres absolus du Maghreb.

En effet, la mort de H'abîb mit l'Afrique entre les mains des Ouarfadjouma; mais le chef de cette tribu se rendit tellement odieux aux habitants de Kaïrouân. qu'ils prirent le parti d'abandonner la ville et se dispersèrent dans la campagne.

Indigné de ces excès, un autre chef berbère, Abou-el-Khettâb-'Abd-el-'Ala, de la tribu des Mr'afra et de la secte des Abâdi, leva le drapeau de l'insurrection et s'empara de Tripoli. Il marcha ensuite contre Kaïrouân, vainquit les Ouarfadjouma et se rendit maître de la ville, en l'an 141 de l'hégire (758-759).

Il y resta jusqu'en l'année 144 (761-762). A cette époque, le khalife Abou-Dja'far, qui, depuis la révolte d'Abd-er-Rah'mân, en 136, laissait l'Afrique livrée à l'anarchie, se décida à y envoyer des troupes et un gouverneur, Moh'ammed-ben-el-Achât-el-Khozaï. A la nouvelle de ce mouvement, le chef berbère Abou-el-Khettâb quitte Kaïrouân, dont il laisse le commandement à un Arabe, 'Abd-er-Rah'mân-ben-Roustem, et se porte à la rencontre de Ben-el-Achât, dans la direction de Tripoli. Les deux armées se rencontrèrent à Sort, sur la côte cyrénaïque. Les Berbers furent battus; Abou-el-Khettâb lui-même resta sur la place. (Rebi-el-aouel 144, juin 761.)[1]. Ebn-el-Achât n'entra dans Kaïrouân que

[1] Cette date est donnée par Ebn-Khaldoun. — Bekri place cet évé-

l'année suivante, en 145. Suivant Ebn-Khaldoun, il fit
entourer cette ville d'un mur d'enceinte qui fut achevé
dans l'espace d'une année, d'où il suit que la capitale
des possessions arabes en Afrique était restée ouverte
jusqu'à cette époque. Ce fait explique le peu de résistance qu'elle avait opposée aux différentes agressions.
Il témoigne, en même temps, de l'imprévoyance des
Arabes, qui n'avaient pas même su, jusqu'alors, mettre
à l'abri d'un coup de main le siége de leur gouvernement.

Après la défaite d'Abou-el-Khettâb, Ebn-el-Achât
resta maître de l'Afrique. Mais les huit années d'anarchie par lesquelles le Maghreb venait de passer devaient avoir des conséquences fâcheuses pour l'établissement arabe. La race conquérante avait, elle-même,
abaissé la barrière qui la séparait de la race conquise;
elle l'avait fait intervenir dans ses démêlés; elle l'avait
initiée et associée à ses querelles intestines, et elle avait
ainsi, de ses propres mains, détruit l'unité de sa domination, et préparé le démembrement de son empire
d'Afrique.

Déjà, en 140 de l'hégire (757-758), au milieu de
cette période de troubles, et à la faveur du délaisse-
ment où était tombé le Maghreb occidental à la suite
du meurtre d'Abd-er-Rah'mân, une tribu berbère, celle
des Mek'nêça, avait fondé la ville célèbre de Sedjelmâça,
et cette ville était devenue le siége d'une principauté

nement au mois de s'afar de la même année, c'est-à-dire deux mois
plus tôt, p. 523.

et d'une dynastie indépendantes, celle des Beni-Medrâr ou Medrarites.

Quatre ans plus tard, avaient lieu la bataille de Sort et la déroute d'Abou-el-Khettâb. C'est alors que 'Abd-er-Rah'mân-ben-Roustem, chargé du commandement de Kaïrouân par ce chef berbère, se hâta de quitter cette ville ; il réunit promptement un corps d'armée formé de contingents fournis par les Leouâta, les Haouâra, les Zouâr'a, les Zenâta, les Mat'mât'a et les Mek'nêça, c'est-à-dire par les tribus qui avaient pris part aux agitations des huit dernières années. Suivi de cette troupe, il se dirigea vers l'ouest, et alla fonder, sur l'emplacement actuel de Tak'demt, la principauté indépendante de Tahart et la dynastie des Beni-Roustem ou Rousté-mites.

La période d'anarchie qui venait de donner naissance à deux états indépendants soutenus par l'élément ber-bère n'était que le prélude de désordres de la même nature, qui allaient se renouveler presque sans inter-ruption, et amoindrir de plus en plus la puissance arabe.

En 148 (765-766), les Arabes se révoltent contre Moh'ammed-ben-el-Achât, et le chassent de l'Afrique. Il est remplacé par El-Ar'lâb.

A peine celui-ci est-il installé dans son gouverne-ment, qu'un chef berbère, nommé Abou-K'arra, se sou-lève contre lui. El-Ar'lâb veut se porter à sa rencontre ; mais ses troupes refusent de le suivre et se déclarent en pleine révolte. A la tête des corps demeurés fidèles, le gouverneur essaye de réprimer cette sédition. On en

vient aux mains : El-Ar'lâb est tué dans le combat. Exas-
pérées, les troupes de son parti reviennent à la charge,
et mettent en fuite les révoltés, dont le chef se réfugie
dans la tribu berbère des Ketâma : nouvel exemple de
l'appui dangereux que l'indiscipline des chefs arabes
demandait à la race berbère.

Le successeur d'El-Ar'lâb fut Omar-ben-H'afes; il
entra en fonctions en 151 de l'hégire (768), et débuta
par quelques années de calme. Mais, dès l'année 154,
les tribus berbères se soulevèrent de nouveau. L'insurrection, née dans la province de Tripoli, s'étendit bientôt jusqu'à Tobna; de sorte qu'elle embrassait dans son
rayon d'agitation la moitié de l'Algérie actuelle et les
deux régences de Tunis et de Tripoli. Il est vrai qu'elle
resta circonscrite aux tribus du Sah'ara, du désert et de
la région méridionale du Tell; mais, en revanche, elle
recruta des contingents, même parmi des tribus situées
bien au delà du théâtre des opérations. C'est ainsi que,
au premier signal, on vit accourir de la province d'Oran,
à la tête d'une colonne de quinze mille hommes, 'Abd-
er-Rah'mân-ben-Roustem, le fondateur de la principauté de Tahart. Omar-ben-H'afes s'était rendu à Tobna,
qui était alors la capitale du Zâb, pour présider à la
construction des murailles de cette ville. Il s'y vit bientôt
assiégé par un rassemblement formidable, composé de
douze corps d'armée. Parmi les chefs de ce rassemblement figurait Abou-K'arra, qui s'était déjà révolté
contre El-Ar'lâb. Mais le principal chef de la ligue, ou
du moins celui auquel échut le principal rôle, fut un

certain Abou-H'atem, des environs de Tripoli. Omar-
ben-H'afes, reconnaissant l'impossibilité de rompre la
coalition par la force, chercha à la dissoudre par la
ruse; mais il n'y parvint qu'imparfaitement, et il se vit
bientôt bloqué dans Kaïrouân, n'ayant à opposer aux
masses compactes d'Abou-H'atem qu'une population
abattue par la famine et des troupes d'une fidélité douteuse. Sur ces entrefaites, Omar apprend, par une lettre
de sa femme, que le khalife, mécontent de ne pas recevoir de ses nouvelles, l'a remplacé par Iezìd-ben-H'a-
tem, et que ce dernier se rend en Afrique à la tête de
soixante mille hommes. Cette nouvelle exaspère le malheureux gouverneur: il tente une sortie furieuse, dans laquelle il est tué (milieu de zil-h'adja 154, novembre 771).
Son frère le remplace provisoirement, et conclut, avec
Abou-H'atem, une capitulation qui rend le chef berbère
tout-puissant en Afrique. Cependant le nouveau gouverneur, Iezìd-ben-H'atem, était en marche; Abou-H'a-
tem se porte à sa rencontre et l'atteint dans le Djebel-
Nfous (Tripoli). Mais le chef berbère est vaincu et tué.
Iezid-ben-H'atem continua sa marche jusqu'à Kaïrouân,
où il entra vers le milieu de l'année 155 de l'hégire (mai
ou juin 772).

Cette guerre offrit un nouvel exemple du changement qui s'était opéré depuis quelques années dans les
relations entre les Arabes et les Berbers. L'armée d'A-
bou-H'atem comptait dans ses rangs plusieurs Arabes
de distinction[1]. De ce nombre fut 'Abd-er-Rah'màn,

---

[1] Cela s'explique par cette circonstance, que j'ai déjà fait remarquer,

fils de H'abîb, ancien gouverneur de l'Afrique. Après la défaite de son parti, il se sauva chez les Ketâma, dans la petite Kabilie actuelle, qui était alors, comme elle l'est aujourd'hui, le réceptacle des intrigants et des mécontents. Iezîd fit cerner la tribu qui avait accueilli ce chef arabe, ce qui l'obligea à prendre de nouveau la fuite (en 156). La même année, une nouvelle révolte, promptement réprimée, éclata parmi les Haouâra dans les environs de Tripoli. Elle se rattachait à la grande insurrection d'Abou-H'atem, qui n'avait pas été complétement étouffée dans les gorges du Djebel-Nfous, et dont Iezîd eut à combattre les débris jusqu'à sa mort, arrivée, en ramadàn 170 (avril 787), sous le khalifat d'Haroun-el-Rachid.

Cette lutte fut entremèlée de quelques trèves, pendant lesquelles le gouverneur fit reconstruire la grande mosquée de Kaïrouân, y établit des marchés, et affecta un quartier spécial à chaque corps de métier; mesures administratives d'un intérêt restreint et local, seuls incidents de ce genre qu'il soit possible de recueillir dans cette longue et incessante tempète qui ébranle l'établissement arabe.

A la mort d'Iezîd, ce fut son fils, nommé Daoud, qui le remplaça. Pendant dix mois et demi qu'il resta au pouvoir, les Berbers se révoltèrent encore une fois dans

que la guerre avait perdu son caractère exclusivement national, et avait pris, en partie, le caractère religieux; ainsi, les contingents qui participèrent à l'insurrection appartenaient à la secte des Sofria ou à celle des Abadi.

les montagnes qui environnent Bêdja. Ils appartenaient à la secte des Abadi. Un premier corps d'armée, envoyé contre eux, fut presque détruit; il fallut en envoyer un second, puis un troisième, qui parvint à les dissiper.

En 171 de l'hégire (787-788), Daoud-ben-Iezid fut remplacé par son oncle, Rouh'-ben-H'atem, qui gouverna paisiblement l'Afrique jusqu'en l'année 174 (790-791). Mais, pendant ce temps, il conclut une alliance avec 'Abd-el-Ouâhab-ben-Roustem, l'émir de Tahart; acte impolitique, signe d'affaiblissement et de décadence, puisque c'était reconnaître en Afrique une puissance indépendante du gouvernement général, et consacrer le démembrement des possessions arabes; acte impolitique encore, au point de vue des préjugés religieux de cette époque, puisque l'émir roustémite n'était pas seulement un usurpateur, mais encore un hérétique, comme appartenant à la secte des Ouhâbi[1].

Au reste, pendant que ce traité se concluait, une nouvelle atteinte était portée à l'intégrité des possessions arabes en Afrique, par l'établissement de l'émirat et de la dynastie des Édricites.

L'auteur de cette nouvelle usurpation, Édris-ben-

---

[1] Cette secte existe encore aujourd'hui, et, comme au moyen âge, elle n'a pour adhérents que des Berbers. Les principaux foyers de l'ouhabisme sont : l'oasis de l'Ouad-Mzâb, dans le Sah'ara algérien; l'île de Djerba, dans le Sah'ara tunisien; et la petite ville de Zouâra, dans le Sah'ara tripolitain. Les populations ouhabites proviennent toutes de la même source, et du pays d'où était partie la colonie de Tahart.

'Abdallah, descendait d'Ali, gendre de Mahomet, dont la
famille élevait des prétentions au khalifat, et, à ce titre,
avait encouru la proscription des Abbassides. Une tentative infructueuse, qui eut lieu en faveur de cette famille dans l'année 169, ranima la persécution dont elle
était l'objet. Édris se tint caché pendant trois ans; mais,
en 172, il parvint à s'échapper, traversa l'Égypte et le
Maghreb, et arriva dans la partie la plus occidentale
de cette contrée, où, depuis longtemps déjà, l'autorité
des khalifes se faisait à peine sentir. Il s'arrêta à Oualili, au sommet du Djebel-Zerhoun, à peu de distance
de l'emplacement où devait s'élever, quelques années
après, la ville de Fès. Bientôt il fut reconnu par toutes
les tribus berbères de la contrée; d'abord par les Aourba,
puis par les Zouâr'a, les Leouâta, les Sedrâta, les Reïâta,
les Nefza, les Mek'nèça, les R'omera. En peu de temps,
il se vit maître de presque tout l'empire actuel du Maroc.
Il prit alors le titre religieux d'*imâm*, et le titre politique d'*émir-el-moumenin* (chef des Fidèles), titres qui
contenaient sa déclaration d'indépendance à l'égard des
khalifes. Par la fondation de ce nouvel état, les possessions arabes en Afrique, déjà amoindries de la principauté de Sedjelmâça (les Medrarites), et de la principauté de Tahart (les Roustémites), se trouvèrent réduites
à peu près à la moitié du Maghreb. L'autre moitié était
partagée en trois principautés indépendantes, dont deux
à la vérité avaient des chefs d'origine arabe, mais qui,
toutes trois, s'appuyaient exclusivement sur l'élément
berbère.

L'Espagne elle-même, lasse des gouverneurs sans foi ni loi que les khalifes lui envoyaient, avait depuis long-temps rompu tout lien d'obéissance avec sa métropole lointaine. Dès l'année 751, Séville, Cordoue, et toute l'Andalousie reconnaissaient pour souverain indépen-dant, c'est-à-dire pour imâm et pour émir, 'Abd-er-Rah'-mân, dernier rejeton des Ommiades. Celui-ci, échappé, après la chute de cette dynastie, au massacre de sa fa-mille, s'était réfugié en Afrique, dans la tribu des Ze-nâta, à laquelle il appartenait par sa mère. C'est de là qu'il s'était rendu en Espagne, où le crédit de ses alliés d'Afrique lui avait préparé les voies. Car déjà, à cette époque, l'Espagne était peuplée d'un grand nombre de Berbers non moins remuants que ceux du Maghreb. L'anarchie qui désolait cette contrée, et le mécontente-ment général soulevé par le gouvernement des khalifes grossirent rapidement son parti, et le rendirent, en quelques années, maître de toutes les possessions des Arabes en Espagne. Mais sa dynastie trouva toujours un appui énergique dans les Zenâta du Maghreb, qui avaient eu la principale part à son élévation. L'établis-sement des Ommiades d'Espagne reposait donc lui-même sur l'élément berbère, comme les principautés de Sedjelmâça, de Oualili et de Tahart, formées à la même époque dans le Maghreb occidental.

Le gouverneur Rouh'-ben-H'atem mourut en rama-dàn 174, peu de temps après l'avénement des Édricites. Il fut remplacé par son fils Fâd'el, qui gouverna l'Afrique jusqu'en 178. A cette époque, la ville de Tunis s'étant

révoltée, à l'instigation des chefs arabes, Fâd'el tomba
au pouvoir des insurgés et fut mis à mort.

Son successeur, H'eurtma-ben-Aïân[1], parvint à com-
primer cette révolte; mais à la sédition arabe succéda
l'insurrection berbère. Dès l'année 179, les Haouâra
donnent le signal, et bientôt des troubles éclatent de
tous côtés. Le gouverneur renonce alors à ses fonctions
et retourne dans l'Irak (180 de l'hégire).

Le désordre allait toujours croissant. En 181, l'armée
arabe se révolte dans Kaïrouân contre le nouveau gouverneur, Moh'ammed-ben-Maklil. Deux ans après, en
183, nouvelle révolte des troupes arabes, qui s'emparent
de Kaïrouân et déposent le gouverneur. On vit alors
accourir, de la province du Zâb où il commandait,
Ibrahim-ben-el-Aghlâb, qui devait apporter un changement profond dans les conditions politiques de l'A-
frique arabe. Il reprend Kaïrouân aux insurgés et y
rétablit le gouverneur.

C'est en ce moment qu'il écrivit au khalife Haroun-
el-Rachid, pour lui demander le gouvernement de
l'Afrique. Il promit, non-seulement de renoncer à la
subvention de cent mille dînâr que le Maghreb recevait annuellement, mais d'en payer lui-même quarante
mille. La proposition fut agréée, et, le 10 de djoumad-
el-akher 184 (7 juillet 800), Ibrahim-ben-el-Aghlâb
reçut l'investiture du gouvernement de l'Afrique.

Dès lors, la cour de Baghdad n'exerça plus sur le
Maghreb qu'un droit de suzeraineté nominale. Moyen-

[1] Il arriva en Afrique le 4 de rebi'-el-akher 179 (28 juin 795).

nant le tribut annuel de quarante mille dînâr qu'il lui payait, et la certitude de pouvoir briser ce joug s'il se faisait sentir, Ibrahim se conduisit en vice-roi, et perpétua dans sa famille l'autorité dont il venait d'être investi personnellement.

Le pouvoir, dans cette partie de l'Afrique, devint donc héréditaire et indépendant, comme dans les états du Maghreb occidental, avec cette double différence : 1° que la dynastie des Aghlabites se reconnut toujours vassale, et fut en réalité tributaire des khalifes; 2° qu'elle s'appuya exclusivement sur l'élément arabe.

Ici se termine la quatrième période de l'établissement arabe en Afrique. Ébranlé par les insurrections de la race africaine, déchiré par les séditions de la race arabe, l'empire du Maghreb se démembre. L'Espagne demande un chef à la dynastie déchue des Ommiades. La province de Sedjelmâça ou de Tafilelt forme une principauté indépendante, sous la dynastie des Medrarites. Tahart devient la capitale des Roustémites, et Fès des Édricites. Enfin la dynastie des Aghlabites s'élève dans l'est, et s'affranchit de la tutelle des khalifes, dont elle reste cependant tributaire.

Dans ce démembrement, l'Espagne et les trois états occidentaux du Maghreb s'appuient sur l'élément berbère; les Aghlabites seuls reposent encore sur l'élément arabe.

Il est à remarquer qu'un mouvement aussi prononcé de décadence s'accomplit sous le règne d'Haroun-el-Rachid, le plus illustre entre les khalifes, le représen-

tant de la civilisation asiatique , le Charlemagne de
l'Orient. Assurément, s'il eût été possible d'acclimater
dans le Maghreb la domination arabe, une aussi grande
entreprise ne pouvait rencontrer ni une main plus ferme,
ni un génie plus puissant.

CHAPITRE V.

PÉRIODE DE DÉCADENCE ET FIN DE LA DOMINATION ARABE

DANS LE MAGHREB.

Situation de l'Afrique barbaresque au commencement du ixᵉ siècle. — Efforts des Aghlabites pour ressaisir l'empire du Maghreb. — Révoltes des chefs arabes. — Nouveaux actes d'indiscipline. — Confusion générale dans la partié du Maghreb soumise aux Arabes. — Conquête de la Sicile par les Aghlabites. — Révolte des Berbers du Zâb. — Dispositions contre les incursions des Normands.—Révolte des Berbers dans l'Aourès. — Procédés de gouvernement employés par les Arabes. — Translation à Tunis du siége du gouvernement aghlabite. — Expédition avortée contre l'Égypte. — Insurrection dans le Djebel-Nfous. — Cruautés exercées à cette occasion par l'émir aghlabite.—Apparition d'Abou-'Abdallah, émissaire du Mohdi. — Progrès du mouvement fatimite. — Actes de cruauté de l'émir aghlabite. — Il est déposé par la cour de Baghdad. — Nouveaux succès d'Abou-'Abdallah et de la cause fatimite.— Prédiction très-accréditée dans le Maghreb, qui annonce le triomphe prochain des peuples de l'Afrique sur ceux de l'Asie. — Fuite de Ziâdet-Allah, le dernier émir aghlabite. — Fin de la domination arabe en Afrique.

L'Afrique barbaresque se trouvait, au commencement du ixᵉ siècle, entièrement partagée en quatre monarchies héréditaires indépendantes de la cour de Baghdad ; la moitié occidentale avait passé sous l'influence berbère ; l'autre moitié restait soumise à l'influence et à la politique arabes. La phase nouvelle décidera laquelle des deux influences doit l'emporter.

Les premiers efforts d'Ibrahim-ben-el-Aghlâb furent employés à ressaisir les contrées échappées à la domination arabe, et à faire triompher dans le Maghreb occidental la nationalité qu'il représentait.

Il essaya d'abord de renverser la dynastie des Édricites, fondée quatorze ans auparavant. Dès l'année 174[1], cette dynastie avait perdu son chef, empoisonné par un émissaire d'Haroun-el-Rachid. Les Berbers avaient adopté pour son successeur l'enfant à naître d'une femme qu'il laissait enceinte. Cet enfant, qui reçut lui-même le nom d'Édris, atteignait sa douzième année et sa majorité au moment où Ibrahim-ben-el-Aghlâb venait de recevoir l'investiture. Il avait pour ministre un certain Rachid, homme d'une grande capacité, qui avait exercé le pouvoir pendant la minorité du jeune prince. Ibrahim le fit assassiner. Il fit enlever également son successeur, Berber très-influent de la tribu des Metr'âra; mais cet acte d'hostilité fut le dernier. Ibrahim dut renoncer à ses projets contre les Édricites pour veiller à sa propre sûreté.

En effet, tandis que les dynasties du Maghreb occidental trouvaient dans la population africaine un ferme et fidèle appui, le chef des Aghlabites en était réduit à se mettre en garde contre l'indiscipline et la mobilité de ses propres Arabes. Ainsi, il faisait construire près de Kaïrouân une forteresse, où il transportait secrètement ses armes et ses trésors; puis il quittait furtivement pendant la nuit sa résidence de Kaïrouân, et allait s'établir

[1] Casiri, *Bibl. hisp. arab.* t. II, p. 31.

dans cette citadelle avec ses esclaves, sa famille, et ceux de ses soldats sur lesquels il pouvait compter. En même temps il enrôlait un grand nombre d'esclaves noirs, dont il formait sa garde particulière[1].

Les événements ne justifièrent que trop ces mesures de précaution. En 186 de l'hégire (802-803), deux ans après l'avénement d'Ibrahim, Hamdis, l'un des principaux chefs arabes, se révolte dans Tunis. Ibrahim envoie contre lui un corps d'armée; mais il ne parvient à le réduire qu'après lui avoir tué dix mille hommes. Cardonne fait remarquer que les Berbers prirent part à cette révolte[2].

En 189, les habitants de Tripoli se soulèvent contre leur gouverneur et le chassent de la ville.

En 195, nouvelle révolte de deux chefs arabes. Ils s'emparent de Kaïrouàn, et assiégent Ibrahim dans sa forteresse. La lutte dure plus d'une année. Ibrahim achète par des largesses la défection des troupes rebelles.

En 196, Ibrahim envoie son fils 'Abdallah à Tripoli; mais il est chassé de la ville par les troupes arabes. Il enrôle alors un grand nombre de Berbers, et avec leur concours reprend Tripoli.

Bientôt après, la tribu berbère des Haouâra, voisine de cette ville, se soulève et chasse la garnison arabe. Le fils d'Ibrahim revient à la tête de treize mille hommes et rentre en possession de la ville.

Mais en ce moment l'émir roustémite de Tahart,

---

[1] Nowaïri, traduit par M. N. Desvergers, p. 86.
[2] Cardonne, t. II, p. 4.

'Abd-el-Ouâhab, arrive du fond du Maghreb, à la tête de ses bandes berbères et vient attaquer Tripoli.

Sur ces entrefaites, Ibrahim meurt, et 'Abdallah, pressé d'aller recueillir l'héritage de son père, traite avec l'émir de Tahart et lui abandonne la souveraineté de la province de Tripoli, dont il ne se réserve que la capitale (chaouâl 196, 812 de J. C.)[1].

'Abdallah, le second des Aghlabites, mourut en 201 de l'hégire (816-817), ne laissant après lui que le souvenir d'une tyrannie odieuse[2]. Aussi le règne suivant, qui au reste ne valut guère mieux, en recueillit-il les fruits. Ziâdet-Allah, frère et successeur d'Abdallah, eut à réprimer plusieurs révoltes.

En 207, un chef arabe prenait les armes et attaquait Bêdja.

Vers la même époque, un autre chef arabe, nommé Mans'our-el-Tabnadi, organisait à Tunis une insurrection qui ne dura pas moins de douze ans. « Dès ce moment, dit Nowaïri, tout fut trouble et confusion en Afrique[3]. » Mans'our, après s'être rendu maître de Kaïrouân et de presque tout le Maghreb oriental, finit par succomber dans une lutte contre un autre chef arabe révolté. Car, au milieu de ce désordre, les révoltes se croisaient et se combattaient l'une l'autre. Tunis, Bêdja, la presqu'île du cap Bon, Bizerte, El-Orbes dans le nord, Tôzer, la province du Zâb et Tripoli dans le sud, tom-

---

[1] Cardonne, t. II, p. 6.
[2] Id. p. 8.
[3] Nowaïri, traduit par M. N. Desvergers, p. 98.

baient au pouvoir de divers partis rivaux. C'était le comble de l'anarchie. Les Berbers du Nifzaoua, attaqués par un chef arabe rebelle, venaient implorer contre lui le secours de l'émir. Enfin, après la mort de Mans'our, Ziâdet-Allah parvint à se débarrasser des autres rebelles; mais il ne rétablit une apparence d'ordre qu'avec le concours des Berbers, parmi lesquels il fit de nombreux enrôlements [1].

Ce fut cependant sous ce règne, misérable à tous égards, que la Sicile fut conquise par les troupes aghlabites. Mais cette entreprise elle-même témoigne du désordre où l'Afrique était alors plongée; car elle ne fut résolue que pour occuper, et surtout pour éloigner les troupes arabes, toujours prêtes à se révolter [2].

En 223 (837-838) commence un nouveau règne, celui d'un autre frère d'Abdallah, surnommé Abou-Ak'al. Il est inauguré par une insurrection des tribus berbères du Belâd-el-Djerid (les Zouâr'a, les Leouâta, les Mek'nêça), qui se soulèvent à Kastîlia (Tôzer), et sont promptement réprimées.

C'est à ce règne que Cardonne rapporte une modification importante dans l'organisation de l'armée arabe. Il paraît que jusqu'alors les troupes n'avaient reçu aucune solde, et ne vivaient que de maraudage et de rapines; Abou-Ak'al fut le premier qui leur assigna une paye régulière. Cette réforme, qui affranchissait si tardivement les populations de vexations sans nombre,

---

[1] Cardonne, t. II, p. 19.
[2] *Ibid.* p. 22.

révèle une des principales causes de leurs mécontentements; elle montre aussi combien la constitution supérieure des armées modernes, et surtout la merveilleuse
discipline des armées françaises en Afrique, enlèvent de
prétextes à l'insurrection. Abou-Ak'al interdit, en outre,
sous des peines sévères, l'usage du vin parmi ses troupes;
ce qui prouve qu'à cette époque les armées musulmanes elles-mêmes n'étaient pas exemptes des dangers
de l'ivrognerie[1].

Abou-Ak'al mourut en 226, après un règne de deux
ans et neuf mois. Il eut pour successeur son fils Abou-
el-'Abbâs. Celui-ci se signala par un goût prononcé pour
les constructions. Il fit élever en Afrique un grand
nombre de forteresses, construites en pierres et en
chaux, et munies de portes de fer. Il étendit même ce
réseau de citadelles jusque dans le voisinage de Tahart,
où il fonda, en 237, une place forte nommée 'Abbâçia,
du nom de la dynastie régnante de Baghdad. Mais cette
ville fut incendiée quelque temps après par l'émir de
Tahart, à l'instigation des Ommiades d'Espagne ; car
aux désordres sans nombre nés de causes locales, qui
agitaient alors l'Afrique, venait se joindre encore le
contre-coup des dissensions politiques de l'ancienne
métropole.

Abou-el-'Abbâs n'échappa point aux soulèvements de
la population berbère : il eut à réprimer quelques troubles
aux environs de Tripoli. Il mourut en 240 de l'hégire
(854-855).

[1] Cardonne, t. II, p. 24.

On lui reproche, suivant Cardonne, son intempérance « il s'adonnait au vin » et ses prodigalités, « il laissa le trésor public complétement vide. »

Le sixième Aghlabite que l'historien Kaïrouàni appelle Ah'med-ben-Brahim, eut à reprendre la ville de Tunis, où une insurrection avait triomphé. Il y fit un grand nombre de prisonniers, parmi lesquels se trouvaient beaucoup de femmes. L'émir, suivant l'usage des gouverneurs arabes en Afrique, voulait les traiter en esclaves et sans doute les vendre. Mais le k'âd'i s'y opposa; il les prit sous sa protection, leur donna sa maison pour asile et jura que, tant qu'il serait le chef de la justice, il ne souffrirait pas qu'on les fît esclaves[1]. Doit-on s'étonner de voir le drapeau de l'insurrection agité sans cesse dans le Maghreb, lorsque les violences des gouverneurs arabes soulevaient, même en ces temps de barbarie, l'indignation de leurs compatriotes et de leurs coreligionnaires?

Le septième et le huitième émir aghlabites passent inaperçus et nous conduisent jusqu'à l'année 251 de l'hégire (865-866), où commença le règne d'Abou-'Abdallah surnommé Abou-el-R'aranik. Son règne fut marqué par un soulèvement des Berbers du Zâb. Des forces considérables envoyées contre eux obtinrent divers avantages; mais le général arabe, s'étant avancé jusqu'au delà de Tobna, fut vaincu et tué par la tribu des Beni-Kemlân, fraction des Haouàra. Cet événement dut avoir lieu vers 255.

[1] Kaïrouàni, p. 84.

L'émir Abou-'Abdallah mourut en 261 de l'hégire.
Son fils Ah'med lui succéda; mais il était à peine sur le
trône qu'il fut obligé d'en descendre et de le céder à
son oncle Ibrahim, que le vœu des Arabes y appelait.
Celui-ci signala son règne par quelques fondations utiles;
en 263, il commença la construction de la ville de Rek'-
k'âda, qui devint la résidence des Aghlabites. Vers 265,
il fit élever le long de la côte un grand nombre de postes,
qui correspondaient entre eux par des feux allumés;
signaux télégraphiques qui pouvaient, dans l'espace d'une
seule nuit, transmettre jusqu'à Alexandrie la nouvelle
d'une attaque. Cette mesure paraît avoir eu pour objet
de mettre la côte d'Afrique à couvert contre les incursions des Normands, qui déjà, en 229 de l'hégire, avaient
opéré une descente à Arzilla[1].

Ce règne ne fut pas plus exempt que les précédents
des agitations de la race berbère. Vers 268, les Ouaz-
dadja se révoltent dans l'Aourès; bientôt leur exemple
est suivi par les Haouâra et les Leouâta. Ces derniers
remportèrent même sur les troupes de l'émir un avantage qui coûta la vie au général arabe; mais ils furent
ensuite atteints près de Bêdja et dispersés.

Il existe un spécimen des relations qui existaient à
cette époque entre le gouvernement aghlabite et les tribus berbères, et des moyens employés par la politique
arabe pour obtenir la soumission de ces peuples. Nous
l'empruntons à l'historien arabe Nowaïri. Ibrahim-ben-
Ah'med avait eu à combattre les Berbers de Bellezma et

[1] Bekri, p. 568.

n'avait pu les vaincre; il voulut néanmoins leur faire expier leur résistance, et voici ce qu'il imagina : il fit publier qu'il leur accordait une amnistie, ce qui détermina quelques-uns d'entre eux qui revenaient du Zâb à passer par Rek'k'âda. Ibrahim les accueillit avec distinction; il leur offrit l'hospitalité dans un de ses palais, pourvut largement à tous leurs besoins, et les combla de prévenances. Rendus plus confiants par l'accueil qu'ils recevaient, les Berbers de Bellezma affluèrent dans la capitale des Aghlabites. Lorsqu'ils y furent réunis au nombre de mille, Ibrahim leva le masque : il fit cerner le palais où ils étaient logés et les fit massacrer.

Cet échantillon de la politique arabe ne suffit-il pas non-seulement pour expliquer, mais pour justifier cette longue suite de soulèvements, protestations incessantes de la race berbère contre les exactions et les cruautés, les avanies et les iniquités de tout genre qu'elle avait à supporter de la part des peuples de l'Asie?

Aussi l'année même où mille Berbers tombaient dans cet odieux guet-apens, en 278 de l'hégire (891-892), l'Afrique entière se soulevait. Au nord, Tunis, la presqu'île du cap Bon, Bizerte, Bêdja; plus au sud, El-Orbès et Gammouda levaient en même temps, et chacune pour son compte, l'étendard de la révolte. Ibrahim parvint à étouffer ces agitations; mais la répression elle-même devint l'occasion de nouvelles violences. La colonne qui s'empara de Tunis y commit toute sorte d'excès; les habitants furent réduits en servitude; un

grand nombre de femmes et de filles furent vendues ou
envoyées en présent au khalife[1].

Cependant, quelques années de calme succédèrent
à cette dernière manifestation. Ibrahim en profita pour
transférer à Tunis sa résidence et le siége de son gouvernement. Cet événement eut lieu le 23 djoumâd-el-
aouel 281 (31 juillet 894). Ibrahim décora de palais sa
nouvelle résidence, qui devint la principale ville du
Maghreb oriental.

Deux ans après, en 283, il en sortit pour aller faire
la guerre en Égypte. Cette contrée était alors au pouvoir d'un de ses anciens gouverneurs, Ah'med-ben-Tou-
loun, qui, en 265, s'était affranchi des khalifes. Cet
acte de rébellion avait été suivi d'une tentative d'invasion dans le Maghreb. Ebn-Touloun s'était même emparé de Barka, et il était venu mettre le siége devant
Tripoli; mais, arrivé là, il avait eu à lutter contre la
tribu berbère des Nfouça qui, descendue de ses montagnes, l'avait forcé de rétrograder et de rentrer en
Égypte.

C'est contre cet usurpateur qu'Ibrahim entreprit une
expédition en 283. Il semblait qu'il dût compter, pour
cette entreprise, sur le concours qui, en 265, dans les
premières années de son règne, lui avait été si utile;
mais les Nfouça, depuis lors, avaient changé de dispositions, et il les vit venir à sa rencontre, non comme
auxiliaires, mais comme ennemis. L'histoire ne fait pas
connaître l'origine particulière de cette révolte; mais

Nowaïri, dans M. N. Desvergers, p. 130.

le système de violences et de rapines constamment suivi par les Arabes avait allumé dans le cœur de la race berbère une haine profonde qui, à la moindre étincelle, faisait explosion. Malgré les forces considérables qu'ils avaient réunies, les Nfouça, écrasés et acculés à la mer, furent obligés de déposer les armes. Après cette victoire, Ibrahim aurait pu leur tenir compte du service signalé qu'ils lui avaient rendu dix-huit ans auparavant; au contraire, il dépassa en cruauté toutes les traditions de la politique arabe. Il fit amener devant lui, un à un, tous les prisonniers. A mesure qu'ils arrivaient en sa présence, on leur découvrait le côté gauche et il leur perçait le cœur d'un coup de lance. Il en tua ainsi cinq cents de suite[1]. Après cette exécution atroce, il revint à Tunis.

Les historiens ne font pas connaître le motif qui le fit renoncer à son expédition contre l'Égypte; mais les événements qui se passaient alors dans le Maghreb le font présumer. Le moment approchait où la domination arabe allait disparaître, où la race berbère allait étendre sur toute l'Afrique l'ascendant qu'elle exerçait déjà dans l'ouest. Alors qu'Ibrahim, après sa victoire sur les Nfouça, reprenait la route de Tunis, il y avait trois ans déjà que le futur libérateur des peuples africains parcourait les montagnes de Bougie et de Djidjeli, et y préparait la belliqueuse tribu des Ketâma, demeurée jusqu'alors

---

[1] Nowaïri, dans M. N. Desvergers, p. 131. — Suivant Ebn-Khaldoun, Ibrahim ramena avec lui à Tunis les prisonniers des Nfouça, et l'exécution eut lieu dans cette ville; ce qui donnerait à cet acte de cruauté un caractère plus odieux encore.

presque étrangère aux mouvements insurrectionnels de la race autochthone, à devenir l'instrument de cette grande révolution.

L'apparition d'Abou-'Abd-Allah, ce précurseur des khalifes fatimites dans la région centrale du Maghreb, avait eu un immense retentissement en Afrique; dès les premiers moments, elle avait été signalée à l'attention d'Ibrahim par le gouverneur de Mîla, et il est probable que ce fut la crainte de cet agitateur, et le bruit de ses succès rapides, qui rappelèrent l'émir aghlabite au siége de son gouvernement. Mais il n'osa prendre aucune mesure contre lui et se contenta de lui adresser des menaces, dont Abou-'Abd-Allah ne tint aucun compte.

Ibrahim resta encore six ans à la tête du gouvernement de l'Afrique orientale, cruellement préoccupé de la puissance toujours croissante d'Abou-'Abd-Allah, et cherchant dans les actes les plus abominables des distractions à l'inquiétude qui le dévorait.

Les historiens arabes racontent de ce misérable une foule d'actions qui font frémir. Il tua son fils sur un simple soupçon; il fit crucifier son neveu, dont les qualités et le savoir lui portaient ombrage. Pour une serviette perdue, il fit périr trois cents serviteurs. Il ordonna à un eunuque de lui rapporter seize têtes, celles de ses propres filles; un grand nombre de ses femmes furent immolées à ses caprices sanguinaires: les unes bâties vivantes dans un mur, d'autres étranglées, d'autres égorgées.

Enfin, en 289, arriva à Tunis un émissaire du khalife; il apportait à Ibrahim l'ordre de quitter l'Afrique
et de venir à Baghdad rendre compte de sa conduite.
C'était la première fois, depuis l'avénement des Aghlabites, que la cour de Baghdad intervenait aussi directement dans les affaires du Maghreb. La disgrâce d'Ibrahim n'avait pas cependant pour motif cette multitude de
crimes dont il s'était chargé; elle avait été provoquée par
les habitants de Tunis, qui étaient allés se plaindre au
khalife de ce qu'Ibrahim leur avait enlevé leurs femmes
et leurs filles pour les lui envoyer en présent. C'était
pour ce fait seul que l'émir était déposé et appelé à
Baghdad. Il obéit, quoique d'assez mauvaise grâce; il
fit venir de Sicile son fils Abou-el-'Abbâs, et lui remit
le gouvernement de l'Afrique; mais il n'alla pas à Baghdad et se retira en Sicile.

Cependant, le parti d'Abou-'Abd-Allah et l'insurrection des Ketâma ne cessaient pas de grandir. Dans les
premiers mois du règne d'Abou-el-'Abbâs, le chef des
Chiites s'empara de Mîla. L'émir se décida alors à faire
marcher des troupes contre lui, et il en donna le commandement à son fils Abou-Houal. L'armée aghlabite
obtint d'abord un succès assez important; mais, battue
dans un second combat, elle dut reprendre la route de
Tunis.

Abou-Houal revint bientôt avec des troupes fraîches,
dans lesquelles il avait incorporé un grand nombre
de Berbers, et obtint un nouvel avantage; mais, au
moment de poursuivre l'ennemi, il apprit la mort de

son père, assassiné par des émissaires d'un autre fils, en cha'bân 290.

Ce fils, qui devait être le dernier des émirs aghlabites, portait le nom de Ziâdet-Allah. Il se hâta de rappeler son frère Abou-Houal et le fit égorger.

A dater de ce moment, et comme en expiation de ce dernier crime, l'insurrection chiite devint de plus en plus menaçante. Abou-'Abd-Allah s'empara successivement de Sétif, de Bellezma, de Tidjès[1] et de la plus grande partie du Maghreb central.

En 295, il prend Bar'aï, Tifèch, Meskiâna, Tebessa, Gammouda, Tôzer et Gafsa; il pénètre au centre de la régence actuelle de Tunis.

Effrayé de la rapidité de ses succès, Ziâdet-Allah se met en campagne; mais il craint de tout compromettre par un revers et retourne à Rek'k'âda sans avoir rien fait.

L'année 296 de l'hégire (908-909) devait être le terme de la domination arabe en Afrique; une prophétie fort accréditée parmi les peuples du Maghreb et qui remontait, disait-on, à Mahomet lui-même, annonçait qu'à la fin du IIIe siècle de l'hégire le soleil se lèverait à l'occident, c'est-à-dire qu'à cette époque le pouvoir passerait des peuples de l'Asie aux peuples de l'Afrique.

Cette prédiction s'accomplit. Après une dernière défaite essuyée à El-Orbès par les troupes aghlabites, Ziâdet-Allah quitta furtivement sa résidence de Rek'k'âda et prit le chemin de l'Égypte.

Il comptait se rendre à Baghdad; mais, arrivé à Rakka,

---

[1] L'ancienne Tigisis.

il reçut l'ordre de s'y arrêter et d'y attendre les instructions du prince des croyants. L'ex-émir se livra dans cette ville à des excès tellement scandaleux que la police locale dut intervenir et adresser une plainte au k'âd'i. Ce magistrat se transporta chez le souverain détrôné et fit vendre plusieurs eunuques esclavons, instruments de ses débauches.

Quelques jours après le départ de Ziâdet-Allah, Abou-'Abd-Allah, le chef de l'insurrection chiite, faisait son entrée dans la capitale des Aghlabites, à la tête d'une armée berbère composée presque entièrement de Ketâma.

Il y proclama comme émir-el-moumenin, son maître 'Obeïd-Allah, qui se faisait passer pour le Mohdi et qui fut le chef de la dynastie des khalifes fatimites.

Bientôt 'Obeïd-Allah porta ses armes dans l'ouest; il renversa les deux dynasties des Medrarites et des Roustémites. Quant aux Édricites, ils reconnurent son autorité et se soumirent vers 950. Tout le Maghreb forma une vaste monarchie obéissant, il est vrai, à un chef d'origine arabe, mais reposant exclusivement sur l'adhésion et le concours de la race berbère.

A dater de ce moment, tous les emplois furent confiés à des hommes de sang africain.

Ainsi se termine la dernière phase de l'établissement arabe en Afrique, époque de décrépitude pendant laquelle la race de l'Asie exagéra encore les dérèglements et les vices des premiers âges, et finit par succomber sous le poids de ses propres excès.

CHAPITRE VI.

GOUVERNEMENT DU MAGHREB PAR LES BERBERS, ET IRRUPTION
DES TRIBUS ARABES.

Intrigues du parti arabe en Sicile. — Révolte de cette île. — Amnistie accordée aux révoltés. — Extinction du parti arabe. — Rivalité des Zenâta et des S'enhâdja. — 'Obeïd-Allah entreprend la conquête de l'Égypte. — Il y transporte le siége de son gouvernement. — Partage du Maghreb entre les S'enhâdja-zeïrites à l'est, les S'enhâdja-hammâdites au centre, les Zenâta dans l'ouest. — Les émirs s'enhâdja s'affranchissent de la dépendance du khalifat d'Égypte. — Vengeance du khalife. — Irruption d'un million d'Arabes dans le Maghreb. — Tentatives inutiles pour arrêter la marche de ce torrent. — Caractère de cette nouvelle invasion.

Resté maître du Maghreb, 'Obeïd-Allah envoya des gouverneurs dans toutes les provinces. Ces agents politiques appartenaient presque tous à la tribu berbère des Ketâma, principal instrument de la révolution qui venait de s'accomplir. Leur installation ne rencontra en Afrique aucune résistance de la part de la population arabe; mais il n'en fut pas de même en Sicile; le gouverneur envoyé en 297 dans cette île était un certain H'acen-ebn-abi-Khanzîr, l'un des principaux chefs des Ketâma. Les Siciliens se révoltèrent contre lui, et en même temps ils écrivirent au Mohdi pour se plaindre de sa mauvaise administration, qu'ils représentaient comme l'unique cause de leur mécontentement. L'excuse fut admise et le gouverneur remplacé (299). Les Siciliens se révoltèrent de nouveau, déposèrent le successeur d'Ebn-abi-Khanzîr et mirent à sa place l'un des chefs du parti arabe, nommé Ah'med-ben-Korheb. On sut alors que la première insurrection, ainsi que la seconde, était l'ouvrage des partisans du khalife abbasside El-Moktader.

Ebn-Korheb fit tous ses efforts pour en augmenter le nombre et il y réussit. Le nom du Mohdi fut supprimé dans la prière dite *khotba* et une flotte arabe partit des ports de la Sicile pour attaquer les côtes d'Afrique. Elle y rencontra celle du Mohdi commandée par l'ancien gouverneur Ebn-abi-Khanzîr. Un combat s'engagea; le chef berbère y périt; les vaisseaux africains furent incendiés. Après cette victoire l'escadre sicilienne débarqua à Sfax, qu'elle livra au pillage, puis à Tripoli, où elle faillit surprendre le fils du Mohdi. Ensuite, elle retourna en Sicile.

Pendant ce temps, Ebn-Korheb recevait du khalife la khilat ou manteau noir et les drapeaux, double signe de l'investiture abbasside. Il fit alors des incursions sur les côtes de la Calabre et, à son retour, il tenta une nouvelle descente en Afrique; mais cette fois la flotte africaine prit sa revanche et obtint un succès éclatant.

Avec le prestige de la victoire, Ebn-Korheb perdit la confiance des Siciliens. Bientôt toute l'île se souleva contre lui, et vers la fin de l'année 300, le gouverneur arabe était livré au Mohdi, qui le fit mettre à mort sur le tombeau d'Ebn-abi-Khanzîr.

Un nouveau gouverneur partit aussitôt pour la Sicile avec un corps d'armée composé de Ketâma; il trouva Trapani et Girgenti en insurrection. L'armée berbère débarqua, fondit sur les rebelles et les mit en fuite. Bientôt après ils vinrent demander l'amân. Le gouverneur rendit compte au Mohdi, qui envoya l'ordre d'accorder *une amnistie complète*.

Cet acte de clémence avait lieu en 300 de l'hégire, sous un gouvernement fondé et soutenu par la race africaine, dix-sept années après cette horrible exécution des Nfouça, accomplie froidement par le chef de l'état en personne, sous un gouvernement fondé et soutenu par la race arabe : contraste saisissant dans lequel se résument les principales différences entre le caractère et le génie des deux races.

Le pardon accordé aux révoltés de Girgenti et de Trapani apaisa les troubles de la Sicile et fit échouer la seule tentative de restauration abbasside qui ait été dirigée contre l'établissement naissant des Fatimites. Dès lors le parti arabe rentra dans l'ombre, et pendant plus d'un siècle il ne révéla son existence ou ses prétentions par aucun acte d'hostilité.

Mais à peine l'antagonisme entre la race de l'Asie et celle de l'Afrique avait-il cessé par le triomphe complet de l'une d'elles, que les rivalités entre les nations de race africaine éclatèrent avec violence et allumèrent dans le Maghreb de longues et sanglantes guerres.

Il y avait un peuple berbère qui, dès l'origine de la conquête arabe, avait pris l'initiative de l'insurrection et qui depuis le milieu du VIIe siècle avait constamment joué le principal rôle dans les tentatives d'affranchissement de la race africaine, soit comme chef, soit comme instigateur. C'était le peuple des Zenâta. Ce fut lui aussi qui se mit à la tête de l'opposition contre la tribu rivale des Ketâma, devenue toute-puissante par l'avénement des Fatimites. Depuis longtemps déjà elle s'était associé étroitement un autre peuple, celui des Haouâra. Elle eut encore pour auxiliaires la plupart des tribus berbères qui avaient combattu avec elle contre la domination arabe. De leur côté, les Ketâma se donnèrent les S'enhâdja pour alliés, et les deux partis ne tardèrent pas à en venir aux mains.

Par une coïncidence remarquable, le massif de l'Aourès, qui avait été le point de départ des soulèvements de la race berbère contre la domination arabe, fut encore, deux siècles et demi plus tard, le premier foyer de la guerre civile qui s'alluma entre les peuples de sang africain.

Ce fut vers l'année 306 de l'hégire, c'est-à-dire huit ans à peine après l'avénement du Mohdi que les Zenâta commencèrent à s'agiter. Un certain Abou-Iezîd, qui s'était fait dans l'Aourès un parti puissant, en descendit et commença à faire des incursions dans les contrées adjacentes. Sous le règne d'El-K'aïm, successeur du Mohdi, il parvint jusqu'au cœur de la régence de Tunis; il se rendit maître de Bèdja et y commit, suivant Kaïrouâni, toute sorte de cruautés. Bientôt après il recevait la soumission de Tunis. Vaincu près de cette ville, il se

relevait et battait les Ketâma sous les murs de Kaïrouân,
qui lui ouvrait ses portes. Il mettait en déroute l'armée d'El-K'aïm et s'emparait de Souça et des villes
de la côte.

En 333, Abou-Iezid, maître de presque toute l'Afrique, assiégeait Mohdia, dernier refuge de la dynastie
fatimite; mais il était obligé de lever le siége. Enfin,
après plusieurs alternatives de succès et de revers, Abou-
Iezid, vaincu une dernière fois dans le voisinage de Kaïrouân, tomba au pouvoir d'El-Mans'our-Billah le troisième khalife; sa mort, arrivée quatre jours après, mit
fin à une guerre qui durait depuis trente ans[1].

Dans le cours de cette longue lutte, en 322, l'imâm
El-Mohdi, le fondateur de l'établissement fatimite était
mort après vingt-cinq ans de règne, laissant à son fils un
empire qui s'étendait à la vérité depuis Barka jusqu'au
fond du Maghreb, mais qu'une insurrection formidable
menaçait déjà d'un démembrement prochain.

Au milieu des difficultés et des périls qui assiégeaient
son berceau, la dynastie des Obeïdites avait conçu un
vaste dessein dont l'insurrection d'Abou-Iezid retarda
sans doute l'exécution. Il s'agissait de partir du Maghreb
et de conquérir le monde musulman de l'ouest à l'est.
Ce projet, né dans la pensée d'Obeïd-Allah lui-même,
continuait l'accomplissement de la prophétie qui promettait aux musulmans qu'à la fin du IIIᵉ siècle le soleil

---

[1] J'ai raconté cet épisode avec plus de détails à l'article des Zenâta.
Il ne figure ici que pour mémoire, et comme transition entre les faits
qui composent l'histoire particulière des Arabes.

se lèverait à l'occident. Le soleil s'était levé à l'occident dans la personne du Mohdi ; il fallait qu'il poursuivît sa marche rétrograde vers l'orient. Dès le commencement de son règne, 'Obeïd-Allah avait envoyé trois armées en Égypte : les deux premières avaient échoué, la troisième s'était emparée d'Alexandrie.

Les règnes de K'aïm et de Mans'our, absorbés presque entièrement par la révolte d'Abou-Iezîd, durent ajourner l'achèvement de cette grande opération ; elle fut reprise et terminée par le troisième successeur du Mohdi, Moezz-lid-Dîn-Allah. Il commença par compléter la conquête du Mahgreb occidental par la prise de Fès et de Sedjelmàça (347). En 353, il réprima une nouvelle révolte de l'Aourès.

En 355, voyan l'Afrique barbaresque pacifiée, il fit creuser des puits et bâtir des édifices sur les principales stations de la route d'Égypte. En même temps, il commença des levées de troupes dans le Maghreb, surtout parmi les Ketâma.

En 358, tous les préparatifs étant terminés, l'armée barbaresque se mit en marche, le 14 de rébi-el-aouel (5 février 959), sous le commandement d'un Grec nommé Djouhar, qui déjà, dans la soumission du Maghreb, avait fait preuve d'une grande habileté.

Le 12 cha'bân de la même année (8 mai 969), Djouhar entrait au Kaire. Huit jours après, il faisait la prière pour son maitre dans la mosquée de cette ville.

Depuis cette époque, il ne cessa d'engager vivement le khalife à se rendre lui-même en Égypte. En 360, il lui fit remettre de magnifiques présents et lui envoya les chefs ennemis prisonniers auxquels Moezz-lid-Dîn rendit aussitôt la liberté.

En 361, El-Moezz se décida à partir pour l'Égypte. Le 1er safer (24 novembre 971) il quittait son palais de Sardania, et le 5 ramadân 362 (21 avril 973) il faisait son entrée au Kaire.

Il se proposait d'étendre ses conquêtes vers l'est, lorsque la mort le surprit en 365 de l'hégire.

Avant de quitter le Maghreb, le khalife avait pris des mesures pour assurer le gouvernement de cette contrée. Il ne pouvait déléguer son autorité qu'à un Berber. Son choix s'arrêta sur un personnage dont la famille avait rendu de grands services à ses prédécesseurs dans la guerre d'Abou-Iezîd, et à lui-même dans la pacification du Maghreb. C'était Ioucef-ben-Zîri-ben-Menâd, de la tribu des S'enhâdja. Il fut investi du gouvernement de tout le Maghreb, à l'exception de Tripoli et de la Sicile.

C'est ainsi que l'autorité suprême en Afrique arriva régulièrement dans les mains de la race berbère.

Mais la nouvelle élévation des S'enhâdja fut pour leurs rivaux le signal de nouvelles agitations. Elle avait eu lieu en 361 de l'hégire, et dès l'année suivante une insurrection éclatait, qui devait amener un premier démembrement de leur empire.

En 362, Ziri-ben-At'ia, chef de ce soulèvement, s'emparait de Tlemcen à la tête des Zenâta. Chassé de cette ville par Ioucef-ben-Zîri, il se retirait dans l'ouest et se jetait sur Fès et Sedjelmâça, dont il resta maître.

Ce ne fut que douze ans après, qu'El-Mans'our, successeur d'Ioucef, fit pour ressaisir ces deux villes une
tentative qui échoua; Ziri-ben-At'ia demeura tranquille
possesseur d'un état plus vaste que l'empire de Maroc
actuel, puisqu'il s'étendait depuis les côtes de l'Océan
jusqu'à Tagdemt. Il en légua la souveraineté à son fils,
et leurs descendants continuèrent à y régner jusqu'à la
conquête de Ioucef-ben-Tachfîn, en 464 de l'hégire
(1071-1072), c'est-à-dire pendant plus d'un siècle.

Il y avait quelques années que l'insuccès de l'expédition dirigée contre Fès et Sedjelmâça avait enlevé à
l'empire des S'enhâdja toute la partie occidentale du
Maghreb, lorsqu'un second démembrement, non moins
considérable, vint le réduire encore de la moitié de son
étendue.

L'émir Mans'our, fils d'Ioucef, commandait encore,
après la révolte de Ziri-ben-At'ia, depuis Barka jusqu'à
Tlemcen. Mais à sa mort, H'ammâd, l'un de ses frères,
refusa de reconnaître son fils (387 de l'hégire, 997 de
J. C.); il s'empara de tout le Maghreb central et en
forma un nouvel état, dont Bougie devint la capitale.
Cette principauté, connue sous le nom de *royaume de
Bougie*, resta gouvernée par les Beni-H'ammâd jusqu'en
l'année 544 de l'hégire, où cette dynastie fut renversée
par 'Abd-el-Moumen, le premier émir almohade.

Ainsi, vers la fin du x⁵ siècle, l'Afrique barbaresque
se trouvait divisée en trois monarchies héréditaires correspondant à peu près aux trois états actuels du Maroc,
d'Alger et de Tunis. A l'ouest, l'émirat de Fès et de

Sedjelmâça, gouverné par les descendants de Ziri-ben-
At'ia, sous l'influence des Zenâta; à l'est, l'émirat des
Zeïrites, descendants d'Ioucef-ben-Zîri (ligne directe),
sous l'influence des S'enhâdja; au centre, l'émirat des
Beni-H'ammâd, descendants d'Ioucef-ben-Ziri (ligne col-
latérale), ou le royaume de Bougie, soutenu aussi par
les S'enhâdja. Ce partage s'établit sous le règne du troisième émir zeïrite Bâdis-ben-el-Mans'our.

Jusqu'alors les émirs s'enhâdja étaient restés sous la
dépendance du khalife fatimite d'Égypte, dont ils reconnaissaient la souveraineté, à peu près comme antérieurement les Aghlabites reconnaissaient celle du khalifat
de Baghdad. Sous le quatrième émir zeïrite, Moezz-
ben-Bâdis, ce lien fut violemment rompu. Depuis longtemps un motif de graves dissensions religieuses existait
en Afrique. Le schisme y était devenu la religion offi-
cielle par l'avénement des Fatimites. Mais les orthodoxes ou sunnites y formaient encore un parti nombreux.
Une haine ardente et profonde divisait les deux sectes :
les S'enhâdja désiraient le retour au rite orthodoxe.

Moezz-ben-Bâdis, arrivé au trône en 1016, n'avait
alors que huit ans et demi. Son aïeule était régente;
elle exerçait de fait l'autorité; elle en profita pour exécuter une de ces mesures violentes qui marquent trop
souvent le règne des femmes. Elle fit ce que Catherine
de Médicis devait faire en France cinq siècles et demi
plus tard, une Saint-Barthélemi. En 1017, de nouveaux
troubles religieux ayant éclaté à Sabra, le massacre des
Chiites fut résolu et accompli. Toutefois, l'émir berbère

se montra moins impitoyable que le roi de France, car on rapporte qu'il couvrit de sa protection et sauva du fer des assassins cinq cents Chiites qui étaient venus se réfugier à ses pieds.

Le massacre des schismatiques d'Afrique fit cesser toute relation entre l'émirat berbère du Maghreb et le khalifat d'Égypte. El-Moezz s'appliqua dès lors à déconsidérer les Fatimites dans l'esprit des populations africaines et à préparer la rupture ouverte qui eut lieu en 435 de l'hégire (1043-1044). El-Moezz entra alors en communication avec le khalife de Baghdad. Cinq ans après, en 440, il en reçut l'investiture. En même temps il fit supprimer dans les prières publiques le nom des souverains du Kaire ; leur drapeau fut déchiré et brûlé.

El-Mestâmer, qui régnait alors en Égypte, ne chercha pas à faire rentrer le Maghreb sous son obéissance ; il ne songea qu'à se venger, et, de tous les moyens, il choisit le plus efficace, le plus terrible, celui qui devait laisser les traces les plus profondes : ce fut d'ouvrir les portes du Maghreb aux tribus arabes établies dans les déserts de la haute Égypte. Il fit publier que toutes les familles qui passeraient en Afrique recevraient à leur sortie de l'Égypte un dînâr par tête, et il leur abandonna la province de Barka. En 1048, trois grandes tribus arabes se mirent en marche au nombre d'un million de personnes, qui fournissaient cinquante mille combattants. Arrivés dans le Maghreb, ces nomades y commirent toute sorte d'excès, et comme le pillage les eut bientôt enrichis, l'Afrique barbaresque ou, comme on disait alors, *la verte*, devint bientôt l'Eldorado de tous les Arabes d'Égypte. Ce furent eux qui, à leur tour, achetèrent au khalife la permission de passer en Afrique; celui-ci n'eut garde de refuser le marché et retira plus d'argent de cette émigration qu'il n'en avait dépensé pour la première.

En vain l'émir El-Moezz voulut-il opposer une digue au torrent, il fut refoulé jusqu'à Kaïrouân. Là il essaya de négocier; il permit aux barbares d'entrer dans la ville et d'y acheter ce dont ils auraient besoin; mais les Arabes pillèrent la ville, chassèrent les habitants et ravagèrent tout le pays.

El-Moezz renonça alors à combattre le fléau et se retira à Mohdia, laissant le mouvement d'irruption se continuer par les déserts de Barka; il s'étendit, en effet, de proche en proche; chaque émigration vint successivement se mêler à celles qui l'avaient précédée ou les pousser en avant.

Ce nouveau mouvement des Arabes à travers l'Afrique occidentale eut une influence décisive sur la destinée de cette contrée. Ce fut lui qui véritablement implanta la tribu arabe en Afrique, en y jetant non plus des corps d'armées, mais des flots de population. Il se propagea avec lenteur, mais il ne recula jamais. De siècle en siècle, il est facile de suivre et de constater les progrès de cette inondation qui renverse tout, qui dévaste tout, qui ruine tout. Bien différent de la première invasion, qui annonçait des prétentions politiques, le mouvement de 1048 a un caractère exclusivement social. Ce ne sont pas des noms de chefs qui paraissent sur la scène; ce sont des noms de tribus. Elles ne prennent pas les villes pour les soumettre, mais pour les piller et les détruire; elles n'apportent pas des lois, mais des mœurs nouvelles. Habituées au régime des labours et du parcours, elles renversent tout ce qui fait obstacle au passage des bestiaux et de la charrue, les arbres aussi bien que les murailles. Elles changent entièrement la face de l'Afrique, n'épargnant que quelques montagnes élevées dont les habitants se liguent contre elles et les repoussent. Toutefois, ne pouvant les dévaster, elles les condamnent à dépérir en les isolant.

Exemptes d'amour-propre national comme d'ambition politique, elles paraissent s'inquiéter peu de l'autorité qui gouverne; elles laissent les dynasties africaines passer sur leurs têtes. Tout au plus, les voit-on, dans les conflits qui divisent l'Afrique, offrir parfois leur dangereux appui à des princes qu'elles servent ou qu'elles trahissent suivant le caprice ou l'intérêt du moment.

Semblable à un liquide qui cherche son niveau, elles s'avancent sans cesse vers l'Océan, leur unique barrière, détruisant sans relâche, anéantissant le travail de dix siècles et de trois civilisations, recueillant sur leur route des malédictions dont elles se soucient peu, replongeant dans la misère et la barbarie une contrée qui, quelques siècles auparavant, réunissait encore le double prestige de la richesse et de la science.

Je vais présenter les progrès de ce mouvement des tribus arabes depuis l'irruption de 1048 jusque vers le milieu du XVIᵉ siècle, époque où cette irruption, parvenue depuis longtemps déjà aux rivages de l'Océan, n'exerce plus une influence aussi distincte, et où d'ailleurs le génie destructeur des Arabes trouve deux nouveaux auxiliaires dont l'action se combine avec la sienne, les Chérifs et les Turcs.

CHAPITRE VII.

PROGRÈS DE L'IRRUPTION ARABE SOUS LE GOUVERNEMENT DES ÉMIRS BERBÈRES.

Coïncidence du mouvement des tribus arabes de l'est à l'ouest, et des Almoravides de l'ouest à l'est. — Progrès de l'irruption arabe dans les vingt premières années de son mouvement. — Première déroute des Arabes, sous 'Abd-el-Moumen, le premier émir almohade. — Deuxième déroute des Arabes. — Générosité d'Abd-el-Moumen. — Progrès de l'irruption arabe pendant le premier siècle de son mouvement. — Son caractère et ses effets. — Progrès de l'irruption arabe depuis la mort d'Abd-el-Moumen jusqu'à la prise de Tunis par les Turcs. — Après un siècle et demi, elle atteint les bords de l'Océan. — Nouveau partage du Maghreb en trois dynasties indépendantes : les Beni-Mrîn à Fès, les Beni-Zeïân à Tlemcen, et les Beni-H'afes à Tunis. — Tunis devient la capitale du monde musulman. — État permanent d'agitation de la population arabe dans l'émirat de Tunis. — Déchirements et calamités. — Prise de Tunis par Charles-Quint. — Conduite des Arabes dans cette circonstance. — Prise de Tunis par 'Ali, pacha d'Alger; par don Juan d'Autriche; par les Turcs. — Situation du Maghreb au moment de l'établissement de la domination turque. — Régence de Tunis. — Algérie. — Maroc. — Coïncidence entre les progrès de l'irruption arabe dans l'intérieur du Maghreb et les entreprises des Européens sur les côtes.

Au moment où l'extrémité orientale du désert barbaresque donnait passage aux hordes arabes parties de l'Égypte, des profondeurs les plus occidentales du même désert sortait une tribu africaine qui allait étendre sa domination sur tout le Maghreb et retarder, mais non arrêter, les progrès de cette irruption. Après s'être élevée progressivement, auprès des pouvoirs qui gouvernaient l'Afrique depuis quatre siècles, de la condition d'insurgée à celle d'auxiliaire, et de la condition d'auxiliaire à celle de déléguée, la race berbère allait enfin rentrer en possession complète de son indépendance, et exercer l'autorité souveraine.

J'ai exposé, dans une autre partie de cet ouvrage, les incidents et les progrès de cette révolution mémorable qui donna naissance à la dynastie des Almoravides, révolution dirigée par 'Abdallah-ben-Iâcîn et accomplie par Ioucef-ben-Tachfîn avec le concours de la tribu des Lemtouna. Je ferai remarquer seulement ici combien ce mouvement de la race berbère, qui s'avançait de l'occident à l'orient, différait du mouvement de la race arabe, qui se propageait de l'orient à l'occident. Au point de vue des rivalités de race, il consacrait l'indépendance africaine, tandis que le mouvement arabe ramenait la domination étrangère; au point de vue religieux, il représentait la foi orthodoxe, tandis que le mouvement arabe parti de l'Égypte représentait la secte du chiisme; enfin, au point de vue des intérêts matériels, le mouvement berbère annonçait le génie de la conservation et de l'organisation, tandis que le mouvement arabe ne laissait après lui que la dévastation et le désordre. Aussi l'insolence des hordes égyptiennes eut-elle pour effet de provoquer parmi les populations berbères une réaction générale qui contribua puissamment au triomphe des Almoravides.

Malheureusement, à l'époque où les Lemtouna sortaient du désert et apparaissaient dans le nord, c'est-à-dire en 1055, il y avait déjà sept ans que le mouvement d'irruption avait commencé, et les armées berbères se trouvaient encore séparées des hordes arabes par toute la largeur du Maghreb. Celles-ci continuèrent donc leur marche, tandis que les autres venaient à leur rencontre.

En 1067, époque où le géographe Bekri terminait son ouvrage, les Arabes occupaient l'oasis de Ouâdân au sud de Tripoli[1] et la côte de Lebda (l'ancienne Leptis)[2], ainsi que le constate cet écrivain. Dans cette dernière localité, ils étaient en guerre avec toutes les tribus berbères du voisinage. Vers la même époque, ils combattaient dans les troupes de l'émir Temîm-ben-el-Moezz contre le gouverneur de Sfax qui s'était révolté; ils étaient en possession de Kaïrouân, qu'ils vendaient à un autre gouverneur rebelle, et celui-ci en était chassé à son tour par de nouveaux Arabes venus de Barka[3]. Ces indications, bien que partielles, donnent à penser que vers l'année 1067, c'est-à-dire environ vingt ans après le commencement de l'irruption, elle avait déjà envahi une grande partie des régences actuelles de Tripoli et de Tunis.

Si l'empire des Almoravides eût pris tout son développement dans la direction de l'ouest à l'est, nul doute qu'avec la puissance d'impulsion dont ces conquérants étaient animés, ils n'eussent rencontré promptement le

---

[1] Bekri, p. 457.
[2] *Id.* p. 454.
[3] Kaïrouâni, p. 145.

flot arabe arrivant de Barka et qu'ils l'eussent, sinon refoulé, au moins contrarié dans sa marche. Mais la conquête des Almoravides ne s'étendit pas en Afrique au
delà du méridien d'Alger; arrivée là, elle fut tout à coup
détournée de sa route et commença à s'épancher sur l'Espagne et à se développer vers le nord. En 1086, Ioucef-ben-Tachfin, déjà maître du Maghreb, recevait une
députation des musulmans d'Espagne, qui venaient implorer son secours contre Alphonse VI, roi de Léon.
Ioucef céda à leurs instances et se rendit aussitôt en
Andalousie; au lieu de poursuivre la grande et noble
mission qui lui était échue, et qui consistait à purger
l'Afrique des hordes arabes et à la rendre aux Africains,
il entreprit d'enlever l'Espagne aux Espagnols, et de la
replacer sous le joug africain. La victoire de Zellaka,
qu'il remporta sur le roi de Léon, le 21 octobre 1086,
l'engagea davantage encore dans cette nouvelle voie.
Depuis ce moment, l'émir almoravide, occupé presque
exclusivement des guerres de la péninsule, négligea les
intérêts du Maghreb et laissa l'irruption arabe, semblable à la lèpre, s'y étendre et s'y enraciner.

En se détournant de sa vraie route, la dynastie almoravide se priva de sa vraie force. Dès qu'elle cessa de
représenter la cause de l'indépendance et de la civilisation africaines, elle perdit son prestige et devint accessible aux agressions. Déjà, sous le successeur d'Ioucef-ben-Tachfin, s'élevait la puissance des Almohades,
héritière de l'œuvre que ce conquérant berbère avait
laissée inachevée. Comme sa devancière et sa rivale, elle

empruntait à son berceau même un caractère imposant qui frappait l'imagination des hommes. On avait vu la conquête almoravide sortir des profondeurs mysté-rieuses du grand désert, et voilà qu'à son tour la con-quête almohade descendait des cimes les plus élevées du grand Atlas.

Dès l'année 1120, Moh'ammed-ben-Toumart, ce personnage difforme dont le génie avait conçu parmi les neiges de l'Atlas le plan de cette révolution, Moh'ammed ben-Toumart était parvenu à faire trembler l'émir almo-ravide au bruit seul de sa parole, et il se retirait dans son nid d'aigle de Tìnmâl, laissant les populations de Fès et de Maroc convaincues de la grandeur et de la sainteté de sa mission.

Obligé de s'en reposer sur un autre de l'exécution de ses volontés, il avait choisi pour l'initier à ses vues et l'associer à son entreprise un pauvre artisan nommé 'Abd-el-Moumen, qui devait être un jour l'un des plus grands et des plus puissants souverains du monde.

En 1130, Moh'ammed-ben-Toumart étant mort, 'Abd-el-Moumen restait seul chef des Almohades. Il en-treprit alors la conquête du Maghreb.

De 1130 à 1149, il se rendit maître de la presque totalité des pays qui formaient l'empire des Almoravides (Maghreb occidental).

De 1149 à 1155, il s'empara de l'empire des Beni-H'ammâd ou Maghreb central (Miliàna, Alger, Bougie, Bône, Constantine).

De 1158 à 1160, il envahit l'empire des S'enhàdja

ou le Maghreb oriental (le Zâb, Sfax, Mohdia, Kaïrouân, Tunis).

De 1130 à 1160, il avait conquis tout le Maghreb depuis le rivage de l'Océan jusqu'au désert de Barka.

En 1159, il faisait arpenter et cadastrer cette immense étendue de territoire, afin d'assurer à la perception des impôts une base équitable et régulière.

Pendant qu'Abd-el-Moumen exécutait son entreprise gigantesque, les tribus de l'irruption arabe se mêlaient à tous les conflits qui agitaient le Maghreb. Vers 1142, elles offraient leur soumission à Roger, roi de Sicile[1], et l'aidaient à ravager les côtes de Tripoli et de Tunis[2].

Ce fut après la conquête du royaume de Bougie qu'Abd-el-Moumen les rencontra pour la première fois. Elles se liguèrent contre lui et entreprirent de lui disputer l'Afrique orientale. 'Abd-el-Moumen revint à la hâte du fond du Maroc, fondit sur elles, et les mit en déroute; il resta maître des femmes, des enfants et des bagages. On le vit alors réclamer pour sa part de butin les enfants et les femmes, les traiter avec humanité et les rendre généreusement à leurs maris et à leurs pères. Cardonne, à qui j'emprunte ce fait, dit que les Arabes, touchés de tant de grandeur d'âme, en conçurent un vif attachement pour le souverain berbère.

Cependant quelques années après, ils lui donnèrent encore de nouveaux motifs de mécontentement. Voici dans quelles circonstances : résolu d'entreprendre la

[1] Kaïrouâni, p. 155.
[2] Marmol, t. I, p. 321.

conquête de l'Espagne, 'Abd-el-Moumen, après la prise
de Tunis, avait demandé aux tribus arabes un contingent
de dix mille hommes, qu'elles lui avaient fourni; mais
ces troupes désertèrent presque aussitôt. L'émir parut
d'abord indifférent à cette trahison et les Arabes commençaient à croire qu'il l'avait oubliée, lorsqu'il revint
sur eux, les surprit dans leurs campements, les mit en fuite
et s'empara encore une fois de leurs enfants et de leurs
femmes. 'Abd-el-Moumen se montra aussi généreux que
la première fois; non-seulement il traita ses captifs avec
douceur, mais il écrivit aussitôt aux Arabes qu'ils pouvaient venir les reprendre. Ce nouvel acte de clémence,
dont la domination arabe n'offre pas un seul exemple,
inspira aux nomades un grand respect pour 'Abd-el-
Moumen, et les détermina à lui renouveler leurs protestations de dévouement.

Après avoir noblement accompli sa tâche dans le
Maghreb, 'Abd-el-Moumen se disposait à passer en Espagne et il avait fait pour cette expédition d'immenses
préparatifs, lorsque la mort le surprit en 1163.

Cette époque est la plus glorieuse dans l'histoire de
la race berbère. Par le bras d'un simple artisan, elle
venait de fonder l'un des plus vastes empires du monde,
et de l'inaugurer par des mesures d'ordre et par des
actes de magnanimité.

Quelle était à cette même époque la situation des tribus arabes sorties un siècle auparavant de l'Égypte? Quel
avait été leur rôle depuis le moment de leur apparition?
Je cherche la réponse à ces questions dans le géographe

Édrici, car il était contemporain d'Abd-el-Moumen et
la publication de son livre précéda seulement de quelques années la mort de ce prince. Je vais donc constater,
à l'aide de ce guide, les progrès et le caractère de l'irruption arabe vers l'année 1160.

Voici d'abord leur situation :

Dans la régence de Tripoli, elles occupaient presque
toute la côte : les territoires de Telmita[1] (l'ancienne
Ptolémaïs) ou de la Cyrénaïque, de Sort[2], de Tripoli[3],
de Lebda[4] (l'ancienne Leptis), étaient en leur pouvoir.
Dans quelques parties du rivage, la race berbère avait
entièrement disparu ; sur d'autres points, elle était tom-
bée sous la dépendance des Arabes[5], avec lesquels elle
s'était mêlée.

Dans l'intérieur, la plaine de Barka était peuplée de
villages arabes[6]. Les solitudes d'Adjedabia étaient par-
courues par un grand nombre d'Arabes et de Berbers[7].
Le désert et l'oasis de Zouïla[8] étaient habités par des
Arabes. Au reste, tout l'intérieur du pays de Tripoli,
le désert de Barka et les oasis d'Audjila, d'Adjedabia
et de Zouïla leur obéissaient.

Dans la régence de Tunis, ils occupaient presque

[1] Édrici, p. 293.
[2] Id. p. 274.
[3] Id. p. 273.
[4] Id. p. 284.
[5] Id. p. 285.
[6] Id. p. 286.
[7] Id. p. 287.
[8] Id. p. 289.

toutes les plaines. Quelques montagnes et particulièrement le Djebel-Ouslât avaient seuls conservé leur population berbère[1]. Sur le territoire d'El-Orbès, les deux
races vivaient côte à côte, mais dans un état permanent
d'hostilité[2].

Dans la province de Constantine, les Arabes étaient
beaucoup plus avancés au nord qu'au sud. C'est même
par la région septentrionale, par le massif méditerranéen qu'ils avaient pénétré dans cette partie du Maghreb.
Ainsi à Mîla, la population urbaine était encore, il est
vrai, berbère; mais la campagne était au pouvoir des
Arabes[3]. Ils dominaient aussi dans tout le pays compris
entre Kollo et Constantine[4], et étaient en relations de
commerce avec les habitants de cette dernière ville[5]. On
voit que les Arabes avaient abordé la province de Constantine par le côté le moins accessible; mais il est extrê-
mement probable, bien que je n'en trouve nulle part
le témoignage explicite, qu'ils y avaient été bien accueillis,
peut-être même appelés par les Ketâma, fondateurs du
schisme chiite et de la dynastie fatimite dans le Maghreb,
persécutés à ce double titre par les S'enhâdja, et dignes
aussi à ce double titre de la sympathie des tribus arabes
que le khalife du Kaire avait lâchées sur l'Afrique barbaresque.

---

[1] Édrici, p. 269.
[2] Id. ibid.
[3] Id. p. 242.
[4] Id. p. 246.
[5] Id. p. 242.

L'établissement des Arabes dans le sud de la province de Constantine était beaucoup plus récent que dans le nord. Au moment où Édrici écrivait son ouvrage, il y avait peu de temps qu'ils s'étaient emparés de Naous, belle ville située au pied du mont Aourès[1], et de Bâcher, place forte de la dépendance de Biskra[2]. Ils dirigeaient sur Bar'aï des incursions répétées qui avaient déterminé l'abandon du faubourg par ses habitants[3]; mais les environs de cette ville étaient encore au pouvoir des Berbers.

A l'époque qui nous occupe, l'irruption arabe atteignait à l'ouest le défilé du Bibân, mais ne le dépassait pas. Édrici signale ce passage comme dangereux à cause des fréquentes incursions des Arabes[4]. Il mentionne aussi sur la route de Bougie à Kala'at-Benou-H'ammâd, et non loin du Bibân, une ville appelée *Souk'-el-Khemis*, *assez forte pour rendre vains les efforts des Arabes qui voudraient s'en emparer*[5], et un château fort appelé *Souk'-el-Tneïn*, autour duquel rôdent continuellement les Arabes[6].

A l'ouest du Bibân, il n'est plus question des Arabes; ce défilé marque donc la limite des progrès de l'irruption. Sortie de l'Égypte, en 1048, elle avait atteint, en 1160, le centre de la province de Constantine.

Je viens de suivre la marche géographique de l'irruption arabe; je vais en constater le caractère et les

---

[1] Édrici, p. 242.
[2] Id. p. 247.
[3] Id. p. 252.
[4] Id. p. 239.
[5] Id. p. 240.
[6] Id. ibid.

effets. Partout elle avait marqué son passage par des dévastations; partout elle n'avait laissé que des ruines derrière elle.

Dans la province de Tripoli, les principales villes de la côte avaient été ravagées et dépeuplées. A Telmita (l'ancienne Ptolémaïs), trois tribus berbères groupées autour de la ville, les Mzâta, les Zenâta et les Fzâra, protégeaient seules le pays contre les brigandages des Arabes, maîtres de la campagne[1].

A Sort, la majeure partie des habitants était encore berbère; mais le territoire avait été complétement dévasté par les Arabes. Les dattiers et les jujubiers, qui suffisaient autrefois à la consommation de la ville, avaient disparu. A peine restait-il dans le lit des torrents ou sur le sommet des collines quelques débris de cette belle végétation[2].

Lebda (l'ancienne Leptis), autrefois si florissante et si peuplée, était maintenant déserte, ses habitants l'ayant abandonnée pour se soustraire aux brigandages des Arabes. Il n'en restait plus que deux châteaux forts occupés par des Berbers de la tribu des Haouâra[3].

La capitale de la province avait subi le même sort. « Avant l'époque actuelle, dit Édrici, tous les quartiers de Tripoli étaient bien peuplés; les environs étaient couverts d'oliviers, de figuiers, de dattiers et de toute sorte d'arbres à fruit; mais diverses tribus s'étant répandues

[1] Édrici, p. 290.
[2] Id. p. 274.
[3] Id. p. 384.

dans la campagne et ayant cerné la ville, la population, réduite à la misère, fut obligée de l'abandonner, après avoir vu les plantations détruites et les sources des eaux épuisées par les Arabes. »

L'intérieur de la province n'était guère mieux traité que la côte. Ainsi l'oasis de Zouila était entourée d'Arabes qui « erraient dans la campagne et y commettaient autant de dégâts qu'il leur était possible[1]. » Toutefois, les Berbers des oasis s'étaient mieux tenus que ceux du rivage et avaient préservé quelques-unes d'entre elles de l'envahissement des hordes arabes.

Dans la province de Tunis, « tout le pays compris entre Gâbès, Kaïrouân et Tripoli était désert par suite des dévastations des Arabes. » Il n'y restait plus aucune trace des anciennes habitations; arbres, culture, population, tout avait disparu[2].

Kaïrouân, l'une des villes les plus considérables du Maghreb, était entièrement ruinée et dépeuplée[3].

Rek'k'âda, la belle résidence des Aghlabites, avait été renversée de fond en comble[4].

Dans la province de Constantine, j'ai déjà fait remarquer que, par suite des incursions des Arabes, un faubourg de Bar'aï avait été abandonné par ses habitants.

Cet ensemble de faits montre ce que fut la seconde apparition des Arabes en Afrique. Si l'invasion du viie siè-

[1] Édrici, p. 289.
[2] Id. p. 260 et 273.
[3] Id. p. 260.
[4] Id. ibid.

cle eut le caractère de l'ouragan qui, en un instant, déracine les arbres et renverse les édifices, l'irruption du xie ressemble à un incendie qui, de proche en proche, réduit tout en cendres, édifices et arbres. Ce que l'ouragan avait épargné, l'incendie le dévore; ce que la politique arabe avait laissé debout, le génie arabe le démolit. Livrées à leurs instincts, les tribus poursuivent et complètent l'œuvre de destruction commencée par le gouvernement des khalifes. Tantôt elles traversent les populations autochthones sans les déplacer; tantôt elles les entraînent avec elles sans leur faire perdre leur type originel; le plus souvent, elles les dissolvent complétement; mais, toujours et partout, leur passage a pour conséquences inévitables la ruine des villes, la dévastation des vergers, la dépopulation et la misère, c'est-à-dire la barbarie.

L'état de profond dépérissement où l'Afrique barbaresque est plongée a, sans contredit, augmenté depuis trois siècles sous la main des Chérifs et des Turcs; mais c'est dans l'invasion des Arabes et surtout dans l'irruption des tribus, en 1048, qu'il faut chercher la première et véritable cause de cette affreuse décadence.

Après la mort d'Abd-el-Moumen, les Arabes se montrent plus entreprenants et plus audacieux. Sous le règne d'Ioucef, son fils, ils se révoltent, et l'émir est obligé de revenir d'Espagne pour les réduire (1171).

Sous le troisième almohade Ia'k'oub-el-Mans'our, leur attitude devient plus menaçante encore. Déjà ils ont atteint la province de Tlemcen qu'ils agitent et qu'ils ravagent, Ia'k'oub, pour la débarrasser de ces hôtes indisciplinables, ne voit d'autre moyen que la transportation. Il oblige les uns à s'en retourner dans les provinces de l'est; il emmène les autres dans les provinces de Fès et de Maroc, et leur assigne pour demeure les cantons de Dukkâla, de Tamesna et d'Azgar[1]. Par suite de cette émigration qui eut lieu vers 1187, la tète de l'irruption arabe atteignait le rivage de l'Océan et l'extrémité occidentale du Maghreb; elle avait donc employé un siècle et demi à le traverser de l'est à l'ouest. Les colonies arabes fondées ainsi par Ia'k'oub-el-Mans'our entrèrent bientôt en lutte avec les tribus berbères de leur voisinage et ne tardèrent pas à les assujettir et à les rançonner « faisant des courses deçà et delà, dit Marmol, plutôt comme voleurs que comme habitants. »

Répandus sur la surface de la Barbarie, les Arabes allaient désormais intervenir dans tous les événements et y exercer une influence toujours croissante et presque toujours funeste au pays. Vers 1212, Moh'ammed-en-Nâc'er, se rendant en Espagne pour y diriger l'expédition qui se termina par la célèbre et fatale bataille des plaines de Tolosa (16 juillet 1212), se fait accompagner par les principaux chefs arabes de l'orient et de l'occident du Maghreb.

A peu près à la même époque, le Maghreb oriental passa sous la dynastie des Beni-H'afes, qui continua d'y régner jusqu'à l'avénement des Turcs. Le chef de cette dynastie appartenait à la tribu des Mas'moud'a d'où était

[1] Marmol, t. I, p. 336.

sorti 'Abdallah-ben-Toumart, le fondateur de l'établis
sement almohade. Il fut installé, en 1207, par l'émir Mo
h'ammed-en-Nâc'er qui lui assigna Tunis pour capitale,
en le laissant, toutefois, sous la dépendance de Maroc.

L'émir h'afsite de Tunis ne fut d'abord, pour le
gouvernement almohade, qu'un simple gouverneur de
province; mais après la mort de Moh'ammed-en-Nâc'er,
la puissance des Almohades commença à décroître. A
côté des descendants dégénérés d'Abd-el-Moumen, s'éle
vèrent deux familles, issues comme eux de la race berbère et de la tribu de Zenâta, les Beni-Mrìn et les Beni-
Zeïân. Vers l'an 1250, les Beni-Mrìn étaient maîtres de
Fès et les Beni-Zeïân de Tlemcen. De leur côté, les Beni-
H'afes profitèrent de l'affaiblissement du pouvoir central
pour briser le lien de vasselage qui les avait rattachés
jusqu'alors à l'empire des Almohades et se déclarèrent
indépendants. Réduit à la seule province de Maroc, la
monarchie d'Abd-el-Moumen s'amoindrissait de jour en
jour. Elle s'écroula, en 1269, sous l'effort des Beni-
Mrìn; un combat livré dans la province de Dukkâla emporta le dernier des Almohades et la dynastie qu'il représentait. Le Maghreb se trouva alors partagé de nouveau
en trois monarchies indépendantes, les Beni-Mrìn à Fès,
les Beni-Zeïân à Tlemcen et les Beni-H'afes à Tunis.

De ces trois empires, le dernier était de beaucoup
le plus considérable, car il s'étendait depuis le plateau
de Barka jusqu'au delà de Sétif et de Bougie, et embrassait la moitié du Maghreb. Aussi, lorsque, en 1258,
le khalifat abbasside de Baghdad eut été renversé par les

Tartares, Tunis devint-elle la métropole religieuse de l'islamisme. Il n'y avait pas, en effet, à cette époque dans le monde musulman de souverain orthodoxe plus puissant que l'émir h'afsite. C'est à ce titre que les chérifs de Lamecque, aussitôt après la prise de Baghdad, lui envoyèrent leur soumission. Elle fut lue en public à Tunis, et dès lors les princes de la dynastie h'afsite prirent le titre d'émir el-moumenin (Prince des fidèles) et le surnom de Mestâmer-allah, qui correspond à peu près à notre formule : Par la grâce de Dieu. L'Espagne et le Maghreb occidental suivirent l'exemple de Lamecque et reconnurent la souveraineté religieuse de Tunis. Tous les regards se tournèrent vers la nouvelle Baghdad. De tous les points du monde musulman des pèlerins accoururent pour la visiter. Il est juste de dire que les souverains h'afsites se montrèrent dignes de la haute fortune où les circonstances les avaient élevés. Ils firent d'honorables efforts pour étendre et multiplier les relations commerciales du Maghreb et pour y encourager l'étude des sciences et des lettres. Ainsi, on les voit conclure des traités de commerce avec les principales puissances de l'Europe, fonder des bibliothèques publiques ou les agrandir, élever et doter des écoles, construire des aqueducs et prendre enfin l'initiative d'un grand nombre de créations utiles.

Mais pendant ce temps la race barbare et indisciplinée, venue de l'Yémen à travers l'Égypte, s'agite sans relâche et paralyse par ses intrigues et par ses révoltes les tendances civilisatrices du gouvernement.

En 1268, deux ans avant le débarquement de saint Louis sur les côtes de Tunis, le troisième émir h'afsite, 'Abdallah, avait à réprimer une révolte des Beni-Riah'[1].

En 1282, un usurpateur obscur, nommé Fâd'el, trouve un appui dans cette même tribu des Beni-Riah' et dans les Arabes des environs de Gâbès et de Tripoli. Il parvient à s'emparer du pouvoir pendant un an et demi. Après avoir favorisé l'usurpation, les Arabes se tournent contre elle et profitent du désordre qu'ils ont produit pour ravager le pays[2].

En 1321, les Oulâd-Bellil, tribu de Tripoli, prêtent leur appui à la révolte d'Abou-Zakaria, qui s'empare de Tunis et y règne pendant huit mois[3].

L'historien El-Kaïrouâni mentionne de fréquentes révoltes des Arabes sous le règne de l'émir h'afsite Abou-Iah'ia, qui dura de 1318 à 1346. Dans l'un de ces mouvements, qui eut lieu en 1342, ils tinrent Tunis assiégé pendant sept jours[4].

A la mort d'Abou-Iah'ia (1346), ils embrassent la cause d'un prétendant et entrent avec lui dans Tunis, d'où ils sont chassés quelques jours après[5].

En 1347, l'émir mrinite Abou-H'acen part de Fès, traverse l'Afrique et vient attaquer Tunis, dont il s'empare. Il obtient l'assistance des Arabes, qui bientôt après

---

[1] Kaïrouâni, p. 225.

[2] *Id.* p. 231. — *Fragment d'une histoire de la dynastie des Beni-H'afes*, trad. par M. Cherbonneau, p. 12 et 17.

[3] Kaïrouâni, p. 237.

[4] *Id.* p. 239.

[5] *Id.* p. 241.

se tournent contre lui, prennent Kaïrouân et vont à
Tunis installer un autre émir. Abou-H'acen parvient à les
en chasser; mais des événements imprévus le rappellent
dans l'ouest, et le seul résultat de son expédition est
d'accroître la funeste influence de l'élément arabe[1].

Aussi voit-on, en 1349, l'émir h'afsite Abou-el-'Abbâs
rechercher l'appui des Arabes, leur confier un grand
nombre d'emplois et choisir pour gendre un de leurs
chefs[2]; mais, comme ils profitaient de leur crédit pour
rançonner les villes, Abou-el-'Abbâs dut renoncer à des
auxiliaires aussi dangereux[3].

Vers 1393, une insurrection générale éclate parmi
les tribus arabes; elle s'étend depuis Tripoli jusqu'à
Bougie. L'émir parvient à les réprimer; mais il ne détruit
ni leur audace, ni même leur influence, qui va toujours
croissant. En 1434, nouvelle révolte sous le successeur
d'Abou-Farez, qui cependant ne règne qu'une année.

Quelques années après, nouvelle insurrection. Les
Oulâd-Bellil assiégent Tunis; l'émir Abou-'Omar refoule
les Arabes au delà de l'Ouad-Râs, et leur impose la
condition de ne pas dépasser le cours de cette rivière.

Malgré cette défense, son successeur, Abou-Zakaria-
lah'ia, est encore obligé, dès son avénement, de marcher
contre eux (1488-1494).

De 1494 à 1526, 'Abou-Abdallah-Moh'ammed sou-
tient de longues guerres contre les Arabes et perd beau-

---

[1] Kaïrouâni.
[2] Id.
[3] Id.

coup de terrain. A la suite d'une rencontre où il fut battu, il rentra à Tunis avec huit cavaliers seulement[1].

Sous le règne de H'acen (1526-1544), un cheikh arabe se révolte à Kaïrouân et les Arabes restent maîtres de cette ville jusqu'au moment où elle tomba sous le joug des Turcs. Les Oulâd-Saïd, établis encore aujourd'hui au sud de Kaïrouân, commencent à se signaler par des incursions audacieuses, et H'acen ne parvient à les faire rentrer dans l'ordre qu'en leur permettant de rançonner le pays[2].

Ici commence pour l'émirat de Tunis une période de déchirements et de calamités qui dura jusqu'à l'avénement définitif des Turcs. Barberousse s'empare de Tunis ; mais il en est chassé, en 1535, par Charles-Quint. Les Arabes, qui d'abord avaient combattu pour Barberousse[3], se tournent contre lui dès que Tunis est au pouvoir de l'empereur, et le poursuivent jusqu'à Bône, où il va s'embarquer[4]. Maître de Tunis, Charles-Quint l'abandonna pendant trois jours à la discrétion de ses soldats. Il se passa alors une des plus horribles scènes dont l'histoire ait conservé le souvenir. La malheureuse ville fut bouleversée de fond en comble : soixante et dix mille personnes y furent impitoyablement massacrées ; mais dans cette affreuse boucherie, les chrétiens montrèrent moins d'acharnement encore que les Arabes, devenus tout

[1] Kaïrouâni.
[2] *Id.*
[3] Marmol, t. II, p. 464.
[4] Kaïrouâni, p. 275.

à coup les auxiliaires de ceux qu'ils combattaient la veille,
On les vit rechercher avec une ardeur farouche leurs
malheureux coréligionnaires et les arracher de leurs
retraites pour les vendre aux chrétiens [1].

Charles-Quint rétablit à Tunis l'émir H'acen, qui en
avait été chassé par les Turcs; mais cette restauration
ne dura pas longtemps : H'acen fut bientôt dépossédé
par son propre fils Ah'med, qui lui fit crever les yeux.

Au milieu des calamités de toute nature qui dé-
solent ce malheureux pays, les Arabes recommencent
leurs brigandages. La tribu des Oulâd-Saïd, qui déjà
s'était montrée, reparaît sur la scène qu'elle doit occuper longtemps encore. Ah'med se met en campagne
pour les combattre; mais la voie des armes ne lui suffit
pas, et il invoque contre ces infidèles l'autorité de la
religion. Il assemble les ulémas et obtient d'eux, contre
les implacables ennemis de la paix publique, un fetoua
qui les déclare hors la loi et défend, sous les peines les
plus sévères, de leur vendre des armes ou même des
objets d'équipement. Un jurisconsulte musulman dit à
cette occasion : « Le caractère des Arabes est partout le
même et ne changera jamais; ils ne se plaisent qu'à faire
le mal. »

En 1569, Tunis tombe au pouvoir d'Ali, pacha d'Alger. L'émir Ah'med va demander un asile dans le fort
de H'alk'-el-Ouad (la Goulette), occupé encore par les
chrétiens. Les Algériens mirent dans Tunis une garnison
composée par moitié de Turcs et de Berbers zouaoua

[1] Kaïrouàni, p. 276.

et l'occupèrent pendant trois ans, harcelés d'un côté par les Arabes et de l'autre par les chrétiens de H'alk'-el-Ouad.

En 1572, Tunis change encore de maître; il tombe dans les mains de don Juan d'Autriche, qui en prend possession au nom de Philippe II; mais au bout de dix mois il repassa définitivement sous la domination turque.

Cet événement mit fin à la dynastie des Beni-H'afes, qui gouvernait Tunis depuis plus de trois cent cinquante ans; période désastreuse pendant laquelle la régence de Tunis se couvrit de ruines et perdit petit à petit, dans les révoltes et les agitations continuelles de la race nomade, l'héritage des civilisations antérieures. C'est durant cette période que la race berbère disparut presque entièrement de cette partie du Maghreb et se vit resserrée peu à peu sur quelques sommets de montagnes et dans quelques petites places du littoral.

En Algérie, la configuration du sol favorisait davantage la résistance des populations autochthones à l'irruption des nomades. Au moment où la conquête turque venait d'étendre son niveau sur les deux races, la plupart des massifs montagneux se trouvaient encore au pouvoir des Berbers; les plaines avaient été envahies et dévastées par les Arabes. Quant aux villes, il en restait très-peu; abandonnées par leurs habitants, presque toutes tombaient en ruines. Si, profitant d'un moment de trève, quelques familles exilées revenaient dans les murs déserts de la cité natale et essayaient de recons-

truire leurs demeures, les Arabes accouraient aussitôt
et s'y opposaient. Force leur était donc ou de vivre
sous la tente en nomades, comme les Arabes, ou d'aller
bâtir une hutte dans la montagne.

Dans l'empire de Maroc un partage analogue s'était
opéré. La vaste région plane située entre l'Atlas et l'O-
céan, comprenant Azgar, Tamesna, Tedla', Dukkâla,
Haha; la région saharienne, située entre l'Atlas et le
désert, le désert lui-même, surtout la zone voisine de
l'Océan, d'où étaient partis les Almoravides, étaient occupés par les nomades. Les deux massifs compacts du
Rif et de l'Atlas avaient conservé leur population aborigène.

Toutefois, la situation politique du Maghreb occidental y avait modifié le caractère de l'envahissement des
tribus arabes. Comme à Tunis, comme en tous lieux,
elles y avaient apporté leurs habitudes de pillage et
leurs instincts de dévastation; mais elles n'y avaient pas
trouvé un gouvernement stable, unitaire, reconnu par
la masse de la population. Peu de temps après leur apparition, l'empire des Beni-Mrin était tombé dans une anarchie profonde, qui avait duré pendant tout le XVe siècle.
Les provinces s'étaient d'abord rendues indépendantes,
et, après les provinces, les villes. Quelques-unes, comme
Taroudant, n'avaient pas de chefs; d'autres, comme Maroc et Fès, avaient encore des chefs berbères; il y en
avait comme Tiguiut, au pied de l'Atlas, où commandaient des renégats; enfin, plusieurs villes maritimes
étaient occupées par les Portugais. Si cette confusion de

pouvoirs favorisa l'établissement des tribus arabes, elle en modifia aussi les conditions. Le morcellement de l'autorité les dispensa des actes collectifs de révolte. Comme chaque groupe de population agissait pour son compte, les Arabes suivirent l'exemple général. Quelques cheikhs s'attaquèrent à certains hobereaux de la campagne, qu'ils rendirent leurs tributaires et leurs vassaux. D'autres plantèrent leurs tentes dans le voisinage des villes accessibles, qui devinrent le but de leurs brigandages et de leurs incursions; c'est ainsi que Taroudant fut dépeuplée. Quelques-unes se soumirent aux Portugais et s'associèrent à leurs entreprises pour avoir leur part du butin. Enfin, ceux que leur destinée avaient conduits dans le désert pillaient ou rançonnaient les caravanes.

L'implantation des tribus arabes produisit les mêmes effets dans l'est et dans l'ouest; mais elle s'opéra dans des circonstances différentes. Ici, ce fut une longue lutte contre un gouvernement établi; là, une affreuse mêlée de peuples et de races. Dans l'est, les tribus arabes créèrent le désordre; dans l'ouest, elles l'augmentèrent pour l'exploiter.

Il existe une coïncidence remarquable entre les progrès des tribus arabes dans l'intérieur du Maghreb et les entreprises des Européens sur les côtes. Dans les premières années du XIIᵉ siècle, l'irruption arabe, partie en 1048 des bords du Nil, avait envahi et dévasté les provinces de Tripoli et de Tunis. C'est à ce moment que Roger, roi de Sicile, s'empare des principales villes maritimes et il trouve des auxiliaires dans les Arabes, qui ravagent la campagne de concert avec les chrétiens.

Au commencement du xve siècle, l'irruption arabe avait atteint le rivage de l'Océan et se répandait dans le Maghreb occidental; c'est alors que les Portugais commencent leurs établissements sur le littoral marocain.

Un siècle après, les Espagnols s'emparent des principaux ports de l'Algérie.

Ces premières croisades, entreprises dans un esprit exclusif de fanatisme, ne se proposaient pour but matériel que le pillage et l'extermination. Ce que faisaient les tribus arabes dans l'intérieur du pays, les armées chrétiennes le faisaient sur la côte.

L'Afrique se trouvait donc, au commencement du xvie siècle, en proie à deux fléaux qui avaient marché simultanément et parallèlement; les chrétiens au nord, les Arabes au sud. Elle était prête à tout pour les conjurer, et le résultat de cette double réaction fut l'avènement des Chérifs et des Turcs.

Mais les nouveaux maîtres du Maghreb employèrent contre ses ennemis des armes tout aussi barbares que celles qu'ils prétendaient briser : contre les Européens la piraterie, contre les Arabes, la r'azia. Aujourd'hui, après trois siècles d'épreuve, l'histoire peut se demander lequel fut pire du mal ou du remède.

A la vérité, il n'était donné ni aux Chérifs ni aux Turcs de changer le caractère ou de réformer les mœurs des Arabes; ceux-ci restèrent, sous le nouveau régime, ce qu'ils avaient été sous le régime précédent.

Il y eut cependant une différence notable dans leur manière d'être à Maroc, à Alger et à Tunis. Dans les deux premiers états où ils se trouvèrent en face d'une population berbère compacte, ils sentirent le besoin d'un appui et ils le cherchèrent dans le gouvernement. Les Chérifs et les Turcs d'Alger n'eurent donc à exercer contre eux que des répressions de détail. Détrousser les voyageurs, piller les caravanes, ravager le territoire des villes ou des tribus voisines : telles furent, au Maroc et en Algérie, leurs occupations normales; ils se livrèrent au brigandage. Mais à Tunis ce fut autre chose; là pas de massif assez considérable pour leur inspirer de l'inquiétude. A l'exception de quelques montagnes isolées comme le Djebel-Ouslât', ils occupaient toute la campagne; aussi persistèrent-ils dans la révolte.

CHAPITRE VIII.

MOUVEMENT DE LA POPULATION ARABE SOUS LA DOMINATION TURQUE.

Trahison des Beni-Chenouf. — Révolte des Oulâd-Saïd. — Origine de l'institution des Zmàla. — Soumission des Oulâd-Bellil, des Oulâd-Hamza et des Oulâd-Sooula. — Soumission des H'anencha. — Nouvelles agitations des Oulâd-Saïd. — R'azia dirigée contre cette tribu. — Émigration de diverses tribus arabes dans la régence d'Alger ; les Drîd ; les Oulâd-Sooula ; les Oulâd-Bellil. — Autres émigrations dont le souvenir s'est conservé dans la tradition. — Les Oulâd-Mimoun dans la partie méridionale de l'Algérie. — Déplacement de la population berbère et établissement d'une colonie syrienne dans l'oasis algérienne de l'Ouad-Souf.

Cependant les débuts du gouvernement turc furent assez calmes ; mais dès les premières années du xviie siècle les troubles recommencèrent.

En 1628, le cheikh des Beni-Chenouf, tribu voisine d'El-Kêf, attirait une armée algérienne sur le territoire de Tunis, et l'armée tunisienne éprouvait un grave échec par suite de la défection d'une autre tribu, les Oulâd-Saïd.

L'année suivante, nouvelle révolte des Beni-Chenouf contre les Turcs.

Vers 1631, les Oulâd-Saïd se soulevèrent contre Mourad-Bey ; l'année suivante, nouvelle insurrection ; Mourad-Bey en saisit un certain nombre qu'il fait empaler.

Vers 1635, Moh'ammed-Pacha marche encore contre les Beni-Chenouf, qui s'étaient emparés de tout le territoire du Kêf, et les extermine. — Il achève la dispersion des Oulàd-Saïd.

C'est à cette époque que les Turcs, lassés de combattre, essayèrent d'utiliser. Les Arabes d'origine noble qui se soumettaient furent employés à la surveillance du pays et à la rentrée des contributions, et formèrent les postes de police rurale que l'on a appelés *zmâla;* institution excellente et bien digne d'être imitée.

Vers 1640, Moh'ammed-Pacha obtient la soumission de plusieurs tribus arabes puissantes, dont les noms se retrouvent aujourd'hui dans les provinces de Constantine et d'Alger, les Oulàd-Bellîl, les Oulàd-Sooula, les Oulàd-Hamza.

L'une des principales expéditions de Moh'ammed-Pacha fut dirigée contre la tribu des H'anencha, qui existe aujourd'hui encore sur le territoire qu'elle occupait à cette époque, et qui depuis fut annexé à l'Algérie. Elle fut complétement soumise en 1644.

En 1676, une guerre civile éclate parmi les Turcs de Tunis entre Moh'ammed-Bey et 'Ali-Bey. Les principaux cheikhs arabes prennent parti pour ce dernier; les Oulàd-Saïd sont de ce nombre, et se relèvent par là de l'abaissement où ils étaient tombés; mais, vers 1679, Mnastìr, Tôzer, El-Kèf, Slimàn et Sfax, toutes villes au pouvoir des Arabes, se révoltent à l'instigation des Oulàd-Saïd, qui sont encore une fois battus. En 1680, ils s'agitèrent de nouveau; à cet égard, Kaïrouàni, con-

temporain des événements, donne des détails intéres-
sants en ce qu'ils caractérisent les désordres auxquels
les tribus arabes se livraient encore à cette époque. « Ils
commirent, dit Kaïrouâni, tous les excès, interceptèrent
les communications et gênèrent tellement le commerce,
qu'un marchand n'osait voyager sans être accompagné
de l'un d'eux. Ils se partageaient les récoltes d'autrui et
en enlevaient ce qu'ils voulaient sans que personne pût
s'y opposer. Ils se fortifièrent dans la majeure partie de
la contrée et firent ce que ne feraient même pas les infidèles envers les musulmans. » Le bey dissimula quelque temps afin de rendre le châtiment plus certain et
plus exemplaire. Lorsqu'il se décida à marcher contre
eux, son armée se recruta d'un grand nombre de volon-
taires « désireux, dit Kaïrouâni, de faire le djehad contre
les Oulâd-Saïd. » Obligé encore d'ajourner la punition,
il les atteignit enfin au mois de décembre 1680, et en
fit un grand carnage ; leurs biens furent pillés, leurs
femmes prises, leurs enfants vendus. La nouvelle de
cette terrible r'azia causa à Tunis une joie générale.

Ici s'arrête la chronique d'El-Kaïrouâni, et les renseignements que nous possédons sur les événements ultérieurs accomplis dans la régence de Tunis ne font pas
connaître le rôle des tribus arabes depuis cette époque.

Parmi les tribus qui occupaient alors la scène, il en
est plusieurs dont les noms se sont conservés jusqu'à
nos jours dans la géographie du Maghreb. Les Oulâd-
Saïd, demeurés fidèles à leurs habitudes de brigandage, occupent encore le territoire qui fut au xvie et au

xviiᵉ siècle le théâtre de leurs déplorables prouesses. Les H'anencha occupent encore leur position sur la frontière d'Algérie et la régence de Tunis. Les Drìd se sont dispersés sur trois gisements différents: une partie, demeurée au centre de la régence de Tunis, habite pendant l'été la grande plaine du Sers et va parcourir pendant l'hiver les landes du Sah'ara au sud de l'Ouad-Djima; une autre partie s'est fixée aux environs de Constantine; enfin, un troisième tronçon forme une des tribus nomades de Biskra dans l'oasis du Zibân. Dans la même oasis, nous retrouvons aujourd'hui les Oulâd-Sooula, châtiés et rançonnés, en 1640, en compagnie des Oulâd-Hamza et des Oulâd-Bellil, par Moh'ammed-Pacha. Kaïrouâni dit que ces trois tribus furent obligées d'emprunter pour payer leurs contributions de guerre, et que Moh'ammed-Pacha eut soin d'éloigner les cheikhs influents. C'est sans doute à cette époque qu'eut lieu l'émigration de ces trois tribus dans d'autres contrées du Maghreb.

Ainsi que je l'ai dit, les Oulâd-Sooula se retrouvent aujourd'hui avec les Drìd dans le Zibân. Il existe des Oulâd-Hamza dans le Djebel-'Amour et dans le district de Tit'erì, où ils jouissent de la considération et du crédit accordés aux tribus d'origine noble.

Quant aux Oulâd-Bellil, ils habitaient, en 1321, la province de Tripoli. A cette époque, ils prirent parti pour Abou-Zakaria, prétendant au trône des H'afsites, et vinrent, sous ses drapeaux, assiéger Tunis, dont ils se rendirent maîtres. Leur cheikh Mezdouri fit proclamer émir Abou-Zakaria, et acquit, dès lors, un grand crédit. En 1435, les cheikhs des Oulâd-Bellil étaient encore les plus puissants de l'Afrique; à cette époque, ils se révoltèrent et vinrent de nouveau assiéger Tunis; mais ils eurent moins de succès que la première fois : l'émir Abou-Omar les mit en fuite. On attribua cette victoire aux prières d'un marabout qui ne cessait d'adresser des vœux au ciel pour l'extermination des Arabes. Enfin, ils reparaissent, en 1640, à la tête d'une révolte contre les Turcs, et ils partagent le sort de leurs alliés, les Oulâd-Hamza et les Oulâd-Sooula. C'est alors aussi que, comme eux, ils durent émigrer vers l'Ouest. On les retrouve aujourd'hui sur la limite occidentale de la province de Constantine, dans la plaine de Hamza, entre le pied du Jurjura et le cours supérieur de l'Ouad-Akbou. C'est encore une des tribus nobles et puissantes de l'Algérie.

A ces mouvements de la race arabe dont le témoignage existe dans la tradition écrite, il faut en ajouter quelques-uns dont le souvenir s'est conservé dans la tradition orale. Une grande partie du Sah'ara algérien paraît avoir été envahie originairement par une même tribu appelée Oulâd-Mimoun, qui, plus tard, s'est fractionnée et dispersée. Elle devait occuper 1° le Djebel-'Amour; 2° l'oasis de Touât dans le désert; 3° les trois oasis d'Ouâregla, de Temacin et de Tuggurt. Le Djebel-'Amour est encore habité par une tribu des Oulâd-Mimoun qui domine toutes les autres. Dans l'oasis de Touât, la ville de Timimoun ou Aït-Mimoun témoigne

par son nom, quoique berberisé, de la même origine.
La population de la ville porte d'ailleurs le nom d'Ou-
lâd - Mimoun. Quant aux trois oasis comprises sous la
dénomination commune d'Ouad-Rir', plusieurs habitants
m'ont assuré, comme un fait notoire dans le pays,
qu'elles étaient jadis occupées par la seule tribu des
Oulâd-Mimoun, divisée en trois fractions, les Saïd-Ou-
lâd-'Amer établis à Temacin, les Saïd-'Atba à Ouâregla,
et les Oulâd-Moulât à Tuggurt. Dans la suite, des dissensions éclatèrent entre ces trois branches et leur firent
abandonner leur nom patronymique.

L'oasis de l'Ouad-Souf offre encore l'exemple d'un
déplacement récent des tribus arabes. Le territoire sa-
blonneux de cette oasis désigné, au xiᵉ siècle sous le nom
de K'itoun-el-Baïda (la Tente blanche), formait un car-
refour où venaient se croiser plusieurs routes dirigées
sur Tripoli, sur Kaïrouân, sur Nefta et sur le pays des
Noirs. Cette contrée était alors occupée par la tribu berbère des Smâta. Dans la suite, cette tribu, comme toutes
les peuplades à l'est du Maghreb, fut refoulée vers l'occident et dispersée; une partie s'arrêta dans l'oasis du
Zibân, où on la retrouve incorporée à la tribu arabe
de Hel-ben-'Ali; une autre alla s'établir à Bou-Sa'da et
compte encore dans la population de cette ville. Enfin,
une troisième fraction se fixa peut-être dans la plaine
de la Medjâna, comme semble l'indiquer l'existence
d'un marabout appelé Sidi-Mbârek-es-Smâti. A une
époque encore plus rapprochée de la nôtre, mais que la
tradition locale ne précise pas, des voyageurs venant de

Teroud, en Syrie, s'arrêtèrent un jour dans le réseau des montagnes de sable blanc, appelée autrefois *la Tente blanche*. Ayant reconnu en ce lieu la présence d'une nappe d'eau à une petite profondeur sous le sol, ils résolurent d'y fixer leur séjour. Ils bâtirent donc des habitations et plantèrent des palmiers. Ils ne tardèrent pas à être rejoints par un grand nombre de leurs compatriotes. Plusieurs villes et villages s'élevèrent successivement au milieu des sables, et c'est ainsi qu'une colonie d'origine syrienne se trouva établie dans le Sah'ara algérien, où elle forme une de nos oasis les plus florissantes.

J'ai examiné dans leur ensemble la marche et les progrès de l'irruption arabe du x1ᵉ siècle. Il me reste encore à dire un mot des éléments qui la composent, de la destinée de chacun d'eux et de leur distribution entre les différents états de l'Afrique septentrionale.

CHAPITRE IX.

RÉPARTITION, ENTRE LES DIVERS ÉTATS BARBARESQUES, DES TRIBUS DE L'IRRUPTION ARABE DU XIᵉ SIÈCLE.

Composition du premier flot versé dans le Maghreb en 1048. — Il est suivi d'autres émigrations. — Tribus qui n'ont pas changé de place depuis le xviᵉ siècle. — Évaluation de la population arabe répandue dans le Maghreb à cette époque. — Comparaison de ce chiffre avec celui de la population arabe actuelle des États barbaresques.

Les historiens ne sont pas d'accord sur le nombre des tribus qui entrèrent en Afrique au milieu du xiᵉ siècle. Suivant Kaïrouâni, ce furent les Beni-Riah', les Beni-Zegba et une portion des Beni-Amer et des Senân. Suivant le même auteur, les Beni-Zegba auraient été, quelque temps après, chassés de l'Afrique par les Beni-Riah' et remplacés par une nouvelle tribu, les Beni-K'arra. Cardonne ne parle que de deux tribus, les Riah'în (Beni-Riah'), et les Beni-Hilla (Beni-Helâl).

Marmol, qui avait pour guide l'historien arabe Ebn-er-Rak'ik', est celui qui a donné sur la composition des forces arabes les détails les plus circonstanciés. Suivant cet auteur, les tribus qui entrèrent en Afrique furent au nombre de trois, savoir : 1° les Esquequîn ; 2° les Beni-Helâl ; 3° les Mahquîl. Ces trois groupes se subdivisaient en un grand nombre de fractions parmi lesquelles on retrouve plusieurs des noms fournis par Kaïrouâni et par Cardonne. Ainsi, les Riah'in ou Beni-Riah' font partie des Beni-Helâl ainsi que les Beni-Amer.

Marmol évalue à plus d'un million le nombre d'individus de tout sexe et de tout âge que le premier flot versa en Afrique, et à cinquante mille le nombre des combattants. Le mouvement d'émigration se continua pendant près d'un demi-siècle, chaque tribu poussant ses devancières vers l'ouest ou s'y avançant elle-même sans les déplacer. Il est probable que dans ce mouvement général de translation, la plupart des nouvelles tribus cherchèrent une protection auprès des anciennes et s'attachèrent à l'un des trois faisceaux primitifs.

Vers la fin du xv1ᵉ siècle, le nombre des Arabes répartis sur toute la surface du Maghreb s'élevait à plus de quatre millions, et l'empire de Maroc en contenait à lui seul deux fois autant que les trois autres états (Alger, Tunis et Tripoli). Parmi les tribus qui figurent dans la situation de cette époque, il en est qui, depuis trois siècles, habitent la même région. Voici les principales :

1° Dans la régence de Tunis : les Oulâd-Saïd appartenant au groupe d'Esquequîn, établis au xv1ᵉ siècle, et même longtemps avant au nord et au sud de Kaïrouân;

2° En Algérie : les Hanencha, établis au xv1ᵉ siècle et antérieurement sur la limite des provinces de Tunis et de Constantine, appartenant au groupe des Beni-Helâl;

Les Muslim; placés par Marmol dans les déserts de Msîla, et que je crois être les Beni-Msellem établis dans la partie supérieure de la plaine de H'odna (groupe des Beni-Helâl);

Les Oulâd-Ĭ'ak'oub, portés comme habitant au xvɪᵉ siècle la frontière de Numidie, et qui doivent correspondre aux Oulâd-Ĭ'ak'oub-ez-Zrâra, tribu de l'Ouad-Mzâb;

Les Oulâd-Ta'alba (groupe de Mahquil), habitant au xvɪᵉ siècle la Metîdja et le désert de Numidie jusqu'à Tak'demt et que je retrouve disséminés aujourd'hui dans la même contrée. Il existe, en effet, une tribu arabe des Ta'alba dans l'Ouanseris, une autre dans la Kabilie, une troisième dans la tribu des Beni-Bel-H'acen, chez les Beni-Dja'âd. Il est probable qu'elles ont toutes une origine commune. Leur dispersion remonte, sans doute, au temps de Barberousse, qui poursuivit cette tribu d'une haine implacable à cause de sa parenté avec la famille des Beni-Tumi, les cheikhs d'Alger à cette époque;

3° Dans l'empire de Maroc : les Oulâd-Deleïm, les Oulâd-Berbêch et les Oudâïa (groupe de Mahquil), établis, aujourd'hui comme au xvɪᵉ siècle, dans la partie du désert comprise entre le Sénégal, l'Océan et l'empire de Maroc.

Dans le mouvement de l'irruption arabe du xɪᵉ au xvɪᵉ siècle, le groupe des Beni-Helâl ou Helâla est celui qui a fourni le contingent le plus considérable à la population de l'Algérie; aussi cette dénomination collective se rencontre-t-elle encore aujourd'hui appliquée à quelques tribus de cette contrée. Il existe une tribu des Oulâd-Helâl dans l'aghalik du Tell et une colline appelée Helâla, située à la souc e de l'Ouâd-Souflât dans le kaïdat des Beni-Dja'âd.

Voici le tableau de la situation des tribus arabes en

Afrique au XVIᵉ siècle, établi d'après les indications géographiques et numériques fournies par Marmol.

DISTRIBUTION DES TRIBUS ARABES EN AFRIQUE AU XVIᵉ SIÈCLE.

TRIBUS.	FRACTIONS.	SUBDIVISIONS.	LIEUX DE SÉJOUR.	NOMBRE D'HOMMES ARMÉS.		
				MAROC.	ALGÉRIE.	TUNIS ET TRIPOLI.
			PREMIER GROUPE. — ESQUEQUÎN.			
Oᵈ-Hada-dji.....	Oᵈ-Amrân-Litali....	....	Ont été amenés, du royaume de Tunis, par l'ak'oub-el-Mans'our, partie dans la province de Dukala, partie dans celle de Tedla..	31,500	"	"
	Oᵈ-Amrân-Distani..			26,200	"	"
	Oᵈ-Akô....	....		15,900	"	"
	Oᵈ-Zubeita.	....		9,500	"	"
	Oᵈ-bou-Aziz.	....		15,800	"	"
	Oᵈ-Farach..	....		6,500	"	"
Garbia-Yeé-cha.....	....	....	Mêmes provinces........	56,000	"	"
Oᵈ-Chiâd-ma.....			Berbers arabisés, habitent depuis la rivière d'Aguz jusqu'à Sus...........	50,000	"	"
Sumeit..	....	....	Habitent la partie de la Libye orientale qui confine aux déserts de Tripoli..	"	"	80,000 (Tr.)
Oᵈ-Saïd..	....	....	Habitent entre Tunis et Kaïrouân et vont jusqu'au désert de Barka..	"	"	50,000 et plus (Tun.)
Oᵈ-Elledji (Oulâd-el-H'adj).	....	....	La plupart entre Alger et Bougie, le reste sur la côte du royaume de Tlemcen, aux confins de celui de Fès.............	"	?	"
Oᵈ-Mutafik ou Holo-tes.....	....	....	La plaine d'Azgar, dans le royaume de Fès.......	60,000	"	"
Oᵈ-Sobaïr.	....	....	La frontière de Tlemcen et la Numidie...........	"	23,000	"
Oᵈ-ben-Me-lik-Sofiân.	....	....	Les plaines entre Sla et Meknès.............	48,000	"	"
			TOTAUX........	319,400	23,000	130,000 et plus

TRIBUS.	FRACTIONS.	SUBDIVISIONS.	LIEUX DE SÉJOUR.	NOMBRE D'HOMMES ARMÉS.		
				MAROC.	ALGÉRIE.	TUNIS ET TRIPOLI.
DEUXIÈME GROUPE. — BENI-HELÂL.						
Beni-Amer.	....	....	Entre Tlemcen et Oran..	"	60,000	"
Od-Hurua..	....	....	Sur la frontière de Mostaganem..............	"	18,000	"
Od-Okba...	....	....	Sur la frontière de Miliana.	"	11,500	"
Od-Habra..	....	....	Les plaines entre Oran et Mostaganem.........	"	3,000 et plus	"
Muslim....	....	....	Les déserts de Msila.....	"	?	"
	Od-Bellil..	....	Entre Tunis et Bedja.....	"	"	
	Od-Aou....	....	Les plaines de Duhala, jusqu'à El-Orbes.......	"	"	40,000 env. (Tun.)
	Od-Cheifa..	....	D'El-Orbes à la frontière de Numidie...........	"	"	
Od-Riah'..	Od-l'ak'oub.	....	La frontière de Numidie..	"		
	Od-H'annécha (Hanencha)......	....	Les campagnes de Constantine et de Bône......	"	20,000 env.	"
	Od-Iah'ia...	....	Avec les précédents......	"		"
Od-Saïd...	....		Les déserts entre la province de Tenès et la Numidie......	"	18,000	"
Od-Azguch.	....		Éparse; la plupart dans la province de Gâret.....	?	"	"
Od-el-Krid.	....		Les plaines de la province de Haha............	34,000	"	"
Od-Sdima..	....					
Od-Nâder..	....					
Od-Garfa..	....		Dispersée et mêlée avec d'autres, surtout avec les Oulâd-Menebba et les Oulâd-Amrân (Sedjelmâça).	?	"	"
			TOTAUX........	34,000 et plus	130,500 et plus	40,000 env.
TROISIÈME GROUPE. — MAHQUÎL.						
Od-Mastar.	Od-Raqué..	....	Les déserts de Dâdes et de Ferkâla............	8,600	"	"
	Od-Selim...	....	Près de l'Ouad-Dra'.....	23,000	"	"
....	Od-el-H'acen......	....	Province de Sous, frontière de Mêça...........	10,500	"	"
	Od-Kenana.	....	Avec les Holotes (la plaine d'Azgar)............	23,000 et plus	"	"
			À reporter......	65,100 et plus	"	"

TRIBUS.	FRACTIONS.	SUBDIVISIONS.	LIEUX DE SÉJOUR.	NOMBRE D'HOMMES ARMÉS.		
				MAROC.	ALGÉRIE.	TUNIS ET TRIPOLI.
			TROISIÈME GROUPE. — MAHQUÎL. (Suite.)			
			Report........	65,100 et plus	"	"
		O^d-Deleïm....	Dans les déserts de Libye avec les Zenaga......	10,000	"	"
		O^d-Berbêch....	Déserts de Libye, vers le Sous-el-Ak's'a.......	50,000 et plus	"	"
		Oudaïa.......	Le désert entre Ouâdan et Oualâta...........	6,000	"	"
		Reh'amna....	Transportés du désert dans les plaines de Tamesna.	10,000 et plus	"	"
		O^d-Amer.....	Le désert de Tagaost et le Sous-el-Ak's'a.......	8,000	"	"
		O^d-Amrân..	Le désert au sud de Sedjelmâça jusqu'à Iguidi....	53,000	"	"
		O^d-Monebba.	La même partie du désert.	22,000	"	"
		O^d-Houceïn.	L'Atlas entre le royaume de Fès et Sedjelmâça.....	56,000 et plus	"	"
		O^d-Abou-el-H'oucein.	Les déserts d'Ed-Dahara..	?	"	"
		O^d-Garradji.	Les déserts de Beni-Gumi et de Figuig.........	34,000 et plus	"	"
		O^d-Hadadji.	Le désert d'Angad......	"	?	"
		O^d-Ta'âlba	La Metidja et le désert de Numidie jusqu'à Tak'out.	"	44,000 et plus	"
		O^d-Sueïd...	Entre Mostaganem et le Chelif.............	"	2,000 et plus	"
		O^d-Djohân..	Dispersés avec les O^d-Garrâdji et les O^d-Hadadji dans les déserts de Beni-Gumi, de Figuig et d'Angad.............	?	"	"
	O^d-Mans'our.	....		"	"	"
	O^d-Obeïd-Allah......			"	"	"
			TOTAUX........	314,100 et plus	46,000 et plus	"

(colonne gauche : O^d-Hassân — O^d-Hacen — O^d-Abi-Mans'our — O^d-Obeïd-Allah)

RÉCAPITULATION.

	MAROC.	ALGÉRIE.	TUNIS ET TRIPOLI.	TOTAUX.
Premier groupe. — Esquequin............	319,400	23,000 et plus	130,000 et plus	472,400 et plus
Deuxième groupe. — Beni-Helâl..........	34,000 et plus	130,500	40,000	204,500 et plus
Troisième groupe. — Mahquil...........	314,100 et plus	46,000 et plus	"	360,100 et plus
TOTAUX..............	667,500 et plus	199,500 et plus	170,000 et plus	1,037,000 et plus

Il faut remarquer que quelques-unes des évaluations de détail, fournies par Marmol, sont données par lui en termes précis; d'autres sont présentées comme un minimum. Pour certaines tribus les chiffres manquent; quelquefois Marmol a donné le nombre des cavaliers et indiqué vaguement celui des fantassins. Enfin, il faut admettre encore, dans une appréciation aussi sommaire, des omissions dont l'auteur lui-même n'a pas eu conscience. Le chiffre total doit donc être augmenté d'une quantité correspondante à ces diverses causes d'atténuation.

Les chiffres qui précèdent fournissent le moyen de déterminer approximativement la force numérique de la population arabe, dans toute l'étendue du Maghreb, au xvie siècle. En effet, en ajoutant à ces chiffres le quart de leur valeur, pour tenir compte des atténuations et des omissions que je viens de signaler, on obtiendra des nombres qui représenteront la population armée dans chacun des états.

En ajoutant à ces nombres celui des hommes non armés, savoir : les vieillards, les marabouts, les infirmes, les pauvres, nombre que j'ai reconnu, par d'autres études, être approximativement du quart de la population armée, on obtient le chiffre de la population virile adulte.

Or, d'après les tables de mortalité, la population virile adulte dans les états musulmans représente le tiers de la population totale. Il suffira donc de tripler ce nombre pour avoir la population des deux sexes.

En appliquant ces divers calculs aux nombre fixés ci-dessus, c'est-à-dire en ajoutant,

1° Pour les atténuations et les omissions...... 1/4
2° Pour les hommes non armés............ 1/4
                                      TOTAL...... 1/2

on trouve que la population virile adulte des tribus arabes était représentée approximativement au XVIe siècle par les nombres ronds suivants :

Maroc.................... 1,000,000
Algérie................. 300,000
Tunis et Tripoli........... 250,000
        TOTAL...... 1,550,000

Par conséquent, la population totale de sang arabe, répartie à cette époque dans les états du Maghreb, peut être évaluée approximativement ainsi qu'il suit :

Pour le Maroc............. 3,000,000
Pour l'Algérie............. 900,000
Pour Tunis et Tripoli........ 750,000
        TOTAL...... 4,650,000

Veut-on savoir s'il y a probabilité d'augmentation ou de diminution depuis cette époque? Il suffira de rapprocher de ces chiffres ceux qui aujourd'hui représentent approximativement la population arabe des États barbaresques.

Or, les évaluations les plus récentes et les plus judicieuses permettent de fixer approximativement la po-

pulation des États barbaresques aux chiffres du tableau
suivant :

	D'ORIGINE ARABE.	D'ORIGINE BERBÈRE.	POPULATION TOTALE.
Maroc..............	3,000,000	5,000,000	8,000,000
Algérie.............	1,000,000	2,000,000	3,000,000
Tunis..............	500,000	300,000	800,000
Tripoli.............	300,000	200,000	500,000
TOTAUX........	4,800,000	7,500,000	12,300,000

Voici le tableau comparatif des chiffres de la population arabe au XVIe et au XIXe siècle :

	XVIe SIÈCLE.	XIXe SIÈCLE.
Maroc..............	3,000,000	3,000,000
Algérie.............	900,000	1,000,000
Tunis et Tripoli......	750,000	800,000
TOTAUX........	4,650,000	4,800,000

L'examen de ces chiffres permet de conclure que,
selon toute probabilité, la population arabe des États
barbaresques a peu varié depuis trois siècles.

CHAPITRE X.

DISTRIBUTION ACTUELLE DES POPULATIONS ARABE ET BERBÈRE
SUR LA SURFACE DE L'ALGÉRIE.

Causes de la différence entre les chiffres sommaires et les chiffres de détail. — Tableau général de la population de l'Algérie.

En réunissant aux documents fournis par le Ministère de la guerre ceux que mes études personnelles m'ont procurés, et qui, fort heureusement, comblent presque toutes les lacunes laissées par les publications officielles[1], j'ai cherché à établir, pour l'Algérie en particulier, l'état comparatif des deux populations arabe et berbère.

Dans cet état, que je donnerai ci-après, les nombres totaux diffèrent sensiblement de ceux que je viens de présenter. En voici les motifs :

1° Cette situation ne comprend pas la population des villes du Tell, ni même de certaines villes du Sah'ara, dans lesquelles la fusion des deux races est assez complète pour qu'il soit très-difficile de les distinguer, mais où il est certain que le sang berbère domine;

2° Elle fait figurer comme arabes un certain nombre de tribus ou fractions de tribus, chez lesquelles, à la vérité, l'usage de la langue arabe s'est introduit, mais qui, au point de vue ethnologique, doivent être comptées comme étant d'origine africaine.

[1] Le manuscrit de cet ouvrage a été adressé à M. le Ministre de la guerre en 1851.

Dans l'impossibilité d'exprimer par des nombres précis l'effet relatif de ces deux causes, et de restituer à la race berbère la part d'importance réelle qu'elles lui enlèvent, j'ai tâché d'en tenir compte approximativement dans les nombres par lesquels j'ai représenté ci-dessus la force numérique des deux nationalités; voilà pourquoi j'ai réduit à un million la population d'origine arabe et porté à deux millions la population d'origine berbère.

Cette observation étant faite pour expliquer la différence entre les chiffres sommaires qui expriment la situation probable des deux races et les chiffres de détail qui représentent la situation notoire des deux langues, je vais présenter le résultat de mes recherches sur la distribution actuelle des Arabes et des Berbers dans les trois provinces de l'Algérie.

ÉTAT

PRÉSENTANT LA DISTRIBUTION ACTUELLE DES ARABES ET DES BERBERS
DANS LES TROIS PROVINCES DE L'ALGÉRIE.

PROVINCE DE CONSTANTINE.

NOMS DES TRIBUS.	ARABES.	BERBERS.	OBSERVATIONS.
SUBDIVISION DE BÔNE. — CERCLE DE BÔNE.			
Kharrèza	1,040	"	
Drid	1,540	"	Venus de la régence de Tunis.
R'ena	150	"	
Oulad-Nfodda	470	"	
Nouail	450	"	
A reporter	3,650	"	

NOMS DES TRIBUS.	ARABES.	BERBERS.	OBSERVATIONS.
SUBDIVISION DE BÔNE. — CERCLE DE BÔNE. (Suite.)			
Report.............	3,650	"	
Aouaouda......,.........	400	"	
El-Ma'ouna.............	360	"	Originaires des Drid.
Oulâd-Ma'ammer..........	230	"	Font remonter à cent cinquante ans leur établissement dans le pays.
Drakmena...............	500	200	La partie kabile est venue de Djidjeli il y a environ trente ans.
Moualfa.................	180	"	Originaires du Guerfa, établis depuis soixante et dix ans.
Oulhâça................	"	470	Originaires du Sah'ara tunisien.
Oulhâça-el-K'ant'ra.......	"	170	*Idem.*
Cherfa.................	600	"	Originaires de Sagui-el-Hamra dans le désert marocain.
'Elma..................	330	"	
'Elma-el-Khrâchcha.......	270	60	
Talh'a-Oulâd-Guemmâm....	200	"	
Talh'a-Oulâd-Denden......	660	"	
Oulâd-bou-'Aziz..........	1,150	"	
Beni-Salah'-Oulâd-Ah'med..	1,350	"	
Beni-Salah'-Oulâd-Cha'ïb....	460	"	
TOTAUX.............	10,340	900	
SUBDIVISION DE BÔNE. — CERCLE DE LACALLE.			
Nebed..................	2,590	"	
El-Mazen...............	"	"	
Oulâd-'Ali.............	300	"	
Oulâd-'Amer-ben-'Ali......	370	"	
A reporter.........	3,260	"	

NOMS DES TRIBUS.	ARABES.	BERBERS.	OBSERVATIONS.
SUBDIVISION DE BÔNE. — CERCLE DE LACALLE. (Suite.)			
Report............	3,260	"	
Sbéta et Oulâd-Stéta.......	560	"	
Oulâd-Diâb............	640	"	
Seba'..................	490		
Oulâd-Nâc'er............	820	"	
Chiabna,.............	900	"	Venus de la régence de Tunis en 1816 sur le territoire d'une tribu presque entièrement détruite par la peste.
Oulâd-'Aziz.............	"	"	
Oulâd-Senen............	"	"	
Chafia..................	650	"	
Beni-Amer.............	1,700	"	
Merdès.................	1,700	"	
Beni-Salah'...........	"	"	
Beni-Urdjin et Onad-Berbâs..	3,600	"	
Totaux............	14,320	"	
SUBDIVISION DE BÔNE. — CERCLE DE L'EDOUGH.			
Sidi-'Aîça...............	190	"	
Ouichaoua...............	660	"	Chérifs originaires de Segui-el-Hamra dans le désert marocain ; venus plus récemment du cap Seba'-Rous.
H'amêmda...............	"	260	Tribu très-ancienne; originaires du Sah'ara.
Zebaoua...............	450	"	Originaires des Guerfa, établis depuis trois cents ans.
'Ataoua...............	290	"	
Oulâd-'At'iia............	"	790	Kabiles venus de Seba'-Rous il y a environ cinquante ans.
Khoaâled...............	150	"	Originaires du Sah'ara.
A reporter.........	1,740	1,050	

NOMS DES TRIBUS.	ARABES.	BERBERS.	OBSERVATIONS.

SUBDIVISION DE BÔNE. — CERCLE DE L'EDOUGH. (Suite.)

NOMS DES TRIBUS.	ARABES.	BERBERS.	OBSERVATIONS.
Report............	1,740	1,050	
Tren'ât...............	1,510	"	Originaires des Merdés, établis sur des terres achetées aux S'enhâdja.
'Arb-'Aouâm............	830	"	Originaires du Sah'ara, établis depuis deux siècles.
Beni-Guechcha..........	170	"	Originaires des environs de Constantine.
Fedj-Mouça............	90	90	Tribu formée il y a deux cents ans, moitié arabe moitié kabile.
Aïn-'Abdallah.........	"	300	Tribu formée depuis deux cents ans; originaires des S'enhâdja.
Sa'da................	650	"	
Sga'.................	"	250	Originaires des environs de Kollo. — Kabiles.
Beni-Moh'ammed........	690	"	Chérifs originaires de Sagui-el-H'amra dans le désert marocain.
Harazla.............	"	60	Originaires des S'enhâdja.
S'enhâdja............	"	2,400	La plus ancienne tribu des environs de Bône. Habitaient il y a plusieurs siècles le Sah'ara, et étaient, il y a deux ou trois cents ans, maîtres de tout le pays jusqu'au lac Fzâra; peu à peu leur nombre a diminué; ils ont vendu des terres, particulièrement aux Khouâled.
Djendel.............	1,300	"	Originaires des Djendel de l'ouest, établis depuis deux ou trois siècles.
Beni-Merouân.........	250	"	Originaires des Drid et de la régence de Tunis.
Guerbez.............	"	630	Kabiles venus de Seba'-Rous, établis depuis plusieurs siècles.
TOTAUX..........	7,230	4,780	

SUBDIVISION DE BÔNE. — CERCLE DE GUELMA.

NOMS DES TRIBUS.	ARABES.	BERBERS.	OBSERVATIONS.
Sellaoua..............	"	900	Originaires des Chaouïa du Djebel-Sellaoua.
'Achéch.............	"	4,450	Chaouïa originaires des monts Aourès.
Beni-'Addi..........	"	330	Idem.
Oulâd-Saïri..........	"	380	Idem.
Felfoula..............	"	470	Idem.
A reporter........	"	6,530	

NOMS DES TRIBUS.	ARABES.	BERBERS.	OBSERVATIONS.
	**SUBDIVISION DE BÔNE. — CERCLE DE GUELMA. (Suite.)**		
Report............	"	6,530	
Snâdla................	170	"	Arabes originaires du Maroc.
Beni-Oudjâna...........	"	2,610	Originaires des monts Aourès, Chaouia.
Oulâd-Si-'Aïïi...........	440	"	Marabouts arabes, originaires du Maroc.
Oulâd-D'a'àn...........	"	5,800	Originaires du Djebel-Aourès, Chaouia.
Fedlaoua...............	"	390	Idem.
Beni-Guechcha...........	370	"	Arabes, venus des environs de Nikla.
Oulâd-Ia'k'oub...........	"	100	Chaouia, originaires des monts Aourès.
Oulâd-Hamza...........	"	90	Idem.
Oulâd-Fikal............	"	470	Idem.
Rogt.................	360	"	Originaires des Oulâd-Soonla du Zâb, et, antérieurement, de la régence de Tunis.
Fezâra...............	230	230	Moitié Arabes, moitié Kabiles ; originaires du Sah'ara tunisien.
Oulâd-Kebbâh...........	880	"	Arabes, originaires du Ferdjioua.
Beni-Iah'ia.............	"	650	Originaires des monts Aourès, Chaouia.
Aiêcha................	440	"	Arabes, originaires de la régence de Tunis.
Beni-Mouzlin...........	"	450	Originaires des monts Aourès, Chaouia.
Beni-Mokhtar...........	380	"	
'Allég................	260	"	
Nbeïl................	2,900	"	Originaires des Oulâd-Solt'ân et des Merdès, considérés comme Arabes.
Oulâd-Senen...........	670	"	Arabes, venus du Belâd-el-Djerid.
Oulâd-Djaballah..........	480	"	Originaires des Beni-Ouriden du Maroc, considérés comme Arabes.
Mek'nêci..............	160	"	Considérés comme Arabes quoique, vraisemblablement, d'origine berbère.
Oumfodda..............	140	"	Tribu makhzen ; considérés comme Arabes.
A reporter........	7,880	17,320	

NOMS DES TRIBUS.	ARABES.	BERBERS.	OBSERVATIONS.

SUBDIVISION DE BÔNE. — CERCLE DE GUELMA. (Suite.)

NOMS DES TRIBUS.	ARABES.	BERBERS.	OBSERVATIONS.
Report............	7,880	17,320	
Oulàd-Si-Afifi-el-Mouatba....	350	"	
Mrabtin................	110	"	Marabouts arabes, originaires du Belâd-el-Djorid.
Oulâd-'Ali............	"	1,550	Kabiles, originaires du Djebel-Mans'our, entre le Babour et Djidjeli.
Fezoudj...............	"	1,880	*Idem.*
Belâd-Aiêcha..........	"	490	Kabiles, originaires de Djidjeli.
Beni-Brahim..........	"	790	Kabiles, originaires de Djeras près de Djidjeli.
Bou-H'amdân..........	"	590	Kabiles, originaires des environs de Djidjeli.
Beni-Four'al de la Taïa.....	"	1,270	Kabiles, originaires du Djeb-Goubia près du Babour.
Beni-K'aïd de la Taïa......	"	140	Kabiles, originaires de Djidjeli.
Merga................	"	260	Kabiles, venus du Babour.
Oulâd-Sâci............	"	630	Kabiles, venus de Djidjeli.
Oulâd-Silem..........	"	710	Kabiles, venus du Babour.
Beni-Marmi..........	"	650	*Idem.*
Oulâd-'Ali...........	"	480	*Idem.*
Khazra..............	"	820	*Idem.*
Touâbcha............	"	890	Kabiles, venus des environs de Djidjeli, originaires des Beni-Maâd.
Beni-Addi..........	"	670	Kabiles, venus du Babour.
Bou-Dikha..........	"	160	*Idem.*
Selîb..............	"	620	*Idem.*
Khebâbta..........	"	710	*Idem.*
Zoubia............	"	100	*Idem.*
Sikfâli............	"	440	Kabiles, d'origine noble, venus de la Medjâna.
A reporter........	8,340	31,170	

NOMS DES TRIBUS.	ARABES.	BERBERS.	OBSERVATIONS.

SUBDIVISION DE BÔNE — CERCLE DE GUELMA. (Suite.)

NOMS DES TRIBUS.	ARABES.	BERBERS.	OBSERVATIONS.
Report............	6,340	31,170	
Oulâd-'Arid............	"	560	Kabiles, venus de Hamma près du Djebel-Babour.
Ourzeddini............	"	970	Kabiles, venus du Babour.
Beni-Iah'med..........	"	600	Kabiles, venus de Djidjeli.
Beni-K'lot	"	250	Idem.
Beni-K'aid.............	"	680	Idem.
Cherif-Ben-'Aoun.........	"	100	Kabiles, originaires des environs de Djidjeli.
Achika................	"	160	Kabiles, venus du Babour.
Totaux...........	6,340	34,490	

SUBDIVISION DE CONSTANTINE. — CERCLE DE PHILIPPEVILLE.

MASSIF DE PHILIPPEVILLE.

NOMS DES TRIBUS.	ARABES.	BERBERS.	OBSERVATIONS.
Oulâd-'At'ia.............	"	2,330	
Oulâd-Djebâra...........	800	"	Considérés comme Arabes, quoique vraisemblablement d'origine berbère.
Beni-Meh'enna..........	450	1,820	Plusieurs fractions kabiles; quelques fractions mêlées.
Radjéta................	1,180	"	
Ouichaoua du Fulfula......	140	"	
'Elma.................	2,490	"	
Zeramma...............	"	280	Kabiles.
Tehabena..............	"	520	Idem.
Medjâdja..............	"	?	Kabiles; tribu peu importante.
Beni-Ouelbân...........	300	300	Arabes et Kabiles mêlés.
A reporter.........	5,360	5,250	

NOMS DES TRIBUS.	ARABES.	BERBERS.	OBSERVATIONS.

SUBDIVISION DE CONSTANTINE. — CERCLE DE PHILIPPEVILLE. (Suite.)

MASSIF DE PHILIPPEVILLE. (Suite.)

NOMS DES TRIBUS.	ARABES.	BERBERS.	OBSERVATIONS.
Report............	5,360	5,250	
Beni-S'alah'............	"	300	Kabiles.
Beni-Ish'ak............	"	470	Kabiles; se disent originaires de Sagui-el-H'amra dans le désert marocain.
Oulâd-el-H'adj...........	"	2,500	Kabiles.
'Achêch...............	"	300	Idem.
Totaux...........	5,360	8,820	

MASSIF DE KOLLO[*].

NOMS DES TRIBUS.	ARABES.	BERBERS.
Oulâd-'Aïça............		
Oulâd-'At'ia...........		
Beni-Fergân...........		
Oulâd-Izâl.............	"	6,000
Beni-Merouân..........		
Slaïs..................		
Mchât................		

RÉCAPITULATION DES POPULATIONS COMPRISES DANS LE COMMANDEMENT DE PHILIPPEVILLE.

	Arabes.	Berbers.
Massif de Philippeville.....................	5,360	8,820
Massif de Kollo...........................	"	6,000
Totaux.....................	5,360	14,820

[*] Ce dernier massif est situé à l'ouest du cercle de Philippeville, et occupé par le Djebel-Goufi : il n'a pas été compris dans le recensement inséré au Tableau de la situation des établissements français en Algérie, publié par le Ministère de la Guerre.

Il est limité au nord par la Méditerranée, au sud par le Zouar'a, à l'est par le cercle de Philippeville, à l'ouest par le commandement de Djidjeli.

En y comprenant les Beni-Toufout, qui lui sont contigus, ce massif occupe un espace de sept cents kilomètres carrés environ, dont la population, évaluée au taux moyen de la population spécifique de l'Algérie, se compose d'à peu près six mille individus, tous Kabiles.

NOMS DES TRIBUS.	ARABES.	BERBERS.	OBSERVATIONS.
SUBDIVISION DE CONSTANTINE. — CERCLE DE CONSTANTINE.			
RÉGION DU NORD.			
Massif de Djidjeli.........	»	163,000	
Massif du Babour.........	»	6,500	
Massif du Ferdjioua.......	"	12,600	
Massif du Zouar'a.........	»	25,000	Originaires du Sah'ara tunisien. — Venus il y a trois cents ans.
Totaux...........	"	207,100	
RÉGION DU CENTRE.			
Hanéncha proprement dits...	3,500	«	Venus de la régence de Tunis, et, antérieurement, de Tripoli.
Oulâd-Bech-Chikha.........	1,200	»	
Oulâd-Dia..............	?	"	
Ouil..m...............	"	1,490	Tribu très-ancienne, d'origine berbère.
Oulâd-Zeïd..............	410	»	Originaires des Nemémcha.
Oulâd-Dris..............	«	?	
Oulâd-Moumou...........	»	1,470	Tribu très-ancienne, d'origine berbère.
El-Aouaïd..............	870	"	
Oulâd-Si-'Abbès..........	?	«	
Oulâd-Khiâr.............	«	3,000	Venus des Nemémcha depuis environ un siècle ; originaires des Zenâta.
H'amâma..............	300	"	Originaires de la régence de Tunis.
Oulâd-Gâcem...........	»	»	
Oulâd-Si-Mouça..........	?	»	
Beni-Barbar...........	«	400	
A reporter........	6,280	6,360	

NOMS DES TRIBUS.	ARABES.	BERBERS.	OBSERVATIONS.

SUBDIVISION DE CONSTANTINE. — CERCLE DE CONSTANTINE. (Suite.)

RÉGION DU CENTRE. (Suite.)

NOMS DES TRIBUS.	ARABES.	BERBERS.	OBSERVATIONS.
Report............	6,280	6,360	
'Achéch...............	"	?	
Oulâd-Si-'Aîça...........	?	"	
Meh'atla.........	?	"	
Oulâd-Msâoud...........	1,830	"	
Heksolma...............	510	"	Originair s de l'Ouinnour'a.
El-Mréna..............	810	"	
Oulâd-Cheikh...........	480	"	Originaires de la régence de Tunis.
'Arab-ed-Douâra..........	170	"	
Mcba'la...............	570	"	
Mahaia...............	370	"	
Oulâd-'Ali-ben-Nâc'er.......	"	220	Chaouia.
Gamzia...............	550	"	
Oulâd-Si-Iah'ia-ben-T'âleb...	6,000	"	
Tebessa, Bekkaria et Oukes...	2,000	"	
Oulâd-Si-'Aîça...........	600	"	
Oulâd-Selim............	400	"	
El-Kebâbcha.............	400	"	
Serardia...............	400	"	
Brâicha...............	"	200	
Mouaxbia...............	200	"	
Zerdéza...............	"	11,100	Massif kabile, indépendant des Turcs.
Zenatia...............	900 ?	"	Tribu makhzen.
A reporter.........	22,470	17,880	

SUBDIVISION DE CONSTANTINE. — CERCLE DE CONSTANTINE. (Suite.)

RÉGION DU CENTRE. (Suite.)

NONS DES TRIBUS.	ARABES.	BERBERS.	OBSERVATIONS.
Report..........	22,470	17,880	
Beni-Ah'med, Oᵈ-Sâci, Oᵈ-Ah'med, Elma-Kebachka, Beni-Ktit..............	650	900	Arabes, Chaouïa et Kabiles.
Amer-Cheraga..........	3,500	»	
Segnia..............	»	6,000	Chaouïa.
Oᵈ-'Aziz, Oᵈ-Mehaonch, Oᵈ-Si-Ouñis, Sellaoua........	»	?	Idem.
Zemoul..............	4,500	»	Tribu makhzen ; originaires, en grande partie, des Oulâd-Derrâdj.
Berrânia.............	3,000	»	
Telar'ma.............	»	3,500	Chaouïa.
Oulâd-'Abd-en-Nour........	»	7,800	Idem.
Mila (ville)............	800	800	
Ma'ouia..............	»	900	
Sera'ouïa.............	2,000	»	Tribu makhzen, mélange de races.
Oulâd-Kebâb et R'omriân....	»	2,800	Chaouïa.
'Arab-Ouad-bou-Slah'.......	350	»	
Domaine de l'État.........	24,000	24,000	Mélange des deux races.
Propriétés particulières.....	5,000	5,000	Population mélangée.
H'arakta du Sbakh........	»	56,000	Chaouïa.
H'arakta du Mâdor........	»	1,500	Idem.
Bellezma.............	»	28,000	Massif chaouïa.
Oulâd-Sellâm...........	»	28,000	Idem.
Oulâd-Solt'ân...........	»	7,500	Chaouïa.
TOTAUX..........	66,270	190,580	

MASSIFS.	TRIBUS.	ARABES.	BERBERS.	OBSERVATIONS.
	SUBDIVISION DE CONSTANTINE. — CERCLE DE CONSTANTINE. (Suite.)			
	RÉGION DU SUD. — MASSIF DE L'AOURÈS. — AOURÈS SEPTENTRIONAL.			
	Oulâd-Chelih'..............			Chaouia.
	Oulâd-Iah'ia-ben-Zokri.......			Idem.
	Akhdar-el-H'alfaoui.........			Arabes.
	Es-Sebt..............	2,000	12,000	
Kaïdat de Bétna.......	Oulâd-Seiah'..............			
	Zaouia..............			Idem.
	El-K'ant'ra (village)........	1,600	"	
	El-Outaia (idem)..........	100	"	
	El-Sah'ari..............	6,300	"	
	TOTAUX....................	10,000	13,000	
	Oulâd-Fd'âla..............	"		
	Oulâd-Fâd'el..............	"		
	Beni-Ma'âf..............	"		
	Beni-Frah'..............	"	10,000	
	'Achêch..............	"		
	El-Arba'..............	"		
Kaïdat de l'Aourès.......	'Amâmra..............	"	8,000	
	Beni-Oudjâna	"	9,000	
	Oulâd-Zeiân..............	6,400	"	
	Oulâd-'Abdi..............	"	15,700	
	Oulâd-Daoud ou Touâba......	"	22,500	
	Bouzina (village)..........	"	300	
	TOTAUX....................	6,400	65,500	

MASSIFS.	TRIBUS.	ARABES.	BERBERS.	OBSERVATIONS.

SUBDIVISION DE CONSTANTINE. — CERCLE DE CONSTANTINE. (Suite.)

AOURÈS MÉRIDIONAL.

MASSIFS.	TRIBUS.	ARABES.	BERBERS.	OBSERVATIONS.
	Oulâd-Sa'da...............	"	2,250	Chaouia.
	Racir'a..................	"	1,000	Idem.
	Beni-Ah'med.............	"	6,000	Idem.
	Oulâd-Zerâra.............	"	700	Idem.
	'Achèch.................	"	750	Idem.
	Oulâd-el-H'adjali.........	"	450	Idem.
	Oulâd-Slimân-ben-'Aïça......	"	1,800	Idem.
Région de l'ouest.......	Cherfa de Sâmer..........	1,800	1,800	Moitié arabe, et chaouia.
	Beni-bou-Slimân..........	"	2,300	Chaouia.
	Oulâd-Ioub..............	"	2,000	
	Cherfa de Baâl...........	400	200	
	Beni-Imelkem............	"	1,200	
	Oulâd-'Abd-er-Rah'mân......	350	350	
	Serah'na................	100	250	
Totaux.............		**2,650**	**21,050**	
	Beni-Ma'âssem...........	"	1,300	
	Mouâlin-Chechchâr.........	"	6,000	
	Oulâd-'Amrân.............	"	2,100	
	Beni-Barbar..............	"	1,000	
	Oulâd-Ma'âfa.............	"	7,000	
	'Achèch.................	"	4,500	
	Mloul (village)..........	"	300	
Région de l'est........	Kheirân (idem)..........	100	1,000	
	Brâdja.................	"	2,200	
	Menâc'ir...............	"	6,600	Chaouia.
	Oulâd-Mouça-ben-Abdallah....	"	2,300	Idem.
	'Arab-Ouildja............	300	1,700	Idem.
	Oulâd-'Aïça.............	"	1,100	Idem.
	Beld-Ah'med.............	50	400	Idem.
	El-Mgâdda..............	"	1,000	Idem.
Totaux.............		**450**	**38,500**	

MASSIFS.	TRIBUS.	ARABES.	BERBERS.	OBSERVATIONS.

SUBDIVISION DE CONSTANTINE. — CERCLE DE CONSTANTINE. (Suite.)

AOURÈS MÉRIDIONAL. (Suite.)

MASSIFS.	TRIBUS.	ARABES.	BERBERS.	OBSERVATIONS.
Nemêmcha.........	Oulâd-Rchâch.............	"	15,000	
	Sidi-'Abid (village).........	2,000	3,000	
	'Alaouna.................	18,000	"	
	Brârcha.............	20,000	"	
	TOTAUX.....................	40,000	18,000	

RÉCAPITULATION POUR LE MASSIF DE L'AOURÈS.

		Arabes.	Berbers.
Aourès septentrional....	Kaïdat de Bâtna......	10,000	12,000
	—— de l'Aourès....	6,400	65,500
Aourès méridional.....	Région de l'ouest......	2,650	21,050
	—— de l'est........	450	38,500
Nemêmcha		40,000	18,000
	TOTAUX pour le massif de l'Aourès......	59,500	155,050

RÉGION DU SAH'ARA.

MASSIFS.	TRIBUS.	ARABES.	BERBERS.
	Biskra et faubourgs..........	3,360	"
	Chettma (village)...........	500	"
	Sidi-Khelil (idem)..........	50	"
	Filièch (idem).............	170	270
	Kôrra (idem)............	270	"
	Garta (idem).............	450	"
	Serriâna (idem)...........	90	"
	Sidi-Ok'ba (idem)..........	2,610	720
	'Aïn-en-Naga (idem)........	90	"
	H'aouch-Sidi-Salah' (idem)....	300	"
Zibân...............	Zribt-el-Ouâd (idem)........	300	"
(Zâb de l'est.)	Bâdes (idem).............	180	"
	El-K's'ar (idem)...........	180	"
	Liâna (idem).............	1,200	"
	Zribt-H'amed (idem)........	200	"
	Khanguet-Sidi-Nâdji (idem)...	1,650	1,200
	Oulâd-Sooula.............	500	"
	Oulâd-Sakhri............	1,500	"
	Oulâd-bou-Hadidja..........	4,000	"
	Oulâd-Am r..............	2,100	"
	El-Akhdar.............	9,000	"
	TOTAUX.....................	28,700	2,190

MASSIFS.	TRIBUS.	ARABES.	BERBERS.	OBSERVATIONS.

SUBDIVISION DE CONSTANTINE. — CERCLE DE CONSTANTINE. (Suite.)

RÉGION DU SAH'ARA. (Suite.)

MASSIFS.	TRIBUS.	ARABES.	BERBERS.	OBSERVATIONS.
Zibân............ (Zâb du nord-ouest.)	Bouchagroun (village)........	1,000	350	
	Za'âdcha (idem)............	240	360	
	Lichâna (idem)............	1,200	180	
	Farfar (idem)...............	1,200	"	
	Tôlga (idem)...............	2,600	250	
	El-Bordj (idem)...........	1,000	300	
	For'âla (idem)...........	300	"	
	El-'Amri (idem)...........	630	"	
	Hel-ben-Ali..............	3,630	"	
	R'omra..............	6,000	"	
	El-Eumour..............	3,000	"	
	Klâtma..............	2,100	"	
	Oulâd-Nác'er.............	1 600	"	
	Drid-el-Ouâbra............	2,200	"	
	TOTAUX........................	26,700	1,440	
Zibân............ (Zâb du sud-ouest.)	Aoumach (village)...........	600	"	
	Mlili (idem).............	600	"	
	Zaouit-ech-Cherfa (idem).....	150	"	
	Bigou (idem).............	100	"	
	Menahla (idem)...........	150	"	
	Zaouit-ben-Ouâr (idem)......	100	"	
	Ourellâl (idem).............	800	"	
	Bent'ious (idem)...........	200	"	
	Djerbania (idem)...........	80	"	
	Mkhâdma (idem)............	200	"	
	Sah'ira (idem)............	360	"	
	Lioua (idem)............	390	240	
	Oulâd-Djellâl (idem)........	6,000	"	
	Sidi-Khâled (idem).........	1,230	"	
	Cheria............	9,600	"	
	Oulâd-'Ogâb...............	600	"	
	Oulâd-Sâçi............	7,100	"	
	Oulâd-H'arkât..........	6,000	"	
	Selmla..............	3,000	"	
	Rah'mân..............	2,600	"	
	Bouâzid...............	3,900	"	
	TOTAUX........................	43,860	240	

RÉCAPITULATION POUR LE ZIBAN.

	Arabes.	Berbers.
Zâb de l'est.............................	28,700	2,190
Zâb du nord-ouest.........................	26,700	1,440
Zâb du sud-ouest........................	43,860	240
TOTAUX pour le Zibân.................	99,260	3,870

MASSIFS.	TRIBUS.	ARABES.	BERBERS.	OBSERVATIONS.
	SUBDIVISION DE CONSTANTINE. — CERCLE DE CONSTANTINE. (Suite.)			
	RÉGION DU SAH'ARA. (Suite.)			
	Tuggurt (ville).............	8,700	6,000	
	Sidi-bou-'Aziz (village).......	240	"	
	Sidi-Moh'ammed-ben-Iah'ia(id.).	400	200	
	Sidi-Baba-Sâei (idem).......	100	80	
	Sidi-ben-Djeriou (idem).......	100	40	
	Tehesbest (idem)............	2,000	1,000	
	Sidi-el-'Abed (idem).........	1,000	200	
	Ba-'Allouch (idem).........	100	290	
	Sidi-bou-Djenân (idem)......	200	100	
	Beni-Içoued (idem).........	300	150	
	Sidi-Moh'ammed-ben-loucef(id.).	100	50	
	Meggârin la neuve (idem).....	100	300	
	Meggârin la vieille (idem).....	"	60	
	Harihira (idem)............	40	200	
	R'omera (idem)............	100	500	
	El-K's'our (idem)...........	70	200	
	Sidi-Slimân (idem)..........	20	70	
Ouad-Rir'............	Moggar (idem).............	200	100	
	Brâm (idem)...............	40	20	
	Sidi-Râched (idem).........	50	40	
	Sidi-Iah'ia (idem)...........	50	100	
	Tamm-erna la vieille (idem)....	200	190	
	Tammerna la neuve (idem)....	100	80	
	Djâma' (idem).............	40	30	
	Tinegdidin (idem)..........	40	260	
	Our'lâna (idem).....	100	700	
	Mazzer (idem).............	10	100	
	Zaouit-er-Rlâb (idem)........	20	180	
	El-Bâred (idem)............	100	20	
	Tinedla (idem).............	50	400	
	Sidi-Khelil (idem)..........	100	110	
	El-Mr'eir (idem)............	400	100	
	Redja-el-Ourir' (idem).......	100	50	
	Chegga (idem).............	100	80	
	Oulâd-Moulât.............	1,650	"	
	El-Fteit.................	1,200	"	
	TOTAUX......................	18,180	11,000	

MASSIFS.	TRIBUS.	ARABES.	BERBERS.	OBSERVATIONS.
	SUBDIVISION DE CONSTANTINE. — CERCLE DE CONSTANTINE. (Suite.)			
	RÉGION DU SAH'ARA. (Suite.)			
Temacin	El-Guecer (village).........	"	3,000	
	El-Beh'our (idem)	"	150	
	Sidi-'Amer (idem)..........	"	300	
	Sidi-'Abd-el-K'âder (idem)....	"	150	
	El-Haouar (idem).........	"	150	
	Bou-H'emâr (idem).........	"	210	
	El-Mr'âcel (idem)..........	"	120	
	El-Koudia (idem)..........	"	390	
	Tamellah't (idem).........	"	120	Presque toute la population de l'oasis de Temacin est d'origine et de langue berbères.
	Blidet-'Amer (idem)........	"	600	
	Goug (idem)..............	"	100	
	Dzioua (idem).............	"	300	
	El-H'adjira (idem).........	"	1,500	
	Taibat de l'est (idem).......	"	1,000	
	Taibat de l'ouest (idem)......	"	1,500	
	El-'Aleïa (idem)..........	"	300	
	Sa'id-Oulàd-'Amer........	6,600	"	
	Oulàd-Seiah'.............	6,000	"	
	TOTAUX.....................	12,600	9,890	
Ouad-Souf	Debila (village)............	450	"	La population arabe est originaire de Teroud en Syrie.
	Zgoum (idem)..............	2,700	"	
	Behima (idem)	930	"	
	Sidi-'Aoun (idem).........	90	"	
	Goumar (idem)...........	3,900	3,000	Les Berbers viennent du Fezzân.
	Tar'zoult (idem)..........	2,400	"	
	Kouinin (idem)...........	2,500	200	Les Berbers viennent de R'dàmes.
	Tribus de Kouinin..........	1,200	"	
	El-Onad (ville).............	10,000	5,000	Les Berbers viennent de R'dàmes, du Nifzaoua et du Fezzân.
	TOTAUX.....................	24,170	8,200	

MASSIFS.	TRIBUS.	ARABES.	BERBERS.	OBSERVATIONS.
	**SUBDIVISION DE CONSTANTINE. — CERCLE DE CONSTANTINE. (Suite.)**				

RÉGION DU SAH'ARA. (Suite.)

MASSIFS.	TRIBUS.	ARABES.	BERBERS.
	Ouaregla (ville)............	3,600	6,000
	Ngouça (idem)............	540	1,800
	Bamendil (village).........	240	»
	Sidi-Khouîled (idem).......	200	100
	Rouiçât (idem)............	60	60
Ouaregla...........	'Aïn-'Amer (idem).........	450	480
	Adjâdja (idem)............	500	100
	Oulâd-Sa'îd-'Atba..........	3,930	»
	Cha'âmba.................	3,420	»
	Mkhâdma.................	4,410	»
	TOTAUX..............	17,350	8,540

RÉCAPITULATION POUR LE SAH'ARA.

	Arabes.	Berbers.
Zibân............................	99,260	3,870
Ouad-Rir'.........................	18,180	11,000
Temacin..........................	12,600	9,890
Ouad-Souf........................	24,170	8,200
Ouaregla.........................	17,350	8,540
TOTAUX..............	171,560	41,500

RÉCAPITULATION POUR LA RÉGION DU SUD.

	Arabes.	Berbers.
Massif de l'Aourès.................	59,500	155,050
Sah'ara...........................	171,560	41,500
TOTAUX..............	231,060	196,550

MASSIFS.	TRIBUS.	ARABES.	BERBERS.	OBSERVATIONS.
	SUBDIVISION DE SETIF. — CERCLE DE SETIF.			
	Rîr'a......................	12,850	»	
	'Amer-Gharaba............	17,000	»	
	'Elma......................	5,000	»	
	H'aouâmer................	1,680	»	
Cercle de Setif........	Zammôra..................	2,400	»	
	El-R r'aala...............	2,490	»	
	'Aïn-Turk................	1,080	»	
	Oulâd-K'âcem............	680	»	
	Oulâd-Mosli.............	»	»	
	Guergour.................	6,000 ?	»	
TOTAUX......................		49,180	»	
	SUBDIVISION DE SETIF. — KHALIFAT DE LA MEDJÂNA.			
	Bou-Sa'da (ville)...........	6,000	»	
	El-H'amel (village)..........	900	»	
	Mdoukêl (idem)............	1,000	»	
	Ed-Dîs (idem).............	2,400	»	
	Ben-Naou (idem)..........	150	»	
H'odna...............	Selâmat..................	3,100	»	
	Oulâd-Nâc'er-ou-Mâd'i.......	600	»	
	Oulâd-Sidi-Hazrech.........	750	»	
	Msila (ville)..............	2,000	»	
	Oulâd-Derrâdj.............	18,500	»	
	Oulâd-Mâd'i..............	10,500	»	
TOTAUX......................		51,600	»	
Oulâd-el-Khelouf...................		5,700	»	

MASSIFS.	TRIBUS.	ARABES.	BERBERS.	OBSERVATIONS.
	SUBDIVISION DE SETIF. — KHALIFAT DE LA MEDJÂNA. (Suite.)			
	Mansoura (village)	"	1,000	
	Djerâlin (*idem*)	"	3oo	
	Tazrout (*idem*)	37o	"	
	Hel-el-H'amra (*idem*)	8oo	"	
Drea'ât	Oulâd-'Abbês (*idem*)	38o	"	
	Oulâd-Si-'Amer (*idem*)	100	"	
	Drea'ât (*idem*)	1,26o	"	
	D'ela' (*idem*)	23o	"	
	El-K's'our (*idem*)	38o	"	
	TOTAUX	3,52o	1,3oo	
	Rbea' (village)	,	6oo	
	Oulâd-'Atmân (*idem*)	"	110	
Mzita	Oulâd-'Aïcha (*idem*)	"	9o	
	Tizi-K'ala' (*idem*)	"	15o	
	Oulâd-Moh'ammed (*idem*)	"	1,27o	
	TOTAUX	"	2,22o	
	Maâdid	3,000	"	
Oulâd-Haddâd	H'annâcha	1,35o	"	
	Aïâd	2,4oo	"	
	Oulâd-Tebbân	2,5oo	"	
	TOTAUX	9,25o	"	
	Mkaddem	5,62o	"	
	Sedrâta	31o	"	
Medjâna	Oulâd-Si-bou-Nâb	15o	"	
	Dounir	?	,	
	H'achem	6,200	"	
	Zaouit-Sidi-'Amer	?	"	
	TOTAUX	12,28o	"	

MASSIFS.	TRIBUS.	ARABES.	BERBERS.	OBSERVATIONS.
	SUDDIVISION DE SETIF. — KHALIFAT DE LA MEDJÂNA. (Suite.)			
	Ksènna.................	13,500	"	
	Oulâd-Msellem.............	9,000	"	
	Gasbet-beni-Ilmân (village)...	1,800	"	
	Semma..................	180	"	
	Oulâd-Trif...............	1,000	"	
	Oulâd-Djellâl.............	2,700	"	
	Oulâd-Slâma.............	1,000	"	
	El-Khrâbcha.	1,800	"	
Ouinnour'a............	Dar-el-Beïd'a.............	130	"	
	Oulâd-Da'àn.............	360	"	
	Oulâd-'Ali.......	1,000	"	
	Slâtna.................	600	"	
	Oulâd-Si-'Ali-ben-Iah'ia.......	?	"	
	Fdâla.................	"	270	
	Beni-Ouggâg.............	"	1,000	
	Oulâd-Guebila.............	130	"	
	Sebkha.................	"	900	
	El-K's'ar................	"	2,250	
	TOTAUX................	33,300	4,420	

RÉCAPITULATION POUR LE KHALIFAT DE LA MEDJANA.

	Arabes.	Berbers.
H'odna....................	51,600	"
Oulâd-el-Khelouf..................	5,700	"
Drea'ât.....................	3,520	1,300
Mzita.......................	"	2,220
Oulâd-H'addâd..................	9,250	"
Medjâna.....................	12,280	"
Ouinnour'a....................	33,300	4,420
TOTAUX.....................	115,650	7,940

MASSIFS.	ARABES.	BERBERS.	OBSERVATIONS.
KABILIE ORIENTALE.			
Canton de Bougie............................	»	19,200	
Canton de l'Ak'fadou........................	»	12,600	
Canton du Jurjura méridional................	»	16,000	
Canton du Bibân.............................	»	25,700	
Canton d'Ilmaïn.............................	»	28,500	
Canton d'Amacin.............................	»	16,000	
Canton du Kendirou.........................	»	12,900	
Totaux....................	»	130,900	

RÉCAPITULATION DE LA PROVINCE DE CONSTANTINE.

	Arabes.		Berbers.	
SUBDIVISION DE BÔNE.				
Cercle de Bône........................	10,340		900	
Cercle de Lacalle.....................	14,320	38,230	»	40,170
Cercle de l'Edough....................	7,230		4,780	
Cercle de Guelma......................	6,340		34,490	
SUBDIVISION DE CONSTANTINE.				
Cercle de Philippeville...............	5,360		14,820	
Cercle de Constantine... Région du nord..	»	302,690	207,100	609,050
Région du centre.	66,270		190,580	
Région du sud...	231,060		196,550	
SUBDIVISION DE SETIF.				
Cercle de Setif.......................	49,180		»	
Khalifat de la Medjâna................	115,650	164,830	7,940	138,840
Kabilie orientale.....................	»		130,900	
Totaux pour la province de Constantine..	....	505,750	....	788,060

PROVINCE D'ALGER.

MASSIFS.	TRIBUS.	ARABES.	BERBERS.	OBSERVATIONS.
	SUBDIVISION D'ALGER.			
Cercle de Blida........	Beni-Khelil................	5,300	5,400	
	Beni-Misra................	"	6,200	
TOTAUX.....................		5,300	11,600	
	Beni-Mouça................	"	12,600	
Aghalik de Khechna....	Khechna................	12,400	9,500	
	Isser.....................	13,500	"	
TOTAUX.....................		25,900	22,100	
	'Amraoua...............	"	14,800	
	Beni-Djennâd..............	"	12,600	
	Beni-Tôr.................	6,700	"	
Cercle de Dellis........	Flicet-el-Bah'ar............	"	7,500	
	Beni-Ouarguennoun.........	"	17,800	
	Oulâd-Mahiddin...........	3,500	1,000	
	Beni-Sliem................	"	3,300	
TOTAUX.....................		10,200	57,000	
	Canton de Bou-Daoud........	"	20,400	
	Canton de Zeffoun..........	"	16 800	
	Canton de Flicet-Mellil......	"	39,000	
Kabilie occidentale.....	Beni-Khelifa et Od-bou-Hinoun.	"	4,800	
	Canton de Ben-Hïui.........	"	7,000	
	Canton de Bou-R'ni.........	"	16,500	
	Canton des Zouaoua.........	"	94,000	
TOTAUX.....................		"	198,500	

MASSIFS.	TRIBUS.	ARABES.	BERBERS.	OBSERVATIONS.

SUBDIVISION D'ALGER. (Suite.)

MASSIFS.	TRIBUS.	ARABES.	BERBERS.	OBSERVATIONS.
Khalifat de Sebaou	Beni-Slimàn............	20,000	11,500	
	Beni-Dja'àd............	28,200	1,400	
	'Arib................	36,000	»	
	TOTAUX..............	84,200	12,900	

RÉCAPITULATION POUR LA SUBDIVISION D'ALGER.

	Arabes.	Berbers.
Cercle de Blida....................	5,300	11,600
Aghalik de Khechna.................	25,900	22,100
Cercle de Dellis....................	10,200	57,000
Kabilie occidentale.................	»	198,500
Khalifat de Sebaou.................	84,200	12,900
TOTAUX....................	125,600	302,100

SUBDIVISION DE MILIÂNA.

MASSIFS.	TRIBUS.	ARABES.	BERBERS.	OBSERVATIONS.
Miliàna............	Miliàna et son territoire.....	6,400	»	
Aghalik des Djendel....	Matmàt'a...............	»	1,800	Originaires de la régence de Tunis.
	Blàl.................	4,100	»	
	Siouf................	400	»	
	H'aouámed...........	350	»	
	'Aziz................	1,550	»	
	TOTAUX.............	6,400	1,800	

SUBDIVISION DE MILIÂNA. (Suite.)

MASSIFS.	TRIBUS.	ARABES.	BERBERS.	OBSERVATIONS.
Aghalik des Brâz.......	Bou-H'alouân...............	2,000	"	
	Reghra....................	"	1,400	
	H'achem..................	600	"	
	'Arîb....................	100	"	
	Zemoul...................	1,000	"	
	R'omriân.................	300	"	
	Brâz.....................	3,100	500	
	Beni-Meh'oucen...........	"	200	
	TOTAUX.....	7,100	2,100	
Aghalik des Beni-Zoug-zoug.............	Beni-Zougzoug.............	"	2.700	
	El-'Attâf................	5,700	"	
	Bou-Rachid...............	1,500	"	
	Haraouak.................	1,000	"	
	Beth'ia..................	"	600	
	R'eiâbiu.................	"	400	
	Khobbâza.................	"	900	
	Oulâd-Mariem.............	500	"	
	Beni-bou-Douân...........	"	3,000	
	Beni-bou-'Attâb..........	"	500	
	TOTAUX.....	8,700	8,100	
Kaidat des Beni-Frah'...	Beni-Frah'...............	"	4,800	
	Beni-bou-Berri...........	"	1,000	
	Beni-bou-'Aîch...........	"	600	
	TOTAUX.....	"	6,400	
Aghalik des H'adjout...	H'adjout.................	1,000	800	
	Ar'ellai.................	"	600	
	Ferrôkha.................	200	"	
	Beni-S'alah'.............	"	2,400	
	Beni-Ms'aoud.............	"	1,100	
	Soumâta..................	"	1,800	Originaires de la régence de Tripoli.
	Beni-Mnâd................	"	3,000	
	Chenoua..................	"	1,600	
	TOTAUX.....	1,200	11,300	

MASSIFS.	TRIBUS.	ARABES.	BERBERS.	OBSERVATIONS.
	SUBDIVISION DE MILIÂNA. (Suite.)			
Oulâd-Aïâd	Oulâd-Aïâd................	800	"	
	Douïh'asni................	200	"	
	Totaux................	1,000	"	
Oulâd-Bessâm	Oulâd-Bessâm................	1,000	"	
	Beni-Cha'ib................	"	600	
	Oulâd-Amar................	600	"	
	Oulâd-Derrâdj................	100	"	
	Beni-Lassem................	"	500	
	Totaux................	1,700	1,100	
Beni-Maïda	Beni-Maïda................	600	"	
	Beni-L'net................	700	"	
	Totaux................	1,300	"	
Zatima................		"	12,600	Originaires du Sah'ara tripolitain.
Beni-Mnâc'er................		"	9,000	

RÉCAPITULATION POUR LA SUBDIVISION DE MILIÂNA.

	Arabes.	Berbers.
Miliâna........................	6,400	"
Aghalik des Djendel.....................	6,400	1,800
—— des Brâz.........................	7,100	2,100
—— des Beni-Zougzoug....................	8,700	8,100
Kaïdat des Beni-Frah'...................	"	6,400
Aghalik des H'adjout...................	1,200	11,300
Oulâd-Aïâd........................	1,000	"
Oulâd-Bessâm.......................	1,700	1,100
Beni-Maïda........................	1,300	"
Zatima...........................	"	12,600
Beni-Mnâc'er......................	"	9,000
Totaux.....................	33,800	52,400

MASSIFS.	TRIBUS.	ARABES.	BERBERS.	OBSERVATIONS.
	SUBDIVISION DE MEDEA.			
Aghalik du Kebla	Oulâd-Ma'ârref	1,000	"	
	Oulâd-Hamza	600	"	
	Oulâd-Ah'med	500	"	
	Zenakhra	4,000	"	
	El-'Abad'lia	1,400	"	
	Oulâd-Debâb	200	"	
	Oulâd-'Otmân	200	"	
	Mfath'a	3,000	"	
	Oulâd-Daïd	2,000	"	
	Oulâd-Hadim	300	"	
	El-'Abâziz	1,000	"	
	Souâri	200	"	
	Dehimât	200	"	
	K's'ir-el-Boukhâri	200	"	
	TOTAUX	14,800	"	
Oulâd-Nail de l'ouest	Rah'mân	5,000	"	
	Oulâd-Mokhtar-gharaba	200	"	
	Oulâd-Si-Ah'med	2,500	"	
	Oulâd-Khouîni	1,200	"	
	Oulâd-Dia	2,500	"	
	Oulâd-Oummou-Hâni	1,200	"	
	Oulâd-Sa'âd-ben-Sâlem	3,100	"	
	Oulâd-Iah'ia-ben-Sâlem	1,600	"	
	Sah'ari	2,400	"	
	Oulâd-Sidi-'Aïça-el-Adab	1,000	"	
	TOTAUX	20,700	"	
Oulâd-Nail de l'est	Dix villages	2,200	"	
	Dix-neuf tribus	25,000	"	
	TOTAUX	27,200	"	

MASSIFS.	TRIBUS.	ARABES.	BERBERS.	OBSERVATIONS.
	SUBDIVISION DE MEDEA. (Suite.)			
Oulàd-Cha'ib	Oulàd-Cha'ib...........	4,500	"	
	Oulàd-Sidi-'Aïça-el-Oureg.....	1,100	"	
	Oulàd-Sidi-'Aïça-el-Souagui....	1,100	"	
	Arba'...............	6,800	"	
	TOTAUX.................	13,500	"	
Mukhzen	Douair...............	2,100	"	
	'Abïd...............	1,800	"	
	Bou-'Aïch...........	2,200	"	
	TOTAUX.................	6,100	"	
Moui'àdat...............		2,500	"	
Aghalik du Tell	Medea et la banlieue........	1,800	"	
	Oulàd-'Antar...........	1,000	"	
	Oulàd-Helàl...........	800	"	
	R'erib...............	1,500	"	
	Ouàmri...............	1,200	"	
	El-H'annâcha...........	500	"	
	Rir'a................	2,000	"	
	Haouàra...............	1,200	"	
	Beni-H'acen...........	1,200	"	
	H'acen-ben-'Ali........	2,000	"	
	Ousra...............	"	2,000	
	Beni-bou-Ia'k'oub........	2,000	"	
	Mouzâïa...............	"	1,200	
	TOTAUX.................	15,200	3,200	

MASSIFS.	TRIBUS.	ARABES.	BERBERS.	OBSERVATIONS.
	SUBDIVISION DE MEDEA. (Suite.)			
	Oulâd-Si-Ah'med-ben-Ioucef...	600	"	
	Rbéïa....................	1,900	"	
	Oulâd-'Elân...............	4,500	"	
	Sah'ari..................	600	"	
	El-Adaoura..............	3,600	"	
	Oulâd-H'ark'ât..........	700	"	
	Oulâd-Si-Monça.........	1,000	"	
	Djonâb..................	1,300	"	
Aghalik du Cherk.....	Oulâd-Mariem..........	1,600	"	
	Oulâd-bou-'Arif........	600	"	
	Oulâd-Ferh'a..........	1,600	"	
	Oulâd-Si-'Amer	600	"	
	Oulâd-Slàma..........	600	"	
	Oulâd-Drîs...........	1,600	"	
	Oulâd-'Abdallah.......	600	"	
	Oulâd-Sidi-'Aïça.......	1,800	"	
	Oulâd-Sidi-Haerech.....	700	"	
	Oulâd-'Ali-ben-Daoud.....	1,100	"	
	TOTAUX.............	25,000	"	

RÉCAPITULATION POUR LA SUBDIVISION DE MEDEA.

	Arabes.	Berbers.
Aghalik du Kebla....................	14,800	"
Oulâd-Naïl de l'ouest...............	20,700	"
Oulâd-Naïl de l'est.................	27,200	"
Oulâd-Cha'ïb......................	13,500	"
Makhzen..........................	6,100	"
Mouïé'dat	2,500	"
Aghalik du Tell...................	15,200	3,200
Aghalik du Cherk.................	25,000	"
TOTAUX......................	125,000	3,200

MASSIFS.	TRIBUS.	ARABES.	BERBERS.	OBSERVATIONS.
	SUBDIVISION D'ORLÉANSVILLE.			
Aghalik de l'As'nâm...	Oulâd-K'seir.............	9,000	"	
	Oulâd-Fâres.............	3,300	"	
	H'amis.................	3,000	"	
	Medjâdja..............	3,700	"	
	Beni-Râched...........	1,900	"	
	Sbeâh.................	11,600	"	
	Totaux...............	32,500	"	
Ouârensenis..........	Sendjes..............	"	9,300	
	Beni-Ouâzan..........	"	2,200	
	Oulâd-Sidi-S'alah'......	1,100	"	
	Chouchaoua...........	"	1,100	
	Beni-bou-Khennous.....	"	3,300	
	Beni-bou-Slimân.......	"	2,800	
	Beni-Indel............	"	1,700	
	Oulâd-R'elia..........	"	1,300	
	El-Ouassa............	"	1,800	
	Rèrib................	"	400	
	Ta'alba..............	400	"	
	Totaux..............	1,500	23,900	

MASSIFS.	TRIBUS.	ARABES.	BERBERS.	OBSERVATIONS.
	SUBDIVISION D'ORLÉANSVILLE. (Suite.)			
	Beni-Haoua.................	"	4,500	
	Beni-Ma'doun..............	"	6,600	
	Beni-Hidja................	"	2,100	
Cercle de Tenès........	Tenès.....................	"	2,500	"
	Beni-Tamoun...............	"	1,400	
	Ba-Ghedoura..............		1,300	
	Chebebia..................	"	1,100	
	Oulâd-'Abdallah...........	"	3,500	
	Totaux.................	"	23,000	

RÉCAPITULATION POUR LA SUBDIVISION D'ORLÉANSVILLE.

	Arabes.	Berbers.
Aghalik de l'As'nâm........................	32,500	"
Ouârensenis................................	1,500	23,900
Cercle de Tenès.............................	"	23,000
Totaux.............................	34,000	46,900

RÉGION DU SAH'ARA.

MASSIFS.	TRIBUS.	ARABES.	BERBERS.
	El-Ar'ouât (ville)..........	3,200	"
	El-'Assafia (village)........	300	"
	K's'ir el H'irân (idem).......	300	"
	Tedjmout (idem)...........	2,100	"
Oasis des K'sour......	'Aïn-Mâdi (idem)..........	600	"
	El-H'aouôta (idem).........	400	"
	Tadjrouna (idem)..........	400	"
	Lelmâia (idem)............	500	"
	El-Harazlia...............	1,500	"
	Oulâd-Aïda..............	1,500	"
	Totaux................	10,800	"

MASSIFS.	TRIBUS.	ARABES.	BERBERS.	OBSERVATIONS.
	RÉGION DU SAH'ARA. (Suite.)			
	R'ardéia (ville)............	"	12,000	
	El-Mdabih'................	2,700	"	
	Oulâd-Ia'k'oub.............	2,100	"	
	Beni-Helàl................	2,400	"	
	Mlika (ville).............	"	1,500	
	Bou-Noura (idem)..........	"	1,200	
	Beni-Isguen (idem)........	"	6,100	
Oasis de l'Ouad-Mzâb...	El-'At'of (idem)..........	"	4,700	
	Oulâd-At'ia...............	500	"	
	El-Guerâra (ville)........	"	4,000	
	El-'Atâtcha...............	1,000	"	
	Berr'iân (ville)..........	"	1,800	
	Mkhâlif-el-Djerb..........	600	"	
	Oulâd-Iah'ia..............	1,700	"	
	Metlili (ville)...........	2,100	2,700	
	Cha'amba..................	6,900	"	
TOTAUX................		20,000	34,000	

RÉCAPITULATION POUR LA RÉGION DU SAH'ARA.

	Arabes.	Berbers.
Oasis des K's'our..........................	10,800	"
Oasis de l'Ouad-Mzâb......................	20,000	34,000
TOTAUX........................	30,800	34,000

RÉCAPITULATION POUR LA PROVINCE D'ALGER.

	Arabes	Berbers
Subdivision d'Alger........................	125,600	302,100
Subdivision de Miliána.....................	33,800	52,400
Subdivision de Medea.......................	125,000	3,200
Subdivision d'Orléansville.................	34,000	46,900
Région du Sah'ara.........................	30,800	34,000
TOTAUX pour la province d'Alger........	349,200	438,600

PROVINCE D'ORAN.

MASSIFS.	ARABES.	BERBERS.	OBSERVATIONS.
SUBDIVISION D'ORAN.			
Douaïr........................	11,300	"	
Zméla........................	6,700	"	
Gharaba......................	12,700	"	
Beni-'Amer-Cheraga...........	18,000	"	
Hors cadre...................	1,600	"	
TOTAUX................	50,300	"	
SUBDIVISION DE MOSTAGANEM.			
Aghalik de Mostaganem........	8,500	"	
Medjâher.....................	11,900	"	
Flita........................	10,900	"	
Mina et Chelif...............	21,200	15,000	
Beni-Ouragh..................	"	19,200	
TOTAUX................	52,500	34,200	
SUBDIVISION DE TLEMCÊN.			
Tlemcên et sa banlieue.......	9,200	"	
Beni-'Amer-Gharaba...........	9,300	"	
Angad du Tell................	6,600	1,500	
Sah'el de Nedrouma...........	"	6,100	
Trâra et Oulhaça.............	"	9,100	
Ghossel......................	7,200	2,500	
Djebel.......................	6,900	"	
Aghalik du sud-ouest.........	900	7,100	
TOTAUX................	40,100	26,300	
SUBDIVISION DE MASCARA.			
Beni-Chougrân................	18,000	"	
H'achem-Gharaba..............	13,400	"	
H'achem-Cheraga..............	7,800	"	
Sdâma........................	14,600	"	
Ia'k'oubia...................	27,400	"	
Tiâret.......................	15,000	"	
TOTAUX................	96,200	"	

MASSIFS.	ARABES.	BERBERS.	OBSERVATIONS.
RÉGION DU SAH'ARA.			
Angad	13,400	"	
H'ameiàn (ouest)	48,000	"	
H'ameiàn (est)	32,500	"	
Oulâd-Sidi-Cheikh de l'est	17,600	"	
Harar de l'ouest	14,800	"	
Harar de l'est	12,000	2,800	
Ar'ouât-K'sâu	3,000	"	
Oulâd-Khelif	14,400	"	
Ouiâkel	7,500	"	
Djebel-Amour	22,200	1,000	
TOTAUX	185,400	3,800	

RÉCAPITULATION POUR LA PROVINCE D'ORAN.

	Arabes.	Berbers.
Subdivision d'Oran	50,300	"
Subdivision de Mostaganem	52,500	34,200
Subdivision de Tlemcén	40,100	26,300
Subdivision de Mascara	96,200	"
Région du Sah'ara	185,400	3,800
TOTAUX	424,500	64,300

RÉCAPITULATION GÉNÉRALE.

Province de Constantine	505,750	788,060
Province d'Alger	349,200	438,600
Province d'Oran	424,500	64,300
TOTAUX GÉNÉRAUX	1,279,450	1,390,960

TABLE DES MATIÈRES.

LIVRE PREMIER.

CLASSIFICATION DES PEUPLES D'ORIGINE AFRICAINE.

LIVRE DEUXIÈME.

ORIGINE ET DESTINÉE DES PRINCIPALES TRIBUS AFRICAINES.

CHAPITRE V. — Tribus du sud. — Les lemt'a.

CHAPITRE VI. — Tribus du sud. — Les Leouâta.

LIVRE TROISIÈME.

AVÉNEMENT ET DESTINÉE DE L'ÉLÉMENT ARABE EN AFRIQUE.